suhrkamp taschenbuch
wissenschaft 784

Die Auseinandersetzung mit weiblicher Existenz in außereuropäischen Gesellschaften erfordert zweierlei Formen von Reflexion und Dialog: (1) die eigenständige Entwicklung anderer Kulturen verstehen. (2) das Besondere wie das Vergleichbare von Frauenleben in eben diesen fremden Kulturen kennenlernen. Beides widersetzt sich dem herkömmlichen westlichen Diskurs, in dem die symbolische und praktische Verdinglichung der fremden Frau zum willenlosen Objekt dominiert. Jenseits dieses exotischen Zerr- und Spiegelbildes steht die reale Vielfalt weiblicher Handlungs- und Lebensformen, wie sie dieser Band in ethnologischen Untersuchungen behandelt: die weiblichen ökonomischen und rituellen Leistungen bei indianischen und australischen Wildbeutern; die Rolle von Frauen bei Speisetabus und Festgetränken unter Brandrodungsbauern am Amazonas und in Zentralafrika; die ausgewogene Struktur der Geschlechterbeziehungen bei den Hopi; die Abhängigkeiten von Frauen in der hierarchischen Gesellschaft der nomadischen Mongolen; die Tätigkeiten weiblicher Haushaltsvorstände im tibetanischen Grenzland.
Von fremden Frauen ist der erste Band im deutschsprachigen Raum, der darstellt, was Völkerkundler, Ethnologen oder Anthropologen bisher zum Thema weibliche Existenz erarbeitet haben.

Von fremden Frauen

Frausein und Geschlechterbeziehungen in nichtindustriellen Gesellschaften

Herausgegeben von der
Arbeitsgruppe Ethnologie, Wien

Suhrkamp

Die Arbeitsgruppe Ethnologie Wien besteht aus:
Hildegard Diemberger, Andre Gingrich, Guntram Hazod, Elfriede Höckner,
Elke Mader, Mark Német, Christian Schicklgruber, Peter Schweitzer,
Gertraud Seiser, Sabine Strasser sowie Ulrike Sulikowski

An den Diskussionen der Arbeitsgruppe
haben auch teilgenommen:
Gabriele Fröhlich, Michael Koss,
Eva Langheiter, Christa Öhlinger, Aurelia Weikert
und Patricia Zuckerhut.

CIP-Titelaufnahme der Deutschen Bibliothek
Von fremden Frauen: Frausein und Geschlechterbeziehungen
in nichtindustriellen Gesellschaften /
hrsg. von d. Arbeitsgruppe Ethnologie Wien. -
1. Aufl. - Frankfurt am Main :
Suhrkamp, 1989
(Suhrkamp-Taschenbuch Wissenschaft ; 784)
ISBN 3-518-28384-7
NE: Arbeitsgruppe Ethnologie <Wien>; GT

suhrkamp taschenbuch wissenschaft 784
Erste Auflage 1989

Druck: Wagner GmbH, Nördlingen
Printed in Germany
Umschlag nach Entwürfen von
Willy Fleckhaus und Rolf Staudt

1 2 3 4 5 6 – 94 93 92 91 90 89

Dem Andenken
an Eleanor Leacock (1922-1987)
gewidmet

Inhalt

Einleitung

Die Lebensformen von Frauen in außereuropäischen Kulturen haben immer wieder Neugier und europäisches Interesse auf sich gezogen. Dieses Interesse hat sich freilich nie unabhängig von seinen eigenen sozialen Voraussetzungen entwickelt. Bis in die Gegenwart hinein hat dabei ein Bild der »primitiven« Frau dominiert, das sie als Inkarnation von halbgezähmter Wildheit sieht und darstellt, welche als geistloses Arbeitstier oder als verachtetes Objekt verbotener Begierden be- und gehandelt werden kann.
Dieser im Denken und Handeln männliche und euro-amerikanische Umgang mit der afrikanischen, indianischen, ozeanischen und asiatischen Frau war aus den tradierten Wertvorstellungen von Rassismus und Kolonialismus gespeist und meist nur notdürftig mit Versatzstücken unterlegt, die sich auf exotisches oder gar aufklärerisches Interesse beriefen. Die fremde Frau aus der anderen Kultur galt diesem herrschaftlichen Diskurs als das minderwertige, subjektlose Objekt, das den eigenen ökonomischen, sexuellen und politischen Interessen angeeignet und untergeordnet werden mußte, sofern es überhaupt zu beachten war. Die bewußte und unbewußte symbolische Verdinglichung der »primitiven« Frau in Alltag, Kunst und Wissenschaft der Metropolen hat ihre tatsächliche Unterordnung legitimiert und ein Handeln gefördert, das diese fortsetzt. Insofern benötigt der herrschaftliche Diskurs jenes spezifische, entsubjektivierende und entwertende Bild von der »primitiven« Frau, hält an dessen Grundaussagen fest, entwickelt und verteidigt sie.
Die Notwendigkeit einer abwertenden Darstellung hat sich um so mehr gestellt, seit in Europa und Nordamerika in zunehmendem Maß auch die Frage nach der fremden Frau als Subjekt ihrer Kultur und Geschichte gestellt worden ist. Erste, noch tastende Versuche in diese Richtung unternahmen die frühen Frauen- und Arbeiterbewegungen des ausgehenden 19. und beginnenden 20. Jahrhunderts. Erinnert sei etwa nur an Friedrich Engels' einflußreiche Schrift *Der Ursprung der Familie, des Privateigentums und des Staates* (1884) und deren große aufklärerische und forschungsgeschichtliche Wirkung in ihrer Zeit. Freilich sind wesentliche Aussagen dieser Schrift mittlerweile überholt, was

durch die ungeheure Zunahme an archäologischen, historischen und ethnologischen Erkenntnissen seither bedingt ist[1], ebenso aber durch die heute obsolete Grundannahme einer einheitlich voranschreitenden Menschheitsgeschichte, in deren Frühstufe eine Erbfolge nach der Mutterlinie vorgeherrscht habe.

Die Kritik an diesen ersten Bemühungen war allerdings allzu häufig selbst durch den skizzierten vorherrschenden Diskurs inspiriert. Dementsprechend kompliziert gestaltete sich die notwendige Differenzierung zwischen ideologischer und wissenschaftlicher Argumentation, als sich europäisches Erkenntnisinteresse nach 1945 erneut und bis heute anhaltend der außereuropäischen Frau zuwandte. Auch für diesen Neubeginn lassen sich bestimmte soziale Voraussetzungen identifizieren. In den Unabhängigkeits- und Befreiungsbewegungen gegen die Kolonialherrschaft traten Frauen häufig, und erstmals auch für europäische Augen in breiterem Ausmaß wahrnehmbar, als Subjekte ihrer Geschichte auf. Und die entstehende neue Frauenbewegung in Europa und Amerika hat schließlich angesichts dessen und auf der Suche nach ihrer eigenen Geschichte und Zukunft diejenigen Fragen aufgeworfen, selbst zu beantworten getrachtet und in den etablierten Wissenschaftsbetrieb hineingetragen, welche heute die intellektuelle Auseinandersetzung mit der außereuropäischen Frau prägen: Was sind die Gemeinsamkeiten von Frauen in anderen Kulturen mit Frauen in den Metropolen, und wo liegen die Unterschiede? Was daran ist biologisch, was ökonomisch, sozial, psychisch oder religiös bedingt?

Die Beantwortung dieser und ähnlicher Fragen ist ein Prozeß, der sich auch im Dialog zwischen sozialer Bewegung und kritischer Wissenschaft entfalten kann. Sein Verlauf ist daher nicht zuletzt vom Ausmaß beeinflußt, in dem sich die verschiedenen, üblicherweise in akademischer Arbeitsteilung und Hierarchie gegliederten, Wissenschaftsdisziplinen diesem Dialog offen zu stellen vermögen. Mit dem vorliegenden Band soll dazu ein Beitrag aus dem Bereich der Anthropologie und Ethnologie geleistet werden, die im deutschsprachigen Raum noch häufig Völkerkunde heißt. Ursprünglich im Spannungsfeld zwischen Aufklärung, Kolonialismus und Mission entstanden, besteht einer ihrer etablierten Forschungsschwerpunkte gerade in der Auseinandersetzung mit außereuropäischen Gesellschaften und Kulturen sowie deren Geschichte. Vordergründig könnte daher eine schon länger beste-

hende aktive Thematisierung des Lebens von Frauen in eben diesen Kulturen durch die Völkerkunde erwartet werden sowie eine entsprechende Rezeption durch andere Disziplinen und die Öffentlichkeit. Tatsächlich aber ist das im deutschsprachigen Raum bisher erst in höchst bescheidenem Ausmaß der Fall. Hier sind entscheidende Impulse und Einsichten zunächst aus Ökonomie, Geschichtswissenschaft und Entwicklungssoziologie erbracht worden. Hervorzuheben sind dabei jene Arbeiten, die aus dem Bielefelder Kreis von Autorinnen wie Claudia v. Werlhof oder Veronika Bennholdt-Thomsen vorgelegt wurden[2]. In diesen Arbeiten werden die strukturellen Grundlagen der sozio-ökonomischen Abhängigkeit und Unterdrückung von Frauen in Ländern der Dritten Welt, und nicht nur dort, präzise herausgearbeitet und durch zahlreiche Einzeluntersuchungen systematisch belegt. Teilweise ist von diesen Autorinnen auch kritisch auf Ergebnisse der Ethnologie zurückgegriffen worden, so auf die Arbeiten von Claude Meillassoux[3]. Dieser hat sich mit den Wechselwirkungen zwischen Weltwirtschaft und »traditionellen« lokalen Sektoren und deren Auswirkungen auf afrikanische Frauen befaßt, wobei er diese Auswirkungen allerdings unzureichend erfaßte und die Struktur der »traditionellen« Sektoren grob verzerrte.
Diese »traditionellen«, lokalen Strukturen, die den globalen untergeordnet und von diesen deformiert und teilweise zerstört, aber dann auch aufrechterhalten worden sind, stellen nun keineswegs eine vernachlässigbare Größe dar, wie manche Entwicklungstheoretiker zu meinen scheinen[4]. Wie deformiert und zerstört auch immer, artikulieren sich hier allenthalben wesentliche Elemente historisch gewachsener Identität und Subjektivität. Wer also die Frage nach der außereuropäischen Frau als Subjekt ihrer Verhältnisse stellt, kommt folglich nicht daran vorbei, sich auch mit ihren »traditionellen« Verhältnissen, Wertvorstellungen und Handlungsspielräumen zu befassen, so verwoben und verknüpft diese auch mit globalen Strukturen sind. Überdies scheint aus ethnologischer Sicht die einseitige Betonung globaler Strukturen oft damit zusammenzuhängen, daß diese dem Begriffsapparat euro-amerikanischer Wissenschaften zugänglicher sind ...
Die mangelnde Berücksichtigung der »traditionellen« Verhältnisse der Frau geht nämlich häufig einher mit einer unreflektierten Verwendung des Begriffes »traditionell«, hinter der sich Vorstellungen von Einheitlichkeit, Stagnation und Homogenität ver-

bergen. Einheitlich ist an den »traditionellen« Sektoren aber bestenfalls, in einem sehr weit gefaßten Sinn, deren Unterordnung und Deformierung durch globale Strukturen. In jeder anderen Hinsicht sind diese »traditionellen« Sektoren, in denen die Mehrheit der Frauen in Entwicklungsländern nach wie vor lebt, auch untereinander ebenso grundverschieden wie von den Metropolen. Zudem ist ihre jeweilige Ausformung auch Produkt ihrer eigenen vorkolonialen Geschichte, was durch den Verweis auf die, oft Geschichtslosigkeit suggerierende, »Tradition« ebenfalls leicht verhüllt werden kann.
Dies bedarf deshalb so ausdrücklicher Erwähnung, weil selbst innerhalb des Dialogs zwischen sozialer Bewegung und kritischer Wissenschaft eine Tendenz besteht, außereuropäische Kulturen als statische Belegexemplare für Entwicklungsstufen der europäischen Vorgeschichte zu benützen. In Ernest Bornemanns *Das Patriarchat* etwa werden jeweils einige wenige archäologische und ethnologische Beispiele als repräsentativ für eine der hypothetischen Evolutionsstufen herangezogen, die schrittweise an die amerikanisch-europäische Entwicklung heranführen. Grundsätzlich ist an der diesem Verfahren zugrundeliegenden Theorie zu kritisieren, daß sie die eigenständigen Entwicklungen und Perspektiven der außereuropäischen Kulturen leugnet, die durch Kolonial- und Weltwirtschaft zunächst abgeschnitten wurden. Methodisch ist die Zuordnung verschiedener Einzelkulturen zu einem übergeordneten sozialen Typus außerdem nur unter der Voraussetzung eines systematischen interkulturellen Vergleichs zulässig, der nicht geleistet wird. Letztlich ist die nahezu willkürliche Heranziehung von Einzelbeispielen, die nur als Vorform unserer eigenen Zustände begriffen werden, selbst eine symbolische Verdinglichung außereuropäischen Frauen und ihrer Kulturen, die in bedenkliche Nähe zum etablierten herrschaftlichen Diskurs gerät. Die Versuchung, außereuropäische »Beispiele« als Material, Beleg und Kitt für die eigene, bereits feststehende Theorie zu benützen, ohne die andere Kultur nach ihrer inneren Logik und den Formen ihres Selbstverständnisses zu befragen, scheint dort besonders stark aufzutreten, wo allzu rasch an einheitlichen Theoriegebäuden mit Globalanspruch über Entwicklung und Stellung der Frauen gearbeitet wird. Dieses in euro-amerikanischer Belletristik, politischer Polemik und teilweise auch Philosophie nicht unübliche Vorgehen benützt außereuropäische Frauen

letztlich nur mehr als Metapher für das eigene »altera ego«, als Projektionsspiegel eigener Wunschvorstellungen und Spekulationen. Gerade die wertvollsten Ergebnisse und Einsichten der Ethnologie verweisen hingegen auf die schon dargelegte Notwendigkeit, die Eigenständigkeit anderer kultureller Verhältnisse zur Kenntnis zu nehmen und von verschiedenen Entwicklungsrichtungen auszugehen, sofern man den Evolutionsgedanken akzeptiert. Selbstverständlich bedeutet das keineswegs, der Unterordnung und Unterdrückung von Frauen in diesen fremden Kulturen distanziert und unparteiisch gegenüberzustehen – gerade ein Verständnis der Funktionslogik fremder Kulturen verschafft aber erst Einsicht in die Formen weiblicher Unterdrückung und Rebellion in ihnen.

Die Tendenz zur symbolischen Aneignung und Deformierung außereuropäischer Frauen aufgrund mangelhafter Auseinandersetzung mit ihnen war verständlicherweise in den genannten komplizierten Neuanfängen nach dem Zweiten Weltkrieg gegeben. Das wird an den ethnologischen Abschnitten in Simone de Beauvoirs Klassiker *Das andere Geschlecht* (1949) deutlich. Stärker noch als vom Engelsschen Modell sind die Gedanken dieser Abschnitte durch die Arbeiten von Claude Lévi-Strauss beeinflußt. Auf seine zur selben Zeit publizierten Grundaussagen zur »wilden Frau« wird in unserem Band durch Carol McCormack noch näher eingegangen. Aus Lévi-Strauss' *Elementaren Strukturen der Verwandtschaft* wurde die Behauptung abgeleitet, daß sich »Mann zu Frau« global wie »Kultur zu Natur« verhalte; innerhalb der menschlichen Gesellschaft repräsentiere die Frau, zumindest aus männlicher Sicht, das nicht-kulturierte wilde und untergeordnete Element. Die alte These von der Universalität weiblicher Unterordnung – die für deren Fortschreibung in die Zukunft so nützlich ist – erfuhr damit eine neue theoretische Begründung.

Jean und Maurice Bloch haben inzwischen überzeugend dargelegt, daß diese von Lévi-Strauss formulierte Art von Analogie selbst ein spezifisches Produkt der europäischen Geistesgeschichte ist[5]. Ungeachtet dessen wird diese These nach wie vor von einflußreichen feministisch orientierten Ethnologinnen wie Sherry Ortner und Harriett Whitehead aufgegriffen[6]. Eine dementsprechend wichtige Rolle spielt sie auch im Dialog zwischen neuer Frauenbewegung und kritischer Wissenschaft, wie an Cheryl Benards und Edit Schlaffers einseitiger Verwertung ethnologischer Aussagen in *Die Grenzen des Geschlechts* gesehen werden kann[7]. In deutlicher Anlehnung an den bei ihnen auch öfters zitierten Band von Ortner und Whitehead sprechen Schlaffer und Benard von einem »fast allerorts verbreiteten System patriarchalische(r) Herrschaft« (S. 25). Neben dem überrepräsentierten islamischen Raum werden als Einzelbeispiele unter anderem Studien von M.J. Meggitt über die zentralaustralischen Warlpiri und von N. Chagnon über die Yanomamö am Rande des Amazonas-Bekkens herangezogen, um diese Aussage zu untermauern.

Es ist unbestritten, daß die überwiegende Mehrheit der von der Ethnologie untersuchten Kulturen durch männliche Vorherrschaft mitgeprägt ist. Gerade die Verwendung von Arbeiten wie die Meggitts oder Chagnons zeigt aber, daß ein gewisses Vorwissen um die große Verbreitung männlicher Dominanz nicht zu übereilten Schlußfolgerungen, fehlerhaften Interpretationen oder gar Universalitätsaussagen führen sollte: Der in diesem Band veröffentlichte Beitrag von Barbara Glowczewski bei eben denselben Warlpiri, über die Meggitt schrieb, sowie eine weitere ethnologische Studie zum selben Thema von Diane Bell führten zu völlig neuen Ergebnissen. Glowczewski und Bell fanden Zugang zu einem bis dahin unbekannten weiblichen Ritual- und Sozialbereich, der Meggitt als Mann verschlossen blieb, was seine Darstellung entscheidend verzerrte[8]. Quellenkritische Untersuchungen mit ähnlichem Resultat hat Eleanor Leacock über Chagnons Arbeit angestellt, wo die Yanomamö aus unreflektiert-männlicher Sicht und ohne Beachtung der kolonialen Konfrontation als »wildes Volk« portraitiert werden[9]. Meggitts und Chagnons Arbeiten dienen Schlaffer und Benard auf der Grundlage ihrer Übernahme der Ortner-Whiteheadschen Thesen zur Abstützung ihrer eigenen Argumentation, nach der die gewaltsame Unterordnung der Frau im wesentlichen ein universelles Faktum sei. Dieses äußere sich in der Gleichsetzung von »Frau« mit »Natur« und beruhe letztlich auf der physischen Überlegenheit des Mannes.

Daß hierarchische Geschlechterbeziehungen selbst Produkt kultureller Strukturen sind, belegen die hier veröffentlichten Arbeiten ausgiebig. Darüber hinaus ist angesichts von Vorgangsweisen wie denen Schlaffers und Benards zweierlei angeraten. Zum ersten empfiehlt sich im Rahmen des bereits angesprochenen Dialogs zwischen Frauenbewegung und kritischer Wissenschaft ein äußerst sorgsamer und kritischer Umgang mit Ergebnissen der Ethnologie, welche selbst die längste Zeit vom sogenannten Androzentrismus geprägt gewesen ist, also von der systematischen Privilegierung der männlichen Perspektive auf eine fremde Kultur. Ein Bild, welches Männer als sozial aktiv und Frauen als peripher und passiv darstellt, hat nicht nur lange die Theorienbildung, sondern auch die Perzeption, Selektion und Anordnung des Datenmaterials bestimmt; die Beiträge von Eleanor Leacock, Maxine Moulineux, Carol McCormack und Barbara Glowczewski bringen Beispiele dafür. Androzentrismus äußert sich somit als methodisches und theoretisch-ideologisches »Bias«, das sich auf Männer, deren Lebensbereiche und Verhältnisse zueinander konzentriert und die Tendenz beinhaltet, Frauen thematisch auszuschließen. Die androzentrische Sicht fremder Kulturen ist häufig mit dem Ethnozentrismus assoziiert. Dieser führt zur Abwertung und Verzerrung fremder Kulturen und gründet sich auf die unreflektierte Aufwertung und Verabsolutierung der eigenen, die stillschweigend als Bewertungsmaßstab des »Fremden« dient. Innerhalb und außerhalb des Wissenschaftsbetriebes verweigert sich die Allianz aus ethno- und androzentrischen Haltungen und Vorstellungen gerne der Auseinandersetzung mit und der Durchführung von ethnologischer Frauenforschung. Die Folgen des Androzentrismus in der Ethnologie werden erst in jüngster Zeit quellenkritisch aufgearbeitet. Eine kritische Sichtung der Geschichte der Ethnologie unter diesem Blickwinkel steht trotz einzelner Vorarbeiten leider noch aus[10].

Zum anderen stellt sich die Aufgabe, die frauenbezogene Forschung in der Ethnologie zu entwickeln und ihre Ergebnisse in den Dialog einzubringen, zumal zumindest Studien über »Geschlechterbeziehungen« mittlerweile zum festen Inventarbestand auch der meisten ethnologischen Institutionen im Westen zählen. Daß also noch immer unkritisch Autoren wie Meggitt oder Chagnon zitiert werden, liegt ebenso in der Eigenverantwortung der Ethnologie.

Diese ist selbst nicht frei von Dogmen- und Mythenbildung, und die vorliegende Auswahl versucht dem entgegenzuwirken: Gemeint ist vor allem das vorherrschende Dogma von der Universalität weiblicher Unterordnung. Wenn die ethnologischen Beispiele für gleichwertige und ausgewogene Beziehungen zwischen den Geschlechtern insgesamt auch eine deutliche Minderheit darstellen, so sind sie doch andererseits zu zahlreich, um noch in Bausch und Bogen als bloße Ausnahmen abgetan werden zu können, welche die allgemeingültige Regel von der weiblichen Unterordnung bestätigen. Bevor weitreichende Theorien über die besonderen Bedingungen aufgestellt werden, unter denen diese »Ausnahmen« zustande kommen[11], sollte unserer Meinung nach zunächst mit der quellenkritischen Sichtung und empirischen Überprüfung des vorliegenden ethnologischen Materials fortgefahren, sollten neue Einzeluntersuchungen angestellt werden. Vorläufig steht vor allem fest, daß gleichwertige Geschlechterbeziehungen eher in solchen nichtstaatlichen Kulturen auftreten, deren Verwandtschaftssystem kognatisch (nach der Vater- wie nach der Mutterseite orientiert) oder manchmal matrilinear/matrilokal orientiert sind. Gerade kognatische Verwandtschaftssysteme sind in der Literatur oft verzerrt als patrilineare Abstammungssysteme fehlinterpretiert worden. Zudem haben sich patrilinear/patrilokale Verwandtschaftssysteme manchmal erst mit der Staatenbildung oder der Expansion der Kolonialreiche entwickelt und ausgebreitet.

Teils als Gegenreaktion zum Dogma weiblicher Unterordnung ist die These vom »ursprünglichen Matriarchat« entstanden[12]. Diese war im Zusammenhang mit den evolutionistischen Forschungen des 19. Jahrhunderts eine Zeitlang verständlich und förderlich. Heutzutage aber daran festzuhalten bedeutet, einem Mythos nachzuhängen[13]. Die Spekulation von einer einheitlichen »matristischen« oder durch Geschlechteregalität gekennzeichneten Frühstufe der Menschheitsentwicklung läßt sich durch die Ethnologie in keiner Weise belegen; die überwiegende Mehrheit der Ethnolog/inn/en geht heute nicht mehr vom Axiom einer einheitlichen sozio-ökonomischen Evolution aus. Und selbst sofern versucht wird, aus der Struktur lebender Jäger- und Sammlergesellschaften etwaige Rückschlüsse über die entsprechenden Perioden der Evolution zu ziehen, kommt man an einer Einsicht nicht vorbei: Lebende oder durch frühe historische Quellen bekannte Jäger- und Sammlergesellschaften sind in der Regel nicht matrilinear/matrilokal strukturiert, sondern in vielen Varianten teils kognatisch, teils patrilokal und -linear. Daß eine, freilich erst zu erarbeitende, Theorie multipler Evolution in der Zukunft aus dem einen oder anderen Entwicklungsstrang besonders günstige Bedingungen für die Entfaltung gleichwertiger Geschlechterbe-

ziehungen aufzuzeigen vermag, soll damit nicht ausgeschlossen werden.
Bei der vorliegenden Auswahl ging es uns aber um solche Beispiele, welche die methodischen Vorzüge systematischer Quellenkritik und eigenständiger ethnologischer Untersuchungen zum Thema Frau zur Geltung bringen und folglich Dogma und Mythos entgegenwirken. Das heißt freilich nicht, daß die Ergebnisse dieser Untersuchungen unabhängig sind vom theoretischen Standpunkt der Autorinnen. Berücksichtigt wurden dabei solche theoretischen Ansätze, die von zwei entscheidenden Aspekten ausgehen, nämlich dem gesamtgesellschaftlichen Bezug und der Differenzierung der verschiedenen Frauenrollen.
Ethnologische Arbeiten über die Lebensformen von Frauen und die Beziehungen der Geschlechter haben sich in den beiden letzten Jahrzehnten vor allem dort als ergiebig und zielführend erwiesen, wo dies aus dem gesamtgesellschaftlichen Kontext heraus untersucht und damit nicht als isoliertes Einzelproblem behandelt worden ist. Dabei haben sich bisher in der vergleichenden Analyse der Geschlechterbeziehungen a) die Sozialorganisation, b) die religiös-moralischen und rechtlichen Vorstellungen und c) die ökologischen und technischen Zwänge des Arbeitsprozesses als entscheidende Determinanten für die jeweilige Stellung der Frauen, für ihre Entscheidungs- und Handlungsmöglichkeiten erwiesen. Wie die Fallbeispiele dieses Bandes zeigen, ist die Sozialorganisation, der das größte Gewicht unter diesen Determinanten zukommt, gerade in nicht-staatlichen Gesellschaften in hohem Ausmaß von der Verwandtschaftsorganisation geprägt. Der bedeutende französische Anthropologe Maurice Godelier (dessen Baruya-Studie im Beitrag von Eva Langheiter behandelt wird) geht davon aus, daß die Verwandtschaftsbeziehungen in vielen dieser Gesellschaften die Funktion von Produktionsverhältnissen ausüben, weil sie den Zugang zu den Ressourcen und die Kontrolle über die Verteilung der Produkte regeln. Letztlich kennzeichnen damit die zwischenmenschlichen Beziehungen der Frau, gemeinsam mit ihren Beziehungen zur Natur und zum Übernatürlichen, den materiellen und ideellen Bezugsrahmen für ihr gesellschaftliches Denken, Handeln und die sozialen Verhältnisse. Innerhalb dieses Bezugsrahmens eröffnet sich weiblicher Handlungsspielraum für individuelle oder kollektive, affirmierende, abweichende oder veränderne Praxis. Die reproduktiven

Fähigkeiten der Frauen sind dabei entscheidende Voraussetzung des praktischen und des symbolischen Fortbestandes einer Gesellschaft. Sie leisten die Arbeiten der Schwangerschaft, des Gebärens und Stillens, universelle Bestandteile des weit darüber hinausgehenden Bereiches weiblicher Tätigkeiten. Das Faktum der überall existierenden geschlechtlichen Arbeitsteilung sagt aber noch nichts darüber aus, welche anderen Bereiche jeweils welchem Geschlecht zugeordnet sind, und schon gar nichts darüber, wie diese Bereiche bewertet sind. So entscheidende Fähigkeiten wie Gebären und Stillen stehen nicht außerhalb der Determinanten, die die Gesamtgesellschaft strukturieren, sondern sind in jeder Hinsicht von ihnen geprägt[14]. Dementsprechend wird in den meisten vorliegenden Arbeiten nach dem Verhältnis zwischen Produktion und Reproduktion gefragt, nach ihrem Inhalt und ihrer Organisation, nach ihrem Aufeinanderbezogensein und der Gültigkeit ihrer scheinbaren Opposition.
Wird dem Leben der Frauen im Kontext der Gliederung und inneren Logik einer Gesamtkultur einmal nachgegangen, so wird die Differenzierung des Begriffs »Frau« zwingend. Dieser zweite entscheidende theoretische Aspekt erlaubt ein Verständnis der konkreten Vielfalt weiblicher Identitäten, wie sie vor allem durch Lebenszyklus und sozialen Status gegeben sind. Je nachdem ob die Frau noch Kind, unverheiratetes Mädchen, Schwester, Braut, junge oder alte Mutter ist und wie diese und alle weiteren Rollen und Beziehungen strukturiert sind, kann sich ihre Lage und Entscheidungsmöglichkeit verändern, wie es am Beispiel der Braut bereits durch zahlreiche gute Einzeluntersuchungen anläßlich der Kölner Ausstellung 1985 belegt ist[15]. Es ist augenfällig, daß diese Rollenausprägungen selbst unlöslich mit den genannten gesamtkulturellen Determinanten, darunter besonders der Verwandtschaftsstruktur, verbunden sind.
Über die Wahrnehmung ihrer verwandtschaftlichen Rollen und anderer wichtiger kultureller Aufgaben und Funktionen können die Frauen einer gegebenen Kultur einen bestimmten sozialen Status erreichen oder nicht, wie etwa den seltenen der Baruya-Schamanin, den häufigeren der Ritualorganisatorin bei den Warlpiri, oder den üblichen der Haushaltsvorsteherin bei den Hopi oder Khumbo. Welche Einflußmöglichkeiten damit jeweils einhergehen, ist eine oft schwer zu beantwortende Frage, was auch am theoretischen Apparat der Ethnologie liegen mag. Von Gode-

lier bis Janssen-Jurreit nennen zahlreiche Autor/inn/en die Ausarbeitung einer nicht auf ökonomische Faktoren allein reduzierten Theorie von Macht und Herrschaft als eine der wichtigsten Aufgaben, der sich die Ethnologie in Zukunft zu stellen hat[16]. Zwangsläufig führt eine theoretische Präferenz für die beiden Aspekte des gesamtgesellschaftlichen Kontextes und der weiblichen Rollendifferenzierung zur Vernachlässigung anderer Ansätze. Wir sind uns bewußt, daß die vorliegenden Beiträge hauptsächlich aus dem Umfeld strukturalistisch-semiotischer sowie kritisch-marxistischer Theorie in der Ethnologie stammen, von wo unseres Erachtens die bedeutendsten Beiträge zum Thema gekommen sind. Wenig Niederschlag haben in diesem Band Arbeiten aus dem Gebiet der Ethnopsychoanalyse gefunden (sieht man von einzelnen Ansätzen bei B. Glowczewski ab), einer Forschungsrichtung, die nicht unbedingt als Gegensatz zu den hier vorgestellten verstanden werden muß, sondern durchaus auch als komplementär; diesbezüglich darf auf die bereits vorliegenden deutschsprachigen Publikationen verwiesen werden[17]. Ein Zweck dieses Bandes ist es, die Rezeption wichtiger Beiträge der ethnologischen Frauenforschung aus den anglo- und frankophonen Sprachgebieten zu erleichtern und diese und einige deutschsprachige Originalbeiträge einer breiteren Öffentlichkeit zugänglich zu machen. Der Band wendet sich demnach nicht in erster Linie an Ethnolog/inn/en, denen der eine oder andere Beitrag aus ansonsten schwer zugänglichen Fachzeitschriften schon bekannt sein mag. Die Originalbeiträge stammen von Mitgliedern unserer Arbeitsgruppe, die seit 1982 am Wiener Institut für Völkerkunde tätig ist. Der Werdegang der Arbeitsgruppe und der subjektiven Interessen ihrer Mitglieder beeinflußten natürlich ebenfalls die Beitragsauswahl, die keineswegs Anspruch auf umfassende Repräsentativität erheben will. Die Auswahl konzentriert sich auf sogenannte »primitive« oder einfache Gesellschaften und berücksichtigt daher staatlich organisierte Klassengesellschaften nur am Rande; lediglich die beiden zentralasiatischen Fallstudien (Khumbo in Nordostnepal und Mongolen) stammen aus dem Einflußbereich traditioneller außereuropäischer Staaten. Das Material über die eine wie über die andere Gruppe von Gesellschaften ist mittlerweile so reichhaltig – allein mit Studien über den islamischen Raum könnte ein eigener Sammelband zusammengestellt werden –, daß diese Beschränkung aus quantitativen Gründen notwendig war. Weil die Verwandtschaftsbeziehungen in den hier untersuchten Kulturen eine so eminente Bedeutung haben, bitten wir die nicht mit der Ethnologie vertrauten Leser/innen um entsprechende Geduld beim Einlesen in die manchmal schwer verständliche Verwandtschaftsterminologie, wobei das Glossar am Ende des Buches Hilfestellung leisten soll.

* * *

Nun zu den Beiträgen dieses Sammelbandes im einzelnen. Die Ersterscheinungsdaten der übersetzten Artikel reichen bis in die Mitte der 70er Jahre zurück und belegen somit auch die Geschichte der neueren ethnologischen Frauenforschung. So markiert z. B. der 1974 von Michelle Z. Rosaldo und Louise Lamphere herausgegebene Reader »Woman, Culture and Society« einen der Anfangspunkte der Diskussion.

Die Streuung in ältere Arbeiten aus den USA, Frankreich und Großbritannien und neuere, als Originalbeiträge erscheinende, aus dem deutschsprachigen Raum drückt somit die Zeitverschiebungen in der internationalen Diskussion aus. Der Auswahl der Artikel lag darüber hinaus auch das Anliegen der Repräsentation verschiedener Regionalgebiete, Subsistenzweisen und Verwandtschaftssysteme zugrunde.

Regional vertreten sind Afrika (die Mbum Kpau in Bridget O'Laughlins und die Gouro in Maxine Molyneux' Beitrag), Zentralasien (das von Diemberger, Hazod und Schicklgruber ausgeführte Beispiel der Khumbo und Käthe Uray-Köhalmys Bericht über die Mongolen), Südamerika (Elke Mader und Richard Gippelhauser über die Achuara), Nordamerika (Alice Schlegel über die Hopi), Australien (Barbara Glowczewski über die Warlpiri) und Neuguinea (die Baruya-Studie von Maurice Godelier in Eva Langheiters Beitrag). Die Artikel von Eleanor Leacock und von Carol MacCormack beziehen sich auf mehrere Gesellschaften in verschiedenen Weltregionen.

Die Stellung der Frau im Rahmen wildbeuterischer Subsistenz wird im erwähnten Beitrag über die australischen Warlpiri behandelt und in Eleanor Leacocks Aufsatz über egalitäre Gesellschaften, der auf mehrere Wildbeutergesellschaften, jedoch vor allem auf die der Montagnais-Naskapi in Labrador, Bezug nimmt.

Brandrodungsfeldbau ist/war bei den Mbum-Kpau, den Gouro, den Achuara und den Baruya Grundlage der Subsistenz. Der Gartenbau dominiert die ökonomischen Aktivitäten der nordamerikanischen Hopi, während bei den Khumbo in Nepal der Ackerbau gemeinsam mit der Viehzucht, in Form der Almwirtschaft, die Subsistenz bestimmt. Spezialisierte, nomadisierende Viehzucht schließlich war das Charakteristikum der traditionellen Ökonomie der Mongolen.

Im Bereich der Verwandtschaftsorganisation der in diesem Sammelband behandelten Gesellschaften gibt es ein deutliches Übergewicht patrilinearer Systeme. Dies entpricht nicht nur dem faktischen Überwiegen dieser Deszendenzsysteme im interkulturellen Vergleich, sondern soll auch die Variabilität der Stellung der Frau bei patrilinearer Abstammungsrechnung aufzeigen. Im vorliegenden Buch dienen einzig die Hopi als Beispiel einer matrilinearen Gesellschaft, während kognatische Verwandtschaftssysteme bei den Montagnais-Naskapi und den Achuara zu finden sind. Die stärkere Beachtung dieser kognatischen Systeme in den letzten Jahren kann vielleicht die falsche Dichothomisierung von Matrilinearität versus Patrilinearität bzw. die Frage nach ihrer historischen Aufeinanderfolge aufheben helfen.

Dieser Sammelband kann in einen eher theoretischen und einen eher empirischen Teil gegliedert werden. Die Unterscheidung ist jedoch keine absolute, da in den theoretischen Beiträgen mit Feldforschungsbeispielen operiert wird und der Darlegung empirischen Materials theoretische Fragestellungen zugrunde liegen. Dennoch ist in den ersten vier Artikeln die theoriengeschichtliche Auseinandersetzung zentral.

Der erste Beitrag in dieser Reihe stammt von der leider viel zu früh verstorbenen *Eleanor B. Leacock* (USA), der dieses Buch gewidmet ist. Ihre Anteilnahme an unserem Projekt und der Meinungsaustausch mit ihr haben das Buch in dieser Form erst ermöglicht.

Leacock war eine der Wegbereiterinnen moderner ethnologischer Frauenforschung, die für sie mehr war als ein bloßes »Mitbeachten« der Frauen in einer gegebenen Gesellschaft. Seit den frühen 50er Jahren war sie um ein adäquates Verständnis egalitärer Gesellschaften und der Stellung der Frau in ihnen bemüht, was auch Gegenstand des vorliegenden Artikels ist.

Leacock greift auf die These von Friedrich Engels zurück, wonach die effektive Unterordnung der Frau gegenüber dem Mann an die Entstehung des Privateigentums an Produktionsmitteln gebunden sei. Es gilt, die Stellung der Frauen in Produktions-, Distributions- und Konsumptionsverhältnissen zu erfassen, um die Struktur einer Gesellschaft analysieren zu können. Am Beispiel der Montagnais-Naskapi, einer Gesellschaft von Jägern und Sammlern in Labrador, veranschaulicht sie, wie sich durch die Art von Entscheidungsfindungen und deren Prozeßhaftigkeit die Qualität einer Nichtklassengesellschaft ausdrückt. Die direkte Abhängigkeit des Individuums von einer Gruppe stellt zugleich die Basis für individuelle Initiative und Entscheidungsfähigkeit dar. Die Autonomie der Frauen ist somit wesentlicher Bestandteil dieser und anderer Wildbeutergesellschaften.

Zentrales Anliegen von *Maxine Molyneux* (Großbritannien) ist das Aufzeigen und die Kritik des Androzentrismus, der verzerrten Darstellung unserer und anderer Kulturen zugunsten der Männer. Als Beispiel wählt sie die Arbeiten eines Hauptexponenten der marxistisch/strukturalistischen Richtung in Frankreich, Emmanuel Terray, über die Gouro der Elfenbeinküste.

Molyneux weist Terray ein Versagen bei der Erfassung der Produktionsverhältnisse nach, das durch die Nichtbetrachtung des Anteils der Frauen in der Produktion entsteht. Daraus ergibt sich eine unzulässige Reduktion der bestehenden Widersprüche in der Gouro-Gesellschaft auf jene zwischen alten und jungen Männern.

Das Scheitern von Terray und anderen an der Diskussion über die Gouro beteiligten Ethnologen an der Einbeziehung der Frauen in die Analyse ist nach Molyneux nicht in deren marxistischer Theorie und Methode angelegt, sondern in der androzentrischen Anwendung derselben.

Die strukturale Methode Lévi-Strauss' und seiner Nachfolger durchleuchtet *Carol P. MacCormack* (Großbritannien).

Sie hinterfragt die Analogie der Gegensatzpaare Natur: Kultur und Frauen: Männer, die von vielen Strukturalisten hergestellt wurde, und verweist auf die Herkunft dieser angeblich universellen Struktur aus dem westlichen Denken des 18. Jahrhunderts. Frauen können also nicht mit den Begriffen »passiv« und »Objekt« beschrieben werden, da sie sowohl in Verwandtschaftsangelegenheiten wie auch bei der Herstellung von Gütern und bei Dienstleistungen aktiv agieren.

MacCormack kritisiert die Unzulänglichkeiten der strukturalen Methode, ohne sie als solche grundsätzlich abzulehnen.
Auch *Eva Langheiter* (Wien) behandelt einen Beitrag der französischen Ethnologie, und zwar Maurice Godeliers Untersuchungen zur männlichen Vorherrschaft bei den Baruya im Hochland von Papua-Neuguinea sowie die jüngst dazu formulierte Kritik von Nicole-Claude Mathieu.
Die Analyse der materiellen und ideellen Mechanismen weiblicher Unterordnung bei den Baruya führt Godelier zur Schlußfolgerung, daß die hierarchischen Verhältnisse zwischen den Geschlechtern auf Dauer weniger durch »Gewalt von oben« als durch »Zustimmung von unten« aufrechterhalten werden können, also durch Zustimmung der Frauen zu den zentralen Wertvorstellungen der männlich dominierten Gesamtgesellschaft.
Mathieu kritisiert diese These unter Hinweis auf die unterschiedlichen materiellen und sozialen Bedingungen der Geschlechter, denen völlig verschiedene Bewußtseinsformen entsprechen. Selbst dort, wo eine rudimentäre Akzeptanz herrschender Ideen durch die Baruya-Frauen vorliege, setze dies eine grundsätzlichere, strukturelle Gewalt voraus, welcher die Mädchen schon durch ihre Sozialisation ausgeliefert sind.
Langheiter betont ihrerseits die von Godelier wie auch von Mathieu vernachlässigten Indizien für eigenständige Wertvorstellungen der Baruya-Frauen. Daß sich diese nicht in einer veränderten Praxis artikulieren, liege an den Verhältnissen und nicht zwingend an den Ideen.
Die Serie von Beiträgen, in denen hauptsächlich Feldforschungsergebnisse vorgelegt werden, beginnt mit einer Studie von *Barbara Glowczewski* (Frankreich) über die zentralaustralischen Warlpiri und deren Rituale.
Die Analyse der symbolischen Produktion der Warlpiri-Frauen und -Männer führt Glowczewski unter Bezugnahme auf eine Arbeit von Bruno Bettelheim zur Herausarbeitung eines komplementären dynamischen Systems. Dieses zielt darauf ab, den gegenseitigen Beistandsvertrag zwischen den Geschlechtern zu garantieren.
Glowczewski betont den eigenständigen Zugang der Frauen zur Traumzeit, und damit zu Grund und Boden. Warlpiri-Frauen sind also nicht, wie einige Ethnologen behaupten, vom rituellen Leben ausgeschlossen, sondern haben eine symbolische Produk-

tion, die vor Männern, also auch vor Ethnologen, geheim gehalten wird.
Die rituellen Aktivitäten der Frauen dienen, wie die der Männer, der Gesamtgesellschaft. Der komplementäre symbolische Diskurs der Frauen und Männer der Warlpiri-Gesellschaft stellt einen Versuch dar, die Geschlechterunterschiede und die widersprüchlichen Bedürfnisse nach Unabhängigkeit bei gleichzeitiger gegenseitiger Abhängigkeit auszutragen.
Im Rahmen einer marxistischen Analyse Althusserscher Prägung präsentiert *Bridget O'Laughlin* (USA) die Ergebnisse ihrer Forschungen bei dem Mbum Kpau des Tschad.
In der Ideologie der Mbum wird die Gebärfähigkeit der Frauen untrennbar an ihre Befolgung des Tabus, keine Hühner zu essen, gebunden. Dieses Speisetabu ist ein Ausdruck der gesellschaftlichen Hierarchie der Geschlechter, die durch eine Analyse der Produktion allein nicht zu erklären ist. Erst die Untersuchung der Strukturen der Reproduktion – im konkreten Fall des Brautpreissystems – zeigt die reale Basis der Unterwerfbarmachung der Frauen auf.
Hühner sind Bestandteil des Brautschatzes, und somit sind die Speisetabus der Mbum Kpau nicht nur bloßer Ausdruck der Hierarchie, sie weisen auch auf den Ort ihrer Entstehung und Perpetuierung hin.
Für *Elke Mader* und *Richard Gippelhauser* (Wien) ist bei den Achuara des oberen Amazonas das Verhältnis der Geschlechter zueinander eine zentrale Kategorie sozialer Organisation.
Diese Gesellschaft besteht aus relativ autonomen Lokalgruppen, Heiratsallianzen verbinden die Gruppen untereinander, wobei die jungen Männer zwischen den Lokalgruppen getauscht werden, während Frauen den stabilen Kern bilden. Eine strenge Trennung in männliche und weibliche Bereiche – die einander durchaus ebenbürtig sind – durchzieht Ökonomie und Weltbild der Achuara.
Widersprüche zwischen individuellen Wünschen und gesellschaftlichen Normen kommen besonders deutlich bei außerehelichen Liebesbeziehungen zum Ausdruck. Eine Vielzahl magischer Praktiken zielt darauf ab, solche Beziehungen zu etablieren und zu festigen, weiters existiert ein breites Spektrum von Handlungsmustern, um den entsprechenden Sanktionen zu entgehen. So bleibt dem Individuum, trotz teilweise repressiver Normen,

ein relativ großer Spielraum für die Verwirklichung seiner Gefühle und Wünsche.
Alice Schlegel (USA) analysiert »Männliches und Weibliches im Denken und Handeln der Hopi« anhand des matrilinear-matrilokalen Verwandschaftssystems und des Ritualzyklus.
Auf beiden Ebenen kommt die soziale und symbolische Ambivalenz der Männer zum Ausdruck, die sowohl dem Haushalt ihrer Mütter wie dem ihrer Ehefrauen verpflichtet sind und dabei sowohl bewahren als auch zerstören. Die mit den Frauen assoziierten Werten beziehen sich demgegenüber auf das Hervorbringen und Spenden von Leben. Frauen sind auf den Haushalt ihrer Mutterlinie ausgerichtet, über dessen Ressourcen sie verfügen.
Gemäß Schlegels Analyse wird die weibliche Dominanz im sozio-ökonomischen Bereich durch den bevorzugten Zugang der Männer zu politischen Entscheidungsebenen und zum Übernatürlichen balanciert.
Käthe Uray-Köhalmy (Ungarn) sieht den Stellenwert der Frau in der traditionellen mongolischen Nomandengesellschaft stark von den Allianzbestrebungen der patrilinearen Sippen geprägt.
Die Position der Frauen ist in allen Lebens-Stadien ambivalent. Mit der Einbindung der Frau in den patrilokalen Haushalt gelten für die Jungverheiratete strenge restriktive Verhaltensvorschriften. Mit der Heirat verliert die Frau ihren »Gürtel«, dessen Besitz sie bis dahin als vollwertiges Sippenmitglied auszeichnete.
Andererseits haben Frauen und Männer relativ gleichen Zugang zu Produktionsmitteln und Wissen – so können Frauen Vieh und Land erben, Krieg führen und Schamaninnen werden.
Die sexuelle Freizügigkeit in dieser Gesellschaft steht in Widerspruch zu allgemein verbreiteten Meinungen über Patrilinearität.
Hilde Diemberger, Guntram Hazod und *Christian Schicklgruber* (Wien) stellen die Analyse der Korrespondenz zwischen einem Ordnungsmythos, der stark von einer weiblichen Figur geprägt ist, und der realen gesellschaftlichen Praxis in den Mittelpunkt ihrer Betrachtungen über die Khumbo Nordost-Nepals.
Diese Praxis konstituiert sich zum einen in der Patriklanordnung, zum anderen in der Struktur des Haushalts. Während sich die patrilineare Klanordnung fast ausschließlich im Ritual äußert, regelt die bilaterale Struktur des Haushalts die sozioökonomischen Verhältnisse.

Dieser Widerspruch von Deszendenz und Residenz zeigt sich auch in der Interpretation weiblicher Fruchtbarkeit: ihre ordnungsgefährdende Potenz schließt die Frauen aus der Klanordnung aus, weist ihnen aber zugleich eine magische Position zu, die der sozial und ökonomisch bedeutsamen Rolle der Haushaltsmutter entspricht.

Patrilinearität ist daher nicht gleich Patrilinearität – sie erfährt erst im spezifischen Verhältnis zu anderen gesellschaftsstrukturierenden Momenten ihre jeweilige Signifikanz.

Anmerkungen

1 Cf. dazu M. Godelier (1976: 70-102).
2 C. v. Werlhof (1985), oder auch einige Beiträge in *Gesellschaft, Beiträge zur Marxschen Theorie* 14. (Frankfurt/M. 1981).
3 C. Meillassoux 1975.
4 Z. B. Frank (1969) und andere Vertreter der Dependencia-Theorie.
5 J. and M. Bloch (1980: 25-41).
6 S. Ortner and H. Whitehead (1985: 1-27). Für gegensätzliche Positionen cf. die Beiträge in M. Strathern (1987) oder der Nummer 11/1/1987 der Zeitschrift *Anthropologie et Sociétés*.
7 C. Bernard und E. Schlaffer (1984: 14-66).
8 Cf. dazu D. Bell, 1983, und M.J. Meggitt (1961).
9 Cf. dazu E. Leacock in diesem Band und N. Chagnon (1968).
10 Etwa M. Janssen-Jurreit (1979: 97-190), J. Schlehe (1987) oder M.B. Watson-Franke (1985: 1-14) und teilweise H. Zinser (1981).
11 Tendenzen in diese Richtung bei U. Wesel (1980).
12 H.-J. Hildebrandt (1983).
13 U. Wesel (1980: 54-66).
14 W. Dostal (1983: 61-86) bringt dazu interkulturelle Vergleichsdaten.
15 G. Völger und K. v. Welck (1985).
16 M. Janssen-Jurreit (1979: 164), M. Godelier (1978: 763-771).
17 M. Nadig 1986 sowie etwa M. Erdheim (1984), G. Devereux (1986).

Bell, Diane (1983): *Daughters of the Dreaming*, Sidney.

Benard, Cheryl und Schlaffer, Edit, (1984): *Die Grenzen des Geschlechts. Anleitungen zum Sturz des Internationalen Patriarchats*, Reinbeck bei Hamburg.

Bennholdt-Thomsen, Veronika/Mies, Maria/v. Werlhof, Claudia (1983): *Frauen, die letzte Kolonie. Zur Hausfrauisierung der Arbeit*, Reinbeck b. Hamburg.

Bloch, Jean and Maurice (1980): »Women and the Dialectics of Nature in eighteenth-century French thought«, in: MacCormack, Carol, und Marilyn Strathern (Hg.) (1980): *Nature, Culture and Gender*, Cambridge, S. 25-41.

Chagnon, Napoleon (1968): *Yanomamö. The fierce people*, New York.

Devereux, Georges (1986): *Frau und Mythos*, München.

Dostal, Walter (1983): »Die geschlechtliche Arbeitsteilung in ethnologischer Sicht«, in: Beat Sitter (Hg.): *Menschliches Verhalten. Seine biologischen und kulturellen Komponenten*, Fribourg, S. 61-86.

Erdheim, Mario (1980): *Die gesellschaftliche Produktion von Unbewußtheit. Eine Einführung in den ethnopsychoanalytischen Prozeß*, Frankfurt/M.

Frank, Andre Gunder (1969): *Kapitalismus und Unterentwicklung in Lateinamerika*, Frankfurt/M.

Godelier, Marice (1976): »Versuch einer Kritischen Bilanz«, in: Jaeggi, Urs (Hg.) (1976): *Sozialstruktur und politische Systeme*, Köln, S. 70-102.

derselbe (1978): »Societies, Infrastructures and History«, in: *Current Anthropology* 19, S. 763-771.

Hildebrandt, Hans Jürgen (1983): *Der Evolutionismus in der Familienforschung des 19. Jahrhunderts. Ansätze einer allgemeinen, historisch orientierten Theorie der Familie bei Johann Jakob Bachofen, John Ferguson McLennan und Lewis Henry Morgan*. Mainzer Ethnologische Arbeiten 4, Berlin.

Janssen-Jurreit, Marie Louise (1979): *Sexismus. Über die Abtreibung der Frauenfrage*, Frankfurt/M.

Meggitt, M.J. (1961): *Desert People. A Study of the Walbiri Aborigines of Central Australia*, Sydney.

Meillassoux, Claude (1975): *Die wilden Früchte der Frau*, Frankfurt/M.

Nadig, Maya (1986): *Die verborgene Kultur der Frau. Ethnopsychoanalytische Gespräche mit Bäuerinnen in Mexiko. Subjektivität und Gesellschaft im Alltag von Otomi-Frauen*, Frankfurt/M.

Ortner, Sherry and Whitehead, Harriett (Eds.) (1985): *Sexual Meanings. The cultural construction of gender and sexuality*, Cambridge.

Schlehe, Judith (1987): *Das Blut der fremden Frauen. Menstruation in der anderen und in der eigenen Kultur*, Frankfurt/M., New York.

Strathern, Marilyn (Hg.) (1987): *Dealing with inequality. Analysing gender relations in Melanesia and beyond*, Cambridge.

Watson-Franke, Maria-Barbara (1985): »Production and the Status of Women: An Anthropological Interpretation of Historical Materialism«, in: *Anthropos* 80, 1/3, S. 1-14.

Wesel, Udo (1980): *Der Mythos vom Matriarchat. Über Bachofens Mutterrecht und die Stellung der Frauen in frühen Gesellschaften*, Frankfurt/M.

Werlhof, Claudia v. (1985): *Wenn die Bauern wiederkommen. Frauen, Arbeit und Agrobusiness in Venezuela*, Bremen.

Völger, Gisela und Karin v. Welck (Hg.) (1985): *Die Braut. Geliebt-verkauft-getauscht-geraubt. Zur Rolle der Frau im Kulturvergleich*, 2 Bde., Köln.

Zinser, Hartmut (1981): *Der Mythos des Mutterrechts. Verhandlung von drei aktuellen Theorien des Geschlechterkampfes*, Frankfurt/M.

Eleanor Leacock
Der Status der Frauen in egalitären Gesellschaften: Implikationen für die soziale Evolution

Die Analyse des Status der Frauen in egalitären Gesellschaften ist von der Analyse der Gesamtheit der egalitären sozio-ökonomischen Struktur nicht zu trennen. Konzepte, die auf der hierarchischen Struktur unserer Gesellschaft basieren, verzerren beides. In der Folge werde ich auf die Tendenz eingehen, Horden- oder band-Gesellschaften solche Macht- und Besitzverhältnisse zu unterstellen, die unsere Gesellschaft charakterisieren. Diese Tendenz verschleiert die qualitativ anderen Verhältnisse, die bestehen, wenn Bande ökonomischer Abhängigkeit das Individuum direkt mit der Gruppe verknüpfen, wenn öffentliche und private Bereiche nicht dichotomisiert und wenn Entscheidungen im großen und ganzen von denen getroffen werden, die diese auch ausführen. Ich werde darüber hinaus versuchen zu zeigen, daß eine historische Herangehensweise und die Vermeidung ethnozentrischer Phraseologie bei der Erforschung dieser Gesellschaften klarmacht, daß deren Egalität für Frauen im selben Maß zutrifft wie für Männer. Außerdem möchte ich darauf hinweisen, daß dies für das Verständnis der sozialen Evolution von großer Wichtigkeit ist.

Aufzuzeigen, daß der Status der Frau in der egalitären Gesellschaft sich qualitativ von dem in unserer Gesellschaft unterscheidet, wirft auf verschiedenen Ebenen Probleme auf. Erstens sind die von Anthropologen erforschten Gesellschaften alle bis zu einem bestimmten Grad in weltweite ökonomische und politische Systeme integriert, in denen Frauen unterdrückt werden, und die meisten Gesellschaften sind schon jahrhundertelang Bestandteile dieser größeren Systeme. Anthropologen kennen diese historische Realität sehr wohl, pflegen sie jedoch zu ignorieren, wenn sie verallgemeinernde Beurteilungen über die sozio-ökonomischen Systeme von Vorklassengesellschaften treffen.

Ein zweites Problem ergibt sich aus der Selektivität der Forschung. Zu viele Fragen über Frauen wurden entweder gar nicht oder aber den falschen Adressaten gestellt und Lücken in den ethnographischen Berichten leichtfertig mit Klischees ausgefüllt. Bis vor kurzem reichte es für eine Ethnographie, die Partizipation der Frau in einer bestimmten Gesellschaft mit kurzen Bemerkungen über die Nahrungszubereitung und die Kinderpflege abzuhandeln. Daher kann eine leichtfertige Handhabung von kulturvergleichenden Daten ohne weiteres bestätigen, daß das westliche Ideal vom Status der Frau tatsächlich allgemeingültig ist. Diese Behauptung wird durch eine ethnozentrische Interpretation bestärkt. Generell wird, unter Verzicht auf empirische Belege, behauptet beziehungsweise angedeutet, daß Frauen in der einen oder anderen Gesellschaft einen niedrigen Status einnehmen. Unbelegt durch linguistisches oder anderes unterstützendes Datenmaterial etwa ist die beiläufige Feststellung, daß das Menstruationsblut verunreinigend sei und deshalb zum inferioren Status der Frauen beitrage – angeblicher Hinweis darauf, daß diese verbreitete westliche Einstellung der Abscheu doch tatsächlich auch in der untersuchten Kultur vorkomme.

Ein weiteres Problem für die Analyse des Status der Frauen in egalitären Gesellschaften ist ein theoretisches. Daß Frauen in diesen Gesellschaften autonom waren – das heißt, daß sie die Macht hatten, Entscheidungen über ihr eigenes Leben und ihre eigenen Aktivitäten im selben Maße wie die Männer über ihr Leben zu treffen –, ist nicht zu verstehen, solange der grundsätzliche Charakter individueller Autonomie in solchen Gesellschaften nicht klargemacht wird.

(Ich ziehe den Terminus »Autonomie« dem der »Gleichheit« vor, denn Gleichheit beinhaltet Rechte und Möglichkeiten, die spezifisch für Klassengesellschaften sind, und verwechselt Gleichartigkeit mit Gleichwertigkeit. Wer kann oder will, genau genommen, schon ganz gleich wie jemand anderer sein?) Sobald es zur Entwicklung von Führerschaft und Entscheidungsfällung kommt, werden die nicht auf Klassen basierenden Gesellschaften nicht länger qualitativ anders als die nach Klassen organisierten eingestuft, Unterschiede als rein quantitative verstanden und die Möglichkeit, daß in Nichtklassengesellschaften vollkommen andere Beziehungszusammenhänge wirken als dort, wo ökonomische Macht im Spiel ist, wird nicht berücksichtigt. Statt dessen werden als Ergebnis intellektueller Denkgewohnheiten, die von platonisch-metaphysischen Traditionen herkommen, universelle, individuelles Verhalten betreffende Kategorien aufgestellt, bezeichnet, gezählt, beschrieben oder irgendwie dadurch konkretisiert, daß man nicht bis zur Entdeckung der dahinterliegenden sozioökonomischen Prozesse vordringt.

Schwierig ist das Prinzip anzuwenden, daß jede Wirklichkeit aus ineinander verwobenen Prozessen und nicht aus ineinander verwobenen »Essenzen« oder Gegenständen besteht. Erst bei Berücksichtigung der Konzepte von Prozeß und Konflikt ist es möglich, diese auch zu konkretisieren. Da solche konkretisierten Auffassungen aus unserer eigenen Kultur abgeleitet werden, ist es kein Zufall, daß hierarchische Muster, ähnlich den unseren, überall dort »gerade erst beginnen sich zu entwickeln«, wo sie noch nicht voll ausgereift sind. Von der band zum Stamm, vom Stamm zum Häuptlingstum, vom Häuptlingstum zum Staat wird die Entwicklung der Entscheidungsfindungsprozesse quantitativ als progressive Veränderung hin zu westlichen Macht- und Kontrollformen angesehen. Fundamentale qualitative Unterschiede zwischen egalitären Gesellschaften und Klassengesellschaften gehen verloren. Eine hierarchische Betrachtungsweise der Geschlechterrollen paßt gut in dieses Schema: Daß Geschlechterrollen existieren, ist schließlich eine menschliche Universalie. Die Annahme, daß jeglicher Unterschied zwischen den Geschlechtern notwendigerweise Hierarchie bedeutet, gilt dann nicht als Ethnozentrismus, sondern als Ausdruck eines gesunden Menschenverstandes.

Die Konkretisierung der Auffassung vom »Stamm«, wie von Fried (1968, 1975) erarbeitet, ist ein gutes Beispiel dafür, worum es mir geht. Fried behauptet, daß Stämme, insofern sie als kulturell und territorial abgegrenzte und politisch integrierte Gruppierungen, bands oder Dörfer existieren, Produkte kolonialer Verhältnisse seien. In Ermangelung einer klaren Auffassung, die das bisherige Konzept ersetzen könnte, wird der Terminus »Stamm« weiterhin verwendet und nährt die zu Mißverständnissen führende Auffassung, daß egalitäre Völker in abgeschlossenen, territorial begrenzten Einheiten organisiert waren, uniform den Vorschriften der Bräuche gehorchten und durch die Autorität, sei sie auch noch so schwach, eines Häuptlings und/oder der Ratsversammlung kontrolliert wurden. Die Struktur ist nicht nur »kalt«, sie ist tatsächlich eingefroren. In Wirklichkeit waren die Menschen aber viel kosmopolitischer, als es der Terminus »Stammes-

mitglieder« zum Ausdruck bringt. Sie wanderten umher, machten Geschäfte, führten Verhandlungen und wählten ständig zwischen alternativen Handlungsmöglichkeiten.
Im Hinblick auf das Studium der Geschlechterrollen wird der Kern der tribalen Struktur üblicherweise in Begriffen unilinearer agnatischer Systeme erfaßt, die die formale, juridische Autorität im Gegensatz zum »familiären«, den Frauen zugeordneten Einflußbereich repräsentieren. Die Polarisierung der öffentlichen Autorität des Mannes und der privaten Einflußnahme der Frau wird als den Lebensbedingungen der Menschen immanent angenommen. Dadurch werden Bereiche, in denen Frauen sozial anerkannte Autorität ausübten, verschleiert oder abgewertet. Die Unterscheidung zwischen unilinearen und segmentierten Verwandtschaftssystemen wurde kürzlich, auf der Grundlage eines Vergleiches von melanesischem und afrikanischem Datenmaterial (Barnes 1971, Keesing 1971), in Frage gestellt. Ich behaupte, daß die Dichotomisierung nach »öffentlichem« und »privatem« Bereich ähnlich inadäquat für das Verständnis von Gesellschaften, die nicht nach Klassen strukturiert sind bzw. waren, ist. Sofern die sozialen Prozesse der präkolonialen Welt rekonstruiert werden können, tritt vielmehr in vielen Kulturbereichen die genaue Beschreibung und Gegenüberstellung von öffentlichen und privaten Sphären erst dort in Erscheinung, wo individuelle Familien bereits zu mehr oder weniger kompetitiven Einheiten geworden sind, die in Konflikt mit der Gemeinschaft von Familien, Horden oder Verwandtschaftsgruppen stehen. Der Gesamtkomplex der damit zusammenhängenden Prozesse von Spezialisierung, Austausch und Ausdehnung der Landarbeit stellt den ersten Schritt auf dem Weg zur Klassendifferenzierung dar. Obwohl es die Zufälligkeit der geschichtlichen Ereignisse mit sich brachte, daß diese Prozesse in der ganzen Welt von den kolonialen Verhältnissen völlig umgestaltet wurden, kann man doch einige ihrer wichtigsten Umrisse durch ethnohistorische Forschung und vergleichende Analyse feststellen.
Im Falle der Wildbeuter-Gesellschaften wird die Kontrolle, die Frauen über ihr eigenes Leben und ihre Aktivitäten ausübten, größtenteils als ethnographische Tatsache akzeptiert. Trotzdem unterstellen die meisten Autoren den Frauen einen irgendwie niedrigeren Status und eine unterwürfige Haltung gegenüber den »dominanten« Männern. Die bloße Existenz der verschiedenen

Rollen von Frauen und Männern gilt als ausreichende Erklärung, insbesondere eingedenk der Verantwortung der Frauen für das Kindergebären und Stillen. Die Möglichkeit, daß Frauen und Männer »anders, aber gleich« sein könnten, wird selten in Betracht gezogen. Das verwundert nicht weiter, da es gut damit übereinstimmt, daß Frauen in unserer eigenen Gesellschaft beschworen werden, die Vorteile der Verpflichtung, die die Mutterschaft ihnen auferlegt, doch zu schätzen. Daß ein gleichwertiger Status der Frauen sehr wohl auch mit der Gebärfähigkeit einhergehen kann, ist ein Gedanke, der erst jetzt empirisch untersucht wird (Draper 1975). Mir geht es darum klarzumachen, daß die Konzeptionen der band-Organisation neu zu überdenken sind, will man das Wesen der Autonomie von Frauen in Wildbeutergesellschaften verstehen. Die band als »familienorientiert« (Service 1966: 8) oder als »einfachen Zusammenschluß von Familien« (Sahlins 1961: 324) zu beschreiben, kann zwar in einer vereinfachten Weise dazu dienen, etwas von dem nicht hierarchischen und informellen Charakter des sozio-ökonomischen Lebens bei Wildbeutern zu vermitteln. Es impliziert aber auch, daß eine angeblich universelle »Familie« der Kern jeder Gesellschaft ist. Eine solche Auffassung von band, ob implizit oder explizit, läßt keine andere Alternative zu, als die Geschlechterrollen schon in band-Gesellschaften als einen Keim dessen wahrzunehmen, was sich dann erst in der Klassengesellschaft entwickeln wird. Dies impliziert ein Verständnis von historischer Evolution als Kontinuum, in dem die sozialen Strukturen quantitativ unseren heutigen immer ähnlicher werden, und nicht als Folge qualitativer Transformationen, in deren Verlauf sich die Beziehungen zwischen den Geschlechtern vollkommen verändert haben.

Um also die Problematik der Egalität der Geschlechter darzulegen, muß man sich einer Kombination von theoretischer und empirischer Neuüberprüfung bedienen. In der Folge werde ich anhand verschiedener Beispiele darlegen, was meiner Meinung nach dazu erforderlich ist. Das Datenmaterial kann man überall finden; es bildet ja das Gerüst des ethnographischen Berichtes.

Die Band

Vor 25 Jahren studierte ich auf der Labrador Halbinsel* die Montagnais-Naskapi und untersuchte die sich verändernden Beziehungen, die diese zu Fallenstellern und Händlern gewordenen ehemaligen Jäger dem Land und den Ressourcen gegenüber hatten. Damals entdeckte ich, daß die band, so wie sie damals verstanden wurde (Speck 1926: 277-78) – als eine recht geordnete Einheit mit einem Anführer, einem Namen und einem relativ abgegrenzten Territorium –, in der Vergangenheit einfach nicht existiert hatte. Missionare, Händler und Regierungsvertreter beklagten diesen Mangel und taten alles, um die band, wie man sie später verstand, überhaupt erst ins Leben zu rufen, während gleichzeitig vom Pelzhandel ein unentrinnbarer Einfluß ausging. »Es ist ein Irrtum, anzudeuten [...], daß die zunehmende Abhängigkeit vom Handel sich dahingehend auswirkte, daß sie vorher stabile soziale Gruppen zerstörte«, schrieb ich damals. Vielmehr »führten die Veränderungen, die der Pelzhandel mit sich brachte, zu stabileren bands mit umfassenderer formaler Organisation« (Leacock 1954: 20). Die von mir im Detail analysierten Berichte der Jesuiten-Missionare zeigen, daß die Montagnais-Naskapi-band im 17. Jahrhundert keine lose Verbindung von Familien darstellte, sondern eine saisonale Koalition kleinerer Gruppen, die gemeinsam fast den ganzen Winter der Jagd nachgingen. Diese Gruppen bestanden wiederum aus verschiedenen Residenzgruppen, die solange zusammenblieben wie es ihnen möglich war, und sich erst dann trennten, wenn die Nutzung weiterer Gebiete für die Jagd dies erforderte. Diese Residenzgruppen, aus mehreren und nicht aus einzelnen Familien bestehend, bildeten die sozio-ökonomischen Grundeinheiten (Leacock 1969, Rogers 1972: 133).

Bei Wildbeutervölkern variieren die saisonalen Muster des Zusammenkommens und Auseinandergehens entsprechend den ökologischen Gegebenheiten der verschiedenen Gebiete und den spezifisch angewandten Ausbeutungstechniken (Cox 1973, Damas 1969). Wesentlich ist jedoch die Tatsache, daß Aggregate, bestehend aus mehreren Familien, als sozio-ökonomische Grundeinheiten funktionieren, sich mit anderen solchen Einheiten verbinden und sich wieder voneinander trennen. Diese Zu-

* Im Nordosten Kanadas, Anm. d. Ü.

sammenschlüsse sind sehr flexibel. Sowohl Sympathie als auch eine lebensfähige Alters- und Geschlechter-Proportionalität sind die Grundlage ihrer Zusammensetzung; Blutsverwandtschaften sind wichtig, schließen Freundschaften aber nicht aus; wenn die formale Blutsverwandtschaft, so wie z. B. in Australien, besonders wichtig ist, wird mehr Wert auf klassifikatorische Verwandtschaften gelegt, die vor allem die Erwartungen der Reziprozität zum Ausdruck bringen, als auf genealogische Verbindungen, die häufig einen privilegierten Status bestimmen.
Die Unterschiede zwischen dieser Art von bands und den heute existierenden scheinen auf den ersten Blick gering zu sein, in Wirklichkeit aber sind sie tiefgreifend. Die moderne band besteht aus lose zusammengeschlossenen Nuklearfamilien, die in einem bestimmten Ausmaß von Handel oder von Arbeit außerhalb der Gruppe bzw. auf Regierungszuwendungen oder Unterstützungen von Missionaren angewiesen sind. Daher hat die moderne band einen Häuptling oder eine Art Anführer, der die gemeinschaftlichen Interessen bei Verhandlungen mit Regierungsbeamten, Geschäftsleuten oder Missionaren wahrnimmt; diese Vermittlerrolle kann auch von einzelnen Männern, die die Außenwelt als Vorstände von Nuklearfamilien akzeptiert, übernommen werden. Als unvermeidbare Begleiterscheinung der Abhängigkeit von politischen und ökonomischen Beziehungen außerhalb der Gruppe kristallisiert sich, wenn auch etwas unklar, ein öffentlicher Bereich als Gegenpol zu einer privaten »familialen« Sphäre heraus. Darüber hinaus ist dieser öffentliche, den Männern zugeordnete Bereich entweder bereits ökonomisch und politisch signifikanter oder ist zumindest gerade im Begriff, es zu werden.

Entscheidungsfindung in Wildbeutergesellschaften

Tatsächlich schwer zu begreifen ist die Tatsache, daß bezüglich der Struktur der egalitären band Führerschaft unserem Verständnis nach nicht bloß »schwach« oder »ansatzweise entwickelt« ist, wie meistens behauptet wird, sondern überhaupt irrelevant ist. Die Bezeichnungen »informell« und »unstabil«, die meistens der band-Gesellschaft zugeordnet werden, implizieren ein Suchen der band nach »Formalität« und »Stabilität«, wie wir es vereinfacht auffassen, und verhindern eine Interpretation der qualitativ anderen Organisationsform, die der modernen band vorausging und eine enorme Elastizität, Effektivität und Stabilität besaß. Die Tatsache, daß ein allgemeiner Konsens innerhalb und zwischen den multifamiliären Einheiten uneingeschränkt erreicht wurde, war wesentlich für das tägliche Leben und hat wahrscheinlich Implikationen, mit denen wir üblicherweise nicht konfrontiert werden. Individuelle Autonomie war eine Notwendigkeit und existiert noch heute als geschätztes Prinzip in einem hohen Maße unter den Nachkommen der Jäger und Sammler. Sie hing zusammen mit einer Lebensform, die eine starke individuelle Initiative und Entscheidungskraft ebenso erforderte wie die Fähigkeit, ungemein sensibel den Gefühlen der Mitbewohner gegenüber zu sein. Ich nehme an, daß persönliche Autonomie mit der direkten Abhängigkeit jeder Einzelperson von der Gruppe in ihrer Gesamtheit einherging. So gesehen, benötigt die Entscheidungsfindung andere als unsere Konzepte von Führerschaft und Abhängigkeit, Dominanz und Unterwerfung – unabhängig davon, wie lose diese Konzepte angewandt werden.

In der egalitären band-Gesellschaft wurden Nahrungsmittel und andere Lebensnotwendigkeiten von allen arbeitsfähigen Erwachsenen bereitgestellt oder erzeugt und direkt von ihren Herstellern verteilt (manchmal auch durch ein paralleles band-Mitglied, wodurch das Prinzip des Teilens ritualisiert wurde). Es ist allgemein bekannt, daß es keinen differenzierten Zugang zu den Ressourcen durch privaten Landbesitz und keine andere Spezialisierung der Arbeit als die der Geschlechter gab sowie kein Marktsystem, das in die direkte Beziehung von Produktion und Verteilung interveniert hätte. Was jedoch meist nicht berücksichtigt wird, ist, daß *die direkte Beziehung zwischen Produktion und Konsumption aufs engste mit der Zersplitterung der Autorität verbunden war.* Erst dann, wenn es Autoritätspersonen aufgrund irgendeiner Art von Kontrolle möglich wird, Ressourcen anderen vorzuenthalten, kann man von Autorität in unserem Sinne sprechen. Durch Erfahrung und Fähigkeiten, die zum Wohle der Gruppe beitragen, muß individuelles Prestige und Einflußnahme Tag für Tag unter Beweis gestellt werden.

Auch die tragisch bizarren Formen, die persönliche Gewalt unter den Wildbeutervölkern annehmen kann, deren Ökonomie gründlich und plötzlich zerstört wurde – wie kürzlich Turnbull (1972) über die Ik und Bates (1938) über die Aborigines des zentralen und

westlichen Australiens einer früheren Periode darlegten –, beeinträchtigten dieses Prinzip keineswegs; die Bitterkeit des von ihnen geschilderten kollektiven Selbstmordes unterstreicht es vielmehr.
Das Grundprinzip egalitärer band-Gesellschaften bestand darin, daß Individuen Entscheidungen über Aktivitäten fällten, für welche sie auch verantwortlich waren. Konsens wurde innerhalb der Gruppe angestrebt, die eine kollektive Aktivität ausführen wollte. Übertretungen der Rechte den anderen gegenüber wurden durch die Betroffenen selbst geahndet. Männer und Frauen, entsprechend der geschlechtlichen Arbeitsteilung als Interessensgruppen definiert, entschieden und handelten bei Differenzen in öffentlicher Art und Weise; so hielten z B. die Frauen der Montagnais-Naskapi im 17. Jahrhundert eine Ratsversammlung ab, um über einen arbeitsunwilligen Mann zu beraten. In einem anderen Fall brachten die Frauen bei den Pitjandjara im westlichen Zentral-Australien eine männliche Zeremonie zu vorzeitigem Abschluß, weil sie zur Nahrungsbeschaffung sehr weit gehen mußten und weiterziehen wollten (Tindale 1972: 244-45). In jenen Gesellschaften, in denen über die Eheschließungen der jungen Leute verhandelt wurde, schien dies eine Ausnahme vom Autonomieprinzip darzustellen. In dieser Angelegenheit hatten jedoch die jungen Leute meistens nicht nur ein Mitbestimmungsrecht, sondern es war auch sehr einfach, sich wieder scheiden zu lassen, und zwar auf Wunsch eines jeden Partners.
Die Aufsplitterung der Autorität in band-Gesellschaften bedeutet, daß die öffentlich-private bzw. juridisch-familiale Dichotomie, so bedeutend in einer hierarchisch organisierten Gesellschaft, hier nicht relevant ist. Die übliche analytische Praxis, auf quantitativer Basis entwickelte Kategorien für Vergleichszwecke aufzustellen, führt zur Feststellung, daß jene Entscheidungen, die von einem oder mehreren Individuen getroffen werden, eher privater Natur sind, während Entscheidungen, die eine große Anzahl von Menschen betreffen, eher öffentlicher Natur sind, und die Entscheidungsfindungsprozesse könnten in eben dieser Anschauungsweise aufgezeichnet und bewertet werden. Meine Meinung ist, daß eine Analyse, die solchen Kriterien folgt, weiterhin die tatsächlichen Entscheidungsfindungsprozesse in egalitären Gesellschaften verschleiert, indem sie diese in Begriffen von Autorität und Abhängigkeitsmustern faßt, die nur charakteristisch für unsere Gesellschaft sind.

Der Status der Frauen

Bezüglich der Autonomie der Frauen gab es in der Struktur egalitärer band-Gesellschaften keine Notwendigkeit einer besonderen Unterordnung der Frau gegenüber dem Mann. Es existierten keine ökonomischen oder sozialen Verpflichtungen, die die Frauen gezwungen hätten, den Bedürfnissen und Gefühlen der Männer gegenüber sensibler zu sein als umgekehrt. Das traf sogar für Jägergesellschaften zu, in denen die Frauen nicht den Hauptanteil der Nahrung beisteuerten. Der Bericht der »Jesuit Relations« über das Leben der Montagnais-Naskapi des 17. Jahrhunderts bringt dies klar zum Ausdruck. Nach Le Jeune existierten Auseinandersetzungen und Streitigkeiten unter den Eheleuten fast nicht, da jedes Geschlecht seinen eigenen Aktivitäten nachging, ohne sich in jene des anderen »einzumischen«. Le Jeune beklagte, daß die Montagnais »sich vorstellen, es stehe ihnen das Geburtsrecht zu, die Freiheit von jungen Wildeseln zu genießen, ohne irgend jemandem Referenzen entgegenzubringen«. Indem er feststellte, daß Frauen »große Macht« ausübten, brachte er seine Ablehnung darüber zum Ausdruck, daß die Männer offensichtlich nicht bereit waren, ihre Ehefrauen zu zwingen, ihnen zu »gehorchen«, oder ihnen sexuelle Treue vorzuschreiben. Er wies die Indianer auf diesen Mangel hin und berichtete von einem Fall: »Ich habe ihm dann gesagt, daß er der Herr ist und daß in Frankreich die Frauen nicht über ihre Ehemänner herrschen.« Le Jeune war auch beunruhigt durch die direkten, unzüchtigen Scherze und Aufreizungen, die die Frauen genauso wie die Männer machten. »Ihre Sprache hat den üblen Geruch von Abwässern«, schrieb er. Die »Jesuit Relations« spiegeln das Programm der Jesuiten wider, die Indianer zu »zivilisieren«. Im Laufe des 17. Jahrhunderts waren sie bemüht, die Prinzipien der formalen Autorität zu realisieren, belehrten die Menschen, den neu gewählten Häutlingen zu gehorchen, und führten Bestrafungsmethoden ein, um die männliche Autorität über die Frauen durchzusetzen. Kein Datenmaterial kann die Distanz zwischen hierarchischen und egalitären Organisationsformen besser illustrieren als der Bericht der Jesuiten über diese Ambitionen selbst (Leacock 1975, 1977; Leacock und Goodman 1977).

Nichtsdestoweniger wird die universelle weibliche Unterordnung unter die Männer behauptet, Jagd und Krieg als männliche Berei-

che werden mit Macht und Prestige zum Nachteil der Frauen assoziiert. Was gibt es dazu zu sagen?
Antworten darauf lassen sich auf verschiedenen Ebenen finden. Erstens ist es notwendig, die Übertreibungen vom Mann als Jäger und Krieger zu modifizieren. Auch Frauen jagten individuell, wie später am Beispiel der Ojibwa gezeigt werden wird, und sie nahmen an Jagdunternehmungen teil, die oft von größter Wichtigkeit waren. Männer taten vieles, was nichts mit der Jagd zu tun hatte. Kriege wurden selten oder gar nicht geführt. Die Assoziation von Jagd, Krieg und maskuliner Selbstbehauptung ist bei Jägern und Sammlern überhaupt nicht zu finden, außer in Australien, und hier nur sehr eingeschränkt. Vielmehr ist sie für Gartenbaukulturen in bestimmten Gebieten charakteristisch, vor allem in Melanesien und im Amazonas-Tiefland.
Weiterhin ist es auch notwendig, erneut zu überprüfen, ob diese männlichen Aktivitäten in der Vergangenheit tatsächlich höheres Prestige genossen als die Schaffung neuen menschlichen Lebens. Ich verstehe natürlich die Skepsis, mit der Frauen dem Argument, ihre Gebärfähigkeit sei genauso hoch oder sogar noch höher eingeschätzt worden als irgendetwas, was ein Mann zuwege bringen konnte, begegnen. Frauen bekommen heute nur zu hören, sie sollten sich doch mit der wunderbaren Fähigkeit, Leben zu schenken, und mit der postulierten Neigung zur »Mutterschaft«, um es in sentimentalen Worten auszudrücken, zufriedengeben. Mit Recht erkennen die Frauen hinter solchen Beschwörungsformeln die Aufforderung: »Kämpfe nicht für eine Statusänderung!« Die Tatsache jedoch, daß das Kindergebären mit der heutigen Unterdrückung der Frauen in Zusammenhang gebracht wird, heißt nicht, daß dies auch in früheren gesellschaftlichen Formationen der Fall war. In dem Ausmaß, in dem Jagd und Kriegsführung (genau genommen könnte man eher von sporadischen Überfällen sprechen) Bereiche männlicher Ritualisierung waren, waren sie allein dies und nichts anderes: Bereiche männlicher Ritualisierung. In größerem oder kleinerem Ausmaß nahmen Frauen an Ritualen teil und waren an rituellen Fruchtbarkeitszeremonien entweder gemeinsam mit Männern oder getrennt von diesen beteiligt. Anzunehmen, daß die männlichen Teilnehmer wichtiger waren als die weiblichen, oder leichtfertig diesbezügliche Aussagen der späteren männlichen Informanten zu akzeptieren, bedeutete, die Grundfunktion der dichotomisierten Geschlechtersym-

bolik in egalitären Gesellschaften mißzuverstehen. Die Dichotomisierung ermöglichte die Ritualisierung der reziproken Rollen von Männern und Frauen, die die Gruppe aufrechterhielten. Sobald sich jedoch eine Rangordnung zu entwickeln begann, wurde Dichotomisierung zum Mittel, männliche Dominanz durchzusetzen, und mit der vollen Entwicklung von Klassen verstärkten Geschlechterideologien die Ungleichheit, die die Grundlage ausbeutender Strukturen waren.

Die australischen Aborigines werden immer wieder als das Beispiel für die weltweite Unterordnung der Frau gegenüber dem Mann angeführt. Das Datenmaterial benötigt eine ethnohistorische Überprüfung, da die ungeheuren Veränderungen, die in den letzten zwei Jahrhunderten in Australien stattgefunden haben, bei der Berücksichtigung des rituellen Lebens und der männlichen Brutalität den Frauen gegenüber nicht ignoriert werden können. Seuchen, direkte Praktiken des Genozids und die Vertreibung von ihrem Land brachten die Urbevölkerung Australiens in den 30er Jahren auf ihren Tiefststand; erst die Beendigung des direkten Völkermordes, die Verteilung von Nahrungsmitteln durch Missionen und die Verringerung der Kindersterblichkeit ließen einen erneuten Bevölkerungszuwachs wieder zu. Die mit diesem einhergehende Intensivierung des zeremoniellen Lebens beschreibt Godelier (1973: 13) wie folgt:

> Dieses [...] Phänomen politisch-religiöser Art bringt natürlich den Wunsch dieser Gruppen zum Ausdruck, ihre kulturelle Identität wieder zu behaupten und dem auf ihnen lastenden zerstörerischen Druck des Beherrschungs-/Herrschafts-/ und Akkulturationsprozesses, der sie ihres Bodens beraubt hat und ihre alten religiösen und politischen Praktiken einem systematischen Erosions- und Vernichtungswerk aussetzt, zu widerstehen.

Die zeremonielle Weiterentwicklung war unter den Bedingungen der Unterdrückung auf ein erneuerndes ethnisches Selbstverständnis ausgerichtet. Darüber hinaus wurde in den Reservaten die ökonomische Autonomie der Frauen gegenüber den Männern durch mildtätige Gaben, die man den Männern als Familienoberhäuptern gab, unterminiert sowie durch die sporadischen, den Männern vorbehaltenen Gelegenheiten, für Geld zu arbeiten. Anzunehmen, daß zeitgenössisches Datenmaterial von Ritualen schon immer gültige symbolische Strukturen der australischen Aborigines wiedergibt, hat zur Folge, daß wir diese Menschen in eine zeitlose »traditionelle Kultur« einfrieren, die sich weder ändert noch entwickelt, sondern nur untergehen kann; dies heißt auch, sie ihrer Geschichte zu berauben. Bereits Spencer und Gillen (1968: 443) stellten zu ihrer Zeit fest, daß die Frauen bei den Arunta wahrscheinlich immer seltener an den Zeremonien teilnehmen würden.

Geht es um Australien, so ist der Hinweis auf die männliche Brutalität gegenüber Frauen allgemein üblich geworden. Natürlich ist nicht jede Gewalttätigkeit dem europäischen Kolonialismus zuzuschreiben, es wäre jedoch krasser Ethnozentrismus, ja sogar Rassismus, anzunehmen, die grausame Brutalität, die Ausrottungsversuche, mit denen die Europäer den Aborigines entgegentraten, seien ohne tiefgreifende Auswirkungen geblieben. Eine häufig vorkommende Reaktion auf eine Niederlage besteht darin, die Gewalt nach innen, gegen sich selbst zu richten. Dieser Prozeß ist dann reversibel, wenn Menschen die politische Reife und organisatorische Stärke erreichen, sich mit der Ursache ihrer Probleme zu konfrontieren, so wie es in letzter Zeit bei den Aborigines der Fall war.

Andererseits gibt es Hinweise dafür, daß Frauen sich in diesem Jahrhundert öffentlich energisch wehren, ihren Ehemännern gelegentlich sowohl verbal als auch mittels der Keule zusetzen und daß Frauen wie Männer öffentlich streiten. Dies macht eine beharrliche Tradition von Autonomie deutlich (Kaberry 1939: 25-26, 181). Bezüglich »dieser reziproken Rechte und Pflichten, die anerkannterweise jeder Ehe innewohnen«, schreibt Kaberry (S. 142-43):

> Ich persönlich habe zu viele Frauen gesehen, die ihre Ehemänner mit einem Tomahawk oder sogar mit deren eigenen Bumerangs angreifen, um sie stets als Opfer von Mißhandlungen zu sehen. Ein Ehemann kann vielleicht versuchen, seine Ehefrau zu schlagen, wenn sie nicht genügend Nahrungsmittel beigebracht hat, aber ich habe noch nie eine Ehefrau gesehen, die unterwürfig stillsteht, um die Strafe für ihre tadelnswerte Handlung entgegenzunehmen. Beim Streit kam es schon vor, daß sie als erste zuschlug und für den Fall, daß die Frau sich offensichtlich in der Gefahr befand, ernsthaft verletzt zu werden, konnte einer der Umstehenden einschreiten, was meines Wissens meistens der Fall war.

Bei einem Streit entschied auch nicht die größere Kraft des Mannes, denn die Ehefrau »konnte ihre Sachen und Haushaltsgüter zusammenpacken und in das Lager eines Verwandten ziehen [...], bis der Verlust des ökonomischen Partners [...] den Ehemann wieder zur Vernunft brachte und er eine Versöhnung herbeizuführen versuchte« (S. 143). Kaberry folgert daraus, daß der wesentliche Punkt bezüglich der Unentbehrlichkeit des wirtschaftlichen Beitrages der Frau »nicht nur ihre bedeutende Wichtigkeit als Wirtschaftsfaktor ist, sondern auch ihre Macht, diese zu ihrem eigenen Vorteil in anderen Bereichen des Ehelebens zu nützen«.

Zu unterstreichen gilt es auch einen anderen Aspekt: solche Streitigkeiten haben, auch wenn es oberflächlich so erscheinen mag, nicht die gleiche strukturelle Ebene wie ähnliche Streitigkeiten in unserer eigenen Gesellschaft. Bei uns wird die Reziprozität der ehelichen Rechte und Pflichten im Rahmen einer sozialen Ordnung bestimmt, die den Unterhalt durch bezahlte Lohnarbeit gewährleistet, während die Ehefrauen gesellschaftlich wichtige, aber unbezahlte Dienste im Haushalt leisten. Die Dichotomie zwischen »öffentlicher« Arbeit und »privatem» Haushalt verschleiert die »Sklaverei« der Frauen im Haushalt. In allen Gesellschaften haben die Frauen versucht, ihre Situation so vorteilhaft wie möglich zu beeinflussen, aber sie sind in unserer Gesellschaft, strukturell gesehen, in einer qualitativ anderen Position als in jenen Gesellschaften, in denen die »Haushaltsökonomie« die *gesamte* Ökonomie ausmacht. Hinweise auf die Autonomie der Frauen in Entscheidungsfragen, die ihr eigenes Leben betreffen, sind in solchen Gesellschaften häufig zu finden. Damit einher geht eine autonome Anschauungsweise, wie Kaberry, wieder für die Kimberly Leute, aufzeigte: »Die Frauen, soweit ich das durch ihr Verhalten feststellen konnte«, schreibt sie, »verblieben bedauerlich profan in ihrer Haltung den Männern gegenüber«. Zwar bewunderten sie die jungen Männer sehr, wenn sich diese in ihrem zeremoniellen Putz/Schmuck/Gewand zeigten, aber »das ausgesprochene Lob deutete an, daß die Zuschauerinnen die Männer als zukünftige Liebhaber betrachteten und nicht als gottähnliche Individuen« (S. 230). Zusammenfassend stellt Kaberry fest, daß »es fraglos nicht so ist, daß das heilige Erbe des Stammes nur mit den Zeremonien der Männer identifiziert wird. Jene der Frauen gehören ebenso dazu« (S. 277). Zu den Vorstellungen der »Entweihung« sagt sie: »Die Frauen sind bezüglich der Rituale der Männer profan und nicht initiiert; die Männer sind bezüglich der Rituale der Frauen profan und nicht initiiert« (S. 277).

Das Datenmaterial zur Autonomie und zur Nichtexistenz einer besonderen Unterwürfigkeit der Frauen bei den Montagnais-Naskapi des 17. Jahrhunderts ist eindeutig, und obendrein handelte es sich um eine Gesellschaft, in der die Jagd eine besonders wichtige Rolle spielte. Die Frauen stellten Kleidungsstücke und anderes Notwendige her, steuerten aber viel weniger Nahrung bei, als es sonst bei Jägern und Sammlern üblich war. Im 17. Jahrhundert waren sowohl Frauen als auch Männer Schamanen, obwohl man sich anscheinend nicht mehr daran erinnert. Als mächtige Schamanen war es ihnen möglich, die Männer zum Kampf aufzurufen. Die Männer zelebrierten einige mit der Jagd zusammenhängende Feste, von denen die Frauen ausgeschlossen waren. Ähnlich waren die Männer von den Festlichkeiten der Frauen ausgeschlossen, über die wir heute allerdings nicht mehr wissen, als daß sie stattgefunden haben. Die Frauen hielten ihre eigenen Versammlungen ab, sowohl in Krisenzeiten als auch dann, wenn die öffentliche Ermahnung nicht ausreichte, einen Mann zu gutem Benehmen anzuhalten. Gerade bei Kriegszügen wird alles andere als das Dominanz-Unterwürfigkeitsverhalten offensichtlich. In früheren Zeiten führten die Montagnais-Naskapi Feldzüge gegen die Irokesen, die ihre Pelzjagdterritorien ausdehnten. Die Wut, mit der die Frauen die Männer zum Kampf anstachelten, und die grauenvollen und langwierigen Subtilitäten beim Martern der Gefangenen, die die Frauen sich ausdachten, stoßen uns vor den Kopf. Der zentrale Aspekt war dabei jedoch nicht der, sich selbst »als siegreichen Helden zu feiern«, sondern an den Irokesen Rache zu nehmen für den Tod der eigenen Männer.

Grobe und subtile Fehler der Ethnographie

Trotz dieses Beweismaterials ist die relative männliche Dominanz und die weibliche Unterwürfigkeit ein durchgängiges Thema der Ethnographie. Das Ausmaß der Verdrehung des Datenmaterials durch eine unhistorische Herangehensweise, die jahrhundertealte Richtungsänderungen übersieht, sowie durch ethnozentrische Interpretationen, die auf der bloßen Annahme von öffentlich-prestigeträchtigen Männern versus privat-unterwürfigen Frauen basieren, machen die zwei folgenden Beschreibungen einer Jägergesellschaft offensichtlich:

In der einen werden die Frauen als äußerst unabhängig, als sich selbst versorgend und »weit vielseitiger als Männer« dargestellt. Sie sind sehr stolz und interessiert an ihrer Arbeit, besonders auf ihre handwerklichen Fähigkeiten bei der Lederarbeit und beim Sticken. »Mädchen werden angehalten, Arbeit in solch einer Qualität auszuführen, daß es Neid und Anerkennung erregt«. Eine gute Arbeiterin genießt in weiten Kreisen hohes Ansehen, andere Frauen kommen zu ihr, um von ihr zu lernen und einige ihrer Arbeiten zu erstehen. Die Männer hören bei den Unterhaltungen der Frauen zu, um etwas über »begabte Frauen« in Erfahrung zu bringen, die sie dann für die Ehe auswählen möchten. Frauen erhalten »öffentliche Anerkennung« als Hebammen und Naturheiler (eine auch von Männern ausgeführte Betätigung), und manche von ihnen sind an der Heilkunde so sehr interessiert, daß sie »mit Personen aus weitentlegenen Gruppen Handel treiben [...], um Kräuter zu ergattern, die bei ihnen selbst nicht heimisch sind.« Frauen werden bekannt als Läuferinnen oder Sportlerinnen anderer Disziplinen, in denen sie sich mit Männern messen und diese durchaus auch besiegen, und sie finden im Krieg die Anerkennung der männlichen Mitstreiter, da »ein Mädchen, das sich als Krieger qualifiziert, auch als Krieger betrachtet wird und nicht etwa als ein sonderbar geartetes Mädchen«. Frauen komponieren Lieder und Tänze, die populär werden können und dann über Generationen weitergegeben werden, und sie stellen wunderbare Masken her, die in wichtigen Bär-Zeremonien Verwendung finden.

Junge Mädchen begleiten oft ihre Väter auf Jagdzügen, so daß sie sich gewöhnlich sowohl die Fertigkeiten der Männer als auch die der Frauen erwerben. Im Leben der Frauen kommt es häufiger zu Veränderungen als in dem der Männer, und viele Frauen versorgen sich irgendwann in ihrem Leben selbst, indem sie jagen, und zwar in einer Paarkombination von Mutter-Tochter, Schwester-Schwester und Großmutter-Enkelin. Manche Frauen unterstützen auf diese Weise für einige Zeit ihre arbeitsunfähigen Männer. Wenn es erforderlich ist, stellen Frauen, die geschickt genug sind, ihre eigenen Kanus her. Im großen und ganzen »sind Frauen, die die Arbeit der Männer übernehmen, als einfallsreich und unbekümmert zu charakterisieren«. Frauen verfolgen, wählen oder verlassen eigenmächtig den Ehemann oder Liebhaber oder beschließen, für längere Zeit unverheiratet zu bleiben. Eine zu offene, lockere oder störende Promiskuität wird nicht gerne gesehen, und es gibt einige Ressentiments, wenn ein unverheiratetes Mädchen ein Kind bekommt. Wenn sie oder der Kindesvater einander jedoch nicht heiraten wollen, hat eine Frau mit einem Kind keine Schwierigkeiten, einen Ehemann zu finden, so sie einen will.

Frauen sind für Visionen empfänglicher als Männer, und diese Empfänglichkeit verleiht ihnen überirdische Kräfte; bei Jünglingen müssen die Visionen durch Isolation und wiederholtes Fasten künstlich herbeigeführt werden. An langen Winterabenden erzählen ältere Frauen Geschichten über Frauen, von denen sich manche tatsächlich ereigneten, einige davon sind halbwahr und andere Legenden.

Im Gegensatz dazu stellt die zweite Beschreibung eine Jägergesellschaft dar, in der die Frauen »inferior« sind und es ihnen an einer »besonderen Ausbildung« ermangelt, in der es verallgemeinernd heißt, »daß jeder Mann eigentlich jeder Frau weit überlegen« sei und in der den Frauen beigebracht wird, »als Empfängerin männlicher Gunst sowohl ökonomischer als auch sexueller Natur zu fungieren und die Nichtbeachtung seitens der Männer zu akzeptieren«. Die Aktivitäten der Männer sind häufiges Gesprächsthema und werden öffentlich bekannt gemacht, während die Arbeiten der Frauen »unveröffentlicht« bleiben; die »Mythologie handelt von den Beschäftigungen der Männer und deren Auszeichnungen«. »Künstlerinnen – in auffallendem Gegensatz zu talentierten Männern – finden weder Auszeichnung noch bringt man ihnen jene Achtung entgegen, die allgemeinen Respekt anzeigt«. Statt dessen »werden Frauen in die Rolle von Zuschauern gedrängt, die die (Männer) mit angehaltenem Atem beobachten und bewundern«. In der Welt der Männer wird »keine Frau individuell von den anderen unterschieden«, und obwohl Frauen »den Wert ihrer Arbeit ebenso besprechen wie die Männer den Wert ihrer Arbeit [...], gelten diese Diskussionen und Prahlereien nicht als offiziell wie jene der Männer, sondern werden als Tratsch abgewertet«. In sexueller Hinsicht mißt man die Frauen mit doppeltem Maßstab. Die pubertären Aktivitäten der Knaben finden Aufmerksamkeit, die Mädchen hingegen werden während der Menarche mit der Begründung isoliert, sie seien voller »unheilvoller Kräfte«.

Diese letztere Gesellschaft scheint uns sehr vertraut, um so mehr wundern wir uns über die vorher geschilderte. Die Sache ist aber die, daß hier nicht nur zwei Mal ein und dasselbe Volk beschrieben wird, sondern daß ich die Beiträge aus einer Monographie, *The Ojibwa Woman*, von Ruth Landes (1938: viii, 5, 11, 18-19, 23-25, 42, 128-32, 136, 140, 180) selektiv ausgewählt habe. Ich bedaure es, eine Studie kritisieren zu müssen, die eine volle und ausführliche Dokumentation der Aktivitäten und Interessen von Frauen vorlegt, jedoch hat Landes ihren eigenen Beitrag zum Verständnis der geschlechtsspezifischen Rollen in einer Jägergesellschaft selbst unterminiert, indem sie die Frauen durch unüberprüfte und ethnozentrische Phraseologie abwertete.

Es finden sich unzählige Widersprüche in ihrer Studie. Landes berichtet klar und unzweideutig über den Erfindungsreichtum der Frauen und über die Tatsache, daß ihren Aktivitäten ein größerer Spielraum gewährt wird als jenen der Männer, schreibt dies dann jedoch der »allgemeinen Atmosphäre kultureller Indifferenz, die sie umgibt«, zu sowie »oberflächlich und negativ formulierten Idealen, mit denen die Tradition für sie Sorge zu tragen vorgibt« (S. 181). In einem anderen Zusammenhang spricht sie von Frauen, »die durch ihre Arbeit Selbstbewußtsein entwickeln« und »in der entgegengebrachten Anerkennung ihre Befriedigung finden«, fällt aber das Urteil, hierdurch würden »männliche Motivationen in die Arbeit der Frauen« eingebracht (S. 154-55). Dennoch werden Frauen nicht im Sinne konkurrierenden Strebens und mittels der Beschämung durch eine Niederlage beim Erlernen weiblicher Fertigkeiten erzogen, so Landes, sondern lernen diese durch Spiele, die die gleichen Anforderungen an »Buben und Mädchen, an Männer und Frauen« stellen und bei denen beide Geschlechter »merken, daß ihre Selbstachtung vom Ergebnis des Spiels abhängt« (S. 27, 155). In einem anderen Zusammenhang schreibt sie: »Mädchen werden zu Arbeiten von so hoher Qualität angespornt, daß sie Bewunderung und Neid hervorrufen« (S. 19) und »individuelle Unterschiede in den Fähigkeiten sehr wohl beachtet werden« (S. 27). Landes führt darüber hinaus an, daß Mädchen »protektive« Namen erhalten, um an einer anderen Stelle kommentarlos von einer Schamanin namens »Thunder Woman« (S. 29, 37) zu berichten sowie von einer weiblichen Kriegerin, die »Chief Earth Woman« (S. 141) hieß, und einer Schamanin namens »Iron Woman«, »die sogar die besten männlichen Spieler« bei Glücks- und Geschicklichkeitsspielen schlug (S. 26-27, 62-63, 137).

Die hauptsächliche Arbeitsteilung besteht nach Landes darin, »daß Männer jagen und Rohmaterialien herbeischaffen und Frauen diese verarbeiten« (S. 130-31). Die Arbeit des Mannes gestaltet sich nicht so vielfältig wie die der Frau, »aber sie wird kulturell als ungleich interessanter und honorabler eingestuft« (S. 131). »Die Arbeit der Frau wird gewöhnlich [von den Männern] ignoriert« (S. 18). Und was meint Landes zum Interesse, das sowohl Frauen als auch Männer für Frauenarbeit zeigen? Sie schreibt, daß »eine ausgezeichnete handwerkliche Leistung die *informelle* Anerkennung der Frauen hervorruft, die so groß ist wie die Anerkennung der Männer einem Knaben gegenüber, der Talent bei der Jagd zeigt« (S. 18-19, Hervorh. E.L.); daß ein Ehemann mit der handwerklichen Arbeit seiner Ehefrau prahlt; daß Männer von talentierten Arbeiterinnen, die sie eventuell ehelichen möchten, dadurch erfahren, »daß sie den *Tratsch* ihrer eigenen weiblichen Verwandten heimlich belauschen« (S. 19, Hervorh. E.L.). Nachdem Landes so die Welt der Frauen als eine »private« und wenig prestigeträchtige etablierte, führt sie später eine weitere übliche Stereotype an – daß Frauen sich in sexuellen Belangen den Männern gegenüber »passiv« verhalten: »Männer scheinen bezüglich der Liebe artikulierter zu sein als Frauen. Denn es sind die Männer, von denen es heißt, sie seien auf ihre Ehefrauen stolz, nicht aber umgekehrt« (S. 120).

Ich behaupte nicht, daß Landes es versäumte, sowohl von Männern als auch von Frauen Aussagen über die größere Bedeutung der Arbeit der Männer sowie Aussagen mit genau konträrem Inhalt zu sammeln. Zur Zeit ihrer Feldforschung war die Arbeit der Männer tatsächlich bedeutsamer. Die Reziprozität der geschlechtlichen Arbeitsteilung war schon lange einer starken Abhängigkeit von Handelsgütern gewichen. »Seit der Ankunft der Händler«, schreibt Landes, »haben die Ojibwa-Männer gelernt, Tauschhandel zu betreiben. Sie handeln mit Pelzen und Fleisch, welches sie sich erjagt haben, und da die Männer eher als die Frauen dasjenige besaßen, was die Weißen begehrten, wurden sie die Händler« (S. 134). Die Tatsache, daß die Frauen so autonom blieben wie bei den Ojibwa, ging offensichtlich darauf zurück, daß die Jagd weiterhin die Hauptnahrungsquelle blieb und die Frauen oft sich selbst und ihre Familie durch die Jagd erhalten konnten.

Die Abwertung des Status der Frauen bei den Ojibwa durch

Landes, trotz ihrer eigenen gegenteiligen Beweise, beruht zum einen auf den Widersprüchen, die auf die stattgefundenen Veränderungen der sozioökonomischen Position der Frauen zurückzuführen sind, zum anderen auf einem Mangel an kritischer und historischer Orientierung ihrem eigenen Material gegenüber. Trotzdem verdient Landes Anerkennung dafür, daß sie so ausführliches Material über Frauen zur Verfügung stellte, das eine explizite Kritik ihrer Arbeit überhaupt möglich macht.

Die Untersuchungsergebnisse zu den Irokesen zeigen ähnliche Widersprüche auf. Die Gesellschaftsstruktur der Irokesen des 17. und 18. Jahrhunderts, die trotz Gartenbaukultur doch noch egalitär war, ist für den hohen Status der Frauen bekannt. Ländereien wurden durch die Matrilinien weitervererbt, die Matronen regelten die wirtschaftlichen Angelegenheiten der gemeinschaftlichen »Langhäuser«, sie arrangierten die Ehen, sie nominierten für den Sachem des intertribalen Rates und setzten ihn wieder ab, und eine gleiche Anzahl von Frauen und Männern fungierte als einflußreicher »Hüter des Glaubens«. Der postmaritale Aufenthaltsort war uxorilokal, und eine Frau konnte sich mit wenigen Formalitäten von einem Ehemann trennen, der ihr nicht gefiel, indem sie ihn zu seiner eigenen Familie zurückschickte. Der Wert der Frauen drückte sich in der Tatsache aus, daß eine ermordete Frau das Doppelte der Kompensation eines ermordeten Mannes erforderte.

Allerdings kann man unter den widersprüchlichen Aussagen über den Status der Irokesenfrauen wählen. Am Beginn des 18. Jahrhunderts schrieb Lafitau über die Irokesenfrauen (oder vielleicht über die ähnlichen Huron): »all die wirkliche Autorität ruht bei ihnen. [...] Sie sind das Herz der Räte, die Richter über Krieg und Frieden« (Brown 1970: 153). Andererseits haben wir die weit häufiger zitierten und von keinem Geringeren als Morgan selbst stammende Aussage: »Der Indianer sah die Frau als die Inferiore, die Abhängige und die Dienerin des Mannes an, und durch Erziehung und Gewohnheit verstand sie sich selbst tatsächlich als solche« (1954: 315; bei Goldberg zitiert z. B. 1973: 40, 58, 2141; Divale 1976: 202).

Das Gegensätzliche dieser zwei Verallgemeinerungen ist zum Teil zeitbedingt. Morgan arbeitete mit irokesischen Informanten im 19. Jahrhundert zusammen, in einer Zeit, als das Langhaus nur mehr eine Erinnerung war und die Irokesen in Nuklearfamilien lebten, die größtenteil von Lohnarbeit verrichtenden Männern erhalten wurden. Später jedoch zitierte Morgan zur hohen Position der Frau bei den Seneca Rev. A. Wright: »Die Frauen übten die größte Macht in den Clans wie auch überall sonst aus. War es erforderlich, zögerten sie nicht, vom Haupt des Häuptlings ›die Hörner abzuschlagen‹, um es technisch auszudrücken, und ihn wieder in den Rang eines Kriegers zurückzuversetzen« (1974: 464).

Zwischen der »League of the Iroquois« und »Ancient Society« entwickelte Morgan seine Ideen zur sozialen Evolution und zur Verschlechterung des relativen Status der Frauen mit Beginn der »Zivilisation«. »Das Mutterrecht und die Gyneokratie bei den Irokesen [...] ist nicht überzeichnet«, schrieb er später. »Wir können darin eine längst vergangene Phase des menschlichen Lebens erkennen, die in den Stämmen der Menschheit weit verbreitet war [...] Erst als die Zivilisation bei den Griechen ihren Anfang genommen hat und die gentile Gesellschaft von der politischen Gesellschaft abgelöst wurde, war der Einfluß der alten Gesellschaftsordnung überwunden« (1965: 66). Durch die Monogamie war die Frau »nun von ihrer Blutsverwandtschaft (gentile) isoliert, da sie in dem separaten und abgeschlossenen Haus des Ehemannes wohnte. Diese neuen Umstände führten dazu, die Macht und Einflußnahme, welche durch die weibliche Linie weitergegeben und durch das gemeinschaftliche Leben in den Langhäusern begründet wurde, zu unterdrücken und zu zerstören« (S. 128). Und Morgan weiter (S. 128):

> Aber dieser Einfluß der Frau erstreckte sich nicht nach außen, auf die Angelegenheiten der Gens, der Phratrie oder des Stammes, sondern hatte anscheinend seinen Ausgangs- und Endpunkt im Haushaltsbereich. Diese Sichtweise trifft ziemlich genau auf ein Leben voll geduldiger Plackerei und allgemeiner Unterwerfung gegenüber dem Ehemann zu, das die Irokesenfrau frohgemut als Bestimmung ihres Geschlechts akzeptierte.

Es stellt sich nun die Frage, wie eine solche Charakterisierung mit der Beschreibung von Wright übereinstimmen kann, der viele Jahre bei den Seneca lebte (Morgan 1965: 65-66):

> Üblicherweise herrschte der weibliche Teil im Haus, und die Frauen hielten zweifellos untereinander zusammen. Die Vorräte waren gemeinschaftlich; aber wehe dem unglücklichen Ehemann oder Liebhaber, der zu faul war, seinen Anteil zur Nahrungsbeschaffung beizutragen. Unabhängig davon, wieviele Kinder oder Güter er im Haus hatte, konnte ihm

jederzeit befohlen werden, seine Decke zu nehmen und den Platz zu räumen; nach einem solchen Befehl war es nicht ratsam, ungehorsam zu sein; im Haus würde es brenzlig für ihn werden; wenn nicht irgendeine Tante oder Großmutter ihn rettet, indem sie interveniert, muß er sich in seinen eigenen Clan zurückziehen.

Eine Erklärung bietet sich schnell an, betrachtet man die übliche Diskrepanz zwischen der idealen und der wirklichen Rolle der Ehefrau in unserer Gesellschaft. Im Idealfall ist die Ehefrau der geduldige und fröhliche »Helfer« in den nuklearen Unternehmerfamilien. Aber in Wirklichkeit kann hinter der allgemein akzeptierten Fassade eine frustrierte Ehefrau stehen, die ihren emotionell abhängigen Ehemann aufbaut, beeinflußt und dominiert. In viel ethnographisches Datenmaterial wird einerseits die Annahme der männlichen Dominanz als kulturellem Ideal projiziert, andererseits die des »Pantoffelhelden« als alternierender Realität jener Gesellschaften, in denen die private «Macht« der Frauen durch den Ausschluß von öffentlicher Einflußnahme erzwungen wird. Varianten zu diesem Thema können in ehemals egalitären Gesellschaften beobachtet werden, in denen in jüngster Zeit der Handel, verschiedene Formen des Pachtwesens, Lohnarbeit oder direkte Sklaverei wichtig wurden. Diese ökonomischen Zusammenhänge transformieren die größtenteils von Frauen kontrollierten Haushaltskollektive, die gemeinschaftlich für das Großziehen der Kinder verantwortlich waren; Frauen und Kinder geraten nun in Abhängigkeit von einem einzelnen Mann. Rekonstruiert man jedoch die früheren Strukturen solcher Gesellschaften und zieht die Reichweite der von Frauen getroffenen Entscheidungen in Betracht, zeigt sich die autonome und öffentliche Rolle der Frauen. Ihr Status war nicht im wortwörtlichen Sinn dem des Mannes »gleich« (ein kritischer Punkt, der viel Verwirrung verursachte), war aber gleich in bezug darauf, daß sie als Personen weiblichen Geschlechts eigene Rechte, Pflichten und Verantwortungen hatten, die denen der Männer komplementär und in keiner Weise zweitrangig waren.

Der Status der Frau bei den Irokesen basierte nicht per se auf ihrem wirtschaftlichen Beitrag. Die Frauen leisten in jeder Gesellschaft einen wichtigen ökonomischen Beitrag, ihr Status aber ist abhängig von der Strukturierung desselben. Ausschlaggebend ist dabei, ob sie die Bedingungen, unter denen sie arbeiten, und die Verteilung der von ihnen produzierten Güter kontrollieren kön-

nen oder nicht. In egalitären Gesellschaften werden die Frauen von denselben technologischen und ökologischen Bedingungen eingeschränkt wie die Männer, und es existiert keine gesellschaftlich definierte Gruppe, die ihnen ihre Aktivitäten vorschreibt. Brown (1970) dokumentierte diesen Punkt für die Irokesen, und andere Forscher untersuchten seine indirekten Folgen (Caulfield 1977, Sanday 1974, Sacks 1975, Schlegel 1977).
Die Matronen der Irokesen konservierten, lagerten und verteilten Mais, Fleisch, Fisch, Beeren, Kürbisse und Fette, die in speziellen Gruben vergraben oder im Langhaus aufbewahrt wurden. Brown stellt fest (S. 162), daß die Kontrolle der Frauen über die Verteilung der von ihnen produzierten Nahrungsmittel sowie über die Verteilung von Fleisch ihnen die Macht gab, ihr Veto bei Kriegserklärungen auszusprechen und zu intervenieren, um Frieden herzustellen: »Indem sie die essentiellen Nahrungsmittel für die männlichen Aktivitäten – der Jagd, der Kriegsführung und der Ratsversammlung – bereitstellten, waren sie in der Lage, diese bis zu einem gewissen Grad zu kontrollieren.« Die Frauen bewachten außerdem den »tribalen öffentlichen Schatz«, der im Langhaus aufbewahrt wurde, das Wampum, die mit Federn und Stacheln geschmückten Arbeitsstücke und Pelze – ich möchte hinzufügen, daß die Pelze eine neue Form von Reichtum waren, der in der Folge zum Untergang führen wird. Zu betonen ist, daß dieses »Haushaltsmanagement« von einer vollständig anderen Art war als die Führung der Nuklearfamilie oder erweiterten Familie in patriarchalischen Gesellschaften. In letzteren dürfen Frauen Männer umschmeicheln, beeinflussen oder niederreden, aber immer nur hinter der öffentlichen Fassade; im ersteren Fall war die »Haushaltsführung« selbst die Führung der »öffentlichen» Ökonomie.
Engels vertrat die Ansicht, daß das Haushaltsmanagement in egalitären Gesellschaften einen öffentlichen Charakter besitze; diesen Aspekt hat Morgan nicht verstanden. Wie die meisten heutigen Anthropologen bewertete auch er den Status der Frauen in der Irokesengesellschaft als quantitativ höher, sah aber nicht den qualitativen Unterschied zur späteren Entwicklung.
Interessant ist es jedoch, die Ansichten Morgans über die Irokesenfrauen zu verfolgen. Ungeachtet seines Beitrages zum Verständnis der historischen Tatsachen, die zur Statusveränderung der Frauen führten, ist seine »League of the Iroquois« nicht frei von abwertenden Unterstellungen. Läse man nur die »League«,

käme man nie auf die Idee, daß die Matronen die Sachems nominierten. Ihre Rolle als Versorgerinnen wird mit der Bemerkung abgetan, daß »der Krieger die Mühsal der Landbearbeitung (husbandry) verabscheute und sich für jegliche Arbeit zu gut war« (1954: 320), obwohl Morgan an anderer Stelle darauf hinweist, wie schwer die Männer bei der Jagd arbeiten mußten. Die Arbeit der Frauen in der Agrikultur ignorierend, schreibt er so, als seien die Irokesen in erster Linie Jäger. Ohne den Einfluß der Städte, stellt er fest, »hätten die Institutionen der Irokesen weiterbestanden, bis die Menschen die Jagdstufe verlassen, bis sie die Jagd für die Landwirtschaft, die Kriegskunst für die Industrie aufgegeben hätten« (S. 132). Über die offizielle Teilnahme der Frauen an tribalen Angelegenheiten heißt es: »Der Geist des irokesischen Führungssystems war solcherart, daß der Einfluß der geringeren Häuptlinge, der Krieger und *sogar* der Frauen sich bemerkbar machte« (S. 66; Hervorh. E.L.), und: »Wenn eine Horde von Kriegern sich für eine gerade anstehende Angelegenheit interessierte, hielten diese eine eigene Beratung ab, und nachdem sie die Situation zur Gänze durchdacht hatten, bestimmten sie einen Redner, um ihre Standpunkte den Sachems mitzuteilen. [...] In ähnlicher Weise gingen die Häuptlinge, ja sogar die Frauen vor« (S. 101).

Richards (1957) vertritt den Standpunkt, daß »das ursprüngliche Matriarchat von Lafitau, Morgan und Hewitt nicht richtig dargestellt wurde«, und daß der Status der Irokesenfrauen sich um 1784, dem Beginn des Lebens in den Reservaten, verbesserte. Ihre Dokumentation enthüllt jedoch nicht eine Verbesserung des Status, sondern den Übergang von der Informalität einer voll egalitären Gesellschaft hin zur offiziellen Formalisierung jener Autorität, die zur Bewältigung der neuen und komplizierteren politischen und ökonomischen Bedingungen notwendig war.

Richards beschäftigt sich mit zwei offiziellen Machtbereichen der Frauen – dem Recht, über Kriegsgefangene zu bestimmen, und dem Recht, in Eheangelegenheiten zu entscheiden. Sie schließt aufgrund verschiedener Begebenheiten in den »Jesuit Relations« und anderer früher Quellen, daß »eine allmähliche Ausdehnung der Entscheidungsgewalt der Frauen mit einem damit einhergehenden Verlust bei den Männern stattfand«, und zwar als »Ergebnis einer lang anhaltenden Kontaktsituation«. Richards stellt elf Begebenheiten, die Disposition der Kriegsgefangenen betreffend, dar, acht fanden zwischen 1637 und 1655, eine 1724 und zwei 1781 statt. Sie behauptet (S. 38), daß »Frauen in der früheren Periode wenig bis keine Entscheidungsgewalt hatten«, daß sie später die Entscheidungsmacht mit den männlichen Familienmitgliedern teilten, allerdings von der Zustimmung derjenigen, die die Gefangenen gemacht hatten, und der Ratsversammlung abhängig waren; noch später »hatten sie das Recht zu intervenieren, ja sogar aktiv die Gefangennahme einer Person anzuregen, obwohl es noch immer notwendig war, offiziell die Zustimmung der Ratsversammlung zu erhalten«. Unter den acht Fällen der ersten Periode zeigen einige die aktive und erfolgreiche Intervention einer Frau zugunsten eines Gefangenen aufgrund der formalen Präsentation des Wampum an die Ratsversammlung, und bei einer anderen Gelegenheit besteht eine Frau auf der Tötung eines Gefangenen, den man ihr als Ersatz für ihren toten Bruder gegeben hatte, trotz des gegenteiligen Wunsches der Ratsversammlung.

Frauen üben nirgends eine Autorität aus, die derjenigen entspricht, die von Männervereinigungen in patriarchalischen, auf Klassen basierenden Gesellschaften praktiziert wird. Die genannten Fälle zeigen vielmehr die Flexibilität der Entscheidungsfindungsprozesse, die für egalitäre Gesellschaften charakteristisch ist. Diejenigen, die Gefangene machen, die Ratsversammlung und sonstige interessierte Personen konnten über die Verfügung der Gefangenen mitbestimmen, und je nachdem, wie überzeugend einzelne Frauen oder Männer ihren Fall, der Tiefe ihrer Einsicht entsprechend, darlegten, wurde ihr Vorschlag angenommen oder nicht. Für den jetzigen Argumentationsstrang ist es von Bedeutung, daß in all den Fällen, auch wenn sie zeitlich und unter verschiedenen Irokesenvölkern verstreut waren, die Frauen formell und öffentlich in ihrem eigenen Interesse handelten, indem sie Geschenke zeremoniell übergaben, die Künste der Rhetorik anwandten und sich durch andere öffentliche Darbietungen profilierten. Richards (S. 41) bezieht sich auf Radissons Bericht über seine Rückkehr von einer Kriegshandlung; seine Adoptivmutter, sagt er, »kommt springend und singend, um mich zu begrüßen. [...] Sie übernahm die Sklavin, die ich hatte, und wollte nicht, daß sonst jemand diese belästige. Aber der Gefangene meines Bruders wurde am selben Tag verbrannt.« Radissons Mutter hatte ihn selbst damals in folgender Weise in Besitz genommen: »Die alte

Frau ist mir nachgegangen, laut sprechend, sie antworteten ihr mit einem lauten Ho, dann nahm sie ihren Gürtel und band ihn um mich und brachte mich so zu ihrer Hütte.«

Bezüglich der Entscheidungsfindung bei Eheschließungen führt Richards verschiedene Beispiele dafür an, daß die Matronen in der frühen Periode keine scharf begrenzte Entscheidungsmacht über die Ehepartner ihrer Söhne und Töchter hatten. Vielmehr zeigen die frühen Berichte, daß junge Frauen in Gemeinschaftsschlafsälen lebten, sich Liebhaber nahmen, mit Versuchsehen experimentierten und selbst entschieden, wen sie heiraten würden, allerdings mit dem Rat und der formellen Anerkennung durch ihre Eltern. Cartier schrieb, daß nach diesem »sehr üblen« Brauch die jungen Mädchen, »nachdem sie in heiratsfähigem Alter sind ... alle in ein gemeinschaftliches Haus gebracht und jedem überlassen werden, der sie begehrt, bis sie sich ihren Partner finden« (Richards 1957: 42). Andere frühe Berichte meinen, daß beide Elternteile in der Wahl des Ehepartners ihrer Kinder involviert sind, daß aber den Mädchen das Recht zusteht, einen Bewerber abzulehnen, nachdem sie ihn ausprobiert haben (S. 40, 43). Eheübereinkommen waren anscheinend flexibel und beinhalteten sowohl Polygynie als auch Polyandrie.

Die Tatsache, daß sich die Entscheidungsbefugnis der Matronen über Kriegsgefangene und bei Eheangelegenheiten durch die Formalisierung der Konstitution der irokesischen Gesellschaft immer deutlicher zeigte, beweist nicht eine Machtzunahme, sondern nur die offizielle Anerkennung von Prestige und Einflußnahme, die schon lange vorhanden waren. In einer konsensbedürftigen Gesellschaft wurden die jungen Leute durch die Älteren unter Berücksichtigung ihrer eigenen persönlichen Lebensführung eher *beeinflußt*, als daß diese ihnen etwas *befohlen* hätten. Die formale Kodifizierung der gesellschaftlichen Stellung der Frauen fand jedoch zu einem Zeitpunkt statt, als ihre Autonomie bereits ausgehöhlt war. Die weitere Geschichte der irokesischen Verfassung beinhaltete eine vorübergehende Stärkung der »öffentlichen Sphäre«, repräsentiert durch die Konföderation zu jenem Zeitpunkt, als sie durch die koloniale Herrschaft verdrängt wurde. Die Langhaus-Gemeinschaften wurden durch Niederlassungen von Einheiten von Nuklearfamilien ersetzt; übrig blieben nur einige Formen und Traditionen zwischenmenschlicher Kooperation und persönlicher Autonomie.

Das wirtschaftliche System, das sich in Europa von 1450-1640 – von Wallerstein als »das lange 16. Jahrhundert« bezeichnet – herausbildete, formte nicht nur die Irokesengesellschaft, sondern Gesellschaftssysteme überall auf der Welt (1974: 406-7). Unglücklicherweise wurde diese Tatsache in der Anthropologie dadurch verschleiert, daß man das »innere» Funktionieren von Gesellschaften von ihrem gesamt-ökonomischen und -politischen Kontext trennte, um sog. angeblich »traditionelle« Kulturen ohne Berücksichtigung »moderner« Einflüsse rekonstruieren zu können. Wallersteins Artikel richtet sich nicht speziell an Anthropologen, seine Kritik der unhistorischen Methoden (S. 389) trifft auf diese aber durchaus zu: »Die entscheidende Anforderung beim Vergleich verschiedener ›Stadien‹ ist, die Einheiten festzulegen, von denen die ›Stadien‹ synchrone Abbilder (oder ›ideale Typen‹) sind. [...] Und der grundlegende Irrtum der ahistorischen Sozialwissenschaft (einschließlich ahistorischer Marxismusversionen) ist es, Teile das Ganzen in solche Einheiten zu konkretisieren und dann diese konkretisierten Strukturen zu vergleichen.« Um zu einer gültigen Geschichtsinterpretation zu gelangen, müssen die Stadien aus der Totalität der gesellschaftlichen Systeme bestehen.

Wallerstein unterteilt die Gesellschaftssysteme in »Mini-Systeme« und »Welt-Systeme«. Ein Mini-System ist eine »Einheit mit einer kompletten Arbeitsteilung und einem einzigen kulturellen Rahmen«, so wie man sie »nur in sehr einfachen agrikulturellen oder Jäger- und Sammlergesellschaften findet« (S. 390). Er meint weiter: »Solche Mini-Systeme existieren heute nirgendwo mehr auf der Welt. Auch in der Vergangenheit gab es weit weniger, als oft angenommen wird, denn solch ein System hörte, sobald es durch Tributzahlungen in Form der ›Schutzgebühr‹ in ein Reich eingebunden wurde, auf, ein solches System zu sein, da es nicht länger eine selbstbestimmte Form von Arbeitsteilung hatte.« Andere Faktoren, die die selbsterhaltende Arbeitsteilung der Mini-Systeme seit Jahrhunderten unterminierten, sind der Handel, das aktive bzw. passive Beteiligtsein an der Sklavenjagd (in der Neuen Welt genau so wie in Afrika), Steuerabgaben verschiedener Art (oft als auslösendes Moment für Lohnarbeit) und Lohnarbeit, die meistens die Abwesenheit der Männer von ihren

Heimatdörfern während längerer Zeit mit sich brachte. In allen diesen Fällen spielte die Missionierung eine wichtige Rolle dabei, den Menschen eine individuelle Arbeitsethik und die nukleare Familienform aufzudrängen. Da es keine Mini-Systeme mehr gibt, wie Wallerstein meint, müssen gesellschaftliche Analysen berücksichtigen, daß »die einzige Form eines Gesellschaftssystems ein Welt-System ist, [...] eine Einheit mit einer einzigen Arbeitsteilung und multiplen kulturellen Systemen.« Dieses Welt-System ist »die kapitalistische Weltökonomie«.
Die Anerkennung dieses Punktes hat ernsthafte Auswirkungen für kulturvergleichende Studien über Frauen, da die Verschränkungen mit einer fortschreitenden kapitalistischen Weltwirtschaft tiefgreifende Folgen sowohl für das Verhältnis der Frauen zur Produktion und Distribution der Grundbedürfnisse einer Gruppe als auch für die Entstehung von Entscheidungsgewalt gehabt haben. Ordnen wir jetztzeitliche Völker »historischen« Schichten – Jägern und Sammlern, einfachen und fortgeschrittenen Agrikulturisten mit Domestizierung – zu gewinnen wir in der Tat einen Einblick in die Art und Weise, wie der Status der Frauen sich verschlechterte, da die Eingliederung der Völker in das Weltsystem innerhalb jeder einzelnen »Schicht« an verschiedenen Ausgangspunkten ansetzt. Auch können kulturelle Traditionen so stark sein, daß die Menschen blutige Kriege um die von ihnen geschätzten Traditionen führen. Daher kann die Methode, gegenwärtige Kulturen miteinander zu vergleichen, nur sehr vorsichtig angewandt werden, um historische Trends anzudeuten (siehe z. B. Sacks 1975). Sozio-ökonomische Systeme, die von den sie zum Teil bestimmenden ökonomischen und politischen Zwängen getrennt werden, können jedoch nicht als unmittelbare Repräsentanten von Bestimmungsmerkmalen der Geschlechterrollen in gegensätzlichen Gesellschaften begriffen werden.
[...] Eine ahistorische Anschauungsweise betrachtet das Gebären und Stillen letztendlich als in sich selbst begründete Basis für eine, stillschweigend unterstellte, Unterordnung in der Vergangenheit, die dann allerdings Veränderungen ausgesetzt war. Da die geschlechtliche Arbeitsteilung einen zentralen Stellenwert für die Evolution kulturellen Lebens besaß, wird man leicht zu folgender irriger Annahme verleitet: mit der Tatsache, daß Frauen Kinder gebären, wird die frühe Arbeitsteilung ebenso in Verbindung gebracht wie die heutige Unterordnung der Frauen; daher habe im

Status der Frauen den Männern gegenüber zwar eine quantitative, jedoch keine qualitative Verschiebung stattgefunden; in der Tat aber gab es einen qualitativen Sprung, als egalitäre Gesellschaftsstrukturen in hierarchische umgewandelt wurden. Ignoriert werden die strukturellen Implikationen folgender Tatsache: wenn es außer der geschlechtlichen Arbeitsteilung keine weitere Spezialisierung der Arbeit gibt, werden die Güter innerhalb einer band oder von Dorfkollektiven zur Gänze geteilt; damit einher geht die Kontrolle jedes Gruppenmitglieds über die Verteilung von Ressourcen und Produkten, die ein jeder anschafft bzw. herstellt. Die Ignorierung dieser Fakten ermöglicht es, die Ursachen der Transformation im Status der Frauen zu übergehen: die Entwicklung des Handels und der Spezialisierung bis zu dem Punkt, an dem Abhängigkeitsverhältnisse außerhalb der band, des Dorfes oder des Verwandtschaftskollektivs entstehen, unterminiert individuelle Kontrolle und persönliche Autonomie und schafft die Basis für eine Hierarchie.

Brown (1970) stellt die öffentliche Kontrolle, die von den Irokesenfrauen, auf der Grundlage ihrer Verantwortung für den kollektiven Haushalt und seine Güter, ausgeübt wird, dem Verlust dieser Kontrolle und dem gleichzeitigen Statusverlust der Frauen bei den zentralisierten und hierarchischen Bemba gegenüber. Durch vergleichende Studien bestätigen sowohl Sacks (1975) als auch Sanday (1974) den Zusammenhang zwischen der Kontrolle der Produktion sowie deren Verteilung durch die Frauen einerseits, ihrer »öffentlichen« Partizipation und ihrem Status andererseits. Goldhamer (1973) zeigt die Vielfältigkeit der Kontrollmöglichkeiten der Frauen über die Produkte ihrer Arbeit im Hochland von Neu Guinea und macht auf die Bedeutung, die diese Varianten auf ihren Status haben, aufmerksam.

Bei den Mae Enga z. B. sind die Frauen für die tägliche Verteilung ihrer Produkte verantwortlich, aber die »Männer behalten sich das ›Recht und die Pflicht‹ der ›wichtigen‹ Verteilung von Schweinen, Schweinefleisch und von Produkten für die feierliche Geschenkübergabe, den Handel und für Schuldzahlungen vor« (Goldhamer 1973: 6). Im Gegensatz dazu »erklären die Männer bei den Tor in West Irian, daß die totale Kontrolle der Frau über die Nahrungsmittel ihnen ihre ›außerordentlich hohe Stellung‹ im gesamten Gebiet ermöglicht« (S. 10). Die feierliche Übergabe von Nahrungsmitteln kann sowohl eine »öffentliche« oder politische

Handlung sein als auch eine private Dienstleistung, je nach strukturellem Rahmen. Bei den Tor wie bei den Irokesen der Vergangenheit ist die Verteilung von Nahrung an Fremde durch die Frauen eine öffentliche Handlung; diese Übergabe bildet den Rahmen für die Begrüßung von Neuankömmlingen. »Das Verhalten, das die Frauen gegenüber den Fremden, die in die Dörfer kommen, zum Ausdruck bringen, bestimmt, in welcher Weise diese von den Männern empfangen werden.« (S. 10) Im Gegensatz dazu verteilen die Frauen der Bemba die Nahrung in Form einer familiären Dienstleistung, was sich auf die Position des Ehemannes auswirkt und ihm Verpflichtungen gegenüber dem Empfänger in genau derselben Weise auferlegt, wie dies hauptsächlich bei der Gewährung von Gastfreundschaft der Fall ist. Bei den Mae Enga werden durch die Arbeit der Frauen die Produkte zur Verfügung gestellt, die die Schweine fressen, welche dann bei politischen Verhandlungen von den Männern verteilt werden.

Der relativ höhere Status der Irokesen- und Tor-Frauen, die ihre Arbeit und deren Aufteilung selbst bestimmen, gegenüber den Mae Enga und besonders den Bemba, bei denen dies nicht der Fall ist, verweist darauf, daß die Anfangsstadien im Prozeß der Entwicklung von Klassen tatsächlich mit der Verschlechterung des Status der Frauen einhergingen, so wie dies Engels ursprünglich annahm. Das verbindende Glied zwischen dem abgewerteten Status der Frauen einerseits und dem Anwachsen von privatem Besitz und ökonomischen Klassen andererseits, war, laut Engels, das Auftreten der individuellen Familie als einer unabhängigen Wirtschaftseinheit. Als ökonomische Einheit transformierte die Familie, die sich innerhalb der früheren kollektiven Ökonomie bildete und diese zerrüttete, die Arbeit der Frauen von einer öffentlichen Produktion zu einer privaten Dienstleistung im Haus. Die entscheidende Entwicklung, die diese Veränderung auslöste, war die Spezialisierung der Arbeit, die in einem immer größeren Ausmaß die Produktion von Gebrauchsgütern durch die Produktion von Waren für den Tausch ersetzte und damit ökonomische Zusammenhänge ins Leben rief, die außerhalb der Kontrolle ihrer Erzeuger lagen.

Die Warenproduktion, schrieb Engels (1975: 606), »untergräbt die Gemeinsamkeit der Produktion und Aneignung«, »erhebt die Aneignung durch einzelne zur überwiegenden Regel« und setzt dadurch »gespenstische fremde Mächte« in Bewegung, die sich gegen die Produzenten richten. Dadurch werden die Keime des

Privateigentums und der Klassenausbeutung gelegt, und die Einzelfamilie als wirtschaftliche Einheit, die Eigentum besitzt und vererbt, entwickelt sich innerhalb des Kollektivs und zerstört dieses. »Die Arbeitsteilung in der Familie [...] war dieselbe geblieben; und doch stellte sich jetzt das bisherige häusliche Verhältnis auf den Kopf, lediglich weil die Arbeitsteilung außerhalb der Familie eine andre geworden war.« (S. 595)
An Stelle der öffentlichen Verantwortung, die die Frauen in der band oder Dorfgemeinschaft, in der die Güter verteilt wurden, innehatten, gerieten sie nun in Abhängigkeit von den Männern, die die kommerziell wichtigen Güter erzeugten. Im Kontext der individuellen Familie wurde die Frau »entwürdigt, geknechtet [...] und bloßes Werkzeug der Kindererzeugung.« (S. 513)
Engels meint, daß der Prozeß sich durch die Domestizierung von Tieren im Vorderen Orient und den Tausch von Rindern, die von Männern versorgt und daher von ihnen als ihr Besitz angesehen wurden, entfaltete. Da sich der ungleiche Zugang zu Ressourcen und die Unterjochung durch Klassen- und Geschlechtszugehörigkeit in sehr verschiedenen ökologischen Zonen in vielen Teilen der Welt entwickelten – sowohl vor als auch während der Zeit des europäischen Kolonialismus –, ist es wichtig, die Aussage von Engels zur Unterjochung der Frauen vom spezifischen Kontext seiner Argumentation zu trennen. Die Prozesse, die mit der Umwandlung der Produktion von Gebrauchsgütern zur Produktion von »Waren« für den späteren Tausch einhergehen, werden in allen Teilen der Erde sichtbar. Es sind dies folgende: die Spezialisierung der Arbeit in Verbindung mit dem Handel sowie die Kriegsführung, um den Handel zu sichern und zu kontrollieren; intensive Arbeit auf agrikulturell genütztem Boden sowie ungleicher Zugang zu fruchtbarem Land oder dessen Privatisierung; Unterschiede im wirtschaftlichen Status, die in Kategorien wie »Sklaven«, »rubbish men«, ewige Jugend und ähnlichem ausgedrückt werden; Konkurrenz zwischen Abstammungsgruppen, in welchen sich die individuelle Familie als ökonomische Einheit abzuzeichnen beginnt; die Institutionalisierung von »politischen« Funktionen, die mit Kriegsführung und Besitz in Verbindung stehen und getrennt werden von den »sozialen« Funktionen sowie die Dichotomisierung von »öffentlichen« und »privaten« Sphären; die Institutionalisierung und ideologische Rationalisierung der männlichen Überlegenheit.

Zusammenfassung

Ich habe versucht darzulegen, daß die Struktur der egalitären Gesellschaft deshalb mißverstanden wurde, weil die bisherige Forschung die Partizipation der Frauen in dieser Gesellschaft nicht als öffentliche und autonome begriff. Die Erfassung der Jäger- und Sammlerbands als einer lockeren Ansammlung von Nuklearfamilien, in denen die Frauen durch ein doppeltes Abhängigkeitsverhältnis an einzelne Männer gefesselt sind, projiziert auf die Jäger- und Sammler-Gesellschaft die Dimensionen unserer eigenen gesellschaftlichen Struktur. Eine solche Auffassung impliziert eine teleologische und unilineare Sichtweise der gesellschaftlichen Evolution, wobei unsere Gesellschaft als die höchstentwickelte Stufe von Verhältnissen, die in jeder Gesellschaft vorhanden waren, verstanden wird. Eine ethnohistorische und konzeptuelle Reinterpretation der Rollen der Frauen in Jäger- und Sammler-Gesellschaften offenbart, daß qualitativ andere Verhältnisse vorherrschend waren. Die band als Ganzes bildete die ökonomische Grundeinheit; einzelne Personen verteilten ihre eigenen Erzeugnisse; Eigentum stellte nicht die Grundlage individueller Autorität dar; Entscheidungen wurden meistens von denjenigen getroffen, die sie dann auch ausführten.

Gelingt es nicht, die Struktur egalitärer Verhältnisse richtig einzuschätzen, so wird es noch schwieriger, die komplexen Prozesse, die die Entstehung und Entwicklung von Klasse und Staat initiierten, zu entwirren. Ethnohistorische Forschung weist darauf hin, daß in präkolonialen Gartenbaugesellschaften, in denen Egalität noch vorherrschend war, die Frauen durch ökonomische und soziale Entscheidungen öffentlich handelten, häufig mit Hilfe der Ratsversammlungen, die zwischen den reziproken Beziehungen der Frauen und Männer vermittelten. Der Vergleich solcher Gesellschaften mit jenen, die durch Rang- und Reichtumsunterschiede charakterisiert sind, zeigt, daß die wichtigste Begleiterscheinung der Unterdrückung der Frauen tatsächlich, so wie erstmals von Engels umrissen, in allen Kulturen zu finden ist. Die Umwandlung der Gebrauchsproduktion zur Produktion von Waren für den Tausch (meist mit der intensiven Bearbeitung des Landes als Ware für zukünftigen Gebrauch einhergehend) führt dazu, daß die Produzenten die direkte Kontrolle über ihre Produkte verlieren und neue ökonomische Bande geschaffen werden, die die Kollektivität der miteinander verbundenen Haushalte unterminieren. Frauen verlieren die Kontrolle über die Produktion, und die geschlechtliche Arbeitsteilung, die mit ihrer Gebärfähigkeit in Verbindung steht, wird zur Basis ihrer Unterdrückung als private Verrichterinnen von Dienstleistungen in individuellen Haushalten. Dieser Prozeß vollzog sich weder einfach, automatisch, noch rasch. Dort, wo Frauen sich ein wenig ökonomische Autonomie als Händlerinnen bewahren, sichern sie sich gleichzeitig einen relativ hohen Status. In Westafrika waren die Frauen so organisiert, daß sie ihre Rechte auch dann noch gut erhalten und schützen konnten, als sich bereits ökonomische Klassen und politische Staaten entwickelten.

Die Dokumentation und Analyse der gesellschaftlichen Rollen der Frauen zeigen also, daß die familiären Beziehungen in Vorklassengesellschaften nicht bloß als schwach entwickelte Ursprungsformen unserer heutigen Strukturen zu betrachten sind. Die soziale Evolution war keine unilineare und quantitative, sondern brachte tiefgreifende qualitative Veränderungen der Verhältnisse zwischen Frauen und Männern mit sich.

Bibliographie

Bailey, Alfred Goldsworthy. 1969. *The conflict of European and Eastern Algonkian cultures, 1504-1700.* Toronto: University of Toronto Press.

Barnes, John A. 1971. »African models in the New Guinea highlands,« in *Melanesia: Readings on a culture area.* Edited by L.L. Langness and John C. Weschler. Scranton: Chandler.

Barwick, Diane E. 1974. »›And the Lubras are ladies now,‹« in *Woman's role in Aboriginal society.* Edited by Fay Gale. Carlton, N.S.W.: Excelsis Press.

Basden, G.T. 1938. *Niger Ibos.* London: Seely, Service.

-. 1966. *Among the Ibos of Nigeria.* New York: Barnes and Noble.

Basehart, Harry W. 1970. Mescalero Apache band organization and leadership. *Southwestern Journal of Anthropology* 26: 87-106.

Bates, Daisy. 1938. *The passing of the Aborigines: A lifetime spent among the natives of Australia.* London: Murray.

Berndt, Catherine H. 1974. »Digging sticks and spears, or The two-sex model,« in *Woman's role in Aboriginal society.* Edited by Fay Gale. Carlton, N.S.W.: Excelsis Press.

Boserup, Ester. 1970. *Woman's role in economic development.* London: George Allen and Unwin.
Briggs, Jean. 1974. »Eskimo women: Makers of men,« in *Many sisters: Women in cross-cultural perspective.* Edited by Carolyn J. Matthiasson, pp. 261-304. New York: Free Press.
Brown, Judith K. 1970. Economic organization and the position of women among the Iroquois. *Ethnohistory* 17: 151-67.
Caulfield, Mina Davis. 1977. »Universal sex oppression? A critique from Marxist anthropology.« *Catalyst,* nos. 10-11: 60-77.
Chiñas, Beverly. n.d. »The other ninety-four percent: Indian women in traditional occupations«. Manuscript prepared for Intercultural Seminar on the Changing Role of Women, India, Washington, D.C.
Cohen, Ronald. 1978a. »Origins of the state: A reformulation,« in *The early states.* Edited by H.J.M. Claessen and P. Skalnik. The Hague: Mouton.
– 1978b. »Introduction,« in *Origins of the state.* Edited by Ronald Cohen and Elman Service. Philadelphia: Institute for the Study of Human Issues.
Cohen, Ronald, and J.W. Vanstone. 1963. *Dependency and selfsufficiency in Chipewyan stories.* National Museums of Canada Bulletin 194.
Cox, Bruce. Editor. 1973. *Cultural ecology: Readings on the Canadian Indians and Eskimos.* Toronto: McClelland and Stewart.
Damas, David. Editor. 1969. *Contributions to anthropology: Band societies.* National Museums of Canada Bulletin 228.
De Leeuwe, J. 1962. On former gynecocracy among African Pygmies. *Acta Ethnographica Academiae Scientiarum Hungaricae* 11: 85-118.
– 1964. Male right and female right among the autochthons of Arnhemland. *Acta Ethnographica Academiae Scientiarum Hungaricae* 13: 313-48.
– 1965. Male right and female right among the autochthons of Arnhemland. Pt. 2. *Acta Ethnographica Academiae Scientiarum Hungaricae* 14: 303-48.
– 1966. Entwicklungen i. d. Bambuti-Gesellschaft. *Anthropos* 61:737-63.
Divale, William Tulio. 1976. Female status and cultural evolution: A study in ethnographer bias. *Behavior Science Research* 11:169-211.
Draper, Patricia. 1975. »Kung women: Contrasts in sexual egalitarianism in foraging and sedentary contexts,« in *Toward an anthropology of women.* Edited by Rayna R. Reiter. New York: Monthly Review Press.
Driver, Harold E. 1962. *Indians of North America*, Chicago University of Chicago Press.
Dumond, Don E. 1977. »The limitation of human population: A natural history,« in *Culture, disease, and healing.* Edited by David Landy, pp. 299-310. New York: Macmillan.

Engels, F. 1975. »Der Usprung der Familie, des Privateigentums und des Staats«. In: K. Marx, F. Engels, *Ausgewählte Werke*. Moskau Verlag Progress, pp. 473-609.
Faithorn, Elizabeth. 1975. »The concept of pollution among the Káfe of the Papua New Guinea highlands,« in *Toward an anthropology of women*. Edited by Rayna R. Reiter. New York: Monthly Review.
Fried, Morton H. 1967: *The evolution of political society*. New York: Random House.
– 1968. »On the concepts of ›tribe‹ and ›tribal society.‹« *Proceedings of the 1967 Annual Spring Meeting, American Ethnological Society*, pp. 3-20.
– 1975. *The notion of tribe*. Menlo Park, Calif.: Cummings.
Friedl, Ernestine. 1975. *Women and men: An anthropologist's view*. New York: Holt, Rinehart and Winston.
Gale, F. Editor. 1974. *Women's role in Aboriginal society*. Canberra: Australian Institute of Aboriginal Studies.
Gardner, Peter M. 1972. »The Paliyans,« in *Hunters and gatherers today*. Edited by M.G. Bicchieri. New York: Holt, Rinehart and Winston.
Giovannini, Maureen. 1977. Industrialization, regional underdevelopment, and the role of women: An Italian case study. Paper read at the 76th annual meeting of the American Anthropological Association, Houston, Tex.
Godelier, Maurice. 1973. Modes de production, rapports de parenté et structures démographiques. *La Pensée*, December, pp. 8-31.
Goldberg, Steven. 1973. *The inevitability of patriarchy*. New York: Morrow.
Goldhamer, Florence Kalm. 1973. The »misfit« of role and status for the New Guinea Highlands woman. Paper read at the 72d annual meeting of the American Anthropological Association.
Hamamsy, Laila Shukry. 1957. The role of women in a changing Navajo society. *American Anthropologist* 59: 101-11.
Hart, C.W.M., and Arnold Pilling. 1962. *The Tiwi of North Australia*. New York: Holt, Rinehart and Winston.
Hartwig, M.C. 1972. »Aborigines and racism: An historical perspective,« in *Racism: The Australian experience*, vol. 2. Edited by F.S. Stevens. New York: Taplinger.
Hauser-Schäublin, Brigitta. 1977. *Frauen in Kararau: Zur Rolle der Frau bei den Iatmul am Mittelsepik, Papua New Guinea*. Baseler Beiträge zur Ethnologie 18.
Hearne, Samuel. 1911. *A journey from Prince of Wales's Fort in Hudson's Bay to the Northern Ocean*. Toronto: The Champlain Society.
– 1958. *A journey from Prince of Wales's Fort in Hudson's Bay to the Northern Ocean 1769 · 1771 ·1772*. Edited with an introduction by Richard Glover. Toronto: Macmillan.

Heizer, R.F., and M.A. Whipple. 1971. *The California Indians: A source book*. Berkeley: University of California Press.

Helm, June, and Eleanor Leacock. 1971. »The hunting tribes of subarctic Canada,« in *North American Indians in historical perspective*. Edited by Eleanor Leacock and Nancy Lurie. New York: Random House.

Horner, J. 1972. »Brutality and the Aboriginal people,« in *Racism: The Australian experience*, vol. 2. Edited by F.S. Stevens. New York: Taplinger.

Kaberry, Phyllis M. 1939. *Aboriginal woman, sacred and profane*. London: Routledge.

Keesing, Roger M. 1971. »Shrines, ancestors, and cognatic descent: The Kwaio and Tallensi,« in: *Melanesia: Readings on a culture area*. Edited by L.L. Langness and John C. Weschler. Scranton: Chandler.

Klein, Alan M. 1977. Adaptive strategies and process on the Plains: The 19th-century cultural sink. Unpublished Ph.D. dissertation, State University of New York at Buffalo, Buffalo, N.Y.

Landes, Ruth. 1938. *The Ojibwa woman*. New York: Columbia University Press.

Leacock, Eleanor. 1954. *The Montagnais »hunting territory« and the fur trade*. American Anthropological Association Memoir 78.

– 1969. »The Naskapi band,« *Contributions to anthropology: Band societies*. Edited by David Damas. Nat. Museums of Canada Bulletin 228.

– 1955. Matrilocality in a simple hunting economy (Montagnais-Naskapi). *Southwestern Journal of Anthropology* 11: 31-47.

– 1975. »Class, commodity, and the status of women,« in *Women cross-culturally: Change and challenge*. Edited by Ruby Rohrlich-Leavitt. The Hague: Mouton.

– 1977. »Women in egalitarian society,« in *Becoming visible: Women in European history*. Edited by Renate Bridenthal and Claudia Koonz. Boston: Houghton Mifflin.

– n.d. »Modes of production in pre-class society: Comments on a symposium,« in *Modes of production*. Edited by James Silverberg. New York: Queens College Press. In press.

Leacock, Eleanor, and Jacqueline Goodman. 1977. Montagnais marriage and the Jesuits in the 17th century. *Western Canadian Journal of Anthropology*. In press.

Leacock, Eleanor, und June Nash. 1977. Ideologies of sex, archetypes and stereotypes. *Annals of the New York Academy of Sciences* 285.

Lee, Richard B. 1968. »What hunters do for a living, or, How to make out on scarce resources,« in: *Man the hunter*. Edited by Richard B. Lee and Irven DeVore, pp. 30-48. Chicago: Aldine.

– 1972. »The ¡Kung Bushmen of Botswana,« in *Hunters and gatherers today*. Edited by M.G. Bicchieri. New York: Holt, Rinehart und Winston.

LeVine, Robert A. 1966. Sex roles and economic change in Africa. *Ethnology* 5: 186-93.
Lewis, Oscar. 1942. *Effects of White contact upon Blackfoot culture.* Monographs of the American Ethnological Society 6.
McElroy, Ann. 1976. The negotiation of sex-role identity in Eastern Arctic culture change. *Western Canad. Journal of Anthropology* 6: 184-200.
– 1977. *Alternatives in modernization: Styles and strategies in the acculturative behavior of Baffin Island Inuit.* New Haven: HRAFlex Books.
Marshall, Lorna. 1967. »¡Kung Bushman bands,« in *Comparative political systems.* Edited by Ronald Cohen and John Middleton, pp. 15-44. Garden City: Natural History Press.
Martin, M. Kay, and Barbara Voorhies. 1975. *Female of the species.* New York: Columbia University Press.
Meek, C.K. 1937. *Law and authority in a Nigerian tribe.* London: Oxford University Press.
Mintz, Sidney W. 1971. Men, women and trade. *Comparative Studies in Society and History* 13: 247-69.
Morgan, Lewis Henry. 1954. *League of the Ho-De-No-Sau-Nee or Iroquois.* Vol. 1. New Haven: Human Relations Area Files.
– 1965. *Houses and house-life of the American aborigines.* Chicago: University of Chicago Press.
– 1974. *Ancient society.* Gloucester, Mass.: Peter Smith.
Murphy, Yolanda, and Robert F. Murphy. 1974. *Women of the forest.* New York and London: Columbia University Press.
Radcliffe-Brown, A.R. 1964. *The Andaman Islanders.* New York: Free Press.
Rattray, R.S. 1923. *The Ashanti.* London: Oxford University Press.
Reichard, Gladys A. 1928. *Social life of the Navajo Indians.* New York: Columbia University Press.
Richards, Cara B. 1957. »Matriarchy or mistake: The role of Iroquois women through time.« *Proceedings of the 1957 Annual Spring Meeting, American Ethnological Society*, pp. 36-45.
Rogers, Edward S. 1972. »The Mistassini Cree,« in *Hunters and gatherers today*. Edited by M.G. Bicchieri. New York: Holt, Rinehart and Winston.
Rosaldo, Michelle Zimbalist, and Louise Lamphere. Editors. 1974. *Woman, culture, and society.* Stanford: Stanford University Press.
Sacks, Karen. 1975. »Engels revisited: Women, the organization of production, and private property,« in *Toward an anthropology of women.* Edited by Rayna R. Reiter. New York: Monthly Review.
Sahlins, Marshall D. 1961. The segmentary lineage: An organization of predatory expansion. *American Anthropologist* 63:322-45.
Sanday, Peggy R. 1974. »Female status in the public domain,« in *Woman,*

culture, and society. Edited by Michelle Zimbalist Rosaldo and Louise Lamphere. Stanford: Stanford University Press.

Schebesta, Paul. 1965. Ursprüngliche Gynäkokratie bei afrikanischen Pygmäen? *Anthropos* 61: 220-36.

– 1966. Doch frühere Gynäkokratie bei den Bambuti-Pygmäen? *Anthropos* 61: 764-66.

Schlegel, Alice, Editor. 1977. *Sexual stratification: A cross-cultural view*. New York: Columbia University Press.

Schumacher, Irene. 1972. *Gesellschaftstruktur und Rolle der Frau: Das Beispiel der Irokesen*. (Soziologische Schriften 10.) Berlin: Duncker and Humblot.

Service, Elman R. 1966. *The hunters*. Englewood Cliffs: Prentice-Hall.

Sinha, G.P., and S.N. Ranade. 1975. *Women construction workers*. Bombay: Allied Publishers.

Speck, Frank G. 1926. Culture problems in northeastern North America. *Proceedings of the American Philosophical Society* 65: 272-311.

Spencer, Baldwin, and F.J. Gillen. 1968. *The native tribes of Central Australia*. New York: Dover.

Spindler, Louise S., and George D. Spindler. 1958. Male and female adaptations in culture change. *American Anthropologist* 60: 217-33.

Strathern, Marilyn. 1972. *Women in between: Female roles in a male world, Mount Hagen, New Guinea*. New York: Academic Press.

Sudarkasa, Niara. 1976. »Female employment and family organization in West Africa,« in *New research on women and sex roles*. Edited by Dorothy G. McGuigan. Ann Arbor: University of Michigan Center for Continuing Education of Women.

Talbot, P. Amaury. 1912. *In the shadow of the bush*. London: William Heinemann.

Thwaites, R.G. Editor. 1906. *The Jesuit relations and allied documents*. 71 vols. Cleveland: Burrows.

Tindale, Norman B. 1972. »The Pitjandjara,« in *Hunters and gatherers today*. Edited by M.G. Bicchieri. New York: Holt, Rinehart and Winston.

Turnbull, Colin M. 1962. *The forest people*. Garden City: Doubleday.

– 1965a. »The Mbuti Pygmies of the Congo,« in *Peoples of Africa*. Edited by James L. Gibbs, Jr. New York: Holt, Rinehart and Winston.

– 1965b. *The Mbuti Pygmies: An ethnographic survey*. Anthropological Papers of the American Museum of Natural History 50, pt. 3.

– 1972. *The mountain people*. New York: Simon and Schuster.

Tyrrell, J.B. Editor. 1934. *Journals of Samuel Hearne and Philip Turnor*. Toronto: The Champlain Society.

Van Allen, Judith. 1972. »Sitting on a Man«: Colonialism and the lost political institutions of Igbo women. *Canadian Journal of African Studies* 6: 165-81.

Wadley, Susan. 1977. Women and Hindu tradition. *Signs* 3: 113-25.
Wallerstein, Immanuel. 1974. The rise and future demise of the world capitalist system: Concepts for comparative analysis. *Comparative Studies in Society and History* 16: 387-415.
Weiner, Annette B. 1976. *Women of value, men of renown: New perspectives in Trobriand exchange.* Austin: University of Texas Press.
White, Isobel M. 1974. »Aboriginal women's status: A paradox resolved,« in *Woman's role in Aboriginal society*. Edited by Fay Gale. Carlton, N.S.W.: Excelsis Press.
Whiting, John W.M., and Barbara Ayres. 1968. »Inferences from the shape of dwellings,« in *Settlement archaeology*. Edited by K.C.Chang, pp. 117-33. Palo Alto: National Press Books.
Women's Bureau, U.S.Department of Labor. 1976. *The earnings gap between women and men*. Washington, D.C.: U.S. Government Printing Office.

Carol P. MacCormack
Natur, Kultur und Geschlecht: Eine Kritik

1. Kategorien und Transformationen

Dieser Beitrag untersucht die allgemeine Überzeugung, daß menschliche Wesen sich von den Tieren unterscheiden und daß mithin Kultur nicht allein etwas anderes ist als Natur, sondern beide in einem Gegensatz zueinander stehen. Darüber hinaus gehen wir dem Problem der metaphorischen Transformation dieses Gegensatzes Natur-Kultur zu Roh-Gekocht oder Wild-Zahm nach. Noch zugespitzter formuliert, wir wollen die Möglichkeit, daß der Gegensatz Weiblich-Männlich als eine weitere metaphorische Transformation eines vorgeblich universalen Natur-Kultur-Gegensatzes verstanden werden kann (Ortner 1974 und Ardener 1975), untersuchen. Wir werden uns jedoch nicht nur mit starren Kategorien oder Ansammlungen von metaphorischen Gegensätzen, die in hölzernem Widerspruch zueinander stehen, beschäftigen, sondern auch unsere Vorstellungen von dem Prozeß, in dessen Verlauf Natur zu Kultur wird, reflektieren – jenem Prozeß, dem wir die Entwicklung unseres Mensch-Seins zu verdanken glauben, unseren Übergang, um es mit Rousseau zu formulieren, aus dem Naturzustand zu einem Dasein als Wesen mit Sprache und Kultur.

Lévi-Strauss folgt Rousseau und schreibt diesen Übergang eher unserer Fähigkeit zur Kultur zu als den Manifestationen der Kultur selbst (Wokler 1978: 126). Durch unsere Fähigkeit, Unterscheidungen zu treffen, etwa zwischen »uns« als einer Verwandtschaftskategorie und »anderen«, sowie durch unser Vermögen, Regeln der Inzestvermeidung und der Exogamie zu erkennen, sind wir zum Rousseauschen Gesellschaftsvertrag fähig, mit dem wir einen Naturzustand – gekennzeichnet durch Inzest und soziale Isolation kleiner Verwandtschaftsgruppen – hinter uns lassen, um Verwandtschaftsbeziehungen und Gesellschaftsverträge mit anderen einzugehen (Badcock 1975). Um als Art bestehen zu können, müssen wir essen, uns paaren und andere grundlegende animalische Bedürfnisse befriedigen. Das ist insofern »natürlich«, als es für alle Tiere notwendig ist. Während die meisten grundlegenden menschlichen Bedürfnisse befriedigt werden müssen, weil das Individuum sonst stirbt – und diese Bedürfnisse können auch individuell befriedigt werden –, ist die auf Fortpflanzung ausgerichtete Sexualität nicht notwendig, um das Leben des einzelnen, sondern um Gesellschaften zu erhalten, und dieses Bedürfnis kann nicht individuell befriedigt werden, sondern allein mittels gepaarter Gegensätze: Männlich und Weiblich. Sexualität ist natürlich, wird aber durch Inzestverbote und Exogamievorschriften kulturellen Regeln unterworfen (Lévi-Strauss 1981: 78).

Aus der Regel, »uns« (Geschwister) zu geben und »andere« (Ehepartner) zu erhalten, folgen weitere strukturierte Tauschhandlungen mit Personen, Gütern und Dienstleistungen sowie Information. Tauschhandlungen, die die Struktur menschlicher Gesellschaft offenbaren, geben Hinweise auf die Struktur eines elementaren menschlichen Codes. Das Fundament einer elementaren Struktur ist das menschliche Vermögen, binäre Unterscheidungen zu machen (Lévi-Strauss 1980: 35-36). Durch die Wahrnehmung von Gegensätzen oder Kontrasten baut der Verstand seine Vorstellungen von der Welt auf. Man nimmt Licht nicht wahr, ohne Dunkelheit zu kennen, und keine stimmlosen Reibelaute, ohne stimmhafte zu kennen. Aber isolierte Kontraste sind in sich selbst kein Ziel, denn der menschliche Verstand sucht Analogien zu anderen gegensätzlichen Phänomenen. Findet er sie, so bezieht er die Analogien in sein Klassifikationssystem mit ein. Auf einer bewußten Ebene sind die Menschen sich eher konkreter Erscheinungen bewußt als der Beziehungen selbst, strukturalistisch gesehen aber ist diese unbewußte Tendenz, Beziehungen wahrzunehmen, Grundlegung unserer Verstandesentwicklung.[1]

Die erste Unterscheidung, die alle neugeborenen Menschen machen, ist die zwischen Selbst und ernährendem Anderen. Im Laufe ihrer Entwicklung beginnen die Kinder, den Umfang der logischen Operationen, die der Natur ihres Verstandes innewohnen, erweiternd, phonetische Differenzierungen zutreffen. Tiere sind nicht in der Lage, Grenzen der Verwandtschaft zu erkennen, verfügen weder über ein Inzesttabu noch über andere sozial vermittelte Regeln. Die Fähigkeit, Regeln zu erkennen und zu formulieren, die für alle Individuen bindend sind, ist eine wesentliche Voraussetzung für die Bildung der menschlichen Gesellschaft, für Heirat, soziale Allianzen, Sprache und Reziprozitäten aller Art (Lévi-Strauss 1981:81-82). Die ursprüngliche Transformation von Natur zu Kultur wird wiederholt, indem Gesellschaften sich selbst durch ihre kulturelle Regeln perpetuieren.

Unbewußt und Bewußt

Strukturalisten gehen von der Annahme aus, daß der geistigen Operationsfähigkeit sowie unserem Verhalten eine bestimmte binäre Denkstruktur zugrunde liegt. Sie kann mit Hilfe einer Methode, die sich von Techniken der linguistischen Analyse ableitet, entschlüsselt werden. Ist diese Struktur einmal bekannt, kann sie uns helfen, die Gesamtheit menschlichen Verhaltens trotz seiner offensichtlichen Unterschiede zu verstehen. Wenn wir die Codierung des Verstandes kennen, wird es uns möglich sein, Verstandesprodukte zu dechiffrieren (Scheffler 1970: 58).

Die Entwicklung der strukturalistischen Theorie wurde von der linguistischen Theorie, insbesondere dem Werk de Saussures angeregt, der Sprache als eine Anordnung von Zeichen beschrieb, die man isoliert von anderen kulturellen Produkten untersuchen könne. Sprache könne in diskrete Elemente zerlegt und sodann die Art und Weise überprüft werden, in der diese Elemente verbunden werden, damit sie Sinn ergeben. De Saussure dehnte seine Untersuchung aus und bezog Formen der Etikette, militärische Signale, Rituale und andere Bedeutungssysteme mit ein. Für all diese könne man abstrakte formale Modelle der zugrundeliegenden Struktur entwickeln.

In der Nachfolge von de Saussure suchte Lévi-Strauss den Grund für Verwandschaft, Mythos und totemistische Klassifikation in unserer intellektuellen Natur, deren tiefste und allgemein menschlichste Schichten größtenteils unbewußt sind, ebenso wie das Erfassen phonetischer Gegensätze systematisch und rational vor sich geht, obwohl wir uns ihrer nicht bewußt sind. Verwandtschaft und Mythos sind in ihrer Struktur der Sprache analog und werden als Codes wirksam.[2]

Lévi-Strauss ist kein Idealist, für den der Verstand grundlegende logische Kategorien und letzte Wahrheiten beinhaltet. In der Tat gibt es bei ihm ein Kantisches Unbewußtes, das kombiniert und kategorisiert, aber es ist ein kategorisierendes System, das mit der Natur übereinstimmt oder die Natur selbst ist (Lévi-Strauss 1981: 55). Es ist, mit seiner Fähigkeit, Codes zu erstellen, die wir Kultur nennen (Lévi-Strauss 1980: 22), im physischen Gehirn verortet.

Nach Lévi-Strauss ist »das Unbewußte ... immer leer – oder genauer, es ist den geistigen Bildern verwandt wie der Magen der Speise, die durch ihn hindurchgeht. Als das Organ mit einer spezifischen Funktion legt das Unbewußte lediglich strukturale Gesetze über ungegliederte Elemente, die anderswo entstehen.« (Lévi-Strauss, zitiert bei Jenkins 1979: 14) Das Gehirn wirkt auf dieser unbewußten Ebene in der Weise, daß es geordnete Systeme von Repräsentationen herstellt, indem es hindurchgehende Wahrnehmungen in Beziehungen von Unterschied und Gegensatz stellt.

Eine der großen Schwierigkeiten im Strukturalismus von Lévi-Strauss ist die Beschaffenheit der Verbindungen zwischen diesen unbewußten Wirkungsweisen des Gehirns und der »Wirklichkeit«, die der Strukturalismus erklären soll. Lévi-Strauss ortet die grundlegende Struktur auf der tiefen Ebene des unbewußten Funktionierens und verleiht ihr eigenen ontologischen Status bzw. Existenz. Aber wie sieht die genaue Beziehung zwischen dem organisierenden Wirken des Unbewußten und dem begrifflichen Bereich der sozialen Struktur der politischen Beziehungen usw. aus? Auf dieser späteren, bewußten Ebene verrichten Konzepte und operationale Kategorien ihre Tätigkeit, indem sie empirischen Wahrnehmungen Bedeutung verleihen. Entweder lassen wir die Beziehung zwischen der Wirkungsweise des physischen Gehirns und der Tätigkeit des Verstandes, begriffliche Modelle herzustellen, ungeklärt, oder wir vereinigen sie auf eine von zwei möglichen Arten.

Wir könnten für einen biologischen Reduktionismus eintreten, in dem die Betonung auf der Rolle des physischen Gehirns liegt. Vieles von Lévi-Strauss' Denken ist in Wirklichkeit reduktionistisch. Er gebraucht Natur in zwei Bedeutungen: der der phänomenologischen Welt, wir wir sie unter Ausschluß der Kultur wahrnehmen. Natur ist dann die Restkategorie für alles außerhalb der Kultur Stehende (Badcock 1975: 98). Aber menschliche Natur ist auch, worauf die kulturellen Codes reduziert werden, und wie Leach gezeigt hat, verfängt sich Lévi-Strauss in einem Paradoxon. Wenn er Tatsachen wie das Inzesttabu und die Exogamieregeln als universale Wahrheiten der Menschen identifiziert, dann müssen sie natürlich sein. Er nimmt jedoch an, daß die einzigartige kulturelle Qualität der Menschheit auf dem Nicht-Natürlichen beruht, auf dem, was sozial überliefert wird und auf gleiche Weise willkürlich ist wie ein sprachliches Symbol in bezug auf seine Bedeutung (Leach 1970: 121 und 1973: 39). Auf diese Weise reduzierte Lévi-Strauss einerseits Kultur auf Biologie: Kultur ist Natur, physisches Gehirn und menschliche Natur. In seinem späteren Werk jedoch wies er darauf hin, daß der Gegensatz zwischen Natur und Kultur eine künstliche Schöpfung der Kultur (1981: 37) und nur ein methodischer Kunstgriff war (1973: 251-252).[3]

Schneider ließ das Pendel noch weiter ausschlagen: Kultur ist nicht Natur, vielmehr ist die Natur ein gänzlich kulturelles Konzept (1972). Wir könnten alle Repräsentationen der Struktur als *Konzepte* der Struktur betrachten, die auf einer bewußten Ebene beim Erstellen von Modellen formuliert werden (Jenkins 1979: 36-37). In diesem Buch befassen wir uns nicht mit einem unerkennbaren Unbewußten, sondern mit volkstümlichen Modellen von Natur, Kultur und Geschlecht, denen in bestimmten Gesellschaften bewußt Ausdruck verliehen wird. Das heißt nicht, daß jedes Mitglied der untersuchten Gesellschaft ein vollständiges, kohärentes Modell zum Ausdruck bringn kann. Der Beobachter muß es aus expliziten Feststellungen, Mythen, Symbolen, Klassifikationsweisen und anderen Beobachtungen aufbauen.

Es gibt auch kein einziges Modell, das das Denken aller Mitglieder einer Gesellschaft charakterisiert. Wenn wir uns ein Modell als einen Plan für das Handeln vorstellen, z. B. bei der Herstellung von Heiratsallianzen, kann es unterschiedliche Pläne für das Handeln geben, die von verschiedenen Gruppen mit einem unterschiedlichen Ausmaß an politischer Macht in der Gesellschaft vertreten werden. Oder wir können uns normative und pragmatische Modelle vorstellen, die Handelnde zu gleicher Zeit vertreten.

Scheffler trat dafür ein, daß alle formalen Modelle drei Eigenschaften haben sollen: 1. Einfachheit, 2. Konsistenz, und 3. sollten sie von der untersuchten lokalen Bevölkerung für angemessen und passend gehalten werden (1970: 67). Lévi-Strauss verwirft die Frage der Angemessenheit und der Übereinstimmung mit bewußten Modellen, indem er das Bewußte als eine Art Abschirmung betrachtet, die die tiefe Struktur verbergen kann (1967: 304). Nutini versuchte, einen Mittelweg zu finden, und schlug vor, daß unbewußte und bewußte Modelle nicht der Art nach, sondern dem Grad nach unterschiedlich sind und daß wir es hier mit einem einzigen Modell zu tun haben, dessen Offenlegung nur durch eine möglichst sorgfältige, detaillierte Feldarbeit möglich ist (1970: 82). Leach führte aus, daß wir, wenn wir eine andere Kultur zu studieren beginnen, rasch ein Modell formulieren, anhand dessen wir sie zu erklären versuchen. Dieses Modell ist aber größtenteils von unseren eigenen Voreingenommenheiten geprägt und kann deshalb bewußten Modellen in den Köpfen der Eingeborenen keineswegs entsprechen. Nach Monaten, wenn wir ihre Sprache gelernt und uns mit ihrer Denkweise vertraut gemacht haben, werden wir unser Modell gänzlich revidieren. Wer nicht vor Ort arbeitet, sondern anhand von ethnographischen Publikationen, und die Hauptkategorien samt ihrer Bedeutungen bereits »kennt«, bevor er ins Feld geht, neigt dazu, nur solche Phänomene zu beachten, die seinen vorgefaßten Meinungen entsprechen. Leach weist Lévi-Strauss' Definition der Sozialanthropologie als Zweig der Semiologie mit der inneren logischen Struktur der Bedeutungen von Konstellationen und Symbolen als zentralem Bezugspunkt zurück. Statt dessen hält er Ausschau nach der Bedeutung im tatsächlichen sozialen Verhalten menschlicher Wesen (1970: 105).

Die strukturalistische Theorie gibt umfassende Erklärungen, da sie aber auf das Unbewußte Bezug nimmt, ist es schwer, sie zu beweisen; die Gültigkeit einer stärker empirisch gestützten Theorie ist leichter nachzuweisen, bietet aber Erklärungen an, die weniger befriedigend und oft tautologisch sind. Einige Beobachter schlugen vor, daß strukturalistisch orientierte Sozialwissenschaftler sich an die Naturwissenschaftler halten, d. h. beobachten und beschreiben und danach erst formale Modelle konstruieren sollten, um mit deren Hilfe die Bedeutung des von ihnen Beobachteten zu erschließen (Gardener 1976: 4-7). Leach vermutet, daß Lévi-Strauss den umgekehrten Weg ging und sich zuerst fragte: »Wie und aus welchen Gründen kommt es dazu, daß die Menschen, die doch Teil der Natur sind, es schaffen, sich für etwas *anderes* als Natur zu halten, obwohl sie, um zu überleben, ständig Beziehungen mit der Natur aufrechterhalten müssen?« (1970: 129). Lévi-Strauss stellt fest, daß zum Beispiel das Inzesttabu oder das Kochen weit verbreitet, zur Aufrechterhaltung des Lebens in der Tierwelt aber nicht notwendig sind. Deshalb muß es sich bei ihnen um Symbole handeln, »die Kultur von Natur unterscheiden und dem Menschen bestätigen, daß er kein wildes Tier ist« (Leach 1970: 129). Andere Kritiker wandten ein, daß Lévi-Strauss' Methode nicht induktiv, sondern in erster Linie deduktiv sei. Lévi-Strauss vermutet, daß in jedem Mythos ein strukturierender binärer Gegensatz aufgedeckt werden könne, der nicht nur für eine Version des Mythos spezifisch ist. Diesen Gegensatz, und häufig auch komplementäre Gegensatzpaare, macht er in der Tat ausfindig (Pettit 1975: 87-88).

»Natur« und »Kultur« als kulturelle Konstrukte

Wir wollen nicht leugnen, daß binäre Unterschiede für das menschliche Denken lebensnotwendig sind; es sind die angeblich universalen Bedeutungen einiger kategorialer Begriffe, die uns betreffen. Da die strukturalistische Methode danach trachtet, Datenmaterial auf seine symbolische Struktur zu reduzieren, sind die Symbole wirklicher als die Phänomene; der Bezeichner ist wichtiger als das Bezeichnete (Scholte 1974: 428). Aber Symbole wie »die Natur« oder »das Weibliche« haben Bedeutungen an sich, die in bezug zur Kultur stehen. Douglas und Kirk betonen, daß der Inhalt nicht vernachlässigt werden darf: so können z. B. verschiedene Versionen eines Mythos nicht auf eine einzige Struktur reduziert werden (Douglas 1967: 66 und Kirk 1970: 78). Eine strukturalistische Analyse sollte, bezugnehmend auf einen bestimmten Mythos, erklären, wie seine Bedeutungen hervorgebracht werden. Deshalb erfordert die Erklärung ein Verständnis der Kultur, in der der Mythos entsteht.[4]

Obwohl Lévi-Strauss versucht hat, den Gegensatz Natur – Kultur zu einem zeitlosen, wertfreien Modell zu formen, das sich mit der Arbeitsweise des menschlichen Verstandes befaßt, sind Ideen über Natur und Kultur nicht wertfrei. Der »Mythos« von der Natur ist ein System von willkürlichen Zeichen, das auf einem sozialen Konsens von Bedeutungen beruht. Weder die Vorstellung von Natur noch die von Kultur ist »vorgegeben«, und beide können sie nicht frei sein von den Einflüssen der Kultur, in denen diese Vorstellungen entwickelt wurden. Unsere europäischen Ideen über Natur und Kultur berufen sich vor allem auf unsere Ursprünge und unsere Entwicklung. Das »Natürliche« ist das, was in unserem Primatenerbe angelegt ist, das »Kulturelle« ist das Willkürliche und Künstliche. In unserer Entwicklungsgeschichte haben wir uns vervollkommnet und unter Zwang gesetzt, indem wir unsere eigene künstliche, an Regeln gebundene Ordnung geschaffen haben.

Unser Geist strukturiert den Mythos, und in einer Rückkopplungsschleife instruiert der Mythos unsere Wahrnehmungen des phänomenologischen Universums. Die Genesis z. B. stellt den Menschen in Widerspruch zur Natur und verheißt uns Herrschaft über Natur. Im Protestantismus übernehmen wir individuelle Verantwortung für das rationale Verstehen und die Nutzbarmachung der Natur. Der Mythos in seiner heutigen Form reflektiert das Vertrauen der Industriegesellschaft, daß Gesellschaft durch unternehmerische Tätigkeit entsteht. Sahlins meinte, daß die »Weiterentwicklung aus einem Hobbesschen Naturzustand der Ursprungsmythos des westlichen Kapitalismus« sei (Sahlins 1981: 82).[5] Wir sprechen Exponenten der Wissenschaft und Industrie, die sich durch Verstehen und Kontrollieren der mächtigen Domäne Natur auszeichnen, Ehre und Ansehen zu. Ebenso ehren wir Menschen, die tierische Triebe überwinden, diese Triebe in Übereinstimmung mit moralischen Regeln zügeln. Wenn Frauen als »naturzugehörig« definiert sind, knüpft sich an die Herrschaft der Männer über die Frauen hohes Ansehen oder sogar moralische Tugend, analog zur Tugend der menschlichen Herrschaft über natürliche Energiequellen oder die libidinöse Energie von Individuen. Es erscheint uns in unserer jüdisch-christlichen und industriellen Tradition ganz logisch, Natur mit Wildheit und Weiblichkeit zu verbinden (Ardener 1975). Wie auch immer, sogar unsere spezifisch europäische intellektuelle Geschichte hat Natur nicht bruchlos mit Wildheit verbunden.

Im 18. Jahrhundert war Natur jener Aspekt der Welt, der, so hatte die wissenschaftliche Prüfung ergeben, vorhersagbaren Gesetzen unterlag, aber noch nicht beherrscht werden konnte. Frauen bewahrten in sich »natürliche Gesetze« und »natürliche Moral«, aber auch alles, was gefühlsbetont und leidenschaftlich war, und mußten deshalb in soziale Bande gezwungen werden. Die gegeneinanderstehenden Kategorien Natur und Kultur (oder Gesellschaft) entstanden als Teil einer, historisch gesehen, besonderen ideologischen Polemik im Europa des 18. Jahrhunderts, eine Polemik, die weitere Widersprüche hervorbrachte, indem sie

Frauen als naturhaft (überlegen), aber auch als Instrumente der Gesellschaft der Männer (unterworfen) definierte.
In der Mitte des 19. Jahrhunderts lieferten evolutionäre Ideen eine »natürliche« Erklärung von Geschlechtsunterschieden. 1861 postulierte Bachofen eine alte Periode des »Mutterrechts«, in der Frauen den Staat genauso wie den Haushalt regierten, gebändigt erst durch das starke römische Patriarchat in klassischer Zeit. McLennan schrieb 1865 über jene Periode der Geschichte, in der Männer Frauen raubten und tauschten, und betonte die Notwendigkeit der Exogamieregeln und Heiratsallianzen für friedliche Verhältnisse in der Gesellschaft. Morgan entwickelte 1877 ausführlich eine matrilineare Periode der Menschheitsgeschichte, an deren Stelle die männliche Kontrolle trat, ein Thema, das Engels in »Der Ursprung der Familie, des Privateigenthums und des Staats« 1884 aufgriff (Lowie 1937: 40 ff.). Die im 18. Jahrhundert entstandene Ambiguität mitsamt ihren Widersprüchlichkeiten setzte sich im 20. Jahrhundert fort; das eher simple unilineare Evolutionsmodell des 19. Jahrhunderts wurde beiseite geschoben.
Wie können wir mit dieser Ambiguität und Komplexität im Herzen unserer europäischen Definitionen folgende Metaphernpaare als Repräsentanten universaler menschlicher Denkstrukturen anerkennen?

Natur : Kultur
Wild : Zahm
Weiblich : Männlich

Strukturale Modelle sind dynamisch, weil sie sich mit Entstehen und Transformation beschäftigen. Die Europäer haben einen Begriff von Geschichte, von Bildungsakkumulation, von fortschreitender Änderung im Laufe der Zeit, und ebenso eine Vorstellung von einer Genesis als einem und einzigem Beginn. Nach dieser Vorstellung wandelt sich eine Kategorie in eine andere, wobei Natur zu Kultur wird, wobei Kinder durch Sozialisation zu Erwachsenen werden, die exogam heiraten, wobei Wildes domestiziert wird und Rohes gekocht. In großem Maß hängt »Bedeutung« für uns von »Werden« ab (Wagner 1975). Aber unsere Bedeutungen haben sich nicht als universale Wahrheiten erwiesen, und einige Gesellschaften begreifen »Natur« als eine unveränderliche Kategorie ohne Transformationsmöglichkeiten. Lévi-Strauss betont nicht bloß das Werden, sondern auch den Aspekt

des Beherrschens: das Soziale beherrscht das Biologische und das Kulturelle das Natürliche (1981: 640). Die leicht verwirrte Abfolge der Ereignisse in der Genesis z. B. reicht von der brodelnden Natur bis zur männlichen Herrschaft über die Natur in Übereinstimmung mit moralischen Gesetzen.
Um ein linguistisches Idiom zu benutzen: Der Übergang von Natur zu Kultur ist eine ziemlich abgekürzte syntaktische Kette von mythischen Einheiten, die eine metonymische Achse von links nach rechts formen. Von oben nach unten gelesen, ergeben sich paradigmatische Assoziationen oder metaphorische Transformationen (Leach 1976: 25-27):

METONYMISCH →

METAPHORISCH ↕

Natur	:	Kultur
Kind	:	Ehepartner
Wild	:	Zahm
Roh	:	Gekocht

Wenn wir das Geschlecht zu diesen Paaren hinzufügen, erhalten wir ein Nonsequitur:

METONYMISCH →

METAPHORISCH ↕

Natur	:	Kultur
Kind	:	Ehepartner
Wild	:	Zahm
Roh	:	Gekocht
Weiblich	:	Männlich

In unserem europäischen Gedankensystem beinhaltet Geschlecht zwei offensichtliche Kategorien von sozialer Differenzierung, aber das dyamische Potential zur Transformation, über das andere gepaarte Gegensätze verfügen, fehlt ihm. Wie kann auf der metonymischen Achse Weiblich Männlich werden, so wie Natur zu Kultur wird? In keiner Weise, wenn wir Geschlecht als unveränderliche Kategorie »in der Natur« betrachten. Aber auch zugunsten von Geschlechtskategorien »in der Kultur« läßt sich einiges sagen, denn sie sind sozial konstruiert (Mathieu 1978). Wie auch immer, in Fällen, in denen Individuen sich entscheiden, ihre soziale Identität zu wechseln, sind es nicht immer nur Frauen, die männliche Identität annehmen, sondern auch Männer entscheiden sich für die Weiblichkeit.

Auf der metaphorischen Achse stellten wir bereits für einige Perioden der europäischen Geschichte fest, daß Weiblichkeit nicht ausschließlich mit Wildheit identifiziert wurde, sondern auch mit einer harmonischen Instanz zur Bewahrung der Naturgesetze. Ardener betont die Metapher Natur=Wildheit=Weiblichkeit in seinem Bericht von den Bakweri. Er sagt, daß Männer ebenfalls mit Natur und Wildheit assoziiert sind, und zwar in der Jagd und im Ritual, und betont zugleich die Schwierigkeit zu wissen, welche Einheiten eines mythischen Textes oder eines beobachteten Verhaltens als Manifestationen zugrundeliegender Struktur ausgewählt werden müssen.[6]

Einige Autoren scheinen im Gefolge von Lévi-Strauss metaphorischen Assoziationen ein größeres Gewicht von »Wahrheit« zu verleihen, als der Begriff der Metapher erträgt. Wörter wie z. B. »Natur« sind mehrdeutig und haben viele implizierte Bedeutungen. Die Metapher gründet in einer figurativen, nicht einer buchstäblichen Bedeutung eines Wortes, deshalb kann diese mit Hilfe der Metapher schärfer umrissen oder erweitert werden.

Menstruierende Frauen haben wie die Natur zyklische Merkmale und sind deshalb wild und unzähmbar. Wildheit kann aber auch eine implizite Bedeutung von Männlichkeit sein. Weil eine Metapher in der vieldeutigen und offenen Eigenart von Wörtern gründet, hat sie sowohl für den Widerspruch als auch für die »Wiederbeschreibung der Wirklichkeit« große Bedeutung und darf in keinerlei buchstäblichem Sinn als Wahrheit angenommen werden (Ricoeur 1978: 169 ff.). Wie Harris demonstriert, verfügen die Laymis in Bolivien, obwohl eine Reihe von Assoziationen uns zu dem Schluß führen könnten, daß sie das Wilde mit dem Weiblichen identifizieren, selbst keineswegs über diese Assoziationen. »Logische Vorgangsweisen anzuwenden ... heißt zu vergessen, daß komplexe Vorstellungen verglichen werden und daß es bei jeder Identifikation verschiedene und spezifische Charakteristika dieser Phänomene sind, die für einen Vergleich ausgewählt werden.« (Harris 1980: 70-94)

Ein guter Teil der ethnographischen Literatur, der die Frauen eher nicht metaphorisch in der Natur angesiedelt sehen möchte, legt nahe, daß sie (und die Männer) aufgrund der Reziprozität des Heiratstausches, weil sie Kinder zu Erwachsenen sozialisieren,

Suhrkamp Wissenschaft

1. Halbjahr 1989

GESAMTAUSGABEN, GESAMMELTE SCHRIFTEN, WERKAUSGABEN

GEORG SIMMEL
Gesamtausgabe
Herausgegeben von
Otthein Rammstedt

Band 2:
Aufsätze 1887–1890
Über sociale Differenzierung (1890)
Die Probleme der Geschichtsphilosophie (1892)
Herausgegeben von
Heinz-Jürgen Dahme
434 Seiten. Ln. DM 48,–
Subskriptionspreis: DM 40,–
ISBN 3-518-57952-5
stw 802
DM 24,–
ISBN 3-518-28402-9

Band 6:
Philosophie des Geldes
Herausgegeben von
David P. Frisby
und Klaus Christian Köhnke
787 Seiten. Ln. DM 74,–
Subskriptionspreis: DM 64,–
ISBN 3-518-57956-8
stw 806
DM 28,–
ISBN 3-518-28406-1

Band 3:
Einleitung in die Moralwissenschaft
Eine Kritik der ethischen Grundbegriffe
Erster Band
Herausgegeben von
Klaus Christian Köhnke
Etwa 460 Seiten
Ln. ca. DM 48,–
Subskriptionspreis:
ca. DM 40,–
ISBN 3-518-57953-3
stw 803
ca. DM 26,–
ISBN 3-518-28403-7 (Mai)

Die Georg Simmel Gesamtausgabe ist auf 24 Bände angelegt. In den folgenden Jahren sollen in der Regel jeweils zwei Bände erscheinen. Alle Bände erscheinen gleichzeitig in Leinen gebunden und in der Reihe »suhrkamp taschenbuch wissenschaft«. Den hier angezeigten Titeln werden folgen: *Einleitung in die Moralwissenschaft.* Zweiter Band (Gesamtausgabe Band 4), *Soziologie* (Gesamtausgabe Band 11). Der Subskriptionsprospekt für die Georg Simmel Gesamtausgabe enthält die Inhaltsverzeichnisse aller geplanten Bände sowie der bisher erschienenen Einzelausgaben von und über Simmel.

PHILOSOPHIE

Ludwig Wittgenstein
Logisch-philosophische Abhandlung
Tractatus logico-philosophicus
Kritische Edition
Herausgegeben von
Brian McGuinness und
Joachim Schulte
Etwa 300 Seiten. Ln.
ca. DM 98,–
ISBN 3-518-57987-8 (April)

Texte zum Tractatus
Aufsätze von Hidé Ishiguro, Anthony Kenny, Norman Malcolm, Brian McGuinness, David Pears, Frank Ramsey, Peter Simons
Herausgegeben und übersetzt von Joachim Schulte
Erstausgabe
stw 771. Etwa 200 Seiten
ca. DM 16,–
ISBN 3-518-28371-5 (Mai)

Ludwig Wittgenstein
Vortrag über Ethik
und andere kleine Schriften
Herausgegeben und übersetzt von Joachim Schulte
Erstausgabe
stw 770. 144 Seiten. DM 14,–
ISBN 3-518-28370-7

Merrill B. Hintikka / Jaakko Hintikka
Untersuchungen zu Wittgenstein
Übersetzt von Joachim Schulte
Etwa 430 Seiten. Geb.
ca. DM 78,–
ISBN 3-518-57980-0 (Mai)

P. M. S. Hacker
Einsicht und Täuschung
Wittgenstein über Philosophie und die Metaphysik der Erfahrung
Übersetzt von Ursula Wolf
WSA. 422 Seiten. Kt. DM 24,–
ISBN 3-518-57985-1

Hans Blumenberg
Höhlenausgänge
827 Seiten. Ln.
ca. DM 78,–
ISBN 3-518-57882-0 (April)

Michel Foucault
Der Gebrauch der Lüste
Sexualität und Wahrheit 2
Übersetzt von Ulrich Raulff und Walter Seitter
stw 717. 328 Seiten
ca. DM 20,–
ISBN 3-518-28317-0 (Mai)

Michel Foucault
Die Sorge um sich
Sexualität und Wahrheit 3
Übersetzt von Ulrich Raulff und Walter Seitter
stw 718. 316 Seiten
ca. DM 20,–
ISBN 3-518-28318-9 (Mai)

ZWISCHENBETRACHTUNGEN

Im Prozeß der Aufklärung
Jürgen Habermas zum 60. Geburtstag

Herausgegeben von Axel Honneth,
Thomas McCarthy, Claus Offe, Albrecht Wellmer
Etwa 800 Seiten. Ln. ca. DM 98,–
ISBN 3-518-57947-9
(Mai)

Mit Beiträgen von

Karl-Otto Apel · Johann P. Arnason
Sheyla Benhabib · Richard J. Bernstein
Hauke Brunkhorst · Peter Bürger
Cornelius Castoriadis · Jean Cohen / Andrew Arato
Erhard Denninger · Helmut Dubiel · Klaus Eder
Iring Fetscher · Günter Frankenberg
Hans-Georg Gadamer · Dieter Henrich · Axel Honneth
Martin Jay · Alexander Kluge · Leo Löwenthal
Thomas McCarthy · Johann Baptist Metz
Gertrud Nunner-Winkler · Claus Offe
Gajo Petrović · Herbert Schnädelbach · Charles Taylor
Michael Theunissen · Ernst Tugendhat
Hans-Ulrich Wehler · Albrecht Wellmer
Rudolf Wiethölter

Thomas McCarthy
Kritik der Verständigungsverhältnisse
Zur Theorie von Jürgen Habermas
Übersetzt von Max Looser
stw 782. Etwa 550 Seiten
ca. DM 28,–
ISBN 3-518-28382-0 (Juni)

Nelson Goodman
Catherine Z. Elgin
Revisionen
Philosophie und andere Künste und Wissenschaften
Übersetzt von Bernd Philippi
Etwa 240 Seiten. Geb.
ca. DM 48,–
ISBN 3-518-57979-7 (Mai)

Martin Heidegger: Innen- und Außenansichten
Herausgegeben vom Forum für Philosophie Bad Homburg
Erstausgabe. stw 779.
Etwa 340 Seiten. ca. DM 20,–
ISBN 3-518-28379-2 (Mai)

Wolfram Hogrebe
Prädikation und Genesis
Metaphysik als Fundamentalheuristik im Ausgang von Schellings »Die Weltalter«
Erstausgabe
stw 772. 136 Seiten. DM 14,–
ISBN 3-518-28372-3

Axel Honneth
Kritik der Macht
Reflexionsstufen einer kritischen Gesellschaftstheorie
stw 738. 408 Seiten. DM 24,–
ISBN 3-518-28338-3

Friedrich Kambartel
Philosophie der humanen Welt
Abhandlungen
Erstausgabe
stw 773. 160 Seiten. DM 16,–
ISBN 3-518-28373-1

Helmut Pape
Erfahrung und Wirklichkeit als Zeichenprozeß
Charles S. Peirce' Entwurf einer spekulativen Grammatik des Seins
Etwa 400 Seiten. Kt.
ca. DM 38,–
ISBN 3-518-57950-9 (April)

W. V. O. Quine
Wurzeln der Referenz
Übersetzt von Hermann Vetter
stw 764. 204 Seiten. DM 16,–
ISBN 3-518-28364-2

Manfred Riedel
Urteilskraft und Vernunft
Kants ursprüngliche Fragestellung
Erstausgabe
stw 774. Etwa 180 Seiten
ca. DM 18,–
ISBN 3-518-28374-X (Juni)

Anke Thyen
Negative Dialektik und Erfahrung
Zur Rationalität des Nichtidentischen bei Adorno
Etwa 352 Seiten. Kt.
ca. DM 38,–
ISBN 3-518-57977-0 (April)

WISSENSCHAFTS-FORSCHUNG

Gideon Freudenthal
Atom und Individuum im Zeitalter Newtons
Zur Genese der mechanistischen Natur- und Sozialphilosophie
WSA. 331 Seiten. Kt. DM 24,–
ISBN 3-518-57984-3

Wolfgang Krohn / Günter Küppers
Die Selbstorganisation der Wissenschaft
Erstausgabe
stw 776. Etwa 160 Seiten
ca. DM 14,–
ISBN 3-518-28376-6 (Juni)

SPRACHWISSEN-SCHAFT

Sprache im Faschismus
Herausgegeben von Konrad Ehlich
Erstausgabe
stw 760. 328 Seiten. DM 20,–
ISBN 3-518-28360-X

ÄSTHETIK, THEORETISCHE TEXTE ZU LITERATUR UND KUNST

Gilles Deleuze
Das Bewegungs-Bild
Kino 1
Übersetzt von Ulrich Christians und Ulrike Bokelmann
Etwa 360 Seiten. Geb.
ca. DM 58,–
ISBN 3-518-57978-9 (Mai)

Raymond Klibansky / Erwin Panofsky / Fritz Saxl
Saturn und Melancholie
Studien zur Geschichte der Naturphilosophie und Medizin, der Religion und der Kunst
Übersetzt von Christa Buschendorf
Mit einem Bildteil
Etwa 600 Seiten. Geb.
ca. DM 88,–
ISBN 3-518-57981-9 (Mai)

Kurt Wölfel
Jean Paul-Studien
Herausgegeben von Bernhard Buschendorf
Erstausgabe
stw 742. 432 Seiten. DM 24,–
ISBN 3-518-28342-1

weil sie rohes Fleisch und Gemüse in gekochte Nahrung umwandeln, weil sie kultivieren, domestizieren und kulturelle Produkte jeglicher Art hervorbringen, zutreffender als vermittelnd zwischen Natur und Kultur betrachtet werden sollten.[7]

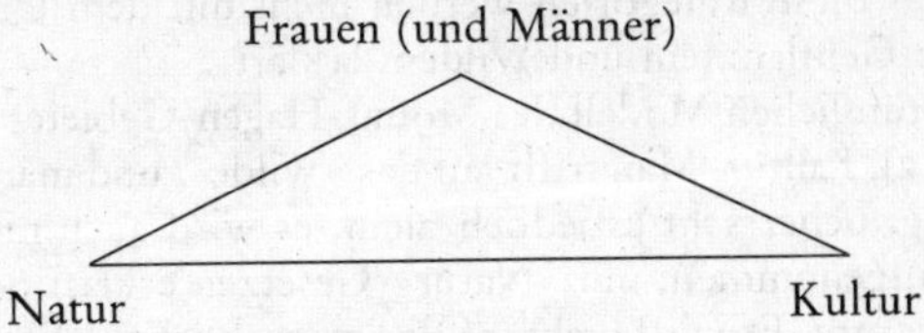

Haben wir nun eine extreme Position eingenommen, indem wir Frauen, nicht aber Männer, als Sozialisierende, Kultivierende und Köche definierten – als Vermittler zwischen Natur und Kultur –, und sie in der Struktur der Verwandtschaft als Vermittler zwischen exogamen sozialen Gruppen sahen, dann müssen wir die Attribute, die Strukturalisten den Vermittlern zuschreiben, genauer ansehen. Weil sie Gegensätze aufheben und versöhnen können, sind Vermittler Gottheit oder Messias und zur selben Zeit Clown und Trickster (Lévi-Strauss 1980: 46). Diese Definition verträgt sich nun gar nicht mit derjenigen einiger Strukturalisten, die Frauen als einfache, passive Objekte in Verwandschaftssystemen bezeichnen, was auf eine weitere logische Inkonsistenz in strukturalistischen Modellen hinweist.

Die ethnographische Literatur rechtfertigt die extreme Position nicht, Frauen, nicht jedoch Männer als Vermittler zwischen Natur und Kultur zu definieren, sie gleicht auch keineswegs einheitlich Attribute der Frauen ausschließlich denen der Natur an. So stellen sich z. B. im Mount-Hagen-Gebiet von Papua Neu Guinea die Menschen den Gegensatz zwischen Natur und Kultur nicht in derselben Art wie Europäer vor, sondern schreiben sowohl Männern als auch Frauen Eigenschaften zu, die westliche Strukturalisten als natürlich und kulturell einstufen würden. (Strathern 1980: 179-122). Die Einwohner dieses Gebietes denken eher nicht mit den Konzepten von Natur und Kultur, wie wir sie verstehen, sondern denken in den Kategorien von »Gepflanzt« (mbo) und »Wild« (rømi). »Gepflanzt« bezieht sich auf Feldfrüchte, Schweinehaltung und im Clanterritorium verwurzelte menschliche Wesen; »Wild« meint das, was vereinzelt, exotisch und nicht-menschlich ist. Kategorien von Männlich und Weiblich stimmen nicht mit sekundären Unterscheidungskriterien überein. Die Einwohner des Mount-Hagen-Gebietes verwenden zwar Geschlechtskategorien, bei denen das Männliche das Prestigeträchtige (nyim) und das Weibliche das Minderwertige (korpa) darstellt, aber diese Kategorien werden nicht mit dem Unterschied zwischen Gepflanztem und Wildem erklärt.

Im volkstümlichen Modell des Mount-Hagen-Gebietes wird Natur nicht zu Kultur. Man trifft auf das »Wilde«, und man wird mit ihm fertig, beherrscht es jedoch nicht, es wird auch nicht in die Kultur aufgenommen, mit »Natur«-Gesetzen erklärt oder seiner Macht beraubt. Es wird nicht infolge menschlichen »Fortschritts« zur ständig schrumpfenden Restkategorie. Die Macht des Wilden kann auf menschliche Aktivität Einfluß ausüben, eben weil sie eine Antithese zu *mbo* ist. So wird auch im Gimi-Gebiet von Papua Neu Guinea Natur nicht entwertet. Das männliche Wesen wird mit dem Wilden, seinen Geistern und Vögeln identifiziert. *Kore* bedeutet Wald sowie Nach-dem-Tode und ist eine ehrenvolle Anredeform für Männer mit hohem Status. Geschlechtsunterscheidungen unterliegen weniger dem kalten, rationalen Vorgang kategorieller Unterscheidung, wie Lévi-Strauss betont, sondern meinen die stark emotional besetzten Tatsachen der Sexualität, Geburt, Erziehung, des Essens und der Freisetzung männlichen Geistwesens zurück in den Wald als Geist/Flöte/Vogel durch die Frauen – eine Angelegenheit, die letztlich die Abhängigkeit der Männer von den Frauen betrifft (Gillison 1980: 143-173).

Es gibt keine Möglichkeit, absolut zu beweisen, daß der Gegensatz Natur – Kultur als eine wesentliche Eigenschaft einer universalen, *unbewußten* Struktur existiert, und es gibt ethnographische Belege, die darauf hinweisen, daß der Gegensatz in der Form, in der ihn Europäer jetzt auffassen, keine universale Eigenschaft von bewußt gehaltenen volkstümlichen Modellen ist. Wenn wir die Kategorien »Natur – Kultur« bloß als methodisches Werkzeug verwenden, um volkstümliche Auffassungen zu ordnen, die europäischen Bedeutungen einigermaßen nahekommen, dann sind Geschlechtskategorien nicht notwendigerweise mit ihnen verbunden. Goodales Beschreibung der Kaulong in Neu Britannien schlägt folgende metaphorische Anordnung vor (Goodale 1980: 119-142):

Tier : Mensch
Reproduktion : Produktion
Wald : Garten : Weiler

Die Kaulong haben keine streng definierte geschlechtliche Arbeitsteilung. Männer wie Frauen entwickeln ihre soziale Identität durch landwirtschaftliche Produkte und den Erwerb anderer Güter im Austausch. Beide befinden sich im Zentrum ihres eigenen Netzes der kognatischen Verwandtschaft und ihrer Handelspartner. Im Gegensatz dazu ist Reproduktion verhältnismäßig nichtsozial, da nur ein Partner gebraucht wird. Verheiratete müssen in Gärten in einiger Entfernung vom Weiler leben und werden durch Wohnort und andere Tabus marginalisiert.
Für die Laymis in Bolivien sind es nicht die Verheirateten, sondern die Unverheirateten, die sich am Rand befinden (Harris 1980: 70-94):

unvollständige Arbeitsteilung : vollständige Arbeitsteilung
unverheiratet : verheiratet

Bei klar definierter geschlechtlicher Arbeitsteilung sind unverheiratete Männer und Frauen im sozio-ökonomischen Sinn unvollständig. In der Laymi-Vorstellung gewinnt erst die Einheit von Mann und Frau in der Ehe einen kulturellen Status und haben selbst die Geister der »Natur« ihren Ehepartner.
Die Sherbro in Westafrika gleichen den Kaulong darin, daß die Frauen die Güter und Dienstleistungen verhandeln und in kognatischen Verwandtschaftsgruppen wichtig sind, aber sie gleichen den Laymi im Hinblick auf die klar definierte geschlechtliche Arbeitsteilung. Sozialisation wird als ein Vorgang gesehen, der proto-soziale Kinder in initiierte Erwachsene umwandelt, die es verstehen und sich verpflichten, gemäß den Gesetzen der Ahnen (Kultur) zu leben. Aber Frauen werden ebenso sorgfältig und vollständig sozialisiert wie Männer. Weibliche Würdenträger, weibliche Darstellung und Vorfahrinnen sind im rituellen Prozeß ebenso wichtig wie ihre männlichen Gegenspieler (MacCormack 1980: 95-118):

»Natur« : »Kultur«
proto-soziale Kinder : initiierte Erwachsene

Obwohl Lévi-Strauss ausdrücklich feststellt, daß Struktur nicht auf der Ebene der empirischen Wirklichkeit liegt (1975: 87), beruft er sich bei der Konstruktion eines Modells der menschlichen Gesellschaft, in der Frauen bloß passive Objekte männlicher Aktivitäten sind, auf eine empirische »Wirklichkeit« (1967: 62).[8] Sein Modell der menschlichen Gesellschaft setzt grundsätzlich voraus, daß es »die Männer sind, die besitzen, und die Frauen, die besessen werden ... Gattinnen, die erworben werden, und Schwestern und Töchter, die weggegeben werden« (1982: 213). Für ihn sind Männer und Frauen unter einem formalen Blickpunkt austauschbar und gleich, nicht aber unter sozialem Blickpunkt. Eine Schwester ändert ihre Rolle zu der einer Gattin durch die von Männern durchgeführte Transaktion, aber Lévi-Strauss entscheidet sich dafür, nicht anzuerkennen, daß auch Männer im Verlauf von Heiratstransaktionen, speziell wenn uxorilokale Residenz einer Heirat folgt, ihre Rollen wechseln. Strukturalisten definieren bei der Verwendung des Lévi-Strauss'schen Modells der Verwandschaft demzufolge Männer als Handelnde und Frauen als Behandelte; Männer als Subjekte und Frauen als Objekte. Obwohl Lévi-Strauss offen Empirie verwendet, um den geschlechtlichen Aspekt seines Modells zu konstruieren, ziehen sich Strukturalisten hinter eine Abschirmung der Teilnahmslosigkeit gegenüber »oberflächlichen Manifestationen«, die die tiefe Struktur verhüllen, zurück (Lévi-Strauss 1975: 87)[9], wenn Fälle von matrilinearen Brautgeldsystemen wahrgenommen werden, in denen Männer sich zwischen Gruppen bewegen (Junus 1964), oder Fälle von Gesellschaften, in denen Frauen formale entscheidungsfällende Rollen bekleiden (MacCormack 1972; 1974; 1976; 1979). Werden da ganz einfach aus den Erfahrungstatsachen des einen Mannes die »geeigneten« Beispiele des anderen, oder enthüllen derartige ethnographische Beobachtungen falsche Modelle, die die wahre Struktur verbergen? Wenn das der Fall ist, warum verstecken dann Gesellschaften ihre grundlegenden Strukturen hinter abschirmenden Modellen? Nutini gab zu bedenken, daß einige bewußte Modelle genauer sein könnten als alle, die ein Anthropologe erstellen kann, und daß, sogar wenn sie Täuschungen sind, eben diese Irrtümer die untersuchten sozialen Tatsachen darstellen (1970: 73 und 82).

Das von Lévi-Strauss formulierte Verwandtschaftsmodell ist ein logisches Konstrukt, das auf der angeblich universalen Rolle der Inzestvermeidung und einer Reihe von Gesetzen für Exogamie basiert. Im Hinblick auf das weit kompliziertere Niveau der wirklichen Tätigkeit von Männern und Frauen ist es ungenau. Die Logik des Modells leugnet entsprechend seiner Konstruktion, daß Frauen im Liebeswerben aktiv sind (Goodale 1980; Harris 1980), bisweilen als Heiratsvermittler auftreten und bei Heiratstransaktionen an der Arbeit und den Gütern der affinalen Verwandten teilhaben, oder es ist an solchen Beobachtungen nicht interessiert. Das Modell nimmt weder Rücksicht auf Frauen, die nicht heiraten, noch auf Scheidung und die aktive Rolle, die Frauen einnehmen, wenn sie spätere Heiraten eingehen. Wenn wir den Modellen glauben, dann weicht ein solches Verhalten, das durchaus statistisch signifikant sein kann (Bledsoe 1980), von den allgemeinen Vorstellungen ab oder ist gar »unnatürlich«. Dieses Verhalten jedoch könnte als eine gesunde Anpassung an die physischen und sozialen Bedingungen, in denen sich die Frauen befinden, gesehen werden. Könnten unsere eigenen, von westlicher Kultur geprägten Annahmen über die Behandlung der natürlichen Welt sowie unsere Auffassung von Eigentum die Modellhersteller dahingehend beeinflussen, Männlich als Subjekt und Weiblich als passives Objekt zu sehen?

Darüber hinaus engt die Beschränkung von Frauen auf passives Objekt-Sein das Erklärungsvermögen des Modells ein. So wie das Modell aussieht, werden Schwestern (und Töchter) durch das Inzesttabu Männern verweigert und von diesen Männern weitergegeben, damit sie Gattinnen anderer Männer werden (Lévi-Strauss 1981: 213). Daraus ergibt sich folgende Anordnung metaphorischer Umwandlungen:

Natur : Kultur
Inzest : Regeln der Exogamie
Schwester : Gattin

Wenn wir jedoch zu den ersten Prinzipien zurückkehren, daß die auf Nachkommenschaft gerichtete Sexualität die binäre Anordnung von Männlich und Weiblich benötigt, müssen dann nicht als Begleiterscheinung des Inzesttabus beide Kategorien in dieser Anordnung Rollenänderungen unterworfen sein? Wenn Frauen ihre sexuelle Reife erreichen, werden sie von ihren »Brüdern«

tatsächlich als Gattinnen anderer Männer betrachtet, und auf ausgewogene Weise müssen Männer, wenn sie die sexuelle und soziale Reife erreichen, von ihren »Schwestern« als Gatten anderer Frauen betrachtet werden. Die Anordnung von Metaphern könnte neu formuliert werden:

Natur :	Kultur
Inzest :	Regeln der Exogamie
Geschwister :	Ehepartner

Der Leser denkt sich vielleicht: wir wissen natürlich, daß sowohl Männer wie Frauen Rollenwechsel erfahren, wenn Inzesttabu und Regeln der Exogamie im Verlauf ihrer Wirksamkeit Reziprozität auslösen und soziale Gruppen integrieren. Das ist so offensichtlich, daß es nicht betont werden muß. Ist es also ein Bestandteil der einen »wahren« Struktur und haben Lévi-Strauss und andere ein abschirmendes Modell aufgestellt, das die tiefe Struktur verbirgt?

Damit geregelte Heiratssysteme blutsverwandte Gruppen zu einer menschlichen Gesellschaft verflechten können, können Frauen nicht einfach passiv sein. Einige Frauen widersetzen sich einer verabredeten Heirat und schaffen es, genug Schwierigkeiten zu verursachen, um die komplexen Muster von Reziprozitäten zu unterbrechen, die den Allianzsystemen im Laufe der Zeit anhaften. Andere stimmen aktiv einer Heirat zu und ermöglichen damit einem Bruder, eine Gattin von einer reziproken Gruppe zu heiraten. Durch ihre Zustimmung zur Heirat versorgt eine Frau ihren Bruder in einem gewissen Sinn mit einer Gattin und erhebt damit an ihn den Anspruch, ihr und ihren Kindern lebenslang Hilfe zu leisten (Van Baal 1975: 76). Im Bereich von Mythos und Ritual können rituelle Vereinigungen von Männern und Frauen in ausgewogener Reziprozität bestehen, wobei eines des anderen bedarf, um ein vollständiges gedankliches System zu ergeben (MacCormack 1981). Aber sogar in Gesellschaften, in denen es nur Vereinigungen von Männern gibt, müssen Männer sich der aktiven Mitarbeit der Frauen versichern, um ein entsetztes Auditorium zur Bestärkung der Angst vor den Göttern zu schaffen, oder sie benötigen eine uninitiierte Gruppe, um die Geheimnisse der Initiierten zu festigen (Van Baal 1975: 72).

Die Attribute, die wir geschlechtsbezogenen Kategorien zuordnen, stützen sich auf unsere Auffassungen von dem, was Männer und Frauen tun. Ardener merkte an, daß sich Männer im sozialen und geographischen Raum in einem weiteren Umkreis bewegen als Frauen und deshalb häufiger anderer gewahr werden als Frauen. Deshalb entwickeln sie eher »Metaebenen der Kategorisierung«, die sie befähigen, sich und ihre Frauen von anderen Männern und deren Frauen gedanklich abzuheben (1975: 6). Frauen sind jedoch nicht universal auf die häusliche Domäne beschränkt. Einige Frauen aus der Dritten Welt, Angehörige niederer Kasten und Klassen, reisen weit, um Lohnarbeit zu finden (Boserup 1970: 79-80). Frauen wandern in großer Zahl in städtische Gebiete ein (Little 1973: Kap. 2). Einige Händlerinnen legen Hunderte von Meilen zurück (MacCormack 1976). Sogar Ardener beschreibt Frauen der Bakweri, die aus einer fremden Gegend in eine noch fremdere gereist sind (1975: 13). Weil die Anordnung der Verhaltensmanifestationen, die die vermeintliche tiefe Struktur enthüllen, nicht »vorgegeben« ist, kann von Anthropologen jedes Verhalten als eines, das diese Struktur enthüllt, ausgewählt werden oder auch nicht.

Frauen scheinen in Gesellschaften mit patrilinearen Abstammungsgruppen am meisten eingeschränkt zu sein, wo sie in durch Brautpreis herbeigeführte Ehen eintreten, keinen Handel treiben und keine Lohnarbeit suchen. Aber sogar in diesem Gesellschaftstyp sind es für gewöhnlich die Frauen, die in Wirklichkeit gehen, um mit der Verwandtschaftsgruppe ihres Gatten zu leben. Es ist ihnen schon in der Kindheit bewußt, daß dies ihr Geschick sein wird (Paulme 1963: 6-7). Wenn wir Frauen ein den Männern gleiches Ausmaß an Intelligenz und intellektueller Neugier nicht absprechen wollen, können wir ihnen logischerweise gedankliche Modelle, mit Hilfe derer sie den Sinn ihrer eigenen Existenz erklären, nicht absprechen. Wenn sie »in der Jugend kichern, im Alter schnaufen, die Frage zurückweisen, über das Thema lachen usw.« (Ardener 1975: 2), könnten sie dann nicht auf kulturelle Annahmen reagieren, die auf unbewußte Weise die Frage des Forschers verzerren? Formt nicht der Statusunterschied zwischen einem Europäer in einem kolonialisierten Land und den Frauen in einem Dorf in vorhersagbarer Weise die Art von Antworten, die man in den jeweiligen kulturellen Kontexten erwarten kann (Goody 1978)?

Ein Großteil der publizierten Literatur über die soziale Struktur, die einige Strukturalisten der Daten wegen verwenden, spiegelt die Macht eines früheren Modells, Radcliffe-Browns »Rechtsmodell«, wider. Die Idee der Abstammung ist gleichgesetzt mit der Weitergabe von Rechten, Pflichten, Macht und Autorität. Rechtsregeln, zu oft von männlichen Informanten verkündet, betonen männliche Autoritätsrollen. Die volkstümlichen Modelle der meisten Gesellschaften aber legen größeres Gewicht auf ein weit komplexeres Muster männlicher und weiblicher Interaktionen, als das Rechtsmodell aufnehmen kann (James 1978: 145). So finden wir z. B. in matrilinear organisierten Verwandtschaftssystemen hinter der einflußreichen Rolle des Mutterbruders Frauen, die die Identitätsbewahrung und -erneuerung einer Lineage für deren männliche und weibliche Mitglieder kontrollieren und im Mittelpunkt einer Struktur von reziproken Verpflichtungen stehen. Frauen kontrollieren Einzelheiten von großer kultureller Bedeutung, und im Fall von Trobriand kontrollieren sie den kosmischen Kreislauf selbst, »indem sie es den Männern überlassen, durch die Frauen künstliche Ausweitungen ihrer eigenen historisch gebundenen Zeit zu schaffen« (Weiner 1976: 23). Sogar in patrilinear organisierten Gesellschaften drücken Männer rituell ihre Angst vor ihrer Abhängigkeit von den Frauen als Erneuerern des Lebens aus (Gillison: 1980), und Belege dafür, daß volkstümliche Abstammungs- und Kontinuitätskonzepte die lebenserhaltenden Attribute anerkennen, sind reichlich vorhanden (Singer 1973; James 1978: 155 ff.). Innerhalb einer einzigen Gesellschaft erhält der Befrager oft sehr verschiedene Definitionen von »Frau«, abhängig davon, ob er nach der Frau als Mutter oder der Frau als Gattin fragt.

Geschlechtsbezogene Attribute in Modellen des wirtschaftlichen Tausches

Wenn wir von der Betrachtung der verwandtschaftlichen Reziprozitäten zur wirtschaftlichen Reziprozität übergehen, können wir den Tausch von Gütern und Dienstleistungen genauer untersuchen. Können wir – ausgenommen vielleicht die fortgeschrittenen, industrialisierten Gesellschaften, in denen Maschinen die Arbeit der Menschen ersetzen und ein »Arbeitslosenproblem« verursachen – den Frauen bei der Produktion und dem Tausch von Gütern und Dienstleistungen eine ebenso passive Rolle zu-

schreiben, wie sie ihnen bei verwandtschaftlichen Transaktionen zugewiesen wurde?
In den meisten Gesellschaften existiert eine von geschlechtsbezogenen Kategorien abgeleitete Arbeitsteilung, die als Metapher einer auf Nachkommenschaft ausgerichteten Sexualität gesehen werden könnte. Da für die sexuelle Reproduktion einer Gesellschaft Männer wie Frauen erforderlich sind, sind sie es auch für die Herstellung von Gütern und Dienstleistungen, die die Gesellschaft erhalten und eine integrative Funktion haben. Folgerichtig haben Männer und Frauen am selben Erkenntnismodell Anteil, halten sich an dasselbe Regelsystem, und jeder ist abhängig vom anderen. In einigen Gesellschaften sind Frauen erstaunliche Güterproduzenten, und in allen Gesellschaften stellen sie Dienstleistungen zur Verfügung (Boserup 1970). Ob die Bereitstellung von Gütern und Dienstleistungen im häuslichen oder im öffentlichen Bereich stattfindet, ist für die Quantität dieser Güter und Dienstleistungen nicht von Bedeutung. Die häusliche Produktion sollte von wirtschaftlichen Überlegungen nicht ausgeschlossen werden, und wenn sie als finanzieller Faktor nicht berechnet werden kann, müssen wir bessere wirtschaftliche Modelle entwerfen. Kinder vollbringen vor der Geschlechtsreife Dienstleistungen für die durch das Inzesttabu gebundene Verwandtschaft, nach ihrer Geschlechtsreife und Heirat aber verrichten sie Dienstleistungen für eine andere Gruppe außerhalb der Grenze des Inzesttabus, ihre affinalen Verwandten. In Gesellschaften mit patrilinearen Einrichtungen können Gatten (und ihre nahe Verwandtschaft) Brautpreis und Arbeit, die durch affinale Verpflichtungen definiert sind, geben, und Frauen geben aufgrund affinaler Verpflichtung Kinder und Arbeit:

Natur : Kultur
Verwandtschaft, gebunden durch das Inzesttabu : Affinale Verwandte
Güter und Dienstleistungen für »uns« : Güter und Dienstleistungen für »andere«
Knaben und Mädchen : Männer und Frauen

Die Definition von Männern auf Geber und Frauen auf Gegebene zu beschränken, heißt, dem Modell eine Art Symmetrie und Gleichgewicht zu verweigern, die notwendigerweise vorhanden sein müssen, aber gibt es einen qualitativen Unterschied zwischen Gütern und Dienstleistungen, die von Männern getauscht werden, und denen, die von Frauen getauscht werden? In vielen Gesellschaften haben die Männer fraglos mehr Macht und eignen sich das Produkt der Frauen an, wodurch sie über weitere Güter verfügen, mit denen sie Allianzen eingehen können. Wenn es besser ist, ausgeheiratet als ausgerottet zu werden, dann könnte Allianzen, die durch den Reichtum von Männern zustande kommen, ein positiver Wert zugesprochen werden (Lévi-Strauss 1981: 95). Allianzen vereinigen Gruppen, und in den meisten Gesellschaften sind die Männer im politischen Bereich, der soziale Einheiten verbindet, aktiver, Frauen hingegen in häuslichen Gruppen, die Bruchteile der Gesellschaft darstellen. In diesem Sinn können wir den Männern, die ausweiten und einigen (Ortner 1974: 79), einen hohen Wert zusprechen, wenn wir die Tatsache nicht beachten, daß dieselben, die durch Politik vereinen, auch durch Krieg trennen und zerstören.

Wirtschaftlicher Tausch betrifft sowohl Dienstleistungen als auch Güter. Wenn wir die Gesamtheit von Gütern und Dienstleistungen, die in der menschlichen Gesellschaft getauscht werden, in Betracht ziehen, können wir dann mit Zuversicht behaupten, daß die Güter, über die die Männer verfügen und die sie hergeben, notwendigerweise über den Dienstleistungen einzustufen sind, über die die Frauen verfügen und die sie hergeben? Wie Lévi-Strauss die Analyse des Tauschs auf den biologischen Ausspruch »ausheiraten oder ausgerottet werden« konzentriert, so könnten wir auf einer biologischen Ebene fragen, ob Homo sapiens als Spezies eher dank der Tauschvorgänge auf hohem Niveau, zu denen die Menschen neigen, überlebt, oder dank der häuslichen Produktion, der Teilung und Fruchtbarkeit durch Frauen?

Häusliche Dienstleistungen werden in fortgeschrittenen industriellen Gesellschaften, die »Arbeit« als Lohnarbeit definieren und vom häuslichen Raum trennen und in denen ein »Bevölkerungsproblem« wahrgenommen wird, entwertet. Aber hier handelt es sich um Widersprüche unserer eigenen Kultur, die keine universale Gültigkeit haben.

Natur, Kultur und die biologische Reproduktion der Gesellschaft

Ortner fuhr in der Art von Lévi-Strauss fort, indem sie eine Frage über die Menschheit stellte und dann daran ging, sie zu beantworten. Sie fragt: Wie könnten wir die universale weibliche Unterordnung begründen? Sie bewegt sich rasch auf ein biologisch-reduktionistisches Argument zu und stellt fest, daß »der Körper einer Frau sie zu der bloßen Reproduktion von Leben zu verurteilen scheint; dagegen muß der männliche (jedenfalls ist die Gelegenheit dazu vorhanden), weil er natürlicher schöpferischer Funktionen entbehrt, seine Kreativität außerhalb, »künstlich«, durch das Medium Technologie und durch Symbole durchsetzen. Indem er so verfährt, schafft er verhältnismäßig beständige, ewige, überragende Objekte, während die Frau nur Vergängliches schafft – menschliche Wesen (1974: 75). Diese Ansicht, die von de Beauvoir ihren Ausgang nimmt (1951), ist durch ihren Ethnozentrismus bemerkenswert. Eine außerordentlich große Anzahl von Gesellschaften, insbesondere die totemistischen Gesellschaften, die Lévi-Strauss zur Analyse heranzog, haben Lineage-Systeme, die per definitionem in Ewigkeit existieren. Jeder Mensch, der zur Welt kommt, gehört zu einer großen gesellschaftlichen Existenzkette, die die Ewigkeit seiner selbst und der Gruppe sicherstellt. Häuser verfallen, Dörfer werden verlegt, Reiche stürzen, aber das große Vertrauen ist vorhanden, daß die Lineage einschließlich der »realen« Gemeinschaft der Vorfahren ewig bestehen wird.

Ist die Physiologie der Frauen wirklich »natürlicher« als die der Männer? Die meisten Gesellschaften halten die fruchtbare Rolle der Männer für genauso wesentlich für die Kontinuität von sozialen Gruppen wie die der Frauen. Männer und Frauen zeugen, essen, defäkieren und befriedigen andere, lebensnotwendige Bedürfnisse. Das zu tun ist natürlich, aber die Etikette beim Essen, die Regelung von Zeit, Ort und Position für die Defäkation und auch die Regeln, die Zeit, Ort und Position für Ejakulation und Geburtsakt vorschreiben, sind kulturelle. Fruchtbarkeit und Geburt werden von Definitionen der Symptome und technischen Modifizierungen geleitet, die bei praktisch allen Gesellschaften durch chemische und mechanische Behandlungsmethoden aufgebracht wurden. Sie können nicht als das einzige Merkmal dazu verwendet werden, Frauen als »natürlich« zu definieren (MacCormack 1981).

Die Feststellung, Frauen seien durch ihre Biologie dazu verurteilt, der Natur, nicht der Kultur anzugehören, ist selbstverständlich eine mythische Feststellung, und Ortner sowie Lévi-Strauss distanzieren sich von ihr. Natürlich können Frauen nicht voll der Kategorie der Natur zugeordnet werden, »denn es ist vollkommen einsichtig, daß sie voll ausgestattete menschliche Wesen sind, ebenso wie der Mann mit einem menschlichen Bewußtsein versehen. Die Frau ist die Hälfte der Menschheit, ohne deren Mithilfe das ganze Unternehmen zusammenbräche« (Ortner 1974: 75-76). Oder wie Lévi-Strauss es ausdrückt, »die Frau konnte niemals Zeichen werden und nur dies, da sie auch in einer Männerwelt immer noch eine Person ist und da sie in dem Maße, in dem sie als Zeichen definiert wird, als eine Erzeugerin von Zeichen anerkannt werden muß« (Lévi-Strauss 1981: 663). So tritt Lévi-Strauss' grundlegendes Paradoxon in metaphorischer Umwandlung wieder in Erscheinung:

1) Kultur überragt Natur, ist aber im menschlichen Geist (Gehirn) begründet, der (das) Natur ist.
2) Männer überragen die Natur mit ihrer Geistigkeit, befinden sich aber in der Natur als Gezeugte, Zeuger und Besitzer von menschlichem Geist.
3) Frauen überragen Natur mit ihrer Geistigkeit, befinden sich aber in der Natur als Gezeugte, Zeuger, Milchspenderinnen und Besitzerinnen menschlichen Geistes.

Oder: man könnte 2) und 3) kombinieren, das ergibt:

4) Männer und Frauen überragen Natur mit ihrer Geistigkeit, befinden sich aber in der Natur als Gezeugte, Zeuger, Ernährer und Besitzer menschlichen Geistes.

Könnten wir daraus schließen, daß sowohl Männer als auch Frauen Natur und Kultur sind und daß es keine Logik gibt, die uns zur Annahme zwingt, Frauen seien auf einer unterbewußten Ebene durch ihre Naturhaftigkeit Männern entgegengesetzt und untergeordnet?

Ideologie und die Angemessenheit von Modellen

Ortner stellt fest, daß »überall, in jeder bekannten Kultur, Frauen in gewisser Hinsicht für minderwertiger als Männer gehalten werden« (1974: 69). Aber sie sagt nicht, wer sie so einschätzt. Männer? Frauen? Wie viele? Während meiner Feldforschung habe ich mit weiblichen Häuptlingen gesprochen, weiblichen Häuptern von Abstammungsgruppen, Oberhäuptern von weiblichen Geheimgesellschaften und weiblichen Haushaltsvorständen, die mit der hier behaupteten, zu verallgemeinernden These nicht übereinstimmen würden. Sie würden sagen, Frauen seien in einigen Bereichen minderwertiger als Männer, Männer in anderen Bereichen minderwertiger als Frauen, und würden zum Beispiel produktive Tätigkeiten in der Arbeitsteilung anführen. Es gäbe heutzutage keinen sozialen Aufruhr wegen der Geschlechtsrollen in westlichen, industrialisierten Gesellschaften, wenn nicht eine wesentliche Anzahl von Männern und Frauen die These der universellen weiblichen Unterordnung unterstützte. Das methodische Problem ist folgendes: Können strukturale Modelle ohne Bezugnahme auf bewußt geäußerte volkstümliche Modelle und aktuelle statistische Beschreibungen bestehen? Scheffler tritt für Modelle ein, die das in Frage stehende Volk für angemessen und passend erachtet (1970: 67). Lévi-Strauss mißtraut den Einschätzungen des Volkes als einer möglichen Abschirmung, die die tiefe Struktur verbirgt (1963: 281).

Ardeners Einstellung zu Modellen von Natur, Kultur und Geschlecht ist schwankend. Auf der einen Seite sieht er die Wirklichkeit in den bewußten volkstümlichen Modellen, wenn er behauptet, daß Bakweri-Frauen sich selbst als in der Natur befindlich begreifen.[10] Wie Lévi-Strauss und Ortner versucht er nicht, die Frauen gänzlich in den Bereich der Natur zu stellen, sondern er sieht sie sich selbst sowohl mit Natur als auch Kultur in Verbindung bringen, während Männer sich selbst von der Natur abgrenzen. Er sieht jedoch auch Gültigkeit in der metaphorischen Verbindung zwischen Weiblichkeit und Natur im Bereich der unbewußten Struktur.[11] Wie auch immer, er reduziert letztlich nach dem bekannten Muster strukturalistischen Verfahrens die Beweisführung auf die Biologie und sagt: »Da Frauen aufgrund ihrer Biologie keine Männer sind, würde es überraschen, wenn sie sich gegenüber der Natur auf dieselbe Weise abgrenzten, wie es die Männer tun« (1975: 5).

Aber die Verbindung zwischen Natur und Frauen ist keine »gegebene«. Das Geschlecht und seine Attribute sind nicht bloße Biologie. Die Bedeutungen, die dem Männlichen und dem Weiblichen zugeordnet werden, sind ebenso willkürlich wie die Bedeutungen, die man Natur und Kultur zuschreibt (Mathieu 1973). Die Entwickler der Natur-Kultur-Geschlechts-These lassen Weiblichkeit in Biologie und Männlichkeit im sozialen Bereich wurzeln (de Beauvoir 1951; Ortner 1974: 67-88; Ardener 1975: 5; Lévi-Strauss 1981: 644). Wenn jedoch Männer und Frauen eine Spezies sind und zusammen die menschliche Gesellschaft ausmachen, dann muß logischerweise die Analyse wirklicher Geschlechtsattribute unter Bezug auf eben diesen Bereich vorgenommen werden. Die Formulierung von Soziobiologen, die männliche Geschlechtsattribute sehr stark in der Biologie wurzeln lassen und so die »Natürlichkeit« der politischen Herrschaft der Männer über die Frauen erklären, ist gleichfalls irrig.[12]

In seiner Schlußfolgerung scheint Ardener auf die Ebene des bewußten Modells zurückzukehren, dem dominanten männlichen Modell, in dem »einige Merkmale der Frauen« nicht in die Grenzen der menschlichen Gesellschaft, wie Männer sie definieren, passen (S. 23). Die Bakweri-Frauen selbst sind durch das männliche Modell nicht verwirrt, sondern willigen in es ein, weil männliche Vorherrschaft sie untergeordnet und »stumm« gemacht hat (S. 24).

Wir sind nun zu einem relativistischen Standpunkt gelangt, wo Männer das eine denken, Frauen etwas anderes wissen, aber nicht gehört werden können, weil europäische Forscher sich an Männer als einflußreiche Auskunftspersonen wenden. Wir haben es nicht länger mit vermeintlich universalen Kategorien zu tun, sondern mit einem politischen Problem, in dem Frauen von Männern, die die politische Macht behaupten, am Sprechen gehindert werden, und es bleibt uns überlassen, über unsere eigene europäische Kulturgeschichte nachzudenken, um zu entdecken, warum einige Anthropologen die bewußten Modelle, die ihnen kolonialisierte Männer überlassen, so zufriedenstellend finden.

Obwohl sich strukturalistische Modelle auf die synchrone Dimension sozialer Phänomene beziehen, sind Lévi-Strauss und andere gleichfalls an der diachronen Dimension des sozialen Wandels interessiert. Wie de Saussure in seiner Arbeit über Linguistik zwischen der Wissenschaft von der langue (Code) und der Wissenschaft von der parôle (Botschaft) unterscheidet, so verwendet Lévi-Strauss einen synchronen Strukturalismus und eine marxistische Dialektik, wobei letztere den sozialen Wandel und entscheidende soziale Gründe spezieller kultureller Codes erklärt. Wenn Frauen im Garten arbeiten und weben, wird ihre Tätigkeit als innerhalb der Ordnung der Natur stehende begriffen. Wenn sich Männer dieselbe Art von Tätigkeit aneignen und Kultur in Form von komplexen Maschinen in diesen Vorgang einbringen, liegt die männliche Tätigkeit innerhalb der Ordnung der Kultur (Lévi-Strauss 1975: 361). Offenbar werden Frauen als gering- oder unbezahlte Arbeitskraft von Männern für eine billige natürliche Ressource im produktiven Prozeß gehalten. Lévi-Strauss argumentiert zum Thema der Entwicklung in der Dritten Welt, daß Gesellschaften nicht aus Eigenem »unterentwickelt« sind, sondern weil kapitalistische Gesellschaften seit dem 16. Jahrhundert von ihnen Reichtum abgezogen haben. Eroberungen, die aus der Neuen Welt Gold, aus Afrika Sklaven und anderen Reichtum mit sich brachten, verbinden nichtindustrialisierte und industrialisierte Länder zu einem gemeinsamen System mit einer gemeinsamen Geschichte. Die Beziehung zwischen Kolonialisten und Kolonialisierten und die Beziehung zwischen Kapitalist und Proletarier in industrialisierten Gesellschaften sind Manifestationen desselben Vorganges: »Überhaupt bedurfte die verhüllte Sklaverei der Lohnarbeiter in Europa zum Piedestal die Sklaverei sans phrase in der neuen Welt« (zitiert von Lévi-Strauss 1975: 354).

Kolonialist : Kolonialisiert
Kapitalist : Proletarier

Für Lévi-Strauss ist die Erschaffung und vor allem die Wirklichkeit einer kolonialisierten Gesellschaft in der irreversiblen historischen Bedingung der Unterdrückung zu finden, und er übt an Malinowski Kritik, der die Entwicklung für ein Resultat aus dem Zusammentreffen einer höheren und aktiveren Kultur mit einer einfacheren und passiveren hielt. »Die ›Einfachheit‹ und die ›Passivität‹ sind keine immanenten Eigenschaften der betreffenden Kulturen, sondern das Ergebnis der Einwirkungen der Entwicklung in ihren Anfängen auf sie: eine Situation, die Brutalität, Raffgier und Gewalt geschaffen haben, ohne die die historischen

Bedingungen eben dieser Entwicklung sich nicht hätten vereinen können.« (Lévi-Strauss (1975: 354 f.)

Obwohl er Engels in seiner Analyse von Kolonialisierung und Proletarisierung beipflichtet, stimmt Lévi-Strauss der Engelsschen Analyse des Prozesses nicht bei, durch den Frauen als Kategorie infolge des Aufstiegs des Privateigentums und der Privatisierung der Arbeit der Frauen (Engels 1964: 66 ff.) für Männer, die »Bourgeoisie«, zum »Proletariat« geworden sind:

Kolonialist	:	Kolonialisiert
Kapitalist	:	Proletarier
Männlich	:	Weiblich

Wenn Lévi-Strauss darauf besteht, daß Einfachheit und Passivität keine wirklichen Eigenschaften des Kolonialisierten und Proletarisierten sind, dann muß er logischerweise auch darauf bestehen, daß sie nicht wirkliche Eigenheiten von Frauen sind, sondern das Ergebnis eines historischen Prozesses, durch den Frauen an den Rand gedrängt und entmachtet wurden. Wir geben zu bedenken, daß es ebenso wichtig ist, die »Botschaft« von Besitzverhältnissen zu verstehen wie den »Code« der Naturhaftigkeit, wenn wir Berichte von der Marginalität von Frauen verstehen wollen.

II.

Während der Aufklärung war das Naturverständnis sowohl für den politischen Diskurs als auch für den Aufstieg wissenschaftlicher Forschung entscheidend. Maurice und Jean Bloch begründeten die Idee von Natur in einer politischen Dialektik, die das »natürliche Gesetz« der Doktrin vom göttlichen Recht der Könige gegenüberstellte. Später formte Rousseau die »Natur« zur Quelle, durch die sich eine korrupte Gesellschaft reformierte und reinigte. Diese Naturvorstellung war entscheidend für Rousseaus radikales Eintreten für eine Oberhoheit des Volkes und die Rechtmäßigkeit der Demokratie. Das Konzept von Natur erhält seine Bedeutung teilweise aus der Richtung, der es entgegengesetzt ist: Göttliche Könige, Vor-Gesellschaft, korrupte Gesellschaft usw. Da »Natur« verschiedenen Lehrmeinungen an verschiedenen Punkten in der Geschichte entgegengehalten wurde, änderte sich ihre Bedeutung dementsprechend.

Rousseau erstellt eine weitere Dialektik zwischen der Idee der

Natur als Führerin und Lehrerin für eine reformierte Gesellschaft und der Natur, die mit den Emotionen und der Häuslichkeit der Frau assoziiert wird. Die Ideen des 18. Jahrhunderts über soziale und politische Reformen erstreckten sich nicht auf die Frauen. Obwohl sie in einem eigentlicheren Sinn natürlich waren als Männer, wurden Frauen gesellchaftlich als passiv, abhängig und politisch den Männern untergeordnet eingeschätzt. Dieser Widerspruch bleibt in Lévi-Strauss' Sichtweise der sozialen Struktur erhalten und bildet einen Teil der geschlechtsbezogenen Dialektik, zu der dieses Buch beiträgt.

Im 18. Jahrhundert war Natur sowohl Teil der Welt, die noch nicht betreten worden war, als auch der Teil der Welt, den Männer verstanden, meisterten und sich zu eigen gemacht hatten. Die wissenschaftliche Untersuchung verlief parallel zum politischen Diskurs, indem sie den Frauen widersprüchliche Attribute zuschrieb. Sie waren der Aufbewahrungsort. Die Begründerin der menschlichen Gesellschaft war die Mutter einer Familie. Durch die wissenschaftliche Entschleierung der Frau konnte die Natur enthüllt und verstanden werden. Aber Frauen sind auch Aufbewahrungsorte von Leidenschaften, die in Schranken gehalten und kontrolliert werden mußten. In der Mitte des 18. Jahrhunderts beobachtete und definierte eine gut etablierte biomedizinische Tradition die Menschen und verhärtete die gedankliche Trennung zwischen einzigartig weiblichen und einzigartig männlichen Attributen. Ein biologischer Determinismus »erklärte« die Frauen, die Männer aber wurden mehr durch ihre sozialen Handlungen definiert, eine Forschungshaltung, die in einem Teil der zeitgenössischen Literatur über die Geschlechter fortwirkt.

Wenn wir den Bereich unserer Untersuchung erweitern, könnten wir zu der Beziehung zwischen europäischen Kolonialmächten und der Dritten Welt zurückkehren. Im Diskurs über die Bedeutung von Kultur und Gesellschaft könnten europäische Konzepte als ein »dominanter Code« (Ardener) gesehen werden, der unsere europäische Sichtweise der Welt verallgemeinert. Wie Harris zeigt, sind wir dann weniger geneigt, »zum Verstummen gebrachte Codes« zu hören. Aber Sozialwissenschaftler müssen sich gegen die Tendenz, den vorherrschenden Diskurs der europäischen Kultur zu verwenden, unsere Kategorien zu verallgemeinern und uns so taub zu machen gegenüber alternativen Arten, die Welt zu strukturieren, verwahren.

Ich möchte meine Dankbarkeit gegenüber Meyer Fortes, Christine Hugh-Jones, Stephen Hugh-Jones, Jenny Teichmann und Marilyn Strathern ausdrücken. Ich bin ihren verständnisvollen Ratschlägen nicht immer gefolgt, respektiere aber ihre Ansichten zutiefst.

1 Siehe Gardener (1976) für eine weitere Diskussion dieses Punktes, vor allem in bezug auf Lévi-Strauss und Piaget.

2 Lévi-Strauss (1980: 66) stellte fest, daß Mythos und Musik nicht bloß der Sprache entsprechen, sondern von der Sprache abgeleitet sind.

3 Siehe S. Badcock (1975) bezüglich einer ausführlicheren Diskussion und eines Vergleichs von Lévi-Strauss' biologischem Reduktionismus mit dem von Freud. In seinem späteren Werk schreibt Lévi-Strauss von der Vieldeutigkeit der Natur. Sie ist subkulturell, aber sie ist auch das Mittel, durch das die Menschen Kontakt mit ihren Vorfahren zu erhalten hoffen, mit Geistern und Göttern. So gesehen ist Natur auch »übernatürlich« (1975: 359).

4 Siehe Lévi-Strauss (1980: 38 ff.) bezüglich einer Antwort auf diese Kritik.

5 Sahlins (1981: 82) meinte: »Soweit ich weiß, sind wir die einzigen, die sich für die Nachkommen von Wilden halten. Alle anderen Menschen glauben, daß sie von Göttern abstammen.«

6 Ardener (1975: 14): »Männer jagen auf der Bergspitze entfernt von allen Dörfern und Gehöften, das bringt der Elefantentanz der Männer rituell zum Ausdruck«. Wir könnten folgern, daß das wilde Tier in allen von uns ist, nicht nur in den Frauen, und daß die nicht-soziale = nicht-menschliche = Wildes = Natur-Metapher für *menschliche* Betrachtungen eine machtvolle ist. Ardener erkennt La Fontaines Beobachtungen an, daß das Wilde der Männer für gewöhnlich für Tod und Zerstörung steht, wohingegen das Wilde der Frauen Landwirtschaft und Fruchtbarkeit repräsentiert (1975: 16).

7 Ortner (1974) stellt eine Theorie von Weiblich als Natur auf, zieht sich jedoch von der extremen Position zurück, indem sie die Rolle der Frauen als Vermittlerinnen zwischen Natur und Kultur anerkennt. Siehe auch Lévi-Strauss (1973: 139).

8 Bei der Analyse von sozialer Struktur folgt Lévi-Strauss der Tradition von Rousseau, indem er Männer als aktiv und Frauen als passiv und kontrolliert definiert. Bei der Mythosanalyse arbeitet er mit einer großen Vielfalt von Eigenschaften, die Frauen zugeschrieben werden, und verbindet Weiblich nicht immer, wie Ortner und Ardener, mit Natur.

9 In »The meaning and Use of the Notion of Model« (1975) warnt Lévi-Strauss vor einer Verwechslung einer theoretischen Analyse von Modellen mit einer tatsächlichen Beschreibung von Daten, wie sie dem empirischen Beobachter erscheinen. »Viele südostasiatische Gesell-

schaften machen die nützliche und oft wahre Aussage, daß Frauen zirkulieren, nicht Männer; das entwertet nicht die Richtigkeit dessen (was von einem generalisierten Modell erfaßt werden muß), daß sich in den formalen Eigenheiten der Struktur nichts veränderte, wenn die Situation umgekehrt beschrieben werden würde, wie es einige Stämme wirklich tun.« (S. 95).

10 Beim Bericht von einer Bakweri-Erzählung und dem damit verbundenen Ritual erklärt Ardener: »Die Bakweri-Frauen begrenzen ihre Welt unter Einschluß des Wilden, das Moto (die Männer) ausschließen ... obwohl die Männer die ›Menschheit‹ von der Natur ausschließen, beharren die Frauen auf einer Überschneidung mit der Natur« (S. 8 f.). »Die Bakweri-Frauen definieren die Grenze ihrer Welt derart, daß sie als Frauen innerhalb der männlichen Definition des Wilden leben sowie teilweise in der Welt der Männer innerhalb des Dorfzaunes.« (S. 13)

11 Ardener interpretiert das Initiationsstadium des *liengu* (Wassergeist)-Rituals als »die endgültige Inkorporation ins Wilde, außerhalb des Dorfzaunes« für die Frauen (S. 12). Mittels »Methoden von der Art, wie sie Lévi-Strauss in den *Mythologiques* verwendet«, enthüllt Ardener durch die strukturale Analyse des Rituals ein unbewußtes Modell, das Frauen und Natur verbindet.

12 Siehe z. B. E.O. Wilson (1975 zu Kap. 27). Soziobiologen können jedoch die Mechanismen nicht bezeichnen, mit welchen die Gene Menschen zu bestimmtem Verhalten instruieren, das jedem Geschlecht zugeschrieben wird. Vor allem, wenn die kulturelle Verschiedenheit »natürlicher« Attribute in Betracht gezogen wird. Siehe Sahlins (1977) für eine allgemeine Kritik.

Bibliographie

Ardener, Edwin (1975): »Belief and the Problem of Women«, in: Ardener, Shirley (ed.): *Perceiving Women*, London: 1-18.

Ardener, Edwin (1975): »The Problem Revisited«, in: Ardener, Shirley (ed.): a. a. O.: 19-28.

Badcock, C.R. (1975): *Lévi-Strauss: Structuralism and Sociological Theory*, London.

Bledsoe, Caroline (1980): *Women and Marriage in Kpelle Society*, Stanford.

Boserup, Esther (1970): *Woman's Role in Economic Development*, London.

de Beauvoir, Simone (1951): *Das andere Geschlecht. Sitte und Sexus der Frau*, Hamburg.

Douglas, Mary (1967): »The Meaning of Myth«, in: Leach, E.R. (ed.): *The Structural Study of Myth and Totemism*, London: 49-70.
Engels, Friedrich (1964): *Der Ursprung der Familie, des Privateigentums und des Staats*. Im Anschluß an Lewis H. Morgans Forschungen, Berlin (Ost).
Gardener, Howard (1976): *The Quest for Mind: Piaget, Lévi-Strauss and the Structuralist Movement*, London.
Gillison, Gilliane (1980): »Images of nature in Gimi thought«, in: MacCormack, Carol, P., Stathern, Marilyn (eds.): *Nature, culture and gender*, New York: 143-173.
Goodale, Jane, C. (1980): »Gender, sexuality and marriage: a Kaulong model of nature and culture«, in: MacCormack, Carol, P., Strathern, Marilyn (eds.): a. a. O.: 119-142.
Goody, Esther, N. (1978): »Towards a Theory of Questions«, in: Goody, Esther, N. (ed.): *Questions and Politeness*, Cambridge: 17-43.
Harris, Olivia (1980): »The power of signs: gender, culture and the wild in the Bolivian Andes«, in: MacCormack, Carol, P., Strathern, Mariliyn (eds.): a. a. O.: 70-94.
James, Wendy (1978): »Matrifocus on African Women«, in: Ardener, Shirly (ed.): *Defining Females*, London: 140-162.
Jenkins, Alan (1979): *The Social Theory of Claude Lévi-Strauss*, London.
Junus, U. (1964): »Some Remarks on Minangkabau Social Strukture«, in: *Bijdragen tot Taal- Land- en Volkenkunde* 120: 293-326.
Kirk, G., S. (1970): *Myth*, Cambridge.
Leach, Edmund (1970): *Claude Lévi-Strauss*, New York.
1973: »Strukturalism in Social Anthropology«, in: Robey, David (ed.): *Structuralism: An Introduction*, Oxford: 37-56.
(1976): *Culture and Communication*, Cambridge.
Lévi-Strauss, Claude (1971): *Strukturale Anthropologie 1*, Frankfurt/Main.
(1973): *Das wilde Denken*, Frankfurt/Main.
(1975): *Strukturale Anthropologie 2*, Frankfurt/Main.
(1980): *Mythos und Bedeutung. Vorträge*, Frankfurt/Main.
(1981): *Die elementaren Strukturen der Verwandtschaft*, Frankfurt/Main.
Little, Kenneth (1973): *African Women in Towns*, Cambridge.
Lowie, Robert, A. (1937): *The History of Ethnological Theory*, New York.
MacCormack, Carol, P. (1972): »Mende and Sherbro Women in High Office«, in: *Canadian Journal of African Studies* 6: 151-164.
(1974): »Madam Yoko: Ruler of the Kpa Mende Confederacy«, in: Rosaldo, M., Z., Lamphere, L. (eds.): *Woman, Culture and Society*, Stanford: 173-188.
(1976): »The Compound Head: Structures and Strategies«, in: *Africana Research Bulletin* 6: 44-64.

(1979): »Sande: The Public Face of a Secret Society«, in: Jules-Rosette, B. (ed.): *The New Religions of Africa*, Norwood: 27-38.
(1980): »Protosocial to adult: a Sherbro transformation«, in: MacCormack, Carol, P., Strathern, Marilyn (eds.): a. a. O.: 95-118.
(1980): und Strathern, Marilyn (eds.): *Nature, culture and gender*, New York.
(1981): »Health, Fertility and Childbirth in Southern Sierra Leone«, in: MacCormack, Carol, P. (ed.): *Ethnography of Fertility and Birth*, London.
Mathieu, Nicole-Claude (1973): »Homme – culture et femme – nature?«, in: *L'Homme* 13: 101-141.
(1978): *Ignored by Some Denied by Others: The Social Sex Category in Sociology*, London.
Nutini, Hugo (1970): »Some Considerations on the Nature of Social Structure and Model Building«, in: Hayes, E.N. und Hayes, T. (eds.): *The Anthropologist as Hero*, Cambridge, Mass.: 70-107.
Ortner, Sherry, B. (1974): »Is Female to Male as Nature is to Culture?«, in: Rosaldo, M.Z. und Lamphere, L. (eds.): *Woman, Culture and Society*, Stanford: 67-88.
Paulme, Denise (1963): *Women of Tropical Africa*, Berkeley.
Pettit, Philip (1975): *The Concept of Structuralism: A Critical Analysis*, Dublin.
Ricoeur, Paul (1978): *The Rule of Metaphor: Multi-disciplinary Studies of the Creation of Meaning in Language*, London.
Sahlins, Marshall (1976): *Culture and Practical Reason*, Chicago.
(1977): *Use and Abuse of Biology*, London.
Scheffler, Harold W. (1970): »Structuralism in Anthropology«, in: Ehrmann, Jaques (ed.): *Structuralism*, Garden City N.J.: 56-78.
Schneider, David (1972): »Waht is Kinship All About?«, in: Reining, P. (ed.): *Kinship Studies in the Morgan Centennial Year*, Washington.
Scholte, Bob (1974): »Structural Anthropology as an Ethno-logic«, in: Rossi, Ino (ed.): *The Unconscious in Culture*, New York: 424-545.
Singer, Alice (1973): »Marriage Payments and the Exchange of People«, in: *Man* 8: 80-92.
Van Baal, J. (1975): *Reciprocity and the Position of Women*, Amsterdam.
Wagner, Roy (1975): *The Invention of Culture*, Englewood Cliffs, NJ.
Weiner, Annette, B. (1976): *Women of Value, Men of Renown: New Perspectives in Trobriand Exchange*, Austin.
Wilson, E.O. (1975): *Sociobiology*, Cambridge, Mass.
Wokler, Robert (1978): »Perfectable Apes in Decadent Cultures: Rousseau's Anthropology Revisited«, in: *Daedalus* 107: 107-134.

Maxine Molyneux
Androzentrismus in der marxistischen Anthropologie
Eine Kritik zu Emmanuel Terray »Der historische Materialismus vor dem Problem der linearen und segmentären Gesellschaften«

Dieser Aufsatz möchte die androzentrische[1] Haltung in einem Werk der marxistischen Anthropologie aufdecken. Zunächst versuche ich zu zeigen, wie diese Haltung die Analyse des Autors untergräbt, zweitens, wie der Androzentrismus des Textes mit bestimmten weiteren Beschränkungen verbunden ist, die der Theorie selbst und den verwendeten Konzepten inhärent sind. Die Irrtümer der analysierten Arbeit sind daher auf zwei Problemebenen entstanden. Die Nichtbeachtung von gesellschaftlichen Verhältnissen, in denen Frauen agieren, bedeutet, daß bestimmte entscheidende gesellschaftliche Verhältnisse verkannt, andere überhaupt nicht als solche erkannt werden. Das, behaupten wir, muß notwendigerweise den Wert der vorgebrachten Argumente, die den generellen Charakter der Formation betreffen, beeinträchtigen. In der Folge präsentieren wir eine andere Lesart des zugänglichen Materials und können uns so allgemeinen Fragestellungen zuwenden, um aufgezeigte und noch ungeklärte Aspekte marxistischer Theorie zu behandeln.
Der in dieser Kritik analysierte Text ist Emmanuel Terrays Aufsatz über die Gouro in *Zur politischen Ökonomie der ›primitiven‹ Gesellschaften* (Terray 1974). Es gibt mehrere Gründe, warum dieser Essay ein geeignetes Vehikel für eine solche Kritik darstellt. Obwohl vor über zehn Jahren geschrieben, genießt dieser Text noch immer eine vorrangige Stellung innerhalb des Diskurses der marxistischen Anthropologie. Er war eine der frühesten Studien dieser Art, bleibt einer der wenigen übersetzten französischen Beiträge und hat als zentraler Text in der neueren, andauernden Debatte über »primitive« Gesellschaften beachtlichen Einfluß auf deren Charakter ausgeübt. Seit seiner Veröffentlichung hat dieser Text eine Vielzahl von Erwiderungen anderer

Autoren hervorgerufen. Obwohl die an der Debatte Beteiligten aus den verschiedensten Gründen Terrays Analyse kritisch gegenüberstanden, reproduzierten sie alle den androzentrischen Rahmen seines Textes.[2] Terray selbst hat zwar in der Folge manche der im Text eingenommenen Positionen revidiert, jedoch an keiner Stelle die wichtigsten, Frauen betreffenden Beschränkungen seiner Theorie wirklich erkannt oder gar überwunden (Terray 1975). Ein späterer Text wird daher gesondert am Ende dieses Aufsatzes behandelt.

Es gibt einen weiteren, zugegebenermaßen wichtigeren Grund, sich auf den früheren Text zu konzentrieren. Die hier angesprochenen Probleme sind exemplarisch für das allgemeine Scheitern, Frauen in die Analyse vorkapitalistischer Gesellschaften einzubeziehen. Die Kritik zielt daher nicht auf Terray als *Person* oder auf sein *Gesamtwerk*, sondern vielmehr auf die Begrifflichkeit, die eine gesamte Debatte konstituiert. Es ist vor allem die symptomatische Eigenschaft von Terrays Art der Analyse, die seinen Text zum geeigneten Objekt der Kritik macht, und weniger der Stellenwert in der intellektuellen Biographie eines bestimmten Theoretikers.

Die Kritik besteht aus zwei Hauptteilen. Im ersten Abschnitt werden wir zeigen, wie die im Text verwendete *Analyseweise* die Frauen aus der Diskussion verdrängt – sowohl durch die Auswahl der ethnographischen Daten als auch über die vorgebrachten Argumente. Obwohl Terrays Analyse und die sie begleitende Debatte in den letzten Jahren beträchtliche Aufmerksamkeit erlangten, ist es notwendig, einige Hauptpunkte der bisherigen Diskussion zusammenzufassen, da diese Kritik von einem völlig anderen Standpunkt ausgeht. Nicht allen Lesern wird die Literatur bekannt sein, und außerdem bietet diese Vorgangsweise die Möglichkeit – auch auf die Gefahr hin, schon Bekanntes zu wiederholen –, die Begriffe der etablierten Debatte darzulegen und in sehr konkreter und spezifischer Weise zu zeigen, wo die Auslassungen und Fehler auftreten. Es wird gezeigt, wie zusätzlich zum selektiven Gebrauch des empirischen Materials die Schlußfolgerungen des Autors nicht immer logisch aus seinen eigenen theoretischen Prämissen erfolgen und durch das Unvermögen, eine ganze Kategorie von Produzenten (die Frauen) in die Analyse zu integrieren, entstellt sind. Genau an diesem Punkt macht sich der Vorwurf des Androzentrismus fest.

Im zweiten Abschnitt konzentrieren wir uns auf die theoretischen Fragen, die diese Kritik aufwirft, und versuchen zu zeigen, wie die im ersten Teil identifizierten Fehler sich mit theoretischen Schwächen vereinigen und so die androzentrische Struktur des Textes verstärken. Abschließend versuchen wir, das Material neu zu interpretieren, um zu zeigen, wie eine die Frauen einschließende Lesart neue Einsichten über den Charakter der zur Diskussion stehenden Formation erbringen kann. Gleichzeitig versuchen wir, Vorschläge zur weiteren theoretischen Klärung dieser Frage zu entwickeln.

Analysegegenstand in Terrays Essay ist das ökonomische System der Gouro in der vorkolonialen Periode. Es handelt sich um patrilineare und patrilokale Lineageverbände, die in der Savanne und den Wäldern der Elfenbeinküste lebten. Die Wirtschaft beruhte hauptsächlich auf Bodenbau, beinhaltete daneben aber auch Jagd, Sammeln, Viehzucht und handwerkliche Produktion. Autorität über die Lineages hatten die ältesten männlichen Mitglieder, die »Ältesten«, die bestimmte Subsistenzmittel, die Zirkulation der Frauen und die Tauschbeziehungen mit Händlern aus anderen Gebieten kontrollierten.
Terrays Aufsatz basiert auf Claude Meillassoux' *L'Anthropologie Economique des Gouro de la Côte d'Ivoire* (Meillassoux 1964)[3] und stellt einen Versuch dar, dessen ethnographische Daten neu zu interpretieren und eine theoretisch differenzierte Analyse zu erstellen. Terray behauptet, daß Meillassoux' Konzeption der Produktionsweise empiristisch sei, nur eine »allgemeine Beschreibung«. Als Alternative schlägt er in Anlehnung an Balibar (Althusser und Balibar 1972) ein elaborierteres Konzept vor. Es ist definiert als »ein aus drei Instanzen bestehendes System mit einer ökonomischen Basis, einem politisch-juristischen Überbau und einem ideologischen Überbau ... Innerhalb dieses Systems ist letzten Endes die ökonomische Basis entscheidend« (Terray 1974: 97-98). Darüber hinaus argumentiert Terray, daß es in jeder Formation nicht eine, sondern zwei Produktionsweisen gibt und bestimmt diese für das Beispiel der Gouro-Formation.[4] Es war jedoch weniger die Frage der Produktionweisen, die die Diskussion um Terrays Text bewegt hat, als vielmehr seine Ausführungen zu Klasse und Ungleichheit sowie zur Frage, ob die Macht der Ältesten ausbeuterisch oder nur funktional, kontrollierend

ist. Und genau dieser Diskurs über Klasse und Ausbeutung läßt erkennen, wie die Begriffe der Debatte selbst eine Diskussion über die Frauen verhindert haben. Ungeachtet ihrer Differenzen teilt Terray, der die Ältesten für keine Klasse hält, mit P.P. Rey und G. Dupré, den Hauptvertretern der gegenteiligen Meinung, gewisse gemeinsame Annahmen, die unter anderem androzentrisch in dem Sinne sind, wie ich diesen Begriff definiert habe.
In *Theories d'Histoire des echanges* (Rey und Dupré o.J.)[5] behaupten Rey und Dupré, daß die Gouro-Ältesten eine Ausbeuterklasse darstellen. Ausbeutung wird durch ihre Kontrolle über die Zirkulation des Mehrproduktes, über die Subsistenz und über die Frauen vermittelt. Diese Kontrolle garantiert die Reproduktion der Abhängigkeitsverhältnisse zwischen den Ältesten und den unmittelbaren Produzenten. Die unmittelbaren Produzenten sind die jungen Männer, und eben diese Gruppe wird als die ausgebeutete betrachtet. Die Ältesten üben auch Zwang auf die Jüngeren aus: Sie können den Brautpreis manipulieren und willkürlich mehr als üblich verlangen. Bei Ungehorsam können sie den Jüngeren Ehefrauen vorenthalten. Sie können, und tun das auch, einen Anteil vom Mehrprodukt der Jüngeren für ihre eigenen Zwecke zurückbehalten. Das bedeutet nicht nur Ausbeutung, sondern kann auch das, was Rey und Dupré »Klassenantagonismus« nennen, hervorrufen.
Dagegen bringt Terray zwei Argumente vor. Erstens eine allgemeine These über Klassen in vorkapitalistischen Gesellschaften: Klassen, so meint er, realisieren sich wie vorkapitalistische Produktionsweisen nicht in ihrer »reinen« Form; das geschieht erst in der Epoche der kapitalistischen Produktion. Deshalb ist die ökonomische Ebene nur im Kapitalismus sowohl dominant als auch determinierend, eine Bedingung, die für das »Realisieren« von »reinen« Klassenverhältnissen notwendig ist. Verwandtschaftsverhältnisse in primitiven Gesellschaften werden als das strukturelle Äquivalent von Klassen angesehen und unterliegen ähnlichen Bestimmungen.
Der zweite Grund für Terrays Ansicht, daß der Begriff Klasse für eine Analyse der Gouro unangemessen sei, steht in direktem Zusammenhang mit dem Vorwurf des Androzentrismus. Er sieht in der Gouro-Gesellschaft keine ständig ausgebeutete soziale Kategorie. Hier stellt er die übliche Beziehung zwischen Klasse und Ausbeutung her und bietet die konventionelle Definition der

letzteren an: »Man spricht von Ausbeutung, wenn eine Gruppe von Nichtproduzenten auf irgendeine Art und Weise sich das durch die Arbeit der unmittelbaren Produzenten erzeugte Surplusprodukt aneignet.« (Terray 1974: 170) Dies, behauptet er, trifft für die Gouro nicht zu, weil es keinen Nachweis und keine Grundlage für Ausbeutung gibt.[6]

In einer Erwiderung an Rey und Dupré bringt Terray eine Reihe anderer Argumente vor:

1. Die Jüngeren werden nur vorübergehend ausgebeutet, weil sie bestimmt sind, einmal Älteste zu werden. Wenn sie als Junge ausgebeutet werden, so ist das, wie er behauptet, »nur sehr minimal«.
2. Die Jüngeren bekommen mit der Zeit »im Austausch für ihre Mehrarbeit eine Ehefrau, ... d.h. ein Mittel zur Befreiung aus der Abhängigkeit vom Ältesten: denn die Jüngeren emanzipieren sich von den Ältesten, indem sie ihre eigenen Abhängigen bekommen«.
3. Die Macht der Ältesten ist rein »funktional« und daher nicht ausbeuterisch. Sie beruht nur auf deren Wissen über Produktion und Reproduktion.
4. Sie setzt die Einwilligung der Jüngeren voraus und basiert auf keiner Art von Zwang. Unzufriedene Jüngere können die Lineage verlassen oder einen unbeliebten Ältesten absetzen.

Terray kommt daher zu dem Schluß, daß es »in der Gouro-Gesellschaft keine permanent ausgebeutete Gruppe gibt« (Terray 1974: 166). Demnach existieren keine Klassen.

Terrays Argumente werfen eine Reihe von Streitfragen auf, die hier auszuführen unangebracht wäre.[7] Zwei Einwände stehen jedoch in direktem Zusammenhang mit dem Verschweigen der Frauen in diesem Diskurs. Wenn »akkumuliertes soziales Wissen« ein ausreichendes Kriterium wäre, um Ältester zu werden (siehe Punkt 3), dann könnte es im Prinzip auch weibliche Älteste geben. Sie hätten natürlich nicht nur das »soziale Wissen« der älteren Männer erworben, sondern sie besäßen auch das zusätzliche Wissen um bestimmte Aspekte der biologischen Reproduktion (Geburtshilfe, Aufziehen von Kindern), was für eine Gesellschaft, in der menschliche Arbeit (laut Meillassoux) sehr hoch bewertet wird, von besonderer Bedeutung sein müßte.

Terrays Argument, daß die Jüngeren ihr Mehrprodukt in Form von Ehefrauen zurückerhielten (siehe Punkt 2), verweist auf ein weiteres Problem. Es scheint dem Kernpunkt seines vorangegangenen Arguments zu widersprechen, daß die Ausbeutung der Jüngeren »minimal« ist (siehe Punkt 1). Wäre sie wirklich so minimal, wie erklärt er dann die beträchtliche Bedeutung des Brautpreises, nach Terrays Meinung das Mittel, wodurch die Jüngeren ihr Mehrprodukt zurückerhalten? Wir wissen, daß die Jüngeren auf die Ältesten angewiesen sind, um von ihnen Bräute zu erhalten, da die Jüngeren keinen unabhängigen Zugang zu Prestigegütern haben, die für Heiratstransaktionen (Terray 1974: 167) notwendig sind. Daher dürfte doch etwas vorhanden sein, was über das »Minimale« hinausgeht. Es scheint, daß entweder Terray die »Ausbeutungsrate« der Jüngeren, ehe sie ihr Mehrprodukt zurückerhalten, unterschätzt hat oder daß – was wahrscheinlicher ist – das Mehrprodukt in dem, was sie erhalten, verkörpert und durch andere soziale Kategorien, die nicht eingerechnet werden, produziert ist. Dieser letzte Punkt wirft direkt das Problem des Androzentrismus in Terrays Erörterung der Ausbeutung und somit seiner gesamten Analyse auf: Seine Darstellung basiert *ausschließlich* auf einer Analyse der Beziehung zwischen *Ältesten* und *jungen Männern*. An keinem Punkt erörtert Terray die Position der anderen Hauptgruppe unmittelbarer Produzenten, die der Frauen.

Akzeptieren wir einen Augenblick lang die Kriterien, die Terray in der Frage der Ausbeutung der Jüngeren benützt, so ist es berechtigt, die Frauen tatsächlich als ausgebeutete Kategorie von Handelnden zu betrachten.

1. Da sie keine Ältesten werden, ist ihre Situation nicht temporär.
2. Sie erhalten ihr Mehrprodukt nicht zurück.
3. Sie emanzipieren sich nicht von den Ältesten, indem sie heiraten und selbst Abhängige erhalten.
4. Frauen sind in ihrem Handlungsspielraum eingeschränkter als die jungen Männer, da sie über geringere Möglichkeiten verfügen, Älteste abzusetzen oder die Gemeinschaft zu verlassen, um sich selbständig zu machen.

Obwohl diese Kriterien zum Nachweis von Ausbeutungsverhältnissen nicht ausreichen, ist es trotzdem interessant zu sehen, wie es Terray gelingt, sie als Kriterien der Ausbeutung zu benutzen, ohne sie auf die weiblichen Produzenten anzuwenden.

Dieses »Übersehen« ist um so überraschender, da es sowohl in

Meillassoux' als auch in Terrays Darstellung der Gouro-Ökonomie empirisches Material gibt, das darauf schließen läßt, daß Frauen eine substantielle Menge des gesellschaftlichen Produktes produzieren. Und wenn Terrays Argument bezüglich des Brautpreises stimmt, dann erhalten sie weniger davon zurück als die Männer. Auf der Grundlage ihrer Beschreibungen der Arbeitsteilung scheint es, daß bei den Gouro ein wesentlicher Anteil, vermutlich sogar der Großteil des gesellschaftlichen Produktes tatsächlich von den Frauen produziert wird. Obwohl Männer wie auch Frauen am Anbau der Bananen, des Yams und des Reis[8] – den drei wichtigsten landwirtschaftlichen Produkten – beteiligt sind, gibt es doch eine Reihe von zusätzlichen Aktivitäten, für die ausschließlich die Frauen verantwortlich sind: Diese umfassen die Kultivierung von Mais, Gumbo, Maniok und Taro, »häusliche Aktivitäten« (Terrays Begriff für Gartenarbeit), Fischen, Sammeln von Schnecken und Raupen, Töpfern, Wasserholen. Dies sind natürlich, zusätzlich zur Zubereitung der Mahlzeiten und zum Aufziehen der Kinder, Aktivitäten, die Terray nicht erwähnt, die aber laut Meillassoux sehr zeitraubend sind.
Das Sammeln der Kola-Nüsse nimmt in der Diskussion aufgrund des Verwendungszweckes dieser Früchte einen besonderen Platz ein. Der gesamte Ertrag wird dem Ältesten übergeben, der ihn dazu benützt, Heirats- und andere Güter durch Tauschhandel zu erwerben. Demnach tragen die Frauen tatsächlich zur Produktion ihres *eigenen* Brautpreises bei. Daher ist es noch weniger gerechtfertigt zu behaupten, die Jüngeren erhielten »*ihr* Mehrprodukt« zurück. Mehr noch, der beträchtliche Beitrag der Frauen zum gesellschaftlichen Produkt und zur gesellschaftlichen Arbeit im allgemeinen wird hier ersichtlich. Die produktiven Tätigkeiten der Männer beschränken sich im Gegensatz dazu auf die wesentlichen landwirtschaftlichen Produkte und auf die Jagd, die nach Meillassoux ein minimales Produkt erwirtschaftet und weitgehend rituell ist.
Trotz des wichtigen Beitrags der Frauenarbeit, sowohl im produktiven Bereich wie auch außerhalb, ist die Stellung der Frauen in der Gouro-Gesellschaft, wie in den meisten »primitiven« Gesellschaften, jener der Männer untergeordnet. Wie wir in der Diskussion um die Arbeitsteilung gesehen haben, ist die Frauenarbeit anstrengender und bringt weniger Prestige. Anläßlich der gemeinsamen Mahlzeiten finden sich Frauen zusammen mit den

Kindern am unteren Ende der Hierarchie. Selbst wenn Frauen Eigentum haben, ist diese Tatsache unwesentlich. Da Ehemänner und Väter das Produkt der Familienverbände, zu dessen Erarbeitung die Frauen beitragen, kontrollieren, verfügen letztere nicht über das Produkt ihrer Arbeit. Obwohl Terray und Meillassoux kaum darüber informieren, wissen wir aus anderen Quellen (siehe z. B. Tauxier 1921, Joseph 1913), daß Frauen im Gebiet der Elfenbeinküste unter einer Reihe von religiösen Tabus leiden und Männer im Verhältnis zu ihnen eine privilegierte Gruppe bilden.

Während ein Großteil der oben angeführten Information sowohl bei Meillassoux als auch bei Terray zu finden ist, haben beide diese nicht in die Diskussion über die strukturelle Differenzierung eingebunden. Paradoxerweise erkennen sie die untergeordnete Position der Frauen, während sie es gleichzeitig verabsäumen, irgendwelche signifikanten Schlüsse daraus zu ziehen. Terray geht sogar so weit, in einer Nebenbemerkung[9] festzustellen, daß Frauen und Kinder die einzigen Gruppen sind, die als ausgebeutet betrachtet werden können. Seine Argumentation im Hinblick auf Klasse bezieht sich jedoch nur auf das Verhältnis zwischen Ältesten und Jüngeren. In den Erörterungen um die Abschaffung der Sklaverei bemerkt Meillassoux, daß jüngere Frauen allmählich den Platz der Sklaven als »niedrigste Schicht in der Gouro-Gesellschaft eingenommen haben. Auf ihnen lastet alle schwere Arbeit.« (Meillassoux in Terray 1974: 210) Das ist von Bedeutung für jede Diskussion über Ungleichheit, aber auch Meillassoux konzentriert sich auf die Ältester/Jüngerer-Dyade, die in allen Beiträgen zur Debatte um die Gouro wiederholt wird. Rey und Dupré behaupten, wie wir gesehen haben, daß der »fundamentale Klassengegensatz« auf der Grundlage dieser Beziehung beruht; Rey wiederholt diese Formulierung in einem späteren Text, ebenso John Taylor, der Reys Ansicht unterstützt, daß die Ältesten die Jüngeren ausbeuten, indem sie sich einen Anteil von deren Mehrprodukt aneignen. In der ganzen Diskussion werden die Beziehungen zwischen Frauen und Männern nicht beachtet.

Deluz und Godelier ihrerseits stimmen mit dieser Interpretation nicht überein und verneinen die Existenz von Klassen, aber auch sie beschäftigen sich mit einer Fragestellung, die eine Diskussion über Frauen ausschließt: »Konnte die Gouro-Ökonomie sich selbst erhalten, weil ihre Antriebskraft der permanente Widerspruch zwischen Ältesten und Jüngeren war – die Ausbeutung der Jüngeren durch die Ältesten?« Nachdem sie das Problem so formuliert haben, ziehen sie den Schluß, daß, falls es einen Widerspruch zwischen diesen beiden Kategorien gäbe, er nicht antagonistisch wäre: »Alles, was jeder einzelne zu tun hat, ist älter zu werden, um in die Gruppe der Ältesten einzutreten und dadurch die Vorteile des Alters zu nutzen.« Wiederum fragt man sich, wie ihre Schlußfolgerungen unter Einbeziehung jener Handelnden, die solche Vorteile nicht haben, ausgesehen hätten.

Dieser Androzentrismus ist fatal für Terrays eigenen Argumentationszusammenhang in der Frage der Ausbeutung. Seine Analyse von Produktion und Verteilung des Sozialproduktes selbst ist faktisch unvollständig, auch wenn er sich entscheidet, diese Frage auf primär empirischen Grundlagen zu erörtern. Im Rahmen seiner eigenen Begriffe ist er weder in der Lage, einen adäquaten empirischen »Beweis« dafür anzubieten, daß Ausbeutung nicht existiert, noch zu zeigen, daß die Gouro-Gesellschaft klassenlos ist. Er begnügt sich mit der Fragestellung der Nichtexistenz von Klassen, indem er aufzeigt, daß die Jüngeren ihr Mehrprodukt in Form von Ehefrauen zurückerhalten. Aber dieses Argument ist nicht stichhaltig, da der Brautpreis nicht ausschließlich Produkt der Jüngeren ist und es eine Kategorie von unmittelbaren Produzentinnen gibt, die ihr Mehrprodukt weder in dieser noch in irgendeiner anderen Form zurückerhalten. Dennoch behauptet Terray. »Es handelt sich nur dann um Ausbeutung ..., wenn der Älteste ... sich das Produkt der Mehrarbeit der Jüngeren aneignen könnte, ohne ihnen Frauen zu verschaffen.« (Terray 1974: 172) Genau dies geschieht letztendlich, und nach Terrays Begriffen würde es bedeuten, daß eine Gruppe eine dauerhaft ausgebeutete soziale Kategorie bildet und folglich eine Klasse. Hätte Terray die Lage der Frauen berücksichtigt, so wäre er gezwungen gewesen, ganz andere Schlüsse über den Charakter der Gouro-Formation zu ziehen, wie es im wesentlichen in seinem Essay von 1975 geschieht (Terray 1975).

An diesen Beispielen wird klar, daß ein solcher Irrtum aus einer Kombination von Androzentrismus und fehlender analytischer Schärfe entsteht und nicht in erster Linie in der Theorie selbst begründet ist. Die Fehler und Auslassungen in Terrays Text sind jedoch, wie wir bereits dargelegt haben, nicht auf Androzentrismus reduzierbar. Sie lassen sich auf zwei weitere Fehlerquellen zurückführen, die durch Ausgrenzen der Diskussion über die Stellung der Frauen den Androzentrismus auf der Ebene der Theorie verfestigen. Die erste ist die ungenaue bzw. die Nicht-Anwendung der benutzten Theorien und Konzepte durch den Autor. Die zweite resultiert aus Auslassungen innerhalb des Theoriengebäudes selbst. Wir werden uns anfangs auf zwei theoretische Fragen konzentrieren, um den Punkt zu bestimmen, an dem Frauen durch den einen oder anderen Fehler bei der Analyse ausgegliedert wurden: Die geschlechtliche Arbeitsteilung und die Diskussion über Klassen und Ungleichheit. In beiden Fällen reproduziert Terray Schwächen, die bereits in der Theorie und im herrschenden Diskurs vorhanden sind; deren Identifizierung wird helfen aufzuzeigen, wo weitere theoretische Arbeit durchgeführt werden muß.

Die geschlechtliche Arbeitsteilung

Zunächst soll die geschlechtliche Arbeitsteilung untersucht werden: Wir haben im vorherigen Absatz gesehen, daß diese den Frauen eine wichtige Rolle in der Produktion zuweist und der Schauplatz einer wichtigen Beziehung der Ungleichheit zwischen den Geschlechtern ist – was aber Terray nicht diskutiert. Obwohl er das Vorhandensein einer geschlechtlichen Arbeitsteilung in der Gouro-Gesellschaft vermerkt, geht er nicht auf ihre Bedeutung ein, ebensowenig wie alle anderen Teilnehmer an der Debatte über Ungleichheit bei den Gouro.
Vielen marxistischen Analysen gemeinsam ist die Vernachlässigung der geschlechtlichen Arbeitsteilung, Terray ist also kein Einzelfall. Das theoretisch anerkannte, wenn auch noch recht unentwickelte Konzept der Arbeitsteilung wurde bis vor kurzem entweder außer acht gelassen oder, falls überhaupt, ausgehend von zwei unbefriedigenden Grundannahmen erörtert.
Zum ersten ist die geschlechtliche Arbeitsteilung nur eine technische Arbeitsteilung, die Akteuren sozial gleichwertige Plätze in der Produktion zuweist. Zum zweiten – oft in Zusammenhang mit dem ersten – ist geschlechtliche Arbeitsteilung eine »natürliche« Entwicklung, die die Akteure auf der Basis von bestimmten geschlechtsspezifischen Attributen einteilt (z. B. Frauen zur Kin-

deraufsicht, Männer zur Jagd). Marx und Engels vertreten diese Auffassung explizit in ihren Bemerkungen über die geschlechtliche Arbeitsteilung, wobei sie charakteristischerweise als eine »reine und einfache Naturerscheinung« beschrieben wird.[10] In der Diskussion um »primitive« Gesellschaften wird eine solche Ansicht häufig mit der Theorie des Ursprungs im Sinne Balibars verbunden, wo die Zuteilung von Aufgaben im Hinblick auf das Geschlecht als die »einzige Basis« bezeichnet wird, auf der sich Arbeitsteilung überhaupt entwickeln kann; sie wird daher nicht nur als »natürlich«, sondern auch als notwendig bezeichnet.

Beide Postulate sind unbefriedigend. Im Fall des ersteren ist die Annahme der Gleichheit oder Gleichberechtigtheit unhaltbar, da die geschlechtliche Arbeitsteilung in beinahe jedem bekannten Fall mit einer Geschlechterhierarchie korreliert und dazu dient, Frauen und Männern inferiore/superiore Positionen innerhalb einer dauerhaften Rangordnung zuzuteilen. Dies geschieht sogar bei klassenlosen Gesellschaften. Der Fehler liegt hier im Unvermögen zu erkennen, daß dieser angeblich rein technischen Einteilung ungleiche Verhältnisse innewohnen – hier kann Terray kritisiert werden. Es ist notwendig, nicht nur die Beziehungen zwischen der geschlechtlichen Arbeitsteilung und der Geschlechterhierarchie zu erklären, sondern auch auf das Problem selbst aufmerksam zu machen. Wird es nicht erkannt und untersucht, so bleibt es unerklärbar. Die geschlechtliche Arbeitsteilung ist mehr als eine bloße technische Teilung, aber nicht identisch mit einer sozialen Teilung im etablierten Sinn des Begriffes. Das würde nahelegen, daß entweder die Verwendung der technischen/sozialen Dichotomie in diesem Fall unbefriedigend ist, oder daß die Vorstellung einer rein technischen Teilung ohne Ungleichheit falsch verstanden wird. Zur Unterstützung der letzteren Position mag behauptet werden, daß technische Beziehungen soziale Beziehungen verkörpern und daher nicht frei von sozialer Determinierung sind. Wenn das stimmt und der Begriff der geschlechtlichen Arbeitsteilung als technische Teilung in diesem revidierten Sinn beibehalten wird, dann muß immer noch die geschlechtliche Hierarchie in ihrer sozialen Determinierung erklärt werden.

Dies gilt ebenso für die Vorstellung, daß die geschlechtliche Arbeitsteilung »natürlich« sei. Das erste Problem dieser Konzeption ist, daß sie nie die Annahme in Frage stellt, die der naturalistischen Erklärung der geschlechtlichen Arbeitsteilung zugrunde

liegt. Es wird als erwiesen angenommen, daß Frauen und Männer in der Arbeitsteilung irgendeine Rolle erfüllen, die allein durch Temperament und Biologie bestimmt ist. Diese Herangehensweise verbirgt die Existenz von wichtigen Mechanismen der sozialen Determinierung, die sich als biologisch ausgeben und somit verhindern, daß wesentliche Fragen hinsichtlich der Unterordnung von Frauen formulierbar werden. Denn es ist absurd, von der Organisation der Produktion im Sinne einer »natürlichen« Verteilung der Arbeit zu sprechen, wenn diese Organisation durch festgelegte soziale Praktiken aufrechterhalten wird – wie etwa Verwandtschaft, Mythologie und Ritual in »primitiven« Gesellschaften. Darüber hinaus kann eine solche Erklärung die beträchtlichen qualitativen Unterschiede nicht begründen, in die Handelnde nach geschlechtlichen Maßstäben eingeteilt werden. Die geschlechtliche Arbeitsteilung muß daher begrifflich als ein soziales Konstrukt bestimmt werden, und zwar unabhängig von jedem spekulativen Theoretisieren darüber, wie sie entstanden sein könnte.[11]
Ein weiterer Fehler, der in der biologistischen Erklärung der geschlechtlichen Arbeitsteilung enthalten ist, ist die mangelnde Erkenntnis der Tatsache, daß sie, wie auch die anderen Formen der gesellschaftlichen Arbeitsteilung, den spezifischen Erfordernissen der Produktion entspringt. Die Struktur der Produktion alleine kann jedoch sicher nicht die geschlechtliche Arbeitsteilung erklären. Was vielmehr dieser ihren spezifischen Charakter verleiht, ist eine Bestimmung, die außerhalb der Produktion liegt, aber trotzdem durch sie beeinflußt ist – nämlich die Reproduktion der Arbeitskraft. Das ist von höchster Bedeutung für ein Verständnis der Stellung der Frauen, denn gerade ihre Einbettung in diese beiden Bereiche – Produktion und Reproduktion – zeichnet sie als gesellschaftlich Handelnde aus. Die geschlechtliche Arbeitsteilung *ist* mit der Biologie *verbunden*, aber nicht in ihr *begründet*; statt dessen muß sie als eine Beziehung begriffen werden, die durch komplexe soziale Prozesse vermittelt ist und manchmal widersprüchlichen Bestimmungen unterliegt. Daher übt nicht die »Biologie« allgemein Einfluß auf den Platz der Frauen in der Produktion aus, sondern eine bestimmte soziale Aktivität, nämlich die Reproduktion der Arbeitskraft. Gibt es auch keine einfache Beziehung zwischen diesen zwei Bereichen, so kann, wie wir gesehen haben, nicht einer ohne Bezug auf den anderen un-

tersucht werden, und ein richtiges Verständnis von Produktion und Reproduktion muß im Rahmen der Analyse einer bestimmten sozialen Formation gewonnen werden. Eine solche Analyse kann schließlich dazu beitragen, die Umstände besser zu erklären, unter denen Frauen zu einer untergeordneten sozialen Kategorie werden. Auch deutet sie darauf hin, wie die wirksamen Mechanismen begrifflich erfaßt werden können. Obwohl dieser Bereich weitere theoretische Ausführung erfordert, hoffen wir, in einem späteren Abschnitt einige Untersuchungsmethoden vorzuschlagen, die sich direkt auf die Analyse der geschlechtlichen Differenzierung in der Gouro-Formation beziehen.

Für den Augenblick beschränken wir uns auf den Aspekt eines theoretischen Problems im Marxismus, der eine bestimmte Konsequenz für Terrays Analyse und für die der Gouro hat.

Die Verwendung der herrschenden und spezifisch androzentrischen Konzeption der geschlechtlichen Arbeitsteilung bedeutet, daß gewisse grundlegende Ungleichheiten in der Gouro-Formation übersehen und die damit verbundenen sozialen Verhältnisse falsch definiert wurden. Doch die Frage, die sich jetzt stellt, ist, wie man den Charakter der Ungleichheiten, die in der Gouro-Formation identifiziert wurden, begrifflich bestimmen kann. Wir werden versuchen, dies zu beantworten, indem wir zuerst die in der Debatte über die Gouro im Hinblick auf Klassen vorgebrachten wichtigsten Argumente berücksichtigen. Darüber hinaus hoffen wir, durch eine Analyse der Produktionsverhältnisse, der geschlechtlichen Arbeitsteilung und der Stellung der Frauen gleichzeitig zu einem Verständnis des Charakters jener Formation und ihrer spezifischen Verhältnisse zu gelangen, durch die die Unterordnung der Frauen vermittelt wird. In den folgenden Ausführungen wird ersichtlich, daß eine Analyse der Stellung der Frauen, weit davon entfernt, eine Randerscheinung zu sein, für eine Analyse der Formation unentbehrlich ist.

Klasse und Ausbeutung

Im ersten Abschnitt konzentrierten wir uns auf einen von Terrays Einwänden gegen die Verwendung des Begriffs Klasse in der Studie über die Gouro – das Nichtvorhandensein von Ausbeutung in der Formation. Es ist notwendig, die Frage von Klasse und Ausbeu-

tung in »primitiven« Gesellschaften präziser zu stellen, um zu zeigen, daß beide Begriffe theoretisch unzulänglich verankert sind.
Wir haben gesehen, daß die sozialen Verhältnisse der Gouro nicht, wie Terray glaubte, als egalitäre auf der Ebene der Produktion und Verteilung des gesellschaftlichen Produktes charakterisiert werden können, da es materielle Unterschiede gibt, die auf der Basis der geschlechtlichen Arbeitsteilung entstehen. Sowohl Terray als auch Rey und Dupré betrachten solche Unterschiede als »ausbeuterisch«, in denen eine Kategorie von Handelnden sich die Mehrarbeit und das Mehrprodukt einer anderen aneignet. Ausbeutung ist gewöhnlich mit der Existenz von Klassen verbunden, und wo Verhältnisse dieser Art auftreten, wird angenommen, daß die betreffende Gesellschaft eine Klassengesellschaft ist. Die Debatte über Klasse und Ausbeutung in der Gouro-Gesellschaft entwickelte sich auf der Basis dieser Überlegungen weiter, trotz Terrays Einwand bezüglich des »nicht-reinen« Charakters von Klassen in vorkapitalistischen Gesellschaften. Die Diskussion über den Klassencharakter der Gouro-Formation drehte sich hauptsächlich um die Beweisbarkeit der Ausbeutung; daher der Streit, ob der Älteste das »Mehrprodukt des Jüngeren« zurückgibt oder behält.
Wir haben gesehen, daß diese Art der Analyse, auf die Gouro-Formation angewandt, Rey und Dupré dazu führte, die Ältesten als Klasse zu charakterisieren, weil sie die Jüngeren durch Aneignung von deren Mehrprodukt ausbeuten. Wenn wir die androzentrische Tendenz dieser Interpretation korrigieren, um die Position der Frauen in der Arbeitsteilung zu berücksichtigen, dann werden diese als die am meisten ausgebeutete Klasse erscheinen. Sie produzieren schließlich einen unproportional hohen Anteil des sozialen Mehrprodukts, leisten bedeutende Mehrarbeit und sammeln Kola-Nüsse ein, die für den Erwerb von Prestigegütern notwendig sind. Sie erhalten vergleichsweise wenig dafür und sind der Dominierung durch Älteste, Ehemänner und Väter unterworfen. Wenn daher Ausbeutung – verstanden im oben definierten Sinn – notwendigerweise Klassenverhältnisse zur Folge hat, haben Rey und Dupré recht, wenn sie die Gouro-Gesellschaft als Klassengesellschaft bezeichnen. Sie haben nicht recht, wenn sie den Hauptwiderspruch zwischen Ältesten und Jüngeren behaupten; statt dessen wäre er gewiß zwischen Männern und Frauen zu sehen.

Bei dieser Interpretation gibt es jedoch zwei fundamentale Probleme, die beide auf der Annahme gründen, daß Klassenverhältnisse aus den beobachtbaren Verhältnissen der Ausbeutung abgeleitet werden können. Erstens ist darin fälschlicherweise impliziert, daß Klassen, statt abstrakte Konzepte zu sein, in der Wirklichkeit existieren und bereits durch Beobachtung der Wirklichkeit offengelegt werden können. Und zweitens ist die Aneignung der Mehrarbeit und des Mehrproduktes der einen Kategorie von Handelnden durch eine andere nicht – wie häufig angenommen wird – in sich selbst ausreichend, um Klassenverhältnisse zu begründen.[12] Vielmehr hängt die Definition der ökonomischen Klassen[13] von einer vorhergehenden Begriffsbestimmung der Produktionsverhältnisse ab, und keine Diskussion über Klasse kann ohne deren Spezifizierung richtig geführt werden.

Die Produktionsverhältnisse umfassen, nach Terrays Ansicht[14], zwei Gruppen von Verhältnissen: a) die Verteilung des ökonomischen Eigentums, das heißt, das Verhältnis zwischen den verschiedenen Agenten der Produktion und den Produktionsmitteln – im Hinblick auf verschiedene Formen von »Einheit«/»Besitz« und »Trennung« –, b) die Art der Aneignung des Produkts, ein Verhältnis, das durch die oben erwähnte Verteilung bestimmt ist. Das Wesen dieser beiden miteinander verknüpften Verhältnisse bestimmt, ob eine soziale Arbeitsteilung und gegensätzliche Klasseninteressen aufgebaut werden oder nicht. Dies wäre der Fall, wenn die Produktionsmittel und Produktionsbedingungen von anderen Handelnden als den unmittelbaren Produzenten monopolisiert wären. Dies würde die letzteren von ihren Produktionsbedingungen trennen und sie in ein Abhängigkeitsverhältnis zu den besitzenden Handelnden stellen. Folglich ist der »effektive Besitz« der Produktionsmittel die erforderliche notwendige Vorbedingung, um eine Klasse von Arbeitenden ausbeuterischen Produktionsverhältnissen zu unterwerfen. Wenn diese Subsumption der unmittelbaren Produzenten erreicht ist, können wir von ökonomischen Klassen sprechen.[15]

Daraus folgen drei Schlüsse. Erstens: ökonomische Klassen sind nicht – wie Terray meint – spezifisch für den Kapitalismus, sondern werden auch dort gebildet, wo diese Verhältnisse in präkapitalistischen Formationen gegeben sind (Feudalismus, Sklaverei, usw.). Zweitens: *Klassen*-Ausbeutung ist mit Verhältnissen verbunden, die in der *Produktion* gegeben sind, und wie das Konzept des Mehrwertes besagt, ist dies ein abstraktes theoretisches Konzept, das, wie Klasse, nicht auf der Grundlage von beobachteten Beziehungen zwischen menschlichen Wesen formuliert werden kann. Drittens: Klasse kann nicht auf der Basis von »Ausbeutung« definiert werden: Sie hängt begrifflich von der Spezifizierung der Produktionsverhältnisse ab und muß daher im Kontext einer allgemeinen Analyse der vorliegenden sozialen Formation formuliert werden. Doch im Fall der Debatte über Klasse in der Gouro-Gesellschaft wurden die Produktionsverhältnisse von keinem der Teilnehmer vollständig erörtert, mit dem Ergebnis, daß die begriffliche Basis für die Etablierung von Klassen nicht gegeben war.

Produktionsverhältnisse: die Gouro-Formation

Obwohl in Terrays Analyse tatsächlich das Primat der Produktionsverhältnisse behauptet wird[16], werden diese dennoch in einer unzusammenhängenden und eher deskriptiven Weise erörtert. Außerdem geben die Produktionsverhältnisse weder für die Diskussion über Klassen noch über die Produktionsweise, die in der Gouro-Formation identifiziert wurde, Aufschluß. Die Auswirkungen zeigen sich nicht nur auf theoretischer Ebene, sondern auch in der empirischen Untersuchung. Das bedeutet, daß die Verteilung von ökonomischem Eigentum und die Aneignung des Produkts nur teilweise untersucht werden. Das Ergebnis ist, daß Terray es nicht nur verabsäumt, den Charakter der Gouro-Formation zu erkennen, sondern auch die Ursache gewisser wichtiger Ungleichheitsverhältnisse verkennt. Es gibt mehrere Gründe für diese unbefriedigende Behandlung der Produktionsverhältnisse.

Teilweise erklären sie sich aus der Tatsache, daß Terray in diesem Text bemüht ist, die technische Ebene zu untersuchen anstelle der Produktionsverhältnisse selbst. Dies leitet sich von der Art ab, in der er die Konzeption der Produktion funktionalisiert: »Die verschiedenen in solchen ... Formationen vorhandenen Kooperationsformen erschließen also die kombinierte ›Präsenz‹ ebenso vieler besonderer Produktionsweisen«.[17] Da er bereits wegen seiner »technizistischen« Konzeption der Produktionsweise an anderen Stellen kritisiert wurde[18] und er die Berechtigung dieser

Kritik in seinem Text von 1976 eingeräumt hat, sind hier weitere Ausführungen nicht notwendig. Es gibt einen gewichtigeren Grund für die dürftige Auseinandersetzung mit den Produktionsverhältnissen, den auch seine übrigen Kritiker anscheinend übersehen haben: Terray charakterisiert die Sozialbeziehungen der Gouro als gemeinschaftlich, egalitär und nicht ausbeuterisch; dies sind die charakteristischen Merkmale des Urkommunismus. Terray deutet an, daß die Gouro-Formation mit diesem übereinstimmt. Diese Charakterisierung ist unbefriedigend, denn – wie wir sehen werden – sie weicht in mehreren wichtigen Punkten von der herkömmlichen Definition des Urkommunismus ab.

Es gibt zwar keinen sehr ausgearbeiteten theoretischen Entwurf der Produktionsweise des Urkommunismus, aber es können doch die Hauptthesen aus den Schriften von Marx und Engels herausgearbeitet werden.[19] In seinem »Ursprung der Familie, des Privateigentums und des Staates« faßt Engels die Komponenten des Urkommunismus zusammen, und diese haben die Grundlage für spätere Versuche gebildet, dieses Modell zu entwickeln. Er schreibt: »Die Produktion aller früheren Gesellschaften war wesentlich eine gemeinsame, wie auch die Konsumtion unter direkter Verteilung der Produkte innerhalb größerer oder kleinerer kommunistischer Gemeinwesen vor sich ging. Diese Gemeinsamkeit der Produktion fand statt innerhalb der engsten Schranken; aber sie führte mit sich die Herrschaft der Produzenten über ihren Produktionsprozeß und ihr Produkt. Sie wissen, was mit dem Produkt wird: Sie verzehren es, es verläßt ihre Hände nicht ...«[20] Sowohl Marx als auch Engels betonen, daß gerade der gemeinschaftliche Charakter des Urkommunismus seine Besonderheit ausmacht. Die Produktion ist auf kooperativer Basis organisiert, die Aneignung des Produkts ist gemeinschaftlich[21], die Produktionsmittel sind das Eigentum der Gemeinschaft, und es handelt sich um gebrauchswertorientierte Produktion. So stellt Terray im wesentlichen die Gouro-Gesellschaft dar. Er stimmt dem Zitat Meillassoux' zu: »Das Produkt der Gruppe bewegt sich auf ihn (den Ältesten) zu und kehrt dann größtenteils, wenn nicht ganz, zu den Mitgliedern der Gemeinschaft zurück.«[22] Es gibt daher keine private Aneignung des Produkts. Außerdem sieht Terray wenig Anzeichen für private Aneignung und Kontrolle der Produktionsmittel und Produktionsbedingungen. In einem »Stammes-Dorfsystem ... ist das Eigentum an den

Produktionsmitteln kollektiv, die Distribution regelt sich organistisch.« Und im Lineage-System »ist das Eigentum an den Produktionsmitteln kollektiv, aber es wird im Namen der Gruppe von einer Person verwaltet«. Das Produkt wird nach einem System verteilt, das Karl Polanyi »Redistribution« nennt: Leistungen von der Peripherie zum Zentrum hin, Gaben vom Zentrum an die Peripherie.[23] Bei näherer Betrachtung ergeben die Verteilung des wirtschaftlichen Eigentums und die Zirkulation des Produkts ein anderes Bild.

Beginnen wir mit einem Verhältnis, das durch die Produktionsverhältnisse gegeben ist – der Verteilung von wirtschaftlichem Eigentum (Produktionsmittel und Rohstoffe). Obwohl es den Anschein hat, daß Besitz an Produktionsmitteln innerhalb der produktiven Gemeinschaft auf verschiedenen Ebenen übertragen wird, befindet sich das wichtigste – das Land – erwiesenermaßen in gemeinschaftlichem Besitz, und der Zugang zu ihm ist durch Mitgliedschaft in der Gemeinschaft, sei es die Lineage, die Dorfgemeinschaft oder der Stamm, gegeben. Es lassen sich zwei Hauptformen von Besitz erkennen – kollektiver und was wir vorläufig als Familienbesitz bezeichnen können, wobei wichtig ist zu bemerken, daß diese beiden Besitzformen verschiedenen Formen der Organisation der Produktion und Verteilung des Produkts entsprechen. Der Boden, auf dem die wichtigsten Produkte angebaut werden, wird kollektiv geeignet und bearbeitet, und das Produkt ist unter der Kontrolle des Ältesten zur endgültigen Redistribution zentralisiert. Aber darüber hinaus verteilt der Älteste Familiengrundstücke an verheiratete Männer; ihre Frauen und Kinder bearbeiten diese, und das Produkt wird zwischen dem Gemeinschaftsvorrat und dem des männlichen Haushaltsvorstands aufgeteilt. Die einzige Bemessungsgrundlage für die Größe dieser Grundstücke ist anscheinend die für ihre Bearbeitung notwendige Arbeitszeit, die nach den Erfordernissen der Gemeinschaftsarbeit zur Verfügung bleibt. Daher ist es wahrscheinlich, daß individueller Landbesitz der Dominanz der gemeinschaftlichen Produktion unterliegt. An dieser Stelle muß festgehalten werden, daß der Besitz von Familienanteilen sowie die Aneignung eines Teils des Produktes nur den verheirateten Männern möglich ist und daher eine Eigentumsform darstellt, die den Frauen und über eine bestimmte Zeitspanne auch den Jüngeren verweigert wird. Ein Ungleichgewicht, vor allem auf der Ebene der Geschlechter, ist daher in der Verteilung des wirtschaftlichen Eigentums augenscheinlich.

Im Hinblick auf die Produktionsinstrumente sind einige zwar im Besitz der Produzenten, doch hat der Älteste die Kontrolle über die Verteilung jener Arbeitsinstrumente, die über den Handel erworben wurden. Solche sind aus Metall und werden aufgrund ihrer höheren Produktivkraft am meisten geschätzt. Der Älteste verteilt sie nur an verheiratete Männer, somit verleiht er nur dieser Gruppe dieses besondere Privileg. Zusätzlich zu dieser Kontrolle über einige Arbeitsinstrumente verteilt der Älteste bestimmte Subsistenzmittel, als wichtigstes Saatgut, an die Gemeinschaft. Demnach scheint es keine »gemeinschaftliche« Kontrolle über die Produktionsmittel zu geben. Die unmittelbaren Produzenten sind genaugenommen nicht mit allen ihren Produktionsmitteln verbunden, die Frauen im besonderen bleiben permanent von einigen Produktionsinstrumenten und vom Eigentum an Familiengrundstücken ausgeschlossen.

Wir können uns jetzt der Aneignung der Mehrarbeit zuwenden, einem Verhältnis, das durch das vorher dargelegte Eigentumsverhältnis geregelt wird. Unter Produktionsbedingungen des Urkommunismus, wie sie von der vorhandenen Theorie formuliert sind, existiert keine private Aneignung, und das Mehrprodukt wird gemeinschaftlich verteilt, was Terray für den Fall der Gouro-Gesellschaft behauptet. Doch es scheint, daß eines der Ziele der Produktion die Schaffung eines Mehrprodukts für den Tausch ist und daß bestimmte Kategorien von Handelnden davon profitieren. Die Ältesten können sich zum Beispiel, indem sie Tauschbeziehungen mit Händlern eingehen (den Malinké), einen Teil des Mehrprodukts aneignen, der über das hinausgeht, was sie zum Zwecke der späteren Redistribution oder für gemeinschaftliche Zwecke »legitimerweise« aufbewahren sollten. Die Ältesten besitzen auch, mehr als andere Mitglieder der Gemeinschaft, Prestigegüter und Haustiere wie Rinder. Außerdem können sie mehr Ehefrauen erwerben als andere Männer, wobei jene (wie Rinder) für Kola-Nüsse eingetauscht werden, über deren Ernte die Ältesten die ausschließliche Kontrolle haben. Bei den Gouro haben die Ältesten zwischen sechs und neun Ehefrauen, dreimal soviele wie der durchschnittliche Gouro-Mann. Die Ältesten profitieren von der Arbeitskraft ihrer Frauen und Kinder, da diese es ihnen ermöglichen, mehr Land zu besitzen und mehr Güter zu erwerben als andere Männer. Hinzu kommt die Tatsache, daß alle verheirateten Männer von der Mehrarbeit und dem Mehrprodukt ihrer Frauen und Kinder in genau der gleichen Weise profitieren, wenn sie auch nicht durch das Monopol über Heirat und Handel privilegiert sind, sie haben weniger Gelegenheit zu persönlicher Bereicherung. Dies zeigt, daß im Vergleich zur Position der Männer die der Frauen ganz eindeutig untergeordnet ist. Trotz der Tatsache, daß sie einen beträchlichen Arbeitsanteil erbringen, üben sie keinerlei Kontrolle über das Mehrprodukt aus, für dessen Herstellung sie arbeiten. Dieses wird statt dessen vom männlichen Vorstand ihres Haushalts angeeignet. Nach diesen Überlegungen ist es nicht möglich zu behaupten, daß es eine gemeinschaftliche Aneignung und Redistribution in der Gouro-Gesellschaft gibt.

Wir kommen schließlich zu den Produktivkräften, d. h. der Art der Umwandlung der Natur. Diese sind allgemein durch das Vorherrschen von kollektiv organisierter Arbeit charakterisiert, zusammengefaßt unter der Leitung des Ältesten in Systemen von einfacher oder komplexer Kooperation. Einige zusätzliche Bemerkungen sind hier angebracht. Die geschlechtliche Arbeitsteilung haben wir in diesem Produktionssystem bereits bemerkt, aber es ist offensichtlich, daß auch eine Arbeitsteilung zwischen den Ältesten und den direkten Produzenten existiert, die einige Autoren als ausbeuterisches Verhältnis interpretiert haben. Jedoch, wie Marx wiederholt betonte, wo auch immer sich eine komplexe Kombination von Arbeitsprozessen entwickelt und wo Kooperation in der Arbeit eine wichtige Produktivkraft wird (wie z. B. in Agrargesellschaften), ist eine leitende Autorität erforderlich, die die Produktion koordiniert. Dies verleiht dem Koordinator nicht notwendigerweise ausbeuterische Macht, kann aber ein mehr oder weniger großes Ausmaß an Zwang mit sich bringen oder, wie wir meinen, sogar auf gewissen Zwangsmechanismen begründet sein. Doch, wie Meillassoux behauptet hat, stammt die Macht des Ältesten nicht in erster Linie von seiner Kontrolle über die Produktion, sondern gründet sich auf die Kontrolle über die Reproduktion, vor allem auf die Zirkulation von Frauen und bestimmten Subsistenzgütern. Dies könnte man einen Schritt weiter führen und behaupten, die Kontrolle des Ältesten über die Produktion resultiere aus seiner Kontrolle über die Reproduktion, wobei letztere das Mittel ist, durch das die direkten Produzenten den Erfordernissen eines komplexen Produktionsprozesses unterworfen werden. Während es nicht möglich ist, dies hier weiter auszuführen, kann aber die Hypothese erwogen werden, daß die Kontrolle über Frauen in bestimmten Formationen in gleicher Weise funktioniert wie die Kontrolle über die Produktionsmittel in anderen.

Der zweite Punkt im Hinblick auf die Produktivkräfte betrifft die Tatsache, daß neben dem scheinbaren Vorherrschen von kollektiver Arbeit bei den Gouro sich eine Produktionsform entwickelt hat, die nicht kollektiv ist, verbunden mit den individuellen, früher erwähnten Familiengrundstücken. Obwohl dieser Entwicklung gewöhnlich wenig Aufmerksamkeit geschenkt wird, sehen wir später, daß sie von entscheidender Bedeutung für das Verständnis der Stellung der Frau und besonders für die Bestimmung des Charakters der Formation ist. Hier ist es notwendig, darauf hinzuweisen, daß weder Arbeit noch das Produkt der Arbeit in dieser Produktionsform direkt vergesellschaftet wird; auch aus diesem Grund scheint es, daß die Gouro-Gesellschaft und der Urkommunismus voneinander abweichen.

Zusammenfassend: Die Gouro-Gesellschaft, wie in Terrays Text beschrieben, unterscheidet sich in allen wesentlichen Aspekten vom bereits skizzierten Konzept des Urkommunismus. Die drei Hauptverlagerungen sind: a) das Vorkommen von privater Aneignung und Privateigentum; b) das Verhältnis des Arbeitenden zu den Produktionsmitteln ist nicht das einer simplen Einheit, sondern für die Mehrzahl der Handelnden durch die Kontrolle des Ältesten vermittelt und für die anderen Handelnden ein Verhältnis der Trennung; c) nicht alle Produktionsformen werden auf der Grundlage von kollektiver Arbeit durchgeführt. Das gibt uns ein gewisses Verständnis der materiellen Basis der Ungleichheiten, die in der Formation begründet sind. Aber jetzt stellt sich die Frage, ob dieses Material ausreicht, um den Charakter der Gouro-Gesellschaft als nicht-urkommunistisch zu bezeichnen? Bevor irgendwelche Schlußfolgerungen gemacht werden, sollte man zwei vorbereitende Aspekte erwägen. Beide legen nahe, daß sich die Gouro-Gesellschaft im Übergangsstadium aus dem Urkommunismus befindet, obwohl sie noch keine Klassengesellschaft ist.

Erstens sagen Marx und Engels, obwohl sie auf der gemeinschaftlichen Basis von Produktion und Aneignung als dem unterscheidenden Merkmal der Nicht-Klassengesellschaften bestehen, daß in konkreten Formationen Privateigentum an bestimmten Gütern nicht notwendigerweise auf die Zerstörung dessen hinweist, was Marx als »das Kollektiv« bezeichnet. Marx formuliert diese Auffassung in den Exzerpten von L.H. Morgan sowie in dem besser bekannten Brief an Vera Sassulitsch, in dem er das russische *mir* erörtert. Auch Engels vermerkt in seinem »Ursprung« das Entstehen von Privateigentum an Herden im mittleren Stadium der Barbarei, aber warnt: »Sicher ist nur, daß wir ihn (Vorstand einer Familiengemeinschaft) uns nicht als Eigentümer im modernen Sinn vorstellen dürfen.«[24] Privateigentum an bestimmten Gütern bedeutet also nicht, daß die Dominanz des Kollektivismus aufhört. Dennoch ist es nicht ohne Bedeutung, da Marx und Engels die Diskussion der Entwicklung von Privateigentum in »primitiven« Formationen in den Kontext des Übergangs zu Klassengesellschaften und der Bildung des Staates stellen. Hier bezeichnet Privateigentum an bestimmten Gütern den Beginn der Auflösung des »Kollektivs« und erscheint tatsächlich als eine der Bedingungen für das Entstehen der Klassenverhältnisse und des Staates; Privateigentum selbst ist aber nicht mit dem Ende der gemeinschaftlichen Produktion gleichzusetzen. Dies ist, nach Engels, nur der Fall bei Vorherrschen von Privateigentum an Produktionsmitteln und Bildung von antagonistischen Interessen zwischen Produzenten und Aneignern des Mehrproduktes, das wiederum die Bildung von staatlichen Institutionen bewirkt, die diese Verhältnisse garantieren. Folglich genügt die bloße Abwesenheit von gemeinschaftlicher Aneignung nicht, um das Ende des Kollektivs festzulegen, sondern bedeutet, daß Umwandlungsprozesse im Gange sind. Ähnliche Vorsicht ist angezeigt bei der Trennung des Arbeitenden von bestimmten Produktionsmitteln. Dieses Gebiet erfordert weitere theoretische Aufarbeitung zur Bestimmung der besonderen Form der Trennung, die bei verschiedenen Produktionssystemen in primitiven Formationen erforderlich ist. Es hat den Anschein, daß die Kontrolle der Ältesten über bestimmte Produktionsbedingungen ihnen nicht notwendigerweise die Macht einer ausbeutenden Klasse gibt, obwohl sie dadurch eine Position innehaben, aus der sie gewisse Vorteile ziehen können. Wie wir vorher anführten, ist der tatsächliche Besitz an Produktionsmitteln erforderlich, ehe die direkten Produzenten sich in einem Abhängigkeitsverhältnis gegenüber den

Eigentümern der Produktionsmittel befinden, wobei diese Abhängigkeit eine Voraussetzung für ihre Ausbeutung ist. Das ist durch die Kontrolle der Ältesten über gewisse Produktionsmittel nicht gegeben und kann nicht bewerkstelligt werden, solange der Boden Kollektiveigentum ist, was für die Gouro-Formation großteils zutrifft. Doch wir meinen, daß die Entwicklung von individuellen Familiengrundstücken wie die Trennung der Frauen von dieser Eigentumsform und vom Produkt ihrer Arbeit ein Beweis sind für die Auflösung von kollektivem Eigentum an Land und die Entstehung von privaten Eigentumsverhältnissen.

Wir sind jetzt in der Lage, die Frage nach dem Charakter der Gouro-Gesellschaft zu beantworten. Sie kann weder als Klassengesellschaft charakterisiert werden, noch kann man sie der Kategorie Urkommunismus einverleiben. Sie ist klassenlos, nicht weil sie egalitär oder weil Ausbeutung »nicht existent« ist, sondern weil die Produktionsverhältnisse einer Klasse von Nichtarbeitenden den tatsächlichen Besitz der Produktionsmittel nicht zuteilen. Somit ist die Basis für Klassenausbeutung durch Unterordnung der unmittelbaren Produzenten nicht gegeben. Das Vorherrschen von gemeinschaftlichem Eigentum an Land ist das Haupthindernis für die Einordnung der unmittelbaren Produzenten in ausbeuterische Produktionsverhältnisse. Trotz Vorherrschens von kollektiven Eigentumsverhältnissen kann die Gouro-Formation nicht ohne Einschränkung als urkommunistisch bestimmt werden. Statt dessen zeigen die drei Veränderungen, die auf der Ebene der Produktionsverhältnisse und Produktivkräfte stattgefunden haben, die Auflösung von gemeinschaftlichen sozialen Beziehungen und daher den Übergangscharakter der Formation an.

Genau an dieser Stelle können wir den doppelten Fehler in Terrays Analyse erkennen: seinen Androzentrismus und seine falsche Auffassung vom Charakter der Gouro-Formation. Durch das Hervorheben der Position der Frauen und ihrer Unterordnung haben wir nicht nur den verfügbaren Bericht korrigiert, sondern wir haben gleichzeitig gezeigt, daß Ungleichheit innerhalb der Formation existiert und daß diese nicht mit den feststehenden Kriterien des Urkommunismus übereinstimmt. Als Antwort auf jenen doppelten Fehler ist es nun möglich, zwei Thesen nahezulegen, die die Grundlage einer anderen Darstellung der Gouro-Gesellschaft und der Stellung der Frauen bilden könnten.

Einerseits scheint es, daß, zumindest in dieser Formation, die Umwandlung des Urkommunismus über die Unterordnung der Frauen stattgefunden hat. Andererseits kann die zunehmende Unterordnung der Frauen durch eine Analyse der Notwendigkeiten des Übergangsprozesses erklärt werden. Dadurch wird es möglich, eine Darstellung der wachsenden Ungleichheit zu entwerfen, die sowohl historisch als auch materialistisch ist und verschieden von der, die Engels in seinem »Ursprung« anbietet. Die Frauen stellen einen Schlüssel zur Analyse des Übergangs dar – der Übergang hilft, die Veränderungen in der Stellung der Frauen zu erklären.[25]

Die enge Verbindung zwischen diesen zwei Aspekten der Gouro-Formation ist offensichtlich, wenn wir den Platz der Frauen in jeder der drei Veränderungen betrachten, die als Indikatoren für die Auflösung der gemeinschaftlichen Produktionsverhältnisse identifiziert wurden. Der erste war die Entstehung von Privateigentum als Folge der privaten Aneignung des Mehr-Produktes. Frauen haben dabei zentrale Bedeutung, da sie a) den Ertrag einbringen (Kola-Nüsse), der die Basis für die private Aneignung der Ältesten ist, b) die Arbeit auf den Familiengrundstücken verrichten, was den älteren (das heißt verheirateten) Männern die Mittel zur Bereicherung gibt. Frauen sind daher die unmittelbaren Produzenten innerhalb dieser Veränderung. Die zweite Veränderung ist die Vermittlung des Verhältnisses der Arbeitenden zu den Produktionsmitteln. Wie wir gesehen haben, liegt es in erster Linie in den Händen der Ältesten (Männer), die die Produktionsmittel an die männlichen Mitglieder der Gemeinschaft verteilen (wieder Männer). Somit sind Frauen doppelt vom gleichberechtigten Zugang ausgeschlossen. Die dritte Veränderung besteht in der Tatsache, daß nicht die ganze Produktion auf der Basis von kollektiver Arbeit durchgeführt wird. Die Familiengrundstücke, von Frauen und Kindern bearbeitet, sind ein Moment nicht-kollektiver Arbeit, die Arbeit, die Frauen für die Ältesten verrichten, das andere Moment.

Wir sind also mit einer Situation konfrontiert, in der die Arbeit der Frauen einen doppelten Beitrag zum spezifischen Charakter der Gouro-Gesellschaft auszumachen scheint. Einerseits liefert sie die Mittel, durch die die Ungleichheiten und Veränderungen, die wir identifiziert haben, sich entwickeln können; andererseits schafft sie spezifische Produkte, mittels derer die Männer Wohlstand und höhere Dienstränge erwerben. Daher scheinen die Akkumulation von einfachem Eigentum und die Auflösung von gemeinschaftlichen Produktionsverhältnissen sowie die zunehmende Unterordnung der Frauen Hand in Hand zu gehen. Dies ist ein in beträchtlichem Maße unerforschtes theoretisches Gebiet, und ich möchte hier nur weitere Forschungen anregen. Aber mittels der vorhandenen Information und einer revidierten Anwendung bestimmter theoretischer Konzepte war es möglich, den Charakter einer alternativen Analyse der Gouro-Formation aufzuzeigen, die durchgeführt werden kann, sobald einmal die Stellung der Frauen entsprechend berücksichtigt worden ist.

Die Unterordnung der Frauen

In diesem letzten Abschnitt werden wir uns auf die Stellung der Frauen konzentrieren und versuchen, die Verhältnisse, in die sie einbezogen sind, ausführlich zu erörtern. Aufgrund der Berücksichtigung des Platzes der Frauen in der Produktion sowie in der »Reproduktion«[26] hoffen wir, einige Hypothesen entwickeln zu können, die die Mechanismen ihrer Unterordnung betreffen.
Wir werden mit der Betrachtung des Platzes der Frauen in der Produktion beginnen. Wie wir bereits bemerkten, weist die Arbeitsteilung den Frauen eine Arbeitslast zu, die proportional unvergleichlich schwerer ist als die der Männer. Tatsächlich sind es fünf Haupttätigkeiten, die die Frauen durchführen:

1. Kollektive Arbeit an den Haupternten.
2. Sammeln von Kola-Nüssen für die Ältesten.
3. Kultivieren der Familiengrundstücke.
4. Zubereitung der Nahrung.
5. Gebären und Aufziehen der Kinder.

Bei zwei (wenn nicht gar drei) dieser Tätigkeiten fällt auf, daß sie nicht bloß die Mittel darstellen, durch die die Produktion stattfindet, sondern daß durch sie gewisse Gruppen von Männern Eigentum erwerben. Die erste Tätigkeit ist das Sammeln von Kola-Nüssen für Heiratstransaktionen und den Handel mit anderen Gemeinschaften. Die Nüsse sind wichtig, nicht nur weil sie der einzige Ertrag mit einem Tauschwert sind, sondern auch, weil sie von den Ältesten benutzt werden, um Prestigegüter, Vieh und ein Monopol über bessere Arbeitswerkzeuge zu erwerben. Folglich

bereichert sich der Älteste durch Aneignung dieses Produkts der Frauenarbeit in materieller Hinsicht, und er stärkt damit auch allgemein seine Stellung in der Gemeinschaft. Wie Meillassoux hervorhob, ist die Kontrolle über die Zirkulation der Frauen die materielle Basis für die Macht der Ältesten, und es ist besonders auffällig, daß das Produkt, mittels dessen sie diese Macht ausüben, von Frauen produziert wird.
Die andere Form der Arbeit, die die Position der Männer den Frauen gegenüber stärkt, ist die Arbeit auf den Familiengrundstücken. Sie verschafft verheirateten Männern die Mittel, zusätzliche Ehefrauen, Vieh und Prestigegüter in ähnlicher Form, wie der Älteste selbst es tut, zu erwerben. Wenn ein Mann heiratet und seine eigenen Abhängigen erhält, »emanzipiert er sich« nicht nur »von der Kontrolle des Ältesten«, sondern wird, wie wir meinen, in gewissem Sinn der »Älteste« seiner eigenen Familie. Ihm wird Autorität verliehen; er handelt wie der Älteste als Koordinator dessen, was Terray als die »Produktion seiner Abhängigen« bezeichnet; auch behält er einen Anteil von ihrem Mehrprodukt für sich selbst. Der Älteste steht also an der Spitze eines Systems männlich dominierter sozialer/geschlechtlicher Beziehungen, die die gesamte produktive Gemeinschaft durchziehen, in der Frauenarbeit dem Wohlstand und der Stellung der Männer zugrunde liegt.[27]
Obwohl Frauen somit eine untergeordnete soziale Stellung einnehmen, werden sie sozial trotzdem als Produzentinnen geschätzt.[28]
Zusätzlich zu ihrer Rolle in der Produktion werden Frauen von den Männern aufgrund ihrer reproduktiven Fähigkeiten bewertet. Nach Meillassoux' Ansicht ist das von vorrangiger Bedeutung: In einer Gesellschaft, in der die Produktivkräfte wenig entwickelt sind, stellen Menschen »die Achse der Ökonomie« dar. Frauen genießen besondere Wertschätzung, weil sie, laut Meillassoux »die Produzenten produzieren«. Meillassoux betrachtet die Frauen aufgrund ihrer Gebärfähigkeit als »Basis und Artikulation« der Gesellschaft. Er sieht dies erhärtet durch die Tatsache, daß der Brautpreis eher als Zahlung für die zukünftige Nachkommenschaft der Frauen, denn für ihre Arbeitskraft angesehen wird. Die Art und Weise der Scheidungsentschädigung scheint dies zu bestätigen. Die Entschädigung basiert auf der Anzahl von Kindern, die eine Frau hat. Durch die Schuldenrückzahlung des Brautpreises wird das ausgeglichen, d. h. je mehr Kinder, um so weniger ist vom Brautpreis zurückzuzahlen.

Bei der wichtigen Rolle, die Frauen in der Produktion einnehmen, verbirgt diese Betonung des Gebärens jedoch den sozialen Wert der anderen Arbeit der Frauen, und die Konzentration auf den Brautpreis kann sogar als »Fetischisierung« bezeichnet werden. Es besteht jedoch kein Zweifel, daß Frauen als Reproduzentinnen von Arbeitskraft ebenso wie als Produzentinnen in der Gouro-Formation geschätzt werden. Dies ist kein universales, sondern ein historisch spezifisches Merkmal geschlechtlicher Beziehungen und abhängig vom Niveau der Entwicklung der Produktivkräfte. Marx und Engels bemerkten, daß mit der gesteigerten Produktivität der Arbeit die Arbeitskraft selbst höher geschätzt wird, und Engels sieht darin die Erklärung für Krieg und das Aufkommen der Sklaverei in den höheren Stadien der Barbarei: »Die Steigerung der Produktion in allen Zweigen – Viehzucht, Ackerbau, häusliches Handwerk – gibt der menschlichen Arbeitskraft die Fähigkeit, ein größeres Produkt zu erzeugen als zu ihrem Unterhalt erforderlich war. Sie steigerte gleichzeitig die tägliche Arbeitsmenge, die jedem Mitglied der Gens, der Hausgemeinde oder der Einzelfamilie zufiel. Die Einschaltung neuer Arbeitskraft wurde wünschenswert. Der Krieg lieferte sie: Die Kriegsgefangenen wurden in Sklaven verwandelt.«[29] Was Engels jedoch aus diesem steigenden sozialen Wert der Arbeitskraft zu folgern verabsäumt, ist, daß er notwendigerweise auch für die Frauen Konsequenzen hat, da sie Teil des Bestrebens nach Vermehrung der Bevölkerungszahl der Gemeinschaft sind. Wenn komplexe und erweiterte Kooperation in der Arbeit aufgrund des Produktionsprozesses erforderlich ist, scheint das zuzutreffen – wie in der landwirtschaftlichen Produktion. Es wurde aber kein *theoretisch* zwingender Grund vorgebracht, warum diese verstärkte Bedeutung der reproduktiven Funktionen der Frauen sich mit ihrer zunehmenden Unterordnung decken sollte: Und obwohl Marx und Engels die fortschreitende Unterordnung der Frauen mit der Entwicklung der Produktivkräfte in klassenlosen Gesellschaften in Verbindung brachten, konzentrierten sich die von ihnen vorgebrachten Thesen über die Unterdrückung von Frauen in erster Linie auf deren Rolle in der Arbeitsteilung (d. h. in der Produktion). Sie versäumten es weitgehend, die weibliche Rolle in der Reproduktion zu analysieren. Der Zusammenhang von Reproduktion der Arbeitskraft und Unterordnung der Frauen ist gewiß ein Bereich, der genauere Darlegung erfordert.

Ziemlich überzeugend ist Meillassoux' Hinweis, daß die spezielle Bedeutung, die die reproduktiven Aktivitäten der Frauen auf einer bestimmten Entwicklungsstufe der Produktivkräfte erhalten, es in gewissem Sinn notwendig macht, sie zu kontrollieren. »In ... Gesellschaften, wo Dauer, Erwartung und zyklische Wiederholung – d. h. Zeit – an erster Stelle stehen, wird die Zukunft eine sehr bedeutende Sache und gleichzeitig damit die Probleme der Reproduktion ... Frauen als Produzentinnen der Produzenten werden zum mächtigsten Produktionsmittel, auf die Zukunft orientiert und daher Zwang und Einschränkungen unterworfen.«[30] Während uns dies einen Grund für die Kontrolle angibt, erklärt es aber nicht, warum sie untergeordnet sind, denn letzteres hat nicht zwingend ersteres zur Voraussetzung. Wir können nur hypothetisch annehmen, daß die einmal festgelegte Kontrolle die *Basis* liefert, auf der Unterordnung bewirkt werden kann.

In der Gouro-Formation haben wir also gesehen, daß Frauen einen zweifachen Wert haben: sie sind sowohl Arbeitende als auch Produzentinnen von Arbeitskraft; Tätigkeiten, die sowohl kollektiven Wert als auch Wert für die jeweiligen Männer haben, die von der Arbeit der Frauen sowie von der Arbeit der Kinder, die sie gebären, profitieren. Daher ist es nicht überraschend, daß männliche Erwachsene so viele Ehefrauen wie möglich zu erwerben versuchen: Diese bilden mit ihren Kindern ein erweitertes Arbeitsteam und steigern so den Wohlstand und die soziale Stellung des männlichen Haushaltsvorstandes. Daraus folgt, daß Polygamie gleichzeitig Auswirkung sowie Quelle von materieller und sozialer Differenzierung ist. Unter den Gouro zeigt die Zahl von Ehefrauen die Höhe der Stellung des Mannes in der Rangordnung an. Annähernd die Hälfte der verheirateten Männer jeder Gouro-Lineage hat mehr als eine Ehefrau. Wahrscheinlich ist, unter Annahme von Ungleichheiten bei der Verteilung der Frauen, daß die Konkurrenz um die Frauen eher Konflikte zwischen den Jüngeren und den Ältesten schafft als irgendeine vermeintliche Ausbeutung, die die Jüngeren erleben. Denn in der Gouro-Gesellschaft sind Frauen nicht nur ein *Index* für Wohlstand und Macht, ihre Produktion *und* ihre reproduktiven Fähigkeiten sind eine *Bedingung für dessen Realisierung*. Folglich haben die Männer ein direktes Interesse, die Arbeitszeit der Frauen bei diesen Aktivitäten zu erhöhen.

Dieses sehr wichtige Verhältnis, in das die Frauen eingegliedert sind, zusammen mit den manchmal widersprüchlichen Anforderungen, die durch Produktion und Reproduktion, kollektive und familiäre Aktivitäten an sie gestellt werden, schafft dann die komplexe Kombination von Umständen, in denen sich die Unterordnung der Frauen in der Gouro-Formation ausdrückt. Wir haben in einem früheren Abschnitt einige der Mechanismen erörtert, durch die die Unterordnung der Frauen vermittelt wird. Ihnen sollte eine Reihe von sozialen Praktiken hinzugefügt werden – Mythen, Rituale und Tabus –, die die Ideologie der weiblichen Inferiorität und der männlichen Überlegenheit stützen helfen. Es sind jedoch weitere Forschungen nötig, um den Charakter und die Wechselbeziehung dieser verschiedenen Faktoren zu definieren, ehe ein richtiges Verständnis von der Unterordnung der Frauen erreicht ist. Der beträchtliche wirtschaftliche und soziale Beitrag der Frauen legt nahe, daß sie, zumindest in dieser Formation, nicht deshalb untergeordnet sind, weil sie – wie Engels glaubte – von der Produktion an den Rand gedrängt werden. Es hat vielmehr den Anschein, daß sie untergeordnet sind, *damit sie für die Produktion ein zentraler Faktor bleiben.*

Wenn die untergeordnete Position der Frau in der Gouro-Gesellschaft einer Reihe von klaren Bestimmungen unterliegt, hat das wiederum bestimmte Konsequenzen für die soziale Formation als Ganzes. Insbesondere haben wir gesehen, daß die Unterordnung der Frauen, indem sie die Produktion eines Mehrprodukts ermöglicht, das sich bestimmte Männer aneignen, eng verbunden ist mit der Auflösung der gemeinschaftlichen Produktionsverhältnisse.

Weitere Untersuchungen sind notwendig, um die Implikationen von Formen der geschlechtlichen Ungleichheit für die begriffliche Bestimmung primitiver Gesellschaften im allgemeinen und für Verständnis von Übergangsformen zu Klassengesellschaften im besonderen zu etablieren. Die hier vorgebrachten Hypothesen sind in ihrem Charakter äußerst provisorisch und beruhen auf uns bereits zugänglichem Material – d. h. auf einer Überarbeitung der empirischen Daten, die Meillassoux lieferte, und auf einer neuerlichen kritischen Untersuchung gewisser Konzepte, die für die Debatte über die Gouro wichtig waren. Unsere Formulierungen selbst sind vorläufiger Natur.

Eine Lösung der Probleme kann nur versucht werden, wenn die

nötige empirische und theoretische Arbeit in den erwähnten verschiedenen Bereichen durchgeführt wird. Diese Arbeit, verbunden mit einem Zugang, der frei vom Vorurteil des Androzentrismus ist, soll die vorhandene marxistische Diskussion über Anthropologie ermutigen, die Stellung der Frauen richtig zu zeigen, um damit die bisher fragmentarische Darstellung von sozialen Verhältnissen zu vervollständigen. Das wird auch helfen, gewisse allgemeine Fragen in bezug auf die Stellung der Frauen zu klären, und kann vor allem die jetzigen Versuche unterstützen, eine adäquate begriffliche Definition der Unterordnung der Frauen in nicht-»primitiven« Gesellschaften zu finden.

Terrays Korrekturen in »Klassen und Klassenbewußtsein«

Terray hat in einer neueren Arbeit versucht, auf einige Kritiken an *Der Historische Materialismus* ... einzugehen, vor allem auf jene, die sich mit seiner Auffassung von Produktionsweise und Klasse befassen.[31] Aber trotz gewisser Korrekturen sind unserer Meinung nach die grundlegenden Fehler, die wir oben identifiziert haben, nach wie vor nicht behoben. In *Klassen und Klassenbewußtsein* bemüht sich Terray in erster Linie, die Ursprünge des Staates theoretisch abzuleiten. Er trifft eine kritische Einschätzung seiner früheren Gouro-Studie und gibt zu, a) die Produktionsverhältnisse nicht genügend berücksichtigt sowie b) die Ausbeutungsverhältnisse und somit die Klassenverhältnisse bei den Gouro nicht als solche identifiziert zu haben.

Den Produktionsverhältnissen wird jetzt in der Analyse Priorität über die Produktivkräfte gegeben, sie werden nicht aus der technischen Ebene abgeleitet. Aber seine neuen Formulierungen sind gleichfalls fragwürdig. Die Produktionsverhältnisse werden auf das reduziert, was er »Ausbeutungsverhältnisse« nennt, das heißt auf »die spezifische Form, in der unbezahlte Mehrarbeit den unmittelbaren Produzenten abgenötigt wird«. Er schreibt: »für Marx bildet dieses Verhältnis das Herz oder den Kern der Produktionsweise ... Folglich wird das Orten der verschiedenen Produktionsweisen in einer sozialen Formation notwendigerweise durch eine vorherige Bestandsaufnahme in die verschiedenen Formen übergehen, die von dem Verhältnis der Ausbeutung in dieser Formation angenommen werden, da jeder dieser Formen eine ganz bestimmten Produktionsweise entsprechen würde«.[32]

In dieser Darstellung können sofort drei Fehler festgestellt werden. Erstens: Produktionsverhältnisse sind nicht auf Ausbeutungsverhältnisse allein reduzierbar; die Aneignungsweise des Mehrprodukts ist *eines* der dieser Ebene eingeschriebenen Verhältnisse. Das andere Verhältnis ist das zwischen den unmittelbaren Produzenten, den Produktionsmitteln und den Produktionsbedingungen, also die Verteilung des ökonomischen Besitzes. Zweitens: die Produktivkräfte sind durch die Reduktion der Produktionsweise auf »Ausbeutungsverhältnisse« der Analyse entzogen, und so wird der Fehler des früheren Textes umgekehrt. Die Konzeption der Produktionsweise als gegliederte Kombination dieser Ebenen wird auf eine einzige Ebene reduziert. Drittens: die empiristische Position, wonach Produktionsweisen (d. h. Ausbeutungsverhältnisse) eher durch die Beobachtung der Wirklichkeit als durch einen theoretischen Entwurf zugänglich sind, wird beibehalten. Diese Herangehensweise kann vielleicht etwas über den Transfer des Mehrprodukts zwischen den verschiedenen Agenten aussagen, ist jedoch nicht geeignet, den Mechanismus theoretisch zu fassen, durch den Ausbeutung vermittelt wird, wie es das Konzept des Mehrwertes vermag. Um unsere frühere Bemerkung zu wiederholen: Ein solches Konzept muß aus der Theorie erbracht, es kann nicht aus der Empirie gewonnen werden.

Zur Frage der Ausbeutung meint Terray, er sei im Irrtum gewesen, »die Existenz von Ausbeutungsverhältnissen in der Gouro-Ökonomie nicht anzuerkennen«. Dieser Meinungswechsel erklärt sich einerseits durch die Annahme einer anderen Konzeption der Ausbeutung, andererseits aus der Zufriedenheit darüber, daß sie in primitiven Formationen festgestellt werden kann. Terrays revidierte Definition lautet: »Zur Existenz der Ausbeutung genügt es, daß es Abnötigung gibt, d. h. die erzwungene Einhebung und Aneignung der Mehrarbeit durch andere, ungeachtet des Zweckes, dem das Produkt dieser Mehrarbeit dient«.[33] Ausbeutung wird somit ein universales Merkmal gesellschaftlicher Organisation. Ebenso verhält es sich mit Klassen, behauptet er. Die Anwendung dieser revidierten Positionen auf die Gouro-Gesellschaft läßt Terray zwei ausgebeutete Klassen erkennen –

Frauen und junge Männer. Diese Gruppen stellen allerdings nur in einem formalen Sinn Klassen dar, denn Terray hält an der Meinung fest, daß »reine« Klassen in vorkapitalistischen Formationen aufgrund des Einwirkens von nicht-ökonomischen Momenten auf die Ökonomie unmöglich sind. Daher sind vorkapitalistische Formationen durch Klassen »mit geschlossener oder vorbestimmter Zusammensetzung« charakterisiert, d. h. sie setzen sich nach Faktoren wie Alter oder Geschlecht zusammen. Dies reduziert die Fähigkeit der betreffenden Klassen, die Bedingungen ihrer Ausbeutung zu begreifen, und bedeutet, daß sie kein Klassenbewußtsein entwickeln können. Sie bleiben daher Klassen »an sich«, statt Klassen »für sich« zu werden. Im Fall der jüngeren Männer ist Klassenbewußtsein durch die Erwartung, Älteste zu werden, verdrängt. Die Frauen stehen in einem »komplementären« Verhältnis zu den Männern, so daß »keiner von ihnen sich ohne den anderen begreifen noch sich die Vernichtung des anderen zum Ziel setzen kann«.[34] Letzteres ist eine unglückliche Formulierung, nicht nur auf Grund der suspekten Vorstellung geschlechtlicher Komplementarität, sondern auch weil Klassenkampf nicht auf die Eliminierung von Menschen abzielt, sondern auf die Beendigung ausbeuterischer *Verhältnisse*. Ziel ist nicht die Liquidierung von *Menschen*, sondern die Transformierung der Verhältnisse, unter denen sie handeln.

Wir haben bereits einige der wichtigsten Einwände gegen Terrays Argumente bezüglich Klassen unter vorkapitalistischen Produktionsbedingungen aufgezeigt. Dem wollen wir nur noch hinzufügen, daß seine späteren theoretischen Ausführungen dazu tendieren, das Konzept von Klasse eher auf eine Eigenschaft des menschlichen Denkens zu reduzieren, statt es als ein durch die Produktionsverhältnisse gegebenes Konzept aufzufassen. Eine solche Ansicht wiederum führt zu einer voluntaristischen Konzeption des Staates, der anscheinend nur als Auswirkung des wachsenden Klassenbewußtseins und des daraus folgenden offenen Klassenkonfliktes entsteht.[35]

Zusammenfassend muß gesagt werden, daß Terray sich zwar auf seine Abron-Studie einläßt, um »Ausbeutungsverhältnisse« zu ergründen, und jetzt zugesteht, daß die Gouro-Frauen »ausgebeutet« und eine Klasse seien, aber er beachtet die Frauen in diesen beiden Formationen noch immer zu wenig. Das Verhältnis der Ungleichheiten in primitiven Formationen allgemein und bei den

Gouro selbst bleibt weiterhin dominiert vom Widerspruch zwischen Ältesten und Jüngeren. In der Studie über die Abron wird die Stellung der Frauen nur flüchtig erörtert, obwohl Terray der Ansicht ist, daß persönliche Abhängigkeitsverhältnisse Leitlinien zum Orten der verschiedenen Produktionsweisen, die in der Formation vertreten sind, abgeben. Es ist verblüffend, daß die Beziehungen zwischen den Geschlechtern nicht in diesem Sinn betrachtet und daher weitgehend der Analyse entzogen wurden.

Anmerkungen

Ich möchte meinen Kollegen und Freunden an der Essex University und im »Subordination of Women Project« am IDS für ihre Hilfe und Ermunterung danken.

1 Mit Androzentrismus meine ich eine theoretische und ideologische Voreingenommenheit, welche den Blick hauptsächlich oder manchmal ausschließlich auf männliche Subjekte und die zwischen ihnen existierenden Verhältnisse richtet. In den Sozialwissenschaften bedeutet dies die Tendenz, Frauen aus historischen und soziologischen Studien auszuschließen und den speziellen Verhältnissen, in denen sie leben, keine entsprechende Aufmerksamkeit zu widmen. Androzentrismus kann als ein ideologisches Abgleiten seitens des Autors aufgefaßt werden, mit theoretischen Folgen, die sich im Text auswirken. Daher ist es legitim, sowohl vom Androzentrismus des Autors selbst als auch von dem eines gegebenen Textes oder einer gegebenen Theorie zu sprechen. Hier beschäftigen wir uns hauptsächlich mit den beiden letzteren Formen, aber unsere Kritik schließt auch den Autor mit ein.

2 Siehe im besonderen Deluz und Godelier 1967, Dupré und Rey o.J., Rey 1975, Hindess und Hirst 1981 sowie Taylor 1975.

3 Ich habe auch andere Texte von Meillassoux für diesen Artikel herangezogen, besonders »From Reproduction to Production« (Meillassoux 1972) und »On the Mode of Production of the Hunting Band« (Meillassoux 1973).

4 Die zwei Produktionsweisen, die Terray identifiziert, unterscheiden sich aufgrund der Form der Kooperation. Sie sind: die tribale Dorfgesellschaftsproduktionsweise, welcher die einfache Kooperation entspricht. Komplexe Kooperation bezieht die männlichen Mitglieder des Dorfes ein und ist die durch Jagen charakterisierte Produktionsweise, während die einfache Kooperation sowohl Männer als auch Frauen einbezieht, auf der Lineage oder der engeren Verwandtschaftsgruppe

basiert und die auf Bodenbau bezogene Produktionsweise ist. (Anm. d. Herausgeber: Molyneux verwechselt die beiden von Terray bestimmten Kooperationsformen, die einfache Kooperation ist Merkmal des Lineagesystems und die komplexe Kooperation bezieht sich auf das Stamm-Dorfsystem. Letzterer Begriff entspricht dem des tribalen Dorfgesellschaftssystems.)

5 Die Argumente in diesem Text sind jenen, die P.P. Rey in »The Lineage Mode of Production« (1975) verwendet, verwandt.

6 Terrays Argumentation ist in dieser Frage manchmal uneinheitlich. Auf der einen Seite scheint er zu meinen, daß die Gouro-Gesellschaft von Klassen und Ausbeutung frei ist, während er andererseits zugibt, daß irgendeine Form von Ausbeutung auftritt. Das weist auf fehlende Präzision in seiner Analyse der Beziehung zwischen Ausbeutung und Klassen hin. Hier wechselt er zwischen dem Aufnehmen einer starken und einer schwachen These. Manchmal schlägt er vor, daß Ausbeutung das Vorhandensein von klassenähnlichen Verhältnissen bezeichnet, dann wiederum meint er, Ausbeutung könne unabhängig von Klassen auftreten.

7 Es ist darauf hingewiesen worden (siehe z. B. Taylor 1975), daß nicht alle Jüngeren Älteste werden und daß die Ältesten die Macht haben, Jüngere zu Sklaven zu machen. Für die Jüngeren ist es auch schwieriger als angenommen, die Lineage zu verlassen und eine eigene aufzubauen.

8 Was den Reis betrifft, bauen die Männer nur die Umzäunung der Anbauflächen, »während die Frauen die Aussaat, das Jäten und die Ernte besorgen«. (Terray 1974: 110)

9 Wir betrachten Kinder nicht als eine separat ausgebeutete Kategorie. Falls sie Produzenten sind, sind sie entsprechend ihrem Geschlecht unter den Kategorien Jüngere und Frauen erfaßt (vgl. Terray 1974: 171).

10 Die Barbarei betreffend, schreibt Engels: »Die Teilung der Arbeit ist rein naturwüchsig; sie besteht nur zwischen den beiden Geschlechtern. Der Mann führt den Krieg, geht jagen und fischen, beschafft den Rohstoff der Nahrung und die dazu nötigen Werkzeuge. Die Frau besorgt das Haus und die Zubereitung der Nahrung und Kleidung, kocht, webt, näht. Jedes von beiden ist Herr auf seinem Gebiet: der Mann im Walde, die Frau im Hause.« (Engels 1976: 593)

11 Zu den Ausführungen dieses Punktes siehe Young und Harris 1977.

12 Solch eine Definition führt z. B. zu dem absurden Schluß, daß Kinder eine ausbeutende Klasse sind, weil sie sich die Mehrarbeitszeit ihrer Mütter »aneignen«.

13 Wir möchten hier unterscheiden zwischen ökonomischen Klassen, die Kategorien von Handelnden sind, bestimmt durch ihr Produktionsverhältnis, und Klassen als soziale Kräfte, die nicht reduzierbar sind

auf ökonomische Kräfte, sondern ihre Existenz im Klassenkampf haben. In diesem zweiten Sinn zeigen Klassen eine relative Autonomie gegenüber den Produktionsverhältnissen. Das ist eine andere Möglichkeit, jenes Problem zu fassen, das mit der Unterscheidung zwischen reinen und nicht-reinen Klassen gemeint ist.

14 Diese Definition der Produktionsverhältnisse basiert auf Balibars Theorie, wie er sie in *Das Kapital lesen* (Althusser und Balibar 1972) darlegt.

15 Die Konzepte von »realer« und »formaler« Subsumption sind in Marx' Diskussion des Übergangs von Manufaktur zu moderner Industrie zu finden. Hindess und Hirst (1981) entwickeln die Konzepte von »Subsumption« und »realem Besitz« in einer interessanten Diskussion der feudalen Produktionsweise.

16 Vgl. Terray 1974: 104.

17 Terray 1974: 181.

18 Hindess/Hirst 1981: Kap. 1.

19 Siehe besonders die »Grundrisse«, die »Ethnologischen Exzerpthefte« und »Der Ursprung der Familie« (letzterer basiert zu großen Teilen auf den Exzerptheften).

20 Engels 1976: 606.

21 Es ist offensichtlich, daß Begriffe wie »kollektiv«, »Gemeinschaft«, »tribal« etc., die im Diskurs von Marx und Engels auftauchen, theoretisch nicht ausgearbeitet sind. Weitere Arbeit zur Schaffung rigoroserer Begrifflichkeiten der verschiedenen Formen der Produktionsverhältnisse muß geleistet werden.

22 Meillassoux 1964, zit. nach Terray 1974: 133.

23 Terray 1974: 138.

24 Engels 1976: 511.

25 Das darf nicht als ein universales kausales Verhältnis verstanden werden, nicht zuletzt weil die Gründe für das Einsetzen der Auflösung der gemeinschaftlichen Produktionsverhältnisse nur im Licht einer strengen und detaillierten Theoretisierung der fraglichen sozialen Formation herausgefunden werden können. Der Einfluß der Kolonialisierung und des Handels, der z. B. in Terrays Beschreibung der Gouro keine Erwähnung findet, sollte, den Übergang betreffend, stärker in Betracht gezogen werden.

26 Althusser hat vorgeschlagen (Althusser 1970), daß drei Elemente der ökonomischen Struktur betroffen sind: a) Reproduktion der Produktionsmittel, b) Reproduktion der Arbeitskraft und c) Reproduktion der Produktionsverhältnisse. Es ist nicht möglich, an dieser Stelle alle diese Verhältnisse zu berücksichtigen, und wir beschränken daher die Diskussion auf b).

27 Die Tatsache, daß die Ältesten immer Männer sind, hat eine gewisse Bedeutung, da es ein Symbol für die Autorität ist, die Männer über

Frauen ausüben, und hilft, die asymmetrischen Verhältnisse zwischen den Geschlechtern, die in der gesamten Gemeinschaft wirksam sind, zu erhalten und zu verstärken. (Die Implikationen des Begriffs Patriarchat könnten hier sinnvoll erforscht werden.)

28 Young und Harris (1977) schlagen vor, daß die wichtige Rolle der Frauen in der Produktion Bedingungen für ihre größere Unabhängigkeit schafft, so daß »die Abhängigkeit der Frauen von Männern gesellschaftlich durch andere Mittel erzeugt werden muß«, z. B. durch eine Ideologie der weiblichen Inferiorität.

29 Engels 1976: 595.

30 Siehe Meillassoux 1973.

31 Terray 1975.

32 Terray 1975: 89f.

33 Terray 1975: 95.

34 Terray 1975: 96.

35 Terray 1975: 96.

Literatur

Althusser, L. (1970): *Lenin and Philosophy*, Los Angeles.

Althusser, L./Balibar, E. (1972): *Das Kapital lesen II*, Reinbek/Hamburg.

Deluz, A./Godelier, M. (1967): »A propos deux textes d'anthropologie économique«, in: *L'Homme*, Vol. 8, Nr. 3.

Dupré, G./Rey, P.P. o.J.: »Théorie d'Histoire des échanges, example de l'Ouest Congolais« (unveröffentl. Manuskript).

Engels, F. (1976): »Der Ursprung der Familie, des Privateigentums und des Staats«, in: Marx/Engels 1976: *Ausgewählte Werke*, Moskau.

Hindess, B./Hirst, P.Q. (1981): *Vorkapitalistische Produktionsweisen*, Frankfurt/Main.

Joseph, G. (1913): »La Condition de la Femme en Côte d'Ivoire«, in: *Bulletin de la Société d'Anthropologie de Paris.*

Meillassoux, C. (1964): *L'Anthropologie Economique des Gouro de la Côte d'Ivoire*, Paris.

Meillassoux, C. (1972): »From Reproduction to Production«, in: *Economy and Society*, Vol. 1, Nr. 1.

Meillassoux, C. (1973): »On the Mode of Production of the Hunting Band«, in: Alexandre, P. (Hg.) (1973): *French Perspectives in African Studies*, London.

Rey, P.P. (1975): »The Lineage Mode of Production«, in: *Critique of Anthropology*, Nr. 3.

Tauxier, L. (1921): *Nègres Gouro et Gagou*, Paris.

Taylor, J. (1975): »Pre-Capitalist Modes of Production«, in: *Critique of Anthropology*, Nr. 4/5 und 6.

Terray, E. (1974): *Zur politischen Ökonomie der »primitiven« Gesellschaften*, Frankfurt/Main.

Terray, E. (1975): »Classes and Class Counciousness in the Abron Kingdom of Gyaman«, in: Bloch, M. (Hg.) (1975): *Marxist Analysis and Social Anthropology*, London.

Young, K./Harris, O. (1977): *The Subordination of Women in Cross-Cultural Perspective. Patriarchy Conference Papers.*

Eva Langheiter

Hinnehmen – mitmachen – zustimmen?

Anmerkungen zu Maurice Godeliers Hypothese von der Zustimmung der Unterdrückten zu ihrer Unterdrückung

1. Die Macht der Männer ist die Geduld der Frauen

Wie kommt es, daß Unterdrückung so oft keiner Gewalt zu bedürfen scheint, daß sich die Unterdrückten wie die Komplizen der Herrschenden verhalten, ihre Unterwerfung und Ausbeutung als legitim akzeptieren bzw. gar nicht als solche zur Kenntnis nehmen? Warum unterwerfen sich Frauen in vielen Gesellschaften scheinbar freiwillig dem Diktat der männlichen Herrschaft, akzeptieren ihre inferiore Stellung, ja sehen sogar – gemeinsam mit den Männern – einen besonderen Wert in ihrer Unterwürfigkeit, geben sie an ihre Töchter weiter?

Maurice Godelier ist dieser Frage nachgegangen. In dem 1978 erstmals erschienenen Artikel »La Partie Idéelle du Matériel« aus dem Sammelband *L'Idéel et le Matériel* (1984) stellt er die Behauptung auf, daß jede Herrschaft – soll sie von Dauer sein und über ein kurzes historisches Zwischenspiel hinausgehen – zwei Hauptelemente enthält: die Gewalt der Herrschenden und die Zustimmung der Beherrschten. Als Erklärungsansatz formuliert Godelier die Hypothese, daß die Unterdrückten die Vorstellungen der Herrschenden teilen. Ihre Unterdrückung erscheint ihnen als legitim, weil in diesen Vorstellungen das Unterdrückungsverhältnis als Austausch von Diensten zwischen Herrscher und Beherrschten dargestellt wird. Daher ihre »Zustimmung«.

Nicole-Claude Mathieu wirft in ihrem Artikel »Quand céder n'est pas consentir« (›Nachgeben ist nicht Zustimmen‹, Mathieu 1985), dessen Titel bereits die Hauptrichtung ihrer Kritik andeutet, mehrere Fragen auf, die Schwachpunkte in Godeliers Erklärungsansatz offenlegen. Der Begriff »Zustimmung« wird aus mehreren Gründen verworfen: Die Unterdrückten teilen die Ideen der Herrschenden nur unvollständig, da ihnen Wissen – vor allem Wissen um die Mechanismen der Macht – vorenthalten wird. Sie werden gewaltsam an Widerstand im Denken und Handeln gehindert. Und schließlich ist das Bewußtsein der Unterdrückten geprägt von der Situation der Unterdrückung und Gewalt, was die Verwendung des Begriffs »Zustimmung« ausschließt.

Da Godelier den Anspruch hat, daß seine Hypothese formal auf jede Gesellschaft anwendbar ist, die in eine herrschende und eine beherrschte Gruppe gespalten ist, soll nun anhand des ethnographischen Materials, das Godelier über die Baruya gesammelt und in *La Production des Grands Hommes* (Godelier 1982) veröffentlicht hat, seine theoretische Position dargestellt und einer kritischen Einschätzung unterzogen werden.

Die Baruya sind heute eine Gruppe von ca. 2000 Menschen, die in 17 Dörfern verstreut in den Eastern Highlands Neuguineas leben. Ab 1960 unterstanden die Baruya der Kontrolle der australischen Kolonialverwaltung und wurden »befriedet«. Die folgenden Daten wurden in mehreren Feldforschungen in den Jahren 1967-1979 erhoben. Sie bilden die Grundlage einer Rekonstruktion der Situation, wie sie vor den direkten Auswirkungen der Kolonialherrschaft gewesen sein mag, zum Teil auch heute noch besteht.

Die soziale Organisation der Baruya ist die eines acephalen, in Klans aufgeteilten Stammes. Sie sind partilinear und patrilokal mit stark ausgeprägtem Antagonismus zwischen den Geschlechtern und mit eindeutiger Dominanz der Männer.

Die wichtigste wirtschaftliche Tätigkeit ist der Brandrodungsfeldbau, ergänzt durch Schweinezucht und die Produktion eines vegetabilen Salzes, das als Tauschmittel mit anderen Stämmen dient. Jagd und Sammeln haben äußerst geringe wirtschaftliche, jedoch sehr große zeremonielle Bedeutung. Der Boden ist Kollektiveigentum aller Männer, die Nachkommen eines gemeinsamen Vorfahren sind, der den Boden gerodet hat. Die Frauen behalten zwar ihr Leben lang das Recht, den Boden ihrer Lineage zu nutzen, können ihn aber nicht an ihre Kinder vererben.

Alle Tätigkeiten der Baruya erfolgen im Rahmen einer strikten gesellschaftlichen Arbeitsteilung, die die Aufgaben des/der einzelnen nach Geschlecht und Alter festlegt. Die Arbeiten werden individuell oder kollektiv erledigt, wobei bei der Zusammenarbeit vor allem die durch Heirat gebildeten Allianzen – und nicht so sehr die Zugehörigkeit zur gleichen Lineage – eine Rolle spielen.

Die Frauen sind vom Grundeigentum und von der Herstellung und Kontrolle der Werkzeuge – also vom Zugang zu den wichtig-

sten Produktionsmitteln – ausgeschlossen, ebenso von den Waffen, den wichtigsten Destruktionsmitteln, und von der Salzherstellung, auf der ein Großteil der friedlichen Beziehungen mit anderen Stämmen beruht.
Die Gesellschaft der Baruya ist geprägt von zwei Formen der sozialen Hierarchie: die erste betrifft das Verhältnis zwischen Männern und Frauen, die generelle Herrschaft aller Männer über alle Frauen. Die zweite ist die Hierarchie unter Männern. Sie beruht einerseits auf Vererbung, auf Zugehörigkeit zu einem bestimmten Klan, der Besitzer bestimmter magischer Objekte und Rituale ist, und andererseits auf der Leistung des einzelnen Mannes, auf seiner Fähigkeit, ein »Großer Mann«, d.h. ein großer Krieger, Jäger oder Schamane, zu werden.
Godelier hält das Verhältnis zwischen Männern und Frauen bei den Baruya für den Hauptwiderspruch dieser Gesellschaft. Die Männer gelten als eindeutig überlegen. Sie regieren die Gesellschaft »nicht ohne die Frauen, sondern gegen sie« (Godelier 1982: 10). Die Elemente ihrer Herrschaft, wie Godelier sie sieht – Gewalt der Männer und Zustimmung der Frauen –, sollen im Folgenden dargestellt werden.

Jede Herrschaft besteht aus zwei unauflöslich miteinander verbundenen Elementen, die ihre Stärke ausmachen: der Gewalt und der Zustimmung. Unsere Analyse führt uns notwendigerweise zu der Behauptung, daß von den beiden Komponenten der Macht nicht die Gewalt der Herrschenden, sondern die Zustimmung der Beherrschten zu ihrer Beherrschung die stärkere ist. Um einen Teil der Gesellschaft (die Männer, einen Stand, eine Kaste oder eine Klasse) an die Macht zu bringen und ihn an der Macht zu erhalten, tut die Repression weniger als die Teilnahme, die physische oder psychologische Gewalt weniger als die Überzeugung des Denkens, die die Teilnahme des Willens, die Hinnahme und sogar die Kooperation der Beherrschten nach sich zieht. (Godelier 1984: 205)

Wesentlich ist, daß Gewalt und Zustimmung in ihrem Kern keine einander ausschließenden Realitäten sind. Um von Dauer zu sein, muß jede Herrschaft – vor allem wenn sie der brutalen Kraft des Krieges und der Eroberung entspringt – diese beiden Voraussetzungen ihrer Existenz umfassen und verbinden. (Godelier 1984: 206)

An Beispielen für direkte Gewalt oder Gewaltandrohung, für faktische physische und psychologische sowie für ideologische Gewalt gegen Frauen fehlt es bei den Baruya nicht.
Godelier berichtet wenig über individuelle Gewalt von Männern

gegen Frauen, z.B. ihre Ehefrauen. Er stellt lediglich fest: »Es gibt natürlich die Schlägerei, aber sie nimmt immer ein böses Ende für die Frau.« (Godelier 1982: 234).

Um so ausführlicher schildert Godelier Fälle exemplarischer Bestrafung, die die Männer kollektiv ausführen, wenn es eine Frau – absichtlich oder unabsichtlich – an Respekt für die männliche Autorität und Überlegenheit fehlen läßt.

Bei tätlichen Auseinandersetzungen zum Beispiel darf eine Frau sich nie dazu hinreißen lassen, den Mann ins Gesicht oder gar auf die Nase zu schlagen. Die Nasenscheidewand des Mannes wird bei der ersten Stufe der Initiation durchbohrt, ein Schweinezahn oder anderer Schmuck wird als Zeichen des neuen sozialen Status durchgesteckt, womit die Abgrenzung vom weiblichen Bereich und die Aufnahme in die männliche Domäne gekennzeichnet wird. Ein Schlag auf die Nase bedroht also direkt ein Symbol männlicher Überlegenheit. Dasselbe gilt für das Abreißen des kleinen Rindenstoffstückchens, das das Gesäß des Mannes bedeckt und ihn von den uninitiierten, noch der Welt der Mutter angehörenden Knaben unterscheidet. In solchen Fällen beweisen die Männer ihre Solidarität: sie verprügeln gemeinsam die Frau, ohne daß ihr irgend jemand zu Hilfe kommt, töten eines oder mehrere ihrer Schweine und verteilen das Fleisch untereinander.

Noch schlimmere Repressionen erwarten eine Frau, die die Hauptinstitution der männlichen Überlegenheit, die Knabeninitiation, in Frage stellt oder in ihre Geheimnisse einzudringen versucht.

Die Knabeninitiation macht aus Knaben erst richtige Menschen. Durch sie erschaffen die Männer sich neu – diesmal ohne Hilfe der Frauen. Wenn eine Frau absichtlich oder durch Unachtsamkeit Zeugin der geheimen Rituale wird oder wenn sie versucht, einen Initiierten darüber zu befragen, wird sie unverzüglich getötet, und zwar ohne daß ihre Familie irgendein Recht auf Entschädigung hätte.

Eine besondere Form sozialer Gewalt gegen Frauen in der Baruya-Gesellschaft ist die Praktik des direkten Frauentauschs. Nur die Männer gelten als Repräsentanten ihrer Verwandtschaftsgruppen, Lineages und Klans. Sie bilden Allianzen, indem sie Frauen aus anderen Verwandtschaftsgruppen im unmittelbaren Austausch gegen Frauen ihrer eigenen Gruppe (Schwestern oder Töchter) heiraten.

(...) Auf welchen Prinzipien der soziale Mechanismus, der bei den Baruya die Reproduktion des Lebens und die Produktion der Verwandtschaftsverhältnisse gewährleistet, auch beruhen mag – immer beinhalten diese Prinzipien und Mechanismen die Unterordnung der Frauen. Ob nun Brüder ihre Schwestern oder Väter ihre Töchter austauschen, ob ein Vater der Familie seiner Frau eine Tochter gibt als Ersatz für die Schwester, die er nicht gegeben hat, ob ein junger Mann die für ihn vorgesehene Heirat zunichte macht und mit dem Einverständnis des Mädchens, das er heiraten will, eine Art symbolischer Entführung in Szene setzt, oder ob ein siegreicher Krieger beschließt, seine Gefangene zu heiraten – in allen diesen Formen der Allianzbildung üben die Männer offensichtlich mehr Macht aus als die Frauen, und sie üben diese Macht über die Frauen aus. (Godelier 1982: 55)

Die Frau kann sich zwar in Einzelfällen gegen die Verheiratung mit einem bestimmten Mann zur Wehr setzen, was allerdings mit beträchtlichen Schwierigkeiten verbunden ist, sie stellt aber dadurch das Prinzip des Tausches nicht in Frage. Im Denken der Baruya ist die Heirat ein direkter Austausch von Frauen, die Bezeichnung für Heirat (ginamaré) bedeutet wörtlich Frauentausch.

Verbunden mit dieser Heiratsform ist die Vorstellung, daß Frauen keinen Anteil an der Zeugung eines Kindes haben, daß sie nur einer männlichen Linie Gelegenheit zur Fortpflanzung geben. Die einer Heirat entstammenden Kinder gehören ausschließlich zur Gruppe ihres Vaters. Die Knaben werden im Alter von ca. neun Jahren der Welt ihrer Mutter entrissen und übersiedeln ins Männerhaus, ohne daß die Mütter Einspruch dagegen erheben können, daß Kontakt und emotionale Bindung abrupt unterbrochen werden und erst Jahre später – wenn der Sohn selbst Vater und damit vollwertiger erwachsener Mann geworden ist – wieder aufgenommen werden können.

Die positiven schöpferischen Kräfte der Frauen werden also geleugnet – nicht nur in der Reproduktion des menschlichen Lebens selbst, sondern auch in der Reproduktion von Verwandtschaftsbeziehungen.

So scheint mir bei den Baruya der wichtigste soziale Faktor die allgemeine Unterwerfung der Frauen in den Verwandtschaftsbeziehungen zu sein, die mit einer doppelten Bewegung einhergeht: einer Bewegung der Leugnung und Herabwürdigung der weiblichen Kräfte im Prozeß der Reproduktion des Lebens einerseits und einer Bewegung der Erweiterung und Überbewertung der Rolle des Mannes in diesem Prozeß andererseits. Es ist überaus bezeichnend, daß die Baruya-Männer die Vorstellung, ein Mann könne unfruchtbar sein (yangananga), nicht akzeptieren. Wenn ein Paar keine Kinder bekommt, wird immer die Frau der Unfruchtbarkeit bezichtigt. (Godelier 1982: 231)

Wie aus den angeführten Beispielen ersichtlich ist, zeigt sich die Unterdrückung der Frauen nicht nur in Fällen faktischer Gewalt. Sie wird begleitet und getragen von einem ganzen System im Denken und durch das Denken begangener Gewalt, das den Status quo erklärt und legitimiert.

Hauptausdrucksmittel dieser ideellen Gewalt sind die Mythen der Baruya, ihre Vorstellungen von den Körperfunktionen der beiden Geschlechter und vor allem die Riten der Knabeninitiation.

Die Mythen dienen den Baruya als kosmische Begründung der Überlegenheit der Männer. Dabei wird eine ursprüngliche Kreativität der Frauen nicht geleugnet, im Gegenteil, die Mythen scheinen geprägt von der Angst vor der Stärke der Frauen.

Aber diese Kreativität ist ungeordnet, maßlos, gefährlich, und die Männer müssen eingreifen, um die Dinge wieder an ihren Platz zu rücken. Dieses Eingreifen und die Gewalt, die es impliziert, sind also gerechtfertigt, weil sie als einziges Mittel erscheinen, Ordnung und Maß in der Gesellschaft und im Universum zu errichten. (Godelier 1982: 119)

Im Bereich des Ideellen eignen sich die Baruya-Männer weibliche Kraft an und fügen sie ihrer eigenen männlichen Stärke hinzu – das ist die Basis ihrer Überlegenheit. So erzählt einer der Baruya-Mythen, daß die Frauen Pfeil und Bogen erfunden, sie aber zu exzessiv verwendet und zu viel Wild getötet hätten. Die Männer mußten ihnen diese Jagdwaffen entwenden, um deren maßvollen Einsatz zu garantieren. Auch die Rauten und Flöten, die magischen Musikinstrumente, die bei der Knabeninitiation verwendet werden und deren Existenz streng vor den Frauen und nichtinitiierten Knaben geheimgehalten wird, wurden ursprünglich von Frauen gespielt. Ein Mann stahl die unter einem blutbefleckten Rock verborgenen Instrumente und stellte sie durch diese Durchbrechung des Menstruationstabus den anderen Männern auf immer zur Verfügung. Die Pflanzen zur Herstellung des Salzes, jenes wichtigsten Tauschmittels der Baruya, sprossen ursprünglich aus dem Leichnam einer von ihrem Gatten ermordeten Frau. Godelier interpretiert diese Mythen folgendermaßen:

Was uns die Baruya-Mythen verraten, ist nicht eine Spur der verlorenen Ursprünge, die Erinnerung an eine Zeit, in der die Frauen über die Männer herrschten, an ein goldenes Zeitalter des Matriarchats, das heute vorüber ist. Auch kein Versuch, den Status und die Bedingungen, die ihnen in der Realität auferlegt sind, im Imaginären zu kompensieren, oder eine Art, in der Welt der Ideen eine Überlegenheit der Frauen einzugestehen, die in der Welt der Praxis in jeder Hinsicht für nichtig erklärt und geleugnet wird. Die Lehre der Mythen ist eine ganz andere. Indem sie zeigen, daß die Frau eine Quelle der Unordnung war, solange sie ihre Kräfte besaß, und daß ihre Enteignung für alle – sie selbst eingeschlossen – von Vorteil war, sind die Mythen ein Mittel, einen jeden, Männer und Frauen, davon zu überzeugen, daß die Dinge, so wie sie jetzt sind, gut sind; daß die herrschende Ordnung die richtige Ordnung ist und daß sie legitimerweise und notwendigerweise eine gewisse Gewalt der Männer gegen die Frauen impliziert.« (Godelier 1982: 122)

Die männliche Überlegenheit wird von den Baruya immer durch den Hinweis auf die Sexualität, auf die körperlichen Unterschiede zwischen den Geschlechtern, gerechtfertigt. Die Sexualität dient als Zeichen für soziale Beziehungen, sie gibt den Stoff für unterschiedliche Bewertungen ab.

Was leuchtet mehr ein, als die Begründung eines sozialen Unterschiedes im Körper zu finden, in »der Natur«, wie wir sagen, und – was die männliche Herrschaft betrifft – im Unterschied zwischen dem Körper des Mannes und dem der Frau? An sich sprechen die Körpersubstanzen natürlich nicht und wollen auch nichts sagen. Und doch sprechen sie in allen Gesellschaften – und keineswegs, um nichts zu sagen. Genauer gesagt: sie brüllen, und in gewisser Hinsicht ist die Sexualität der indiskrete Lautsprecher der Unterdrückungs- und Ausbeutungsverhältnisse. (Godelier 1982: 353)

Besonders deutlich wird dies in der Bewertung der unterschiedlichen Körpersubstanzen von Mann und Frau. Sie sind eng mit den höchsten Wertvorstellungen der Baruya verknüpft. Sonne, der spirituelle Vater aller Baruya, und Mond, seine Gattin, sind eng mit Sperma und Menstruationsblut assoziiert. Daher wird auch das Sperma besonders positiv bewertet. Kinder entstehen allein aus dem Sperma und der spirituellen Kraft der Sonne. Darüber hinaus aber bedeutet Sperma Lebenskraft an sich. Sobald sie verheiratet sind, trinken die Frauen das Sperma ihrer Gatten, besonders während der Schwangerschaft, um das Kind zu nähren, und nach der Menstruation und nach Geburten, um wieder zu Kräften zu kommen, während der Stillperiode, da sich Samen in Muttermilch verwandelt und so wieder das Kind nährt.

Vor der Kolonisierung kam diese lebensspendende Kraft des Samens auch den kleinen Jungen zugute. Wenn die Initianden begannen, im Männerhaus zu wohnen, gaben ihnen die älteren Jungen ihren Samen zu trinken, um sie größer und stärker als die Frauen zu machen, ihnen überlegen und fähig, sie zu beherrschen. Das Sperma ermöglichte es den Jungen, außerhalb des Bauchs ihrer Mutter wiedergeboren zu werden, diesmal in der überlegenen Welt der Männer, ohne Hilfe einer Frau.
Der Samen ist aber auch eine Quelle der Gefahr für den Mann. Die Frau kann ihn dazu verwenden, ihren Mann zu verhexen, vor allem, wenn dieser sie zum Geschlechtsverkehr gezwungen hat. Tatsächlich wird jeder nicht ganz geklärte Todesfall auf Zauberei mit Körpersubstanzen zurückgeführt.
Die stärkste Bedrohung geht allerdings vom Menstruationsblut aus. Es gilt als äußerst gefährliche Substanz – für Frauen und Männer – und ist Gegenstand zahlreicher Tabus und Vorsichtsmaßnahmen:

Die Baruya-Männer nehmen gegenüber dem Menstruationsblut, wenn sie davon sprechen oder daran denken, eine fast hysterische Haltung ein – eine Mischung aus Ekel, Widerwillen und vor allem Angst. Das Menstruationsblut ist für sie eine schmutzige Substanz, die sie neben andere verunreinigende und abstoßende Substanzen wie Urin und Fäkalien stellen. Vor allem aber ist es eine Substanz, die die Frauen schwächt, wenn sie aus ihnen hervortritt, und die die Kraft der Männer zerstören würde, falls sie mit ihrem Körper in Berührung käme. Daher die totale Trennung der Geschlechter, wenn eine Frau die Regel hat, das Verbot, mit ihren Händen, die notwendigerweise ihr Geschlecht und die das Blut aufnehmenden Blättertampons berühren müssen, die Nahrung ihres Gatten und ihrer Familie, sogar ihre eigene Nahrung, zuzubereiten. (Godelier 1982: 99)

Während der Menstruation zieht sich die Baruya-Frau in eine flüchtig gebaute Hütte außerhalb des Dorfes zurück. Sie unterzieht sich Reinigungsriten, bevor sie das Eheleben wieder aufnehmen kann.
Ähnliche Abscheu und Angst haben Baruya-Männer auch vor den Scheidensekreten der Frau. So darf sich eine Frau beim Geschlechtsverkehr nicht auf den Mann setzen, da das Sekret dann auf seinen Bauch geraten könnte. Unter gar keinen Umständen darf eine Frau über eine Feuerstelle steigen, da sie dadurch das Feuer, und damit das Essen, das sie darauf für ihren Mann zubereitet, verunreinigen könnte. Und niemals darf eine Frau stehen,

wenn ihr Mann sitzt und Zuckerrohr kaut, da ihr Geschlecht den Zuckersaft vergiften könnte.
Die Einstellung zur Muttermilch ist positiv. Bei den Fraueninitiationen geben stillende Frauen den jungen Mädchen ihre Milch zu trinken – ähnlich wie die jungen Männer den Knaben ihr Sperma zu trinken geben. Auf die Interpretation dieser Praktik wird später noch eingegangen.
Besonders deutlich zeigt sich die ideologische Gewalt gegen Frauen in der Knabeninitiation. Sie dient einerseits dazu, eine Hierarchie zwischen den Männern zu errichten, andererseits stellen und definieren sich durch sie alle Männer gegen Frauen.
Bis zur ersten Stufe der Initiation im Alter von ca. neun Jahren lebt ein Junge bei seiner Mutter, in einer weiblichen Welt. Dann wird er diesem Bereich entrissen, um in den rein männlichen versetzt zu werden: er übersiedelt ins Männerhaus, wo er bis zu seiner Heirat lebt und die vier Stadien der Initiation, die ihn zum erwachsenen Mann machen, durchläuft. Als Ehemann lebt er mit seiner Frau und seinen Kindern in einem eigenen Haus, kehrt aber immer wieder, wenn seine Frau menstruiert oder ein Kind zur Welt bringt, ins Männerhaus zurück. Früher lebten die erwachsenen Männer auch während der Ehe gelegentlich im Männerhaus, um sich auf einen Kampf vorzubereiten oder um den Schamanen im Kampf gegen böse Geister, die Überbringer von Krankheit und Tod, zu unterstützen.
Das Selbstverständnis der Männer drückt sich sehr gut im großen Zeremonialhaus (tsimia) aus. Es stellt symbolisch den Körper des Stammes dar. Die Dachdeckung ist seine Haut, der Mittelpfeiler wird »Großvater« genannt, jeder andere Pfeiler stellt einen neu Initiierten dar. In dieser Symbolik zeigt sich deutlich, daß der Stamm explizit ohne seine weiblichen Mitglieder begriffen wird.

> Die tsimia erscheint also wie das Männerhaus aller Dörfer, aller Lineages zugleich, sie überschreitet die durch Verwandtschafts- und Residenzbeziehungen gesetzten Unterscheidungen. In diesem Sinne ist sie tatsächlich, wie die Baruya sagen, der (symbolische) »Körper« ihres Stammes, die Materialisierung ihrer Einheit gegen die Feinde und ihrer Solidarität gegen die Frauen. (Godelier 1982: 65)

Um ein vollwertiges Mitglied der Gesellschaft zu werden, muß jeder Mann eine Reihe von Stadien der Initiation durchlaufen und wird so als soziales Individuum neu geschaffen. Die Initiation der

Männer ist der Versuch, die Bedeutung der Frauen bei der Reproduktion des Lebens herabzumindern und zu leugnen und sich als kollektiv unabhängig von ihnen zu etablieren. Deshalb auch die strengen Sanktionen, wenn eine Frau in irgendeiner Weise diese Institution oder eines ihrer Symbole in Frage stellt oder mißachtet.
Wie stellen sich die Frauen zu diesen verschiedenen gegen sie gerichteten Formen der Gewalt? Welche – mehr oder weniger akzeptierten – Formen des Widerstandes stehen ihnen offen?
Sie können die ihnen traditionell zukommenden Pflichten vernachlässigen, zum Beispiel »vergessen«, für ihren Mann zu kochen, ihre Verwandten lange besuchen und Mann, Gärten und Schweine vernachlässigen. Sie können sich weigern, bestimmte von ihren Männern gerodete Geländestücke zu kultivieren. Sie können den Geschlechtsverkehr verweigern und ihre Männer so obszön beschimpfen, daß sie aus Scham Selbstmord begehen. Oder sie können das Sperma, das ihnen der Mann durch gewaltsamen Geschlechtsverkehr aufgezwungen hat, dazu verwenden, ihn zu verhexen.
Die Frauen haben außerdem das Recht, wenige Tage nach der Geburt über das Leben des Kindes zu verfügen. Infantizid ist eine nicht unübliche Form, einem unerwünschten Ehemann den Dienst zu verweigern. Auch bei Totgeburten wird die Frau immer verdächtigt, das Kind selbst getötet zu haben. Die Informationen Godeliers zu diesem Thema sind leider sehr bescheiden. Weder die Motive der Frauen – Godelier nennt die Angst, das erste Kind aufzuziehen, den Wunsch, nicht ein Kind nach dem anderen zu bekommen, und die Weigerung, einem bestimmten Mann ein Kind zu schenken – noch die Folgen dieser Entscheidung für die Frau werden genauer behandelt.
Widerstand in Form eines Sich-Entziehens, einer Flucht, gibt es für Baruya-Frauen kaum. Sie können bei den Feinden ihres Stammes Zuflucht suchen, was ihre Lage aber eher verschlechtert als verbessert, da sie dort lediglich unter die verschärfte Autorität fremder Männer geraten und außerdem im Falle einer kriegerischen Auseinandersetzung der grausamen Rache der Baruya ausgesetzt sind. Auch die Beendigung einer Ehe durch Scheidung ist den Baruya-Frauen verwehrt. Der Mann hingegen hat durchaus das Recht, seine Gattin zu verstoßen und sie einem anderen zu geben. Tatsächlich scheint Selbstmord die einzige Möglichkeit zu sein, unerträglichen Verhältnissen zu entfliehen. Godelier inter-

pretiert den Selbstmord hauptsächlich als Rache, da die Seele der Toten umherirrt, Mann und Kinder attackiert, und da mit dem Selbstmord die durch die Heirat gebildete Allianz zerbricht und die Lineage der toten Frau die Lineage des Mannes für den Tod verantwortlich macht und sie angreift. Weder Flucht zu den Feinden noch Selbstmord können aber ernstlich als positiver Ausweg oder als Alternative bezeichnet werden, die das Los der betreffenden Frau verbessert.

Godelier betont, daß die aufgezeigten Fälle von Widerstand und Rebellion individuell sind. Die Legitimität der männlichen Überlegenheit wird dadurch nicht in Frage gestellt. Kollektiver Widerstand einer Gruppe von Frauen scheint äußerst selten zu sein. Godelier berichtet nur von einem einzigen Fall. Eine Anekdote, die hauptsächlich als abschreckendes Beispiel berichtet wird, erzählt, daß eine Gruppe von jungen Mädchen einige junge Initianden, die sich streng von Frauen fernhalten müssen, sexuell provozierte.

Wenn die Frauen gegen einen Mann Widerstand leisten, sei es durch die Verweigerung des Kochens oder des Geschlechtsverkehrs, oder sei es – was eine Ausnahme darstellt – durch einen Mord in der Tiefe des Waldes, wissen die Frauen natürlich, was sie tun. Sie haben ihre Gründe, sich in dieser Art zu widersetzen und diese Form des Protestes zu wählen. Sie widersetzen sich also im Denken und im Handeln der männlichen Herrschaft, aber das bedeutet nicht, daß sie das Prinzip dieser Herrschaft angreifen. Es gibt Widerstand, es gibt vielleicht Rebellion, aber meines Wissens hat es niemals ein weibliches Gegenmodell gegeben, das in seiner Gesamtheit der herrschenden sozialen Ordnung entgegenstünde. Die Ideen des herrschenden Geschlechtes scheinen die herrschenden Ideen geblieben zu sein. (Godelier 1982: 236)

Die Baruya-Frauen scheinen das gesellschaftliche Modell, das ihnen die Rolle der Minderwertigen aufgrund ihres Geschlechtes zuteilt, nicht grundsätzlich in Frage zu stellen. Im Gegenteil, sie reproduzieren es selbst: z. B. bei den Fraueninitiationsriten, die laut Godelier nicht im Gegensatz zu den Initiationen der Männer stehen und kein zumindest teilweise autonomes Weltbild weiblichen Selbstverständnisses vermitteln, sondern eine Festigung der männlichen Ideologie im Bewußtsein der Frauen bewirken.

Während der großen Zeremonie der Fraueninitiation, die stattfindet, wenn ein Mädchen das erste Mal die Regel gehabt hat, und an der Hunderte von Frauen aus allen Dörfern des Tales teilnehmen, hämmern alte Frauen der Initiandin die Grundlagen des Lebens einer Baruya-Frau ein, indem sie sie mit ihrem Grabstock bedrohen:

»Verweigere dich nicht deinem Mann, wenn er Liebe machen will; schrei nicht, oder man wird dich hören, und er wird sich vor Scham aufhängen. Hüte dich vor den Initiationsgenossen deines Mannes. Wenn sie kommen, wenn er nicht da ist, versuchen sie vielleicht, mit dir Liebe zu machen, dein Mann wird es erfahren und dich und sie töten.
Lach nicht, wenn der Schurz deines Mannes verrutscht und man sein Geschlecht sieht. Er würde sich schämen.
Schneide nicht ohne seine Erlaubnis Zuckerrohr, das er gepflanzt hat, außer wenn Gäste kommen. Dann beeile dich, es zu schneiden und ihnen davon zu trinken zu geben. Koche ihnen Süßkartoffeln. Dein Mann wird zufrieden sein.
Töte dein Kind nicht, wenn du es geboren hast. Die Männer sind anhänglicher, wenn sie Kinder haben, sie denken eher daran, für die Kinder und dich Gärten anzulegen (...).« (Godelier 1982: 78)

Junge Frauen stellen Szenen dar, in denen die Verhaltensnormen, die von Frauen erwartet werden, zum Ausdruck kommen. Zum Beispiel wird die Bestrafung im Falle eines Ehebruchs mimisch dargestellt.
Das junge Mädchen lernt, daß es sich nun nach jeder Menstruation rituell reinigen, daß es das Sperma des Gatten trinken muß, um Kraft zu gewinnen und das Kind, das möglicherweise in ihrem Leib wächst, zu nähren.
Obwohl die weiblichen Initiationsriten einen gravierenden Einschnitt im Leben einer Frau darstellen und hoch bewertet werden, können sie sich doch nicht mit dem ungeheuren zeitlichen und zeremoniellen Aufwand und Prestige der Männerinitiationen messen. Bedeutet die Initiation für einen Knaben den Wechsel aus der Welt der Frauen in die überlegene, aber auch hierarchisierte Welt der Männer, in der sie selbst den Status der Überlegenen erwerben werden, so ist der Übergang für ein junges Mädchen nicht so markant. Wohl erwirbt es neue Kenntnisse, doch es bewegt sich nach wie vor in einer männerdominierten Welt. Die Riten der Frauen dienen demnach laut Godelier lediglich der Festigung der von Männern vorgegebenen Normen im Bewußtsein der Frauen.

Diese Enthüllungen bis dahin unbekannter Realitäten, die von nun an für das Leben, für das Wachstum der Individuen, für den Bestand der Gruppe wesentlich erscheinen, machen wohl die Pubertätszeremonie der Mädchen zu einer Initiation, aber nicht zu einer Initiation in eine völlig neue Welt, denn vorher wie nachher müssen sie sich in eine von Männern dominierte Welt einfügen. Man versteht daher die Wichtigkeit dieser Zeremonien für die Frauen, ihren Wunsch, daran teilzunehmen. Es ist ihre einzige in den Augen der Männer »legale« Gelegenheit, einander vollzählig – unabhängig von ihrer Lineage oder ihrem Herkunftsort – als Frauen zu treffen. Das bedeutet nicht, daß sie sich versammeln, um die gesellschaftliche Ordnung, die männliche Ordnung, umzustoßen, und die an die junge Initiandin gerichteten Standpauken der Frauen geben klar Zeugnis davon, daß die Frauen bei diesen kollektiven Zeremonien der männlichen Herrschaft kein Gegenmodell entgegensetzen; ganz im Gegenteil: fern von den Männern und ohne deren direkte Aufforderung tragen sie mit dazu bei, den jungen Mädchen, die manchmal bereit sind, gegen die Regeln eines Spiels, das sie einem unerwünschten Mann gibt, zu rebellieren, die Ordnung ihrer Gesellschaft, das heißt die Ordnung der männlichen Herrschaft, aufzuzwingen. (Godelier 1982: 86)

Aber wie kommt es dazu, daß Frauen einer Ordnung, die ganz offensichtlich nachteilig für sie ist, »zustimmen«, sie nicht in Frage stellen, sie sogar reproduzieren?

Godelier ist diesem Phänomen, das ein allgemeines ist und nicht nur auf unterdrückte Frauen, sondern in mehr oder weniger starkem Ausmaß auf jede dominierte Gruppe zutrifft, in seinem Buch *L'Idéel et le Matériel* (Godelier 1984) nachgegangen.

Um Godeliers Argumentation folgen zu können, muß man sich seine Vorstellungen von der Beziehung zwischen Ideellem und Materiellem vor Augen halten: Ideen und Vorstellungen sind mehr als nur Widerspiegelungen der gesellschaftlichen Verhältnisse, jede gesellschaftliche Beziehung beinhaltet einen ideellen Anteil, der selbst gesellschaftskonstituierend ist. Das Ideelle ist integraler Bestandteil aller materiellen Aktivitäten des Menschen, unerläßlich für die Organisation der Produktion und Verwendung der materiellen Mittel der Existenz. Symbolische Akte, die auf die unsichtbaren Mächte einwirken, sind ebenso eine gesellschaftliche Realität wie materielle Einwirkungen auf die Natur.

Aber es gibt noch eine andere Art der ideellen Realität, nämlich jene, die einem bestimmten Individuum, einer bestimmten Gruppe einen Platz innerhalb des sozialen Gefüges zuweist und ihm gleichzeitig einen positiven oder negativen Wert zuschreibt.

Einerseits Vorstellungen und Prinzipien, die als Interpretationen des Realen die Aufgabe haben, die Formen der verschiedenen materiellen Aktivitäten (Arbeitsprozesse) und die Phasen ihres Ablaufs zu organisieren: das sind die Taxonomien von Pflanzen, Tieren, Böden, Klimaerscheinungen, die Herstellungs- und Verwendungsregeln von Werkzeugen, die Schemata materieller Tätigkeiten und symbolischer Vorgangsweisen. Andererseits Vorstellungen, die erklären, warum diese oder jene Aufgabe den Männern, den Meistern, den Aristokraten, dem König ... vorbehalten sein müssen; kurz: Vorstellungen, die Platz und Status der Individuen und Gruppen in bezug auf Realitäten, die ihnen gestattet, verboten, aufgezwungen etc. sind, legitimieren. (Godelier 1984: 176)

Godelier trifft eine Unterscheidung zwischen Vorstellungen, die Arbeitsprozesse organisieren, und Vorstellungen, die den Mitgliedern einer Gesellschaft einen bestimmten Platz innerhalb des Systems zuweisen und diese Zuweisung legitimieren.
Diese Unterscheidung ist allerdings nur als analytisches Instrument zu verstehen, tatsächlich sind diese beiden Aspekte des Ideellen immer ineinander verflochten. Für die Frage nach den Ursachen der Zustimmung zur Unterdrückung ist der legitimierende Aspekt des Ideellen von Interesse.

Denn die größte Stärke der Männer liegt nicht in der Ausübung der Gewalt, sondern in der Zustimmung der Frauen zu ihrer Beherrschung, und diese Zustimmung kann es nur dann geben, wenn beide Geschlechter die Vorstellungen, die die männliche Herrschaft legitimieren, teilen. (Godelier 1982: 232)

Legitim erscheint eine Idee dann, wenn sie die Unterdrückung als einen Dienst der Herrschenden, als etwas, das für die gesamte Gesellschaft von Vorteil ist, darstellt.

Wir formulieren also die folgende Hypothese: um sich zu bilden oder um sich in dauerhafter Weise zu reproduzieren, müssen sich Herrschafts- und Ausbeutungsverhältnisse als Tausch, und zwar als Tausch von Diensten darstellen. Das zieht die aktive oder passive Zustimmung der Beherrschten nach sich. Darüber hinaus formulieren wir die Hypothese, daß von den Faktoren, die im Laufe der Geschichte die innere Differenzierung der sozialen Ränge und die Bildung von Hierarchien auf Grundlage der Aufteilung in Stände, Kasten, Klassen bewirkt haben, die Tatsache immer die wesentliche war, daß die Dienste der Herrschenden vor allem die unsichtbaren Kräfte, die die Reproduktion des Universums kontrollieren, betroffen haben. Denn in der Bilanz der ausgetauschten Dienste erscheinen die der Herrschenden um so fundamentaler, je imaginärer sie sind, und die der Beherrschten um so trivialer, je materieller sie sind, da sie nur die allen sichtbaren Bedingungen der Reproduktion der Gesellschaft betreffen. (Godelier 1984: 210/211)

Für die Untersuchung der Baruya bedeutet das, daß die herrschende Ideologie die Unterwerfung der Frauen so darstellen muß, daß sie als für den Fortbestand der gesamten Gesellschaft erforderlich und nützlich erscheint bzw. daß ein Zuwiderhandeln die gesamte Gesellschaft – einschließlich der Frauen – bedroht. Und tatsächlich finden sich im Denken und in den sozialen Praktiken zahllose Beispiele für eine solche Überzeugung. Mußte nicht die destruktive ursprüngliche Kreativität der Frauen durch die Männer gezähmt werden, um der ganzen Gesellschaft zugute zu kommen? Müssen die Frauen nicht durch Reinigungsriten und besondere Vorsichtsmaßnahmen sich selbst und die Männer gegen die Gefährlichkeit ihrer Geschlechtsorgane und Körpersubstanzen schützen? Ist nicht die Trennung der kleinen Knaben von ihren Müttern notwendig, damit wieder Männer heranwachsen können, die die Gesellschaft repräsentieren? Und ist es nicht im Interesse aller, wenn die Männer ihre Schwestern oder Töchter gegen Ehefrauen tauschen und so die Reproduktion der ganzen Gruppe sicherstellen?

2. Vom Teilen der Ideen

Der zentrale Begriff in Godeliers Hypothese ist das Konzept vom Teilen derselben Ideen. Die Unterdrückten teilen die Vorstellungen der Herrschenden und somit deren Ansichten über Notwendigkeit und Legitimität des Status quo. Hier setzt einer von Nicole-Claude Mathieus Hauptkritikpunkten an. Sie stellt fest, daß ein Unterdrückungsverhältnis immer auf ungerechtem, ungleichem Teilen beruht. Das sei zwar für die materielle Seite des Lebens allgemein anerkannt, gelte aber genauso für die Welt der Ideen.

> Ob es sich nun um Vorstellungen, Werte, Ideologien oder materielle Güter handelt, welche ist per definitionem die Aufteilung zwischen Herrschern und Beherrschten, wenn nicht die ungleiche Aufteilung? Dies scheint laufend für die materiellen Aspekte analysiert zu werden, die ideellen Aspekte der Unterdrückung jedoch scheinen die Aufmerksamkeit weniger auf sich gezogen zu haben (Godelier [1982] gibt wohl zahlreiche Informationen über dieses Thema, ohne aber alle Konsequenzen daraus zu ziehen).
> Herrscher und Beherrschte – hier Männer und Frauen – erhalten weder die gleiche Quantität noch die gleiche Qualität von Informationen über Wissen, Vorstellungen und Werte. (Mathieu 1985: 212)

Wie teilen die Baruya?

Die ungleiche Aufteilung der materiellen Seite des Lebens der Baruya wurde von Godelier ausführlich dargestellt: Die Männer sind die Besitzer des Bodens und aller natürlichen Ressourcen. Sie stellen alle Geräte – ihre eigenen und die ihrer Frauen – her. Jagd, Krieg, Außenhandel, Produktion des wichtigsten Tauschmittels, des Salzes, liegen ausschließlich in ihren Händen.

> Kurz, vom wichtigsten Produktionsfaktor (dem Boden) und von den wichtigsten Destruktions- und Repressionsmitteln (den Waffen) sozial getrennt, von der Kenntnis des heiligsten Wissens ausgeschlossen, von den Diskussionen und Entscheidungen, die das allgemeine Interesse des Stammes oder ihr individuelles Schicksal betreffen, ferngehalten oder an einen unbedeutenden Platz verwiesen; ohne Unterlaß dazu angehalten, jegliche Anstrengung zu unternehmen, um die Reproduktion der Ordnung, die sie beherrscht, zu ermöglichen; geschätzt, wenn sie keine Mühe scheuen und treu, fügsam und kooperativ sind – sind die Baruya-Frauen nicht das, was wir in unserer Kultur eine beherrschte, unterdrückte und ausgebeutete Klasse nennen? (Godelier 1982: 223/224)

Godelier verneint diese Frage mit der Begründung, daß ein wesentliches Kriterium zur Klasse fehle: die Männer haben nicht aufgehört, direkte Produzenten der materiellen Existenzbedingungen zu sein.

> Von einem streng theoretischen Standpunkt aus gesehen, sind die Verhältnisse zwischen Männern und Frauen der Baruya-Gesellschaft keine Klassenverhältnisse, auch wenn sie ihnen sehr ähneln. Nichtsdestoweniger haben die Frauen in der praktischen Realität mit einer beherrschten Klasse gemein, daß sie ausgeschlossen sind vom Eigentum der wichtigsten Mittel der Produktion, der Destruktion und der Führung (...) (Godelier 1982: 225/226)

Wir gehen hier auf die Klassen- und Ausbeutungsdebatte nicht näher ein. Jedenfalls stellt Godelier den ungleichen Anteil der Frauen an den materiellen Mitteln der Existenz klar dar.

Aber wie verhält es sich mit dem Anteil der Frauen am Ideellen? Es soll hier nicht bestritten werden, daß es in jeder Gesellschaft Vorstellungen gibt, die von allen Mitgliedern dieser Gesellschaft im wesentlichen geteilt werden und die sie von Angehörigen anderer Kulturen unterscheiden. Im Zusammenhang der hier untersuchten Problematik interessiert aber nicht die Abgrenzung einer Gesellschaft von der anderen – etwa der Baruya von den Nicht-Baruya –, sondern die Frage, ob und inwiefern sich die Vorstellungen,

Kenntnisse etc. von verschiedenen Gruppen innerhalb einer Gesellschaft – hier die der Männer und Frauen – voneinander unterscheiden und ob damit eine soziale Hierarchie, ein Zugang zur Macht verbunden ist. Eine Einschätzung dieser Unterschiede ist wesentlich für eine Untersuchung der Grundlagen der Unterdrükkung. Obwohl Godelier das Teilen der Ideen als Basis der Zustimmung postuliert, bringt er selbst explizit zahlreiche Beispiele, die belegen, daß die Frauen von wesentlichen Kenntnissen der Männer ausgeschlossen sind bzw. daß ihnen die Ausübung bestimmter Fertigkeiten verboten ist. Die Männer verbergen oder verbieten den Frauen bestimmte Kenntnisse, um danach ihre Überlegenheit zu beweisen. Die erzwungene Unwissenheit der Frauen und nicht das Teilen der Ideen ist hier das Instrument der Macht.

Der ganze Komplex der Knabeninitiation wird, wie wir bereits gesehen haben, vor den Frauen geheimgehalten. Unter Androhung des Todes ist es Frauen untersagt, die rituellen Musikinstrumente Flöte und Raute zu sehen oder zu versuchen, in dieses Geheimnis der Männer einzudringen, obwohl die Mythen behaupten, daß eben diese Instrumente – ebenso wie der Bogen – von den Frauen erfunden und ihnen von den Männern durch List und Gewalt entrissen wurden. Die Überlegenheit der Männer erklärt sich gerade aus der Vermehrung ihrer Kräfte durch die gezähmten weiblichen Kräfte. Den Frauen ist dieser Zusammenhang aber nicht bekannt. Die Funktion dieses Mythos kann es also nicht sein, den Frauen ihre Beraubung durch die Männer als Dienst an der gesamten Gesellschaft darzustellen – sie wissen ja nichts davon. Vielmehr scheinen sich die Männer selbst ihre eigene Überlegenheit zu bestätigen und zu legitimieren. Die Frauen hingegen werden bewußt in die Irre geführt, sie werden in Angst und Schrecken versetzt, indem man ihnen erzählt, die geheimnisvollen Töne, die bei den Männerinitiationen zu hören sind, seien die Stimmen der Geister.

Ähnliches gilt auch für andere Bereiche der Mythologie. Von gewissen Mythen gibt es zum Beispiel eine esoterische Version, die nur die Männer – und manchmal sogar nur die Schamanen – kennen, und eine exoterische Version für die Frauen.

So sind Sonne und Mond in der Mythologie der Baruya übernatürliche Wesen, die durch die Kombination ihrer Kräfte – Licht, Wärme, Kraft einerseits und Dunkelheit, Kälte, Schwäche andererseits – die existierende kosmische Ordnung geschaffen haben.

»Am Anfang waren die Sonne und der Mond eins mit der Erde. Alles war grau und alle Tiere und Pflanzen kommunizierten miteinander in der gleichen Sprache. Menschen und Geister, Tiere und Pflanzen lebten zusammen. Diese Menschen waren nicht wie die heutigen Menschen, ihr Penis war nicht gelocht und die Vagina der Frauen war nicht offen. Auch die Geschlechtsteile der Hunde waren verschlossen. Dann entschieden sich Sonne und Mond emporzusteigen und sie schoben den Himmel nach oben. Als sie oben waren, sagte die Sonne zum Mond, daß für die Menschen etwas getan werden müßte und sie befahl ihm, herunterzusteigen und auf die Menschen aufzupassen. Der Mond blieb auf halber Strecke stehen. Seither löst der Tag die Nacht, die Regenzeit die Hitzezeit ab (...) Nähert sich die Sonne zu sehr der Erde, so verbrennt und verwüstet sie die Felder; nähert sich der Mond zu sehr der Erde, so verschlingt er alles unter dem Regen und in der Finsternis und läßt die Ernten faul werden.« (Godelier, in: Eder 1973, S. 301)

Ideologie und Sprache der Baruya ordnen die Sonne eindeutig der männlichen Welt zu. Sie ist der Vater aller Menschen. Die Zugehörigkeit des Mondes ist nicht so eindeutig. In der Männern und Frauen bekannten exoterischen Version gilt der Mond als weibliches Element, als Gattin der Sonne, die eine aktive, wenn auch untergeordnete Rolle in der Ordnung der Welt spielt und so ein Modell für die Beziehung der Geschlechter zueinander abgibt. In der esoterischen Version, die den Frauen nicht zugänglich ist, verschwindet der weibliche Aspekt völlig: der Mond gilt als jüngerer Bruder der Sonne. Es bleibt nur eine Hierarchie unter Männern, die – wenn auch reduzierte – Komplementarität der exoterischen Version geht verloren. Wieder ein Hinweis darauf, daß die Männer die Ideologie des völligen Ausschlusses der Frauen für die Etablierung ihrer Überlegenheit im eigenen Bewußtsein und nicht – wie Godelier sagt – im Bewußtsein der Frauen (ge)brauchen.

Der Schamanismus ist der einzige Bereich, in dem Männer und Frauen in der gleichen Disziplin miteinander in Konkurrenz treten könnten. Die weiblichen Schamanen bleiben jedoch von den härtesten und ruhmreichsten magischen Wettbewerben ausgeschlossen, da diese sich auf Kriegsmagie gegen feindliche Stämme beziehen – eine Domäne, die den Frauen verschlossen ist. Außerdem können nur männliche Schamanen neue Adepten – Männer und Frauen – in ihr Geheimwissen einweihen. Auch hier sind also die Frauen von den wichtigsten Kenntnissen und Praktiken ausgeschlossen, wird weibliche Autonomie verhindert.

Frauen wird – abgesehen von ideologischem Wissen – auch ganz wesentliches praktisches Wissen vorenthalten. So haben die Männer bei den Baruya das Monopol der Werkzeugherstellung. Natürlich wären die Frauen praktisch dazu fähig, ihre Grabstöcke selbst herzustellen, aber sozial sind sie dazu nicht in der Lage – ein gutes Beispiel dafür, daß geschlechtliche Arbeitsteilung nicht durch körperliche Charakteristika, sondern sozial bestimmt ist.

Die genannten Beispiele geben Mathieu Recht in ihrer Behauptung, daß den Unterdrückten Wissen um die Gesellschaft, um das Funktionieren der Macht, vorenthalten wird, daß Wissen ungleich – und ungerecht – verteilt ist. Ihre Unwissenheit ist ein Mittel ihrer Unterdrückung.

Aber es wird nicht nur Wissen vorenthalten, sondern es werden absichtlich Fehlinformationen gegeben, Illusionen vermittelt, die die Herrschenden keineswegs teilen, sondern die nur dazu dienen, die Unterdrückten an ihrem Platz zu halten. Alle Manifestationen von Geistern, die in Wirklichkeit von Männern verursacht werden, um Frauen und Kinder zu erschrecken, fallen in diese Gruppe der bewußten Fehlinformationen.

In seiner Bestimmung des Ideologischen hält Godelier fest, daß Ideen bewußt zur Irreführung verwendet werden können:

> Wir leugnen jedoch nicht, daß zahlreiche Priester oder Ideologen nicht – oder nicht mehr – an die Ideen glauben, die sie verkünden, daß die Herrschenden die Lüge als Mittel zur Aufrechterhaltung ihrer Herrschaft verwenden. Darüber hinaus gibt es neben den ausgesprochenen Lügen das Weglassen, das Verschweigen, das Vergessen im Diskurs – lauter Eingeständnisse der Unwahrheit. (Godelier 1984: 203)

Godelier stellt diese Tatsache zwar fest, sie findet aber keinen Niederschlag in seinen theoretischen Überlegungen. Er beharrt auf dem Konzept vom Teilen der Ideen als Grundlage der Zustimmung. Trotz der zahlreichen ethnographischen Daten, die dagegen sprechen, findet Godelier seine Annahme der gleichen Vorstellungen bei Männern und Frauen bei den Baruya bestätigt. Er entzieht sich der Frage, indem er ideologische Vorstellungen, die sich als »illusorische Vorstellungen, die sich die Menschen von sich und der Welt machen, die die existierende gesellschaftliche Ordnung und somit die Formen der Beherrschung und Ausbeutung des Menschen durch den Menschen, die sie möglicherweise enthält, legitimieren« (Godelier 1984: 172) beschreiben lassen, als unbeurteilbar beiseite schiebt, weil in jeder Kultur etwas anderes als illusorisch gilt (»ein Mythos ist per definitionem nur für jene ein Mythos, die nicht an ihn glauben«, Godelier 1984: 202). Aber ist nicht die wesentliche Bestimmung im zweiten Teil der Definition enthalten, in der Funktion der Legitimation der Herrschaft und Ausbeutung? Und behauptet nicht Godelier selbst, daß Ideen nicht nur im nachhinein erklären, sondern Gesellschaft – und damit Herrschaftsverhältnisse – auch schaffen und erhalten helfen?

Es soll hier nicht einer Theorie des absichtlichen Betrugs oder der bewußten Verschwörung das Wort geredet werden. Wichtig ist, daß die Männer als Gruppe ein objektives Interesse an der Aufrechterhaltung und Erweiterung ihrer Macht haben, daß der Sinn der Institutionen, derer sie sich zu diesem Zweck bedienen, die Unterdrückung der Frauen ist, und zwar unabhängig vom Bewußtsein des einzelnen Mannes.

Wenn die Funktion der Irreführung, der Aufrechterhaltung der Macht im Vordergrund steht, sind dann nicht diese Ideen – ob sie nun von allen geteilt werden oder nicht – ein Instrument der Herrschaft? Kann man dann noch von »Zustimmung« sprechen?

3. Von der Gewalt

> Selbstverständlich ist auch eine spontane aktive Zustimmung nie ganz spontan, da sie das Resultat einer Erziehung, einer Kultur, einer Bildung von Männern und Frauen ist, die imstande sind, ihre Gesellschaft zu reproduzieren. Außerdem ist es selbstverständlich, daß die Zustimmung, auch wenn sie passiv ist, nie von allen Individuen und allen Gruppen einer Gesellschaft geteilt wird; und aktive Zustimmung ist selten frei von Vorbehalten, von Widersprüchen. Jede Gesellschaft – einschließlich der egalitärsten primitiven Gesellschaften – enthält gemeinsame und Einzelinteressen, die sich täglich widersprechen und verbinden. Ohne sie hätte es nie eine Geschichte gegeben. (Godelier 1984: 206)

Wenn die Zustimmung »das Resultat einer Erziehung, einer Kultur, einer Bildung« ist, so fällt es schwer, sie als spontan zu bezeichnen und als gleichwertiges oder gar gewichtigeres Element der Unterdrückung neben der Gewalt bestehen zu lassen. Die Feststellung, daß sich Frauen mit dem Bild, das die Männer von ihnen und ihrer Stellung in der Gesellschaft entwerfen, identifizieren, daß sie die kosmische und gesellschaftliche Ordnung, wie

sie sich in Mythen und täglichem Erleben darstellt, nicht in Frage stellen, muß mit ihrer objektiven gesellschaftlichen Situation der Unterdrückung, mit der faktischen Gewalt, der sie ausgesetzt sind, mit ihrer Sozialisierung und der ständigen Limitierung ihrer Lebensäußerungen in Verbindung gebracht werden.
Es ist nicht immer klar, was Godelier unter Gewalt versteht. Die Verwendung der Begriffe ideelle und ideologische Gewalt, faktische und physische Gewalt usw. ist nicht eindeutig. Wie unterscheidet sich zum Beispiel ideologische Gewalt von ideeller Gewalt? Es ist anzunehmen, daß Godelier unter ideologischer Gewalt jene Vorstellungen versteht, die die untergeordnete Stellung der Frauen rechtfertigen und legitimieren. Aber was ist im Unterschied dazu ideelle Gewalt? Ein übergeordneter Begriff, der als Abgrenzung zu materieller oder physischer Gewalt zu verstehen ist? Welche Funktion außer der Legitimation der Unterwerfung kann denn ideelle Gewalt haben?
Die folgenden Zitate sollen einen Eindruck von Godeliers Gewaltbegriff vermitteln bzw. verdeutlichen, welchen Stellenwert er der Gewalt in den Mechanismen der Unterdrückung zuschreibt.

Im Innersten des Denkens und der symbolischen Praktiken der Baruya existiert und reproduziert sich ständig eine ungeheure ideelle und ideologische Gewalt gegen die Frauen.
Eine Gewalt, die im Denken und durch das Denken begangen wird, die jedoch zu anderen, weniger ideellen Formen der Gewalt hinzukommt, zu physischen Gewaltakten, Demütigungen, Beschimpfungen und anderen Formen psychologischer Gewalt, zu sozialen Gewaltakten, die zum Beispiel darin bestehen, die Frau zu zwingen, einen Mann zu heiraten, den sie nicht will, oder sie von ihren Söhnen zu trennen. Nun treten aber diese Formen faktischer Gewalt im Leben einer Frau nur ab und zu auf, anläßlich eines Streits zwischen Ehegatten oder der Männerinitiation. Und es ist nicht dasselbe, sich einem Gatten aus persönlichen Gründen zu widersetzen oder der Trennung von einem Sohn im allgemeinen Interesse zuzustimmen. Die ideelle Gewalt hingegen wohnt permanent im Innersten der gesamten sozialen Organisation der Baruya, in jedem Aspekt ihrer Praxis; sie ist um so wirksamer, als diese Ideen im Augenblick selbst ihrer Entstehung auch ihre eigene Legitimation schaffen und alle anderen Formen der physischen, psychologischen etc. Gewalt rechtfertigen, die zwar über das Denken hinausgehen, sich aber unaufhörlich auf dieses stützen, um zu beweisen, daß sie in der »Ordnung« der Dinge selbst begründet sind. (Godelier 1982: 232)

Um von Dauer zu sein, muß jede Herrschaft – vor allem, wenn sie der brutalen Kraft des Krieges und der Eroberung entspringt – diese beiden Voraussetzungen ihrer Existenz beinhalten und vereinigen. Natürlich variieren die Proportionen nach den Umständen und den Widerständen, aber selbst die am wenigsten angefochtene, die am tiefsten akzeptierte Herrschaft enthält stets die potentielle Drohung der Zuhilfenahme der Gewalt, falls die Zustimmung nachläßt oder der Verweigerung bzw. dem Widerstand Platz macht. Es gibt keine Herrschaft ohne Gewalt, selbst wenn diese nur von ferne droht. (Godelier 1984: 206)

Diese Mythen erzählen nicht nur von der männlichen Gewalt, sondern sie stellen selbst Akte realer Gewalt dar, einer zwar ideologischen und symbolischen Gewalt, die aber in jeder Hinsicht über die Sphäre des Denkens hinausgeht oder sie zumindest überall begleitet, da dieses Denken nicht nur an den symbolischen Praktiken der Initiationsriten, sondern auch in den zahlreichen Details des täglichen Lebens wirkt (...)
Als zu Gebärden, Handlungen gewordene Gedanken, als zu Körperreflexen gewordene Ideen, die der Kraft ihrer Evidenz die der Tradition und der Gewohnheit hinzugefügt haben, beinhalten alle diese Handlungen des täglichen Lebens einen Kern ideologischer und symbolischer Gewalt, die ständig auf das Individuum einwirkt, sowohl auf sein Bewußtsein als in seinem Bewußtsein und darüber hinaus. Darin unterscheidet sich die Macht der Ideen von allen sichtbaren Akten direkter, physischer, psychologischer, sozialer Gewalt, die die Männer zu diesem oder jenem Zeitpunkt gegen eine oder mehrere oder alle Frauen verüben, wenn es ihnen nötig erscheint, ihren Willen durchzusetzen. (Godelier 1982: 110/111)

Godeliers Gewaltbegriff zeichnet sich vor allem durch die folgenden Charakteristika aus: In einem Herrschaftsverhältnis gibt es immer Gewalt, auch wenn sie nur angedroht wird. Zustimmung allein erhält eine Herrschaft nie aufrecht. Die Proportion der beiden Elemente der Herrschaft kann sehr unterschiedlich sein. Von der Androhung bis zur brutalen Ausübung von Gewalt, von der willigen Mitarbeit bis zur erzwungenen Resignation reicht die Variationsbreite der Konstellationen.
Allerdings scheint Godelier nicht immer das gleiche zu meinen, wenn er von Gewalt spricht. In *L'Idéel et le Matériel* scheint es hauptsächlich um faktische physische Gewalt (wie Krieg, Eroberung) oder deren Androhung zu gehen. In *La Production des Grands Hommes* hingegen differenziert Godelier seinen Gewaltbegriff in faktische Gewalt, die nur punktuell auftritt, und ideelle bzw. ideologische Gewalt, die permanent auf dem Bewußtsein

der Unterdrückten lastet. Unter faktischer Gewalt versteht Godelier physische, psychologische und soziale Gewalt. Die ideelle Gewalt betrachtet er als Grundlage und Legitimation der faktischen Gewalt.

Mathieu ist in diesem Punkt eindeutiger. Für sie steht die faktische Gewalt im Vordergrund. Sie ist für die Unterdrückten permanent und allgegenwärtig, sie bewirkt, daß sich die Unterdrückten die herrschende Ideologie mehr oder weniger vollständig einverleiben. Nicht die Ideen und Vorstellungen werden zu Gebärden, Handlungen, Körperreflexen, sondern die (versteckte oder offene) Gewalt in der Sozialisierung erzeugt – ähnlich dem Pavlovschen Reflex – eine bestimmte Geisteshaltung.

Mathieu wirft hier die äußerst wichtige Frage nach der Sozialisierung auf. Godelier liefert leider kaum Daten zu diesem Thema. Zum Zeitpunkt der Initiation (bei den Mädchen die Pubertät, bei den Knaben ein Alter von ungefähr neun Jahren) sind die wichtigsten persönlichkeitsbildenden Phasen bereits abgeschlossen. Das erwünschte geschlechtsspezifische Verhalten wird mit mehr oder weniger subtilen Erziehungsmethoden, von Züchtigung bis Belohnung, eintrainiert. Wenn bei den Baruya die zustimmende, nicht widersprechende, unterwürfige Frau geschätzt wird, so werden die kleinen Mädchen auch im Sinne dieses Ideals erzogen werden. Wenn ihnen dann ideologische Erklärungen für diese Eigenschaften angeboten werden, überrascht es nicht, daß sie sich darin erkennen. Aber kann dieses Erkennen, dieses Hinnehmen »Zustimmung« genannt werden?

Darüber hinaus stellt Mathieu fest, daß Godeliers Gewaltbegriff der der dominanten Gruppe sei, der Männer in diesem Falle, der von Gewalt zwischen Gleichen. Aber genau diese Gleichheit gibt es nicht. Die Gewalt tritt nicht an einem bestimmten Punkt in ein Verhältnis zwischen Gleichen; sobald ein Unterdrückungsverhältnis vorhanden ist, ist die Gewalt ein strukturales Element davon, Bedingung für die Schaffung und Aufrechterhaltung der Ungleichheit.

Der Hauptunterschied in den Auffassungen von Mathieu und Godelier liegt in der Einschätzung des Verhältnisses zwischen ideologischer Gewalt und faktischer Gewalt. Für Godelier steht die Gewalt der Ideen im Vordergrund. Die den Frauen im Imaginären angetane Gewalt, die scheinbar für die ganze Gesellschaft von Vorteil ist, legitimiert die faktische Gewalt des täglichen Lebens, sie bringt die Frauen dazu, sich gegen die Unterdrückung nicht zur Wehr zu setzen, ihr »zuzustimmen«. Nach Mathieu hingegen beruht das Unterdrückungsverhältnis zuallererst auf faktischer Gewalt, die real oder als Drohung auf dem Bewußtsein der Unterdrückten lastet. Die ideologische Gewalt dient dann höchstens dazu, eine Erklärung für erlittene faktische Gewalt zu liefern.

Den Herrschenden dient die ideologische Gewalt sehr wohl als Rechtfertigung, als ausreichender Grund für reale Gewalt als Basis der Unterwerfung, die sie damit aufrechterhalten. Mathieu stimmt Godelier zu, wenn er behauptet, daß das Ideelle eine wesentliche Rolle in den sozialen Institutionen, in der Schaffung gesellschaftlicher Realität spielt. Aber dieser ideelle Anteil wirkt vor allem auf seiten der Macht. Die Tatsache, daß die Unterdrückten Widerstand aus den verschiedensten Gründen nicht denken können, bedeutet nicht, daß sie ihrer Unterdrückung zustimmen, sondern daß ihnen dieses Denken gewaltsam verwehrt wurde.

Das Verhältnis zwischen Gewalt und Zustimmung, wie Godelier es in *L'Idéel et le Matériel* sieht, soll an zwei Beispielen aus ganz anderen zeitlichen und räumlichen Bereichen – nämlich der Azteken und der antiken Sklaverei – nochmals verdeutlicht werden.

(...) Der Sieg mit den Waffen gab den Azteken das Recht über Leben und Tod der Besiegten, aber in den meisten Fällen schlugen sie ihnen vor, ihr Leben zurückzukaufen. Eine Art Vertrag wurde zwischen Siegern und Besiegten geschlossen, der den Tribut, den diese ab nun an jene zu entrichten hatten, und die gegenseitigen Verpflichtungen festlegte. Eine Art Konsens zwischen den einen und den anderen wurde errichtet, trat an den Platz der anfänglichen und nun in Reserve gehaltenen Gewalt und stellte einen Mechanismus dar, der die Ausbeutung der einen durch die anderen organisierte und legalisierte, ohne sie gänzlich zu legitimieren. (Godelier 1984: 211)

Das zweite Beispiel betrifft die Sklaverei. Obwohl die Herrschaft über den Sklaven eine absolute war, wurde sie laut Godelier doch nicht nur durch physischen Zwang aufrechterhalten, sondern einerseits durch eine fast verwandtschaftliche Beziehung zwischen Herr und Sklave und andererseits durch das Versprechen der späteren Freiheit.

Godelier zieht folgenden Schluß aus diesen Beispielen:

Man stellt also fest, daß es unmöglich ist, die legitimierenden von den organisierenden Vorstellungen zu trennen und sie einander als ideologisch und nicht-ideologisch gegenüberzustellen, da man keine dauerhafte Unterdrückungsmacht organisieren kann, ohne ihr die Form eines Austausches zu geben, anders ausgedrückt, ohne sie in gewisser Weise zu legitimieren, indem man sie in eine gegenseitige Verpflichtung zwischen Herrschern und Beherrschten verwandelt. (Godelier 1984: 215)

Aber dieses Verhältnis gegenseitiger Verpflichtung ist einseitig, die Unterdrückten profitieren nicht davon. Der Tausch von gleichwertigen Diensten ist eine Fiktion. Es bleibt den Unterdrückten gar nichts anderes übrig, als an diese Fiktion zu glauben, um zu überleben. Ob sie dies freiwillig tun, ist eine zweitrangige Frage.

Kann man den Vertrag, den die Besiegten mit den Siegern unter Androhung des Todes schlossen, um dadurch ihr Leben zu retten, wirklich einen Konsens nennen? Kann man in einer absoluten Zwangssituation von »Zustimmung« sprechen? Die Besiegten stimmen höchstens dem Überleben zu, die Ausbeutung nehmen sie lediglich in Kauf. Und auch die Bedeutung der Zugehörigkeit des Sklaven zur Familie scheint mir etwas übertrieben zu sein. Sie mag es dem Sklaven erleichtert haben, seine Situation überhaupt zu ertragen, aber nicht das Zugehörigkeitsgefühl wird ihn an der Flucht gehindert haben, sondern die Strafen, die ihm im Falle des Fluchtversuchs drohten.

Sicher unterscheiden sich die verschiedenen Formen der Unterdrückung voneinander. Die Unterwerfung der Frauen innerhalb einer Gesellschaft kann nicht ohne weiteres gleichgesetzt werden mit der kriegerischen Eroberung oder der absoluten Verfügungsgewalt über den Sklaven. Die beiden Beispiele wurden hier angeführt, um zu zeigen, daß Godelier selbst in diesen Fällen des eindeutigen Vorherrschens der Gewalt von Konsens, von Zustimmung spricht. Um die jeweilige Bedeutung von Gewalt und Zustimmung einschätzen zu können, genügt es aber, sich vor Augen zu führen, was geschieht, wenn die »Zustimmung« einmal verweigert wird: Was passierte wohl mit den Untertanen der Azteken, wenn sie aufhörten, ihren Tribut zu zahlen, was mit dem Sklaven, der sich gegen seinen Herrn wendet? Und was mit der Baruya-Frau geschieht, die die männliche Überlegenheit in Frage stellt, wurde bereits ausführlich dargestellt.

4. Vom Bewußtsein

Godeliers eingeschränkter Gewaltbegriff ist Grundlage seines Konzeptes der Zustimmung, es setzt eine »Vision der Politik im klassischen Sinn, das Modell des Vertrages« (Mathieu 1985: 228) voraus. Wie der Begriff des Vertrages impliziert der Begriff »Zustimmung« Bewußtsein, Bewußtheit der Situation, auch Fähigkeit zur Wahl, zur Nicht-Zustimmung. All dies wird den Unterdrückten laut Mathieu auf verschiedenste Weise vorenthalten.

Die Idee der Zustimmung der Unterdrückten wie auch die des Teilens der herrschenden Ideen verweist auf die Subjektivität, das Bewußtsein des beherrschten Subjekts. Aber wie sieht dieses Bewußtsein aus? Bevor man auf »Zustimmung« schließt, müßte man sich vergewissern, daß man für jede Gesellschaft das Maß der Limitierungen des Bewußtseins, denen Frauen ausgesetzt werden können, erwogen hat. Ein Teil der mentalen Limitierungen ist unausweichlich an physische Zwänge in der Organisation der Beziehungen mit den Männern gebunden, der andere ist unmittelbarer eine Limitierung des Wissens über die Gesellschaft. (Mathieu 1985: 186)

Die materiellen Zwänge und deren limitierende geistige Implikationen faßt Mathieu in einem Satz zusammen: »La fatigue continue du corps entraîne celle de l'esprit« (›Die ständige Müdigkeit des Körpers verursacht jene des Geistes.‹ Mathieu 1985: 187). Mathieu zeigt an zahlreichen Beispielen, daß die Leistungen und daher auch die Ermüdung der Frauen oft unterschätzt werden. Ihre Arbeit erscheint weniger schwer, dauert aber länger, ist mühsamer, oft in viele Einzelarbeiten aufgesplittert, häufig unterbrochen: richtige Freizeit gibt es selten.

Vor allem wird die Arbeit der Frauen im Zusammenhang mit den Kindern unterschätzt: kleine Kinder müssen ständig getragen werden, sie müssen beaufsichtigt werden, auch wenn frau sich nicht unmittelbar mit ihnen beschäftigt. Es gibt einen Widerspruch zwischen Kinderbeaufsichtigung und anderen traditionell weiblichen Aufgaben wie Kochen, Feuermachen, Wasserholen, die alle eine potentielle Gefahr für Kinder darstellen. »Die konstante Verantwortlichkeit für Kinder ist nicht nur eine – oft unterschätzte – physische Arbeit, sondern auch eine konstante geistige Arbeit.« (Mathieu 1985: 191)

Und schließlich ist es oft die Sorge um die Kinder, die die Frau an der Flucht, an einer möglicherweise riskanten Änderung ihrer

Lebensumstände hindert. »Le poids de la liberté est plus lourd pour les femmes.« (›Die Last der Freiheit ist größer für die Frauen.‹ Mathieu 1985: 191).

Godelier hat die ökonomische Ausbeutung der Baruya-Frauen eindrucksvoll beschrieben, ohne näher auf Dauer und Schwierigkeit der Arbeiten einzugehen. Man kann sich aber vorstellen, daß Mathieus Bemerkungen über die stärkere Belastung der Frauen durchaus für die Baruya zutreffen. Auffallend ist auch, wieviel Zeit die Baruya-Männer mit Tätigkeiten verbringen, die der Aufrechterhaltung ihres Prestiges, der Errichtung der Hierarchien unter Männern und der Aufrechterhaltung ihrer Macht über die Frauen dienen. So leistet zum Beispiel die Jagd bei den Baruya kaum einen Beitrag zur Subsistenz – jedenfalls nicht zu der der Frauen. Trotzdem kommt ihr große rituelle Bedeutung und ein entsprechend hoher Zeitaufwand zu.

Abgesehen von der materiellen Ausbeutung, von der stärkeren Belastung der Frauen und deren Folgen für die geistige Beweglichkeit und Unabhängigkeit wirkt sich die konkrete Situation der Unterdrückung, der Kontrolle, der Bedrohung im Falle von Fehlverhalten auf das Bewußtsein aus. Einige Beispiele:

In den meisten patrilinearen und patrilokalen Gesellschaften mit männlicher Dominanz kann die Frau nur als Mutter von Söhnen eine gewisse Achtung erwerben. Ihr Status verbessert sich im Laufe ihres Lebens, bis sie sogar eine gewisse »Macht« – wenn auch nur im Auftrag der männlichen Herrschaft – über andere Familienmitglieder zu erlangen scheint. Doch auch diese »Macht« ist immer nur eine vermittelte, eine indirekte, gebunden an die Beziehung zu einem Mann, sei es nun der Vater, der Gatte oder der Sohn.

Welche Auswirkungen hat eine solche Definition der eigenen Person über den anderen, das Wissen, bloß die biologische Trägerin und Dienerin einer männlichen Linie zu sein? Was bedeutet es für das Bewußtsein einer Frau, keine eigene feste Zugehörigkeit zu einer Gruppe, keine in ihrer Person gegründete Identität zu haben? Mathieu bezweifelt, daß unter solchen Bedingungen von autonomem Bewußtsein – das eine Voraussetzung für die Verwendung des Begriffs »Zustimmung« ist – die Rede sein kann.

Diese bewußtseinseinengende Situation findet sich ganz deutlich bei den Baruya. Wir haben gesehen, daß in den Verwandtschafts- und Allianzbeziehungen die Frau bloß als Mittel für die Reproduktionszwecke der auf männliche Interessen ausgerichteten Gesellschaft gesehen wird, als Schwester oder Tochter, die für eine Gattin eingetauscht wird, und als Ehefrau und Mutter, durch die sich die männliche Linie fortsetzt.

Ein weiteres interessantes Phänomen in Gesellschaften mit starker männlicher Dominanz ist das scheinbare Desinteresse der Frauen gegenüber den Männerriten, den männlich dominierten Bereichen. Tatsächlich maskiert dieses Desinteresse lediglich das Wissen, daß diese Männerriten etwas für die Frauen Bedrohliches haben, für sie gefährlich sind, die berechtigte Angst auch vor den Repressionen, denen die Frauen im Falle von Interesse ausgesetzt sind.

Dieses Phänomen haben wir bei den Baruya bereits mehrfach festgestellt. Angesichts der Sanktionen, die die Baruya für wißbegierige Frauen festsetzen, ist es nicht verwunderlich, wenn diese nicht versuchen, hinter die Geheimnisse der Männer zu kommen. Sollten sie zufällig und heimlich etwas darüber erfahren – und Godelier vermutet, daß die alten Frauen sehr wohl über einige, wenn auch nicht alle, Geheimnisse der Männer Bescheid wissen –, so tun sie gut daran, dieses Wissen zu verschweigen. Die Angst vor Bestrafung für den Fall, daß sie ihr Wissen öffentlich bekanntmachen, hindert sie daran, dieses Wissen zu nützen, und nicht ein scheinbares »Komplizentum«, eine Einsicht in die Notwendigkeit der männlichen Dominanz, was ja Godeliers Hypothese der »Zustimmung« bedeutet.

Physische Gewalt und materieller und geistiger Zwang sind ein ins Bewußtsein getriebener Keil. Eine Verletzung des Geistes. Nachher, wenn die Schläge und Vergewaltigungen nicht mehr ständig notwendig sind, handelt es sich nicht um »Zustimmung« – und es ist von geringerer, nicht von größerer Wichtigkeit, als Gewalt und physischer und geistiger Zwang, ob die Frauen die die männliche Macht legitimierenden Vorstellungen »teilen« oder nicht (Vorstellungen, die außerdem, wie wir gesehen haben, nicht so vollständig sind wie die der Männer). (Mathieu 1985: 228)

Es wäre in diesem Zusammenhang interessant, mehr über den Zusammenhang zwischen gesellschaftlicher Situation und Psyche zu erfahren. Mathieu reißt das Thema kurz an: »Gerade bei den Unterdrückten (ist) die stärkste Negation der Unterdrückung festzustellen – und Negation ist nicht Zustimmung.« (Mathieu 1985: 232)

Psychische Mechanismen wie Verleugnung, Verdrängung, Ver-

neinung verhindern, daß die Erkenntnis der eigenen Unterwerfung ins Bewußtsein dringt. Aber erst wenn die Idee der Herrschaft nicht mehr verdrängt wird, wenn die Person sich selbst als einen Teil eines Unterdrückungsverhältnisses erkennt, könnte das Wort »Zustimmung« einen Sinn haben.
Aber sobald diese individuelle oder kollektive Bewußtseinsfindung stattgefunden hat, gibt es keine »Zustimmung« mehr. Die Betroffenen ziehen es vor, von Kollaboration zu sprechen. Denn das Wort Zustimmung verringert bzw. leugnet die Verantwortung des Unterdrückers in einem Unterdrückungsverhältnis und weist Verantwortung und Schuld dem (der) Unterdrückten zu. Es setzt gleiches Bewußtsein bei Unterdrückern und Unterdrückten voraus.

In der vorgefaßten Meinung Godeliers, der auf theoretischem Niveau (und trotz der ethnographischen Daten, die er vorbringt) argumentiert, als wären die Frauen den Männern gleiche Subjekte mit identischem Bewußtsein, kann man die Haltung des subtilen Unterdrückers erkennen, der fähig ist, die Gewalt der männlichen Herrschaft zu erkennen und zu beschreiben. Aber obwohl er – zumindest intellektuell, wie Freud sagt – die Realität der Unterdrückung der Frauen erkennt, leugnet er sie in gewisser Hinsicht: indem er die Unterdrückte in seinem Denken zu einem freien und gleichen Subjekt in ihrem Denken macht (sie stimmt zu). (Mathieu 1985: 236)

Das unreflektierte, tagtägliche Mitmachen, die praktische Akzeptanz der Unterdrückten nennt Godelier Zustimmung. Bezieht man aber die psychologischen Hintergründe in die Betrachtung mit ein, ergibt sich viel eher das Bild eines Kontinuums, an dessen einem Ende die Kollaborateurin steht, an dessen anderem Ende das Opfer. Die Kollaborateurin versucht, durch die Nähe zur Macht Vorteile für sich zu erringen, dem Opfer steht nicht einmal dieser Weg der Verbesserung der persönlichen Situation offen. Beiden ist jedoch die Bezogenheit auf den Unterdrücker gemeinsam. Kollaboration bedeutet nicht positive Zustimmung, sondern sie ist der Versuch, aus einer schlechten, fremdbestimmten Situation das Beste für sich selbst zu machen.

5. Das »andere« Denken

Ich glaube, daß sowohl Mathieu als auch Godelier in gewisser Hinsicht die Macht der Unterdrücker über das Denken der Unterdrückten, die Totalität der Unterdrückung des Denkens, überschätzen. Finden sich nicht immer Beispiele für rebellisches Denken, das an die Oberfläche tritt, sobald eine Chance für ungestrafte Äußerung oder gar Realisierung besteht?

Auch unter den schwierigen Bedingungen der Kontrolle und Repression hat Godelier, wie wir gesehen haben, Fälle von Widerstand und Rebellion bei den Baruya-Frauen vorgefunden. Er mindert allerdings ihre Bedeutung herab, indem er sie als individuelle Einzelfälle auffaßt, die keine gesellschaftliche Tragweite haben. Angesichts der strengen Sanktionen, die auf jede noch so harmlose Attacke oder Infragestellung der männlichen Überlegenheit folgen, kann es nicht überraschen, wenn Beispiele selten sind.

Es ist mehr als fraglich, ob die Frauen in einer Gesellschaft mit so starkem Geschlechterantagonismus Godelier als – wenn auch in ihren Augen vielleicht nicht ganz vollwertigem – Mann ihre Geheimnisse anvertraut haben. Er konnte wohl Einzelfälle faktischer Rebellion feststellen bzw. beobachten, aber war ihm weibliches Denken, sofern es im Widerspruch zum männlichen stand, wirklich zugänglich? In dem dargestellten ethnographischen Material lassen sich sehr wohl Ansätze für eine gewisse Autonomie des weiblichen Denkens, Spuren einer dem männlichen Modell widersprechenden Denkweise, versteckte, auch rudimentäre Formen weiblicher Selbstbehauptung finden. Es gibt »andere« Ideen. Deren genauere Erforschung wäre aber wohl, wenn überhaupt, nur einer Frau möglich.

In seiner Darstellung der weiblichen Pubertätszeremonien stellt Godelier vor allem deren Bedeutung als Instrument der Etablierung der männlichen Normen im Bewußtsein der Frauen in den Vordergrund. Es lassen sich aber einige Indizien dafür finden, daß dies nicht ihre einzige Funktion ist. Allein die Tatsache, daß Frauen hier in großer Zahl außerhalb der männlichen Kontrolle zusammentreffen, um eine der Ihren zu feiern, muß in Betracht gezogen werden.

Die Baruya-Männer fühlen sich durch die Fraueninitiation bedroht, sie befürchten, sie könne sich gegen ihre Überlegenheit richten. Sie haben den Verdacht, daß die Frauen sich versammeln, um die Männer zu verspotten, zu demütigen, »all ihren Schmutz« gegen sie zu richten. In der Öffentlichkeit machen sich die Männer über die Fraueninitiation lustig, betonen ihre Unwichtigkeit im Vergleich zu ihren eigenen großartigen Zeremonien, und sie behaupten, alles über die Rituale der Frauen zu wissen, alles belauscht zu haben. Godelier ist überzeugt davon, daß dies nicht der Fall ist, daß die Männer zum Beispiel niemals Zeuge der rituellen Waschungen der jungen Mädchen waren.

Ein weiteres mögliches Indiz für weibliche Unabhängigkeit im Denken, das auch mit der Initiation der Frauen zusammenhängt, wurde bereits genannt: Junge Frauen, die gerade ein Kind bekommen haben, geben der Initiandin ihre Milch zu trinken.

Stellt dieses Weitergeben der Muttermilch einen Akt weiblicher Selbstbehauptung gegen die Männer dar, einen Beweis für den Glauben an die Eigenständigkeit weiblicher Kräfte, die ohne die Hilfe der Männer existieren und weitergegeben werden? Godelier ist unschlüssig:

> Halten wir jedoch fest, daß die Theorie und die symbolischen Praktiken der Baruya-Männer diesen Anspruch auf Autonomie, der gewissen Aspekten der weiblichen Praktiken zugrunde zu liegen scheint, bestreiten oder bagatellisieren. Ihnen zufolge hat eine Frau nur dann Milch und schöne Brüste, wenn sie ihr junger Gatte im Überfluß mit seinem Samen genährt hat. Für einen Baruya ist also die Milch seiner Frau nur sein Sperma, verwandelt in Nährsubstanz für das Kind; wenn eine verheiratete Frau den jungen Mädchen, die gerade heiraten sollen, ihre Milch zu trinken gibt, nimmt sie nur vorweg, was die jungen Gatten, die sie ebenfalls mit ihrem Sperma stärken werden, für sie tun werden. In dem Maße also, in dem die Frauen die Ideologie, nach der alles direkt oder indirekt von den Männern kommt, mehr oder weniger vollständig teilen, werden sie in dem verallgemeinerten Tausch der Milch zwischen Generationen von Frauen den Beweis dafür sehen, daß sie wirklich im Vergleich zu den Männern so minderwertig sind, wie jene es wünschen und behaupten, oder – im Gegenteil – den Beweis, daß sie es in viel geringerem Maße sind, auch wenn sie es öffentlich nicht zugeben dürfen. (Godelier 1982: 98)

Es ist sehr schwierig, nach dem vorliegenden Material die Bedeutung der weiblichen Initiation richtig einzuschätzen. Obwohl Männer üblicherweise ausgeschlossen sind, erhielt Godelier die Erlaubnis zur Teilnahme an einer solchen Zeremonie. Die Vermutung liegt nahe, daß ihm als Mann nicht alle Rituale zugänglich waren bzw. nicht alle Interpretationen anvertraut wurden.

Eine ähnliche Einschränkung muß für einen weiteren möglichen Bereich weiblicher Stärke und Selbstbehauptung gemacht werden, für die Hexerei. Godeliers Informationen zu diesem Thema sind leider äußerst dürftig. Frauen werden beschuldigt, ihre Männer zu verhexen, indem sie ein Stück seines Lendenschurzes, einen Rest seiner Mahlzeit oder einen Tropfen seines Spermas ins Feuer werfen und dabei heimlich eine magische Formel sprechen. Es ist aus dem Text nicht ersichtlich, ob diese Verdächtigungen nur ausgesprochen werden, um irgend jemandem die Verantwortung für einen sonst unerklärlichen Todesfall zuzuschreiben, und einer realen Grundlage entbehren. Wenn es Hexerei tatsächlich gibt, dann muß es eine unabhängige Tradition magischer Formeln geben, die von Frau zu Frau weitergegeben werden und sich explizit gegen die Männer richten. Es ist nicht verwunderlich, daß Godelier zu diesem Thema wenige direkte Informationen von den Frauen erhalten hat. Er scheint ihm auch nur geringe Bedeutung beigemessen zu haben, da er nicht berichtet, ob und wie sich die Baruya-Männer vor dieser Art der Magie zu schützen versuchen bzw. welche Sanktionen einer – tatsächlichen oder vermuteten – Verhexung folgen.
Ein ähnlicher Mangel an Daten ist auch für einen anderen Fall überraschender weiblicher Entscheidungsfreiheit festzustellen. Den Baruya-Frauen wurde, wie bereits berichtet, das Recht zugestanden, kurz nach der Geburt über das Leben eines Kindes zu verfügen. Geht man von der Theorie aus, daß ein Baruya-Kind seine Entstehung ausschließlich seinem Vater und der Sonne verdankt, so ist es zumindest erstaunlich, daß Entscheidungsgewalt über Leben und Tod des Neugeborenen bei der Frau liegt.
Ich stimme mit Mathieu überein, daß nicht versucht werden sollte, die Unterwerfung der Frauen in einer Gesellschaft dadurch zu vertuschen, daß jede Spur weiblicher Selbstbehauptung als »Macht« der Frauen bezeichnet wird.

Zahlreiche Ethnologen (jedoch), und vor allem Ethnologinnen, verwenden – zweifellos zu Recht beeindruckt von der beträchtlichen geistigen und materiellen Arbeit, die Frauen leisten müssen, um in bestimmten Gesellschaften halbwegs anständig als menschliche Wesen überleben zu können – beharrlich den Begriff »Macht«, um den mageren Erfolg der Frauen in den Geheimlehren der männlichen Macht zu bezeichnen. (Mathieu 1985: 207)

Aber kann die soziale Unterdrückung gleichgesetzt werden mit dem Grad der Unterdrückung des Denkens? Mathieu spricht – mehr noch als Godelier – den Frauen die Fähigkeit ab, eigenständige Gedanken zu hegen, ihre Situation anders als die Männer einzuschätzen. Godeliers Begründung ist allerdings eine andere: Er geht davon aus, daß die Frauen die Vorstellungen der Männer teilen, weil ihnen dadurch ihre untergeordnete Stellung als notwendig und legitim, als zu ihrem eigenen Besten dargestellt wird, und daß die Frauen somit ihrer eigenen Unterjochung zustimmen.

Mathieu behauptet dagegen, daß die Frauen durch ständige faktische Gewalt in Sozialisierung und täglichem Leben daran gehindert werden, ein eigenständiges Bewußtsein aufzubauen und sich zu widersetzen. Dieser Interpretation ist im Prinzip zuzustimmen. Sie gibt bei weitem die bessere Erklärung für das Funktionieren der Herrschaft und die Tatsache, daß Unterdrückung oft nicht der Ausübung der Gewalt bedarf, weil entweder die Gewalt so verinnerlicht wurde, daß sie nicht mehr ständig ausgeübt oder angedroht werden muß, oder weil angesichts eines konkreten Machtverhältnisses einfach nichts anderes übrigbleibt, als sich anzupassen, nicht zu widersprechen, die herrschenden Ideen nicht in Frage zu stellen.

Aber diese Erklärung darf nicht dazu führen, den Unterdrückten jedes »andere« Denken abzusprechen. Die Frauen befinden sich in einer anderen gesellschaftlichen Situation als die Männer. Ist es da nicht naheliegend, daß sie andere Gedanken hegen?

Auch Godelier geht davon aus, daß es neben jeder dominierenden sozialen Beziehung eine Reihe anderer, sozusagen latenter, nur im Ideellen existierender Beziehungen gibt. Diese Beziehungen sind zwar ideell, aber nicht irreal, sie spielen eine wichtige Rolle im Realen, da sie die herrschenden Verhältnisse in Frage stellen. Und wenn ein Teil der Gesellschaft die Realisierung dieser Vorstellungen zu seinem Ziel macht, kann die Reproduktion dieser Gesellschaft eine neue Richtung einschlagen. Wie wäre sonst je eine endogene Änderung der gesellschaftlichen Verhältnisse möglich? Wurden nicht immer wieder im Denken Veränderungen der gesellschaftlichen Verhältnisse vorweggenommen?

Deshalb ist es so wichtig, auch bei den Baruya nach Brüchen in ihrem kohärenten Weltbild zu suchen. Und es ist naheliegend, diese Brüche im Bereich des größten gesellschaftlichen Widerspruches – dem Verhältnis zwischen Männern und Frauen – zu suchen. Das Denkbare geht über das Machbare hinaus. Nicht die Unfähigkeit, das Andere zu denken, hält die Frauen an ihrem Platz, sondern die Unmöglichkeit, das Andere zu tun.

Schluß

Das Phänomen des Hinnehmens, des Mitmachens, der Resignation, des Nicht-Widerstandes, der »Zustimmung«, wie Godelier es nennt, in Unterdrückungsverhältnissen kann nicht geleugnet werden. Wenn man davon ausgeht, daß niemand bewußt gegen seine eigenen Interessen handelt und denkt, muß eine Erklärung dafür gefunden werden, durch welche psychischen und sozialen Mechanismen sich die Unterdrückungssituation so im Bewußtsein der Unterdrückten verankert, daß nicht jeden Augenblick direkte faktische Gewalt erforderlich ist, um Gehorsam zu erzwingen.
Godeliers Erklärung und ihre Umsetzung in der Darstellung der Baruya-Gesellschaft ist auf den ersten Blick faszinierend, aber letztlich unbefriedigend. Sie stellt in bewundernswerter Weise einen Status quo fest, erkennt im Verhältnis der beiden Geschlechter den Hauptwiderspruch dieser Gesellschaft, geht vor allem auch auf die ungeheure Bedeutung der Vorstellungen und Ideen ein. Das Konzept der Zustimmung aber greift zu kurz: es verharmlost und verschleiert die Rolle der Gewalt, die den dargestellten Machtverhältnissen zugrunde liegt. Noch deutlicher als bei den Baruya zeigt sich das am Beispiel der Azteken und ihrer tributpflichtigen Untertanen oder am Beispiel der Sklaverei. Auffallend ist, daß in Godeliers eigenen Untersuchungen bei den Baruya angesichts der unübersehbaren Gewalt gegenüber Frauen eine deutliche Verschiebung des Gewichts in Richtung Gewalt stattfindet: Hier betont Godelier die ideelle und ideologische Gewalt ungeheuer, die in den theoretischen Überlegungen von *L'Idéel et le Matériel* kaum vorkommt. Das Konzept der Zustimmung wird zwar aufrechterhalten, aber es wird ganz deutlich, welchen ideologischen und praktischen Aufwand die Männer treiben müssen, um die Frauen zu dieser »Zustimmung« zu bewegen. Selbst wenn wir jene Bereiche beiseite lassen, bei denen es schwierig ist, legitimierende von organisierenden Funktionen zu

unterscheiden, wie z. B. Frauentausch, Trennung der Mütter von den Kindern, geschlechtliche Arbeitsteilung, Schamanismus, bleiben genug Bereiche, deren hauptsächliche – wenn nicht einzige – Funktion es ist, die untergeordnete Stellung der Frauen aufrechtzuerhalten. Ich denke dabei an die kollektiven und solidarischen Strafaktionen der Männer gegen Frauen, die ihre Überlegenheit in Frage stellen, an die Gewalt in Mythologie und Initiationsriten, an die psychologische Gewalt in Form von Herabsetzungen, Beschimpfungen, Verhöhnungen, denen die Frauen häufig ausgesetzt sind.

Nach Lektüre der Beschreibung dieser Formen der Gewalt fällt es dem Leser (oder eher der Leserin?) schwer, das Wort »Zustimmung« für die Haltung der Baruya-Frauen zu verwenden. Godelier kommt Mathieus Auffassung von der herausragenden Bedeutung der Gewalt in Unterdrückungsverhältnissen überraschend nahe, ohne jedoch sein theoretisches Konzept entsprechend abzuändern.

Die Erklärung für dieses merkwürdige Zögern, Beobachtungen in einem theoretischen Konzept umzusetzen, liegt wohl in Godeliers eigener gesellschaftlicher Situation. In bezug auf die Baruya-Frauen gehört er in zweifacher Hinsicht einer dominanten Gruppe an: als Weißer und als Mann. Als weißem Intellektuellen gilt seine Solidarität der Gesamtheit der Baruya, als Mann gilt sie – trotz der Einsicht in das Ausmaß der Gewalt gegen die Frauen – letztlich den Baruya-Männern.

Literatur

Godelier, Maurice (1973): »Mythos und Geschichte«, in: Klaus Eder (Hg.), *Seminar: Die Entstehung von Klassengesellschaften*, Frankfurt/Main.

Godelier, Maurice (1982): *La production des grands hommes*, Paris.

Godelier, Maurice (1984): *L'Idéel et le Matériel*, Paris.

Mathieu, Nicole-Claude (Hg.) (1985): *L'Arraisonnement des femmes. Essais en anthropologie des sexes*, Cahiers de l'homme, nouvelle série XXIV., Paris.

Barbara Glowczewski

Frauengeschäfte – »Geschäfts«-Frauen

Die Warlpiri der zentralaustralischen Wüste

Ein fünfmonatiger Aufenthalt bei den Warlpiri in der staatlichen Siedlung Hooker Creek (Lajamanu bei den Aborigines) am Rande der Tanami-Wüste im australischen Staat Nordterritorium veranlaßt mich zu der These, daß zwischen beiden Geschlechtern ein ausgewogener Sozialvertrag besteht. Mervyn Meggitt (Meggitt 1962), der sich zwischen 1953 und 1955 dort aufgehalten hat, kam zu dem Ergebnis, daß eine Herrschaft der Männer existiere, die sich insbesondere in einer »Abneigung« der Warlpiri-Männer Frauen gegenüber zeige.

Die Ethnologie stellt sich zunehmend der Frage nach den divergierenden Wahrnehmungsweisen von männlichen bzw. weiblichen Beobachtern. Diese Divergenzen könnten das Ergebnis eines westlichen Vorurteils von der Herrschaft der Männer sein, das die Beobachtungen vieler Ethnologen verzerrt (Kaberry 1939, Gale (Hg.) 1970, Goodale 1971, Rohrlich-Leavitt et al. 1975, Slocum 1975). Die Frage ist insofern heikel, als dieses Vorurteil tatsächlich auf einer bestimmten Ebene des Männerdiskurses enthalten sein kann, ohne jedoch die Wirklichkeit getreu wiederzugeben; dies ist insbesondere dann der Fall, wenn auf dieser Ebene eine symbolische Kompensation der sozialen Beziehungen und der vom Geschlechtsunterschied hervorgerufenen psychischen Probleme erfolgt.

Wir werden sehen, daß die Frauen bei den Warlpiri einen anderen Diskurs halten und eine andere Symbolpraxis haben als die Männer: Jeder Diskurs weist mehrere Ebenen auf, die als widersprüchlich zueinander erscheinen können; sobald man sie aber in Beziehung zum Diskurs und zur Praxis des anderen Geschlechts setzt, fügen sie sich sozusagen ineinander. Ich werde versuchen, diesen Symbolkomplex zu definieren; ich verstehe ihn als dynamisches System, das darauf abzielt, die Aufrechterhaltung eines gegenseitigen Beistandsvertrages zwischen den Geschlechtern dadurch zu garantieren, daß Herrschaftsansprüche reguliert werden.

Rechte der Frauen auf Grund und Boden

Erst seit ungefähr zehn Jahren erlauben neuere Feldstudien und systematische Untersuchungen zu den »Land Claims« (Ansprüche auf Anerkennung traditioneller Aboriginesgebiete) eine neue, nach Ethnien differenzierte Sicht der Beziehungen zwischen ritueller Organisation und Aufteilung der Verantwortung als Hüter des Bodens; dabei kam die Bedeutung der Frauen deutlich zum Vorschein.

Bei der Voruntersuchung zu den Ansprüchen auf Rückerstattung traditioneller Landrechte der Warlpiri und der Kartangururru-Kurintji (die 1978 zur juristischen Anerkennung eines Territoriums von 94 694 km² geführt hat) konnten Ethnologen (N. Peterson, R. Hagen, B. MacConvel und S. Wild) und Juristen (G. Fames) anhand von Zeugenaussagen der Aborigines Listen von Frauen erstellen, die mit gleichem Recht wie die Männer spirituelle Hüterinnen (»owners«) des Landes ihres jeweiligen Patriclans waren (Peterson et al. 1978).

Weder Mervyn Meggitt (Meggitt 1962) noch Nancy Munn (Munn 1973) – die 1962 bei den Warlpiri in einer anderen Siedlung, Yuendumu (600 km südlich von Lajamanu), gearbeitet hat – haben erkannt, daß die Frauen, ganz wie die Männer, rituelle patriclanische Rechte und Pflichten in bezug auf die Nutzung ihrer Heimat (»country« oder »estate«) haben, deren Ausdehnung durch eine sehr komplexe Parzellierung des Stammesterritoriums festgelegt wird.

Gemischte Totempfade (Träume)

Die Darstellung des Territoriums entspricht einer aus mehr als hundert heiligen Pfaden (»dreaming tracks«) bestehenden Struktur und aus mehr als tausend heiligen Stätten, die an diesen Pfaden liegen oder nicht. Die Pfade entsprechen den Wanderungen der mythischen Heroen der Traumzeit (»dreaming«) und die Stätten den Stellen, an welchen diese Helden aus dem Boden auftauchten oder in ihm versanken, an denen sie auf ihren Reisen anhielten oder rasteten. Die Ethnologen haben einen Begriff, der allen 500 australischen Ethnien gemein ist, englisch mit »dreaming« – träumend, im Traum – übersetzt. Dieser Begriff bezeichnet die Zeit, in der die mythischen Helden auf Erden wandelten und in der die Aborigines auch heute noch »wandeln« – in ihren nächtlichen Träumen und in ihren Zeremonien. Wir werden einfach Traum dazu sagen. Bei den Warlpiri sowie den Ethnien der restlichen Wüste heißt dieser Traum *Jukurrpa* und bezeichnet jeden einzelnen Pfad mit den dazugehörigen heiligen Stätten. An den heiligen Stätten werden Bäume, Felsen oder Wasserstellen als Spuren oder Metamorphosen der Traumhelden gedeutet (Munn 1970). Mit anderen Worten, *Jukurrpa*, der Traum, entspricht einer mythischen Zeit und bezieht sich gleichzeitig auch aktiv auf die Gegenwart (Strehlow 1965, Stranner 1965), womit er die Gesamtheit der Markierungen des traditionellen australischen Raumes bestimmt. Für die Warlpiri ist *Jukurrpa* das Gesetz. Dasselbe gilt für alle Ethnien der Great Victoria Desert (Berndt u. Berndt 1964: 187).

Ein Heimatgebiet besteht aus Abschnitten von Pfaden mit den dazugehörigen Stätten, welche mythischen Helden entsprechen, die als patriclanische Ahnen betrachtet werden. Die Heimatgebiete können sich an bestimmten Stellen überschneiden, und ein Patriclan kann Länder haben, die durch das Gebiet eines anderen oder mehrerer anderer Patriclans voneinander getrennt sind. Frauen erben wie Männer prinzipiell die Ahnenpfade ihres Vaters, womit ihnen die Funktion von Hüterinnen (»Owners«) des patriclanischen Territoriums übertragen wird. Es handelt sich dabei sowohl um rituelle Pflichten beim Feiern der territorialen Zeremonien und bei der Weitergabe dieses Wissens an die nachfolgenden Generationen als auch um ein Eigentumsrecht, das darin besteht, nicht zum Patriclan gehörenden Mitgliedern die Nutzung der Ressourcen dieses Landstückes und das Wohnen darauf zu gestatten oder zu verweigern.

Jeder *Jukurrpa*, Traum, Pfad des mythischen Helden, wird im Prinzip durch eine Tier- oder Pflanzenart oder durch ein Naturelement (Wasser, Feuer, Wind ...) definiert. Meistens haben die mythischen Helden sogar die Form dieser Art, aber sie können auch nur deren Namen tragen und dabei anthropomorph aussehen, oder ganz einfach durch einen Status definiert werden: der Unbesiegbare, *Wawulja*, der junge Initiierte, *Maliyarra*, der initiierte Mann, *Ngarrka*, die Frauen, *Karnta*, ... (vgl. die Übersichtstafel über die Träume: Die Begriffe, die die Träume benennen,

Hans Blumenberg
Höhlenausgänge

INHALT

Suhrkamp Verlag, Suhrkamp Haus, 6000 Frankfurt am Main 1 (99244) 3/89

entsprechen den sogenannten Totems). Wenn sich zwei oder mehrere Pfade an bestimmten Stätten kreuzen, werden die Arten, welche die entsprechenden wandernden Helden kennzeichnen, miteinander verbunden: z. B. die Schlange, *Yarripiri*, und das Wallaby, *Wampana*, oder das Wasser, *Ngapa*, und das Feuer, *Warlu*, oder die beiden Känguruhs, *Marlujarra*, und das Feuer, *Warlu*, oder der Goanna, *Pilja*, und die Schlange, *Warna* ... Manche Arten werden nur an bestimmten Stätten mit einem Helden in Verbindung gebracht, entsprechend einer Episode dieser Wanderung, bei der der Held etwas mit dieser Art zu tun gehabt (sie gejagt, sie gegessen, sie verwandelt ...) hat.
Obwohl Frauen und Männer dieselben Pfade feiern, so habe ich doch festgestellt, daß ihre Helden verschieden sind; oft handelt es sich um Wesen männlichen Geschlechts für die Männer und weiblichen Geschlechts für die Frauen (es gibt jedoch Ausnahmen). Die Frauen schreiben also ihren Heldinnen auf deren Wanderungen andere Episoden zu als die Männer ihren Helden und verbinden somit geheime Arten mit den Pfaden, die sie mit den Männern gemeinsam haben: die Definition dieser Arten entspricht Stätten, die den Frauen vorbehalten sind.

Totemstätten der Frauen

Die Frauen erben also wie ihre Brüder Totempfade und -arten, die die Heimat ihres Vaters bestimmen, weil sie aber andere Helden als die Männer und komplementäre Arten damit verbinden, besitzen sie geheime Stätten[1], zu denen die Männer keinen Zugang haben, genauso wie den Männern Stätten gehören, zu denen die Frauen keinen Zugang haben.
Ich habe persönlich beobachtet, daß gewisse Stätten den Frauen vorbehalten sind. Das ist deshalb sehr wichtig, weil manche Ethnologen (Elkin, Meggitt, Hiatt, Bern) gewöhnlich die Nichtzulassung der Frauen zu den den Männern vorbehaltenen Stätten als Beweis dafür angeben, daß sie vom »wahren« spirituellen Leben völlig ausgeschlossen seien. Da die einzige Form von Autorität, die es bei den Aborigines gibt, mit einem hohen Grad von Verantwortung im Ritualleben Hand in Hand geht, haben die Ethnologen daraus geschlossen, daß die Frauen keinerlei Rechte auf den Boden und in der Gesellschaft hätten.

»Walbiri women, unlike those of Arnhem Land, are not seen as being in any way sacred or as vessels of dreamtime power. They do not, for instance, share in ritual knowledge or the activities concerning the patrilinear cult lodges of their fathers or their husbands and in general their status, both in the social and the ritual fields is markedly lower than that of men.« (Meggitt 1966: 28)

In meinen Augen bedeutet Ausgewogenheit zwischen den Geschlechtern nicht, daß ihre symbolischen Aktivitäten gleichartig und identisch sein müßten: Im Gegenteil, mir scheint, daß gerade der symbolische Umgang mit den Geheimnissen, die jedem Geschlecht eigen sind, eine Regulierung der sich aus dem biologischen Geschlechtsunterschied ergebenden Herrschafts- oder Frustrationstendenzen ermöglicht. Alle Stätten sind zum Teil deshalb heilig, weil die mythische Episode, die mit jeder von ihnen verknüpft ist, oder zumindest eine bestimmte Interpretation derselben geheim ist. Dieses Geheimnis kann Fremden gegenüber gewahrt werden, zuallererst den Mitgliedern des Patriclans gegenüber, die nicht Hüter dieser Stätte sind, es wird aber vor allem vor dem anderen Geschlecht geheim gehalten. Wir werden sehen, daß die Frauen nicht nur ihre Geheimnisse und ihre Ritualpraxis parallel zu denen der Männer haben, sondern auch, daß ihre symbolischen Handlungen insofern der gesamten Gemeinschaft dienen, als ohne Anerkennung der Geheimnisse der Frauen die Geheimnisse der Männer in Frage gestellt werden. Über eine derartige spirituelle und symbolische Aufteilung der Mythen und der ihnen zugeschriebenen Stätten unter den Geschlechtern wird von Annette Hamilton (Hamilton 1979) auch für die Stämme der Westküste (mit den Sprachen Janggundjara und Bidjandjara) berichtet.

Totemische Lebenskräfte der Frauen

Die Unterscheidung von männlichen und weiblichen Mythen bei den Warlpiri könnte sich aus dem Begriff der Aborigines für Lebenskraft, *kuruwarri* (»life force«, Peterson 1972), erklären. Jeder totemische Ahne hat eine andre Lebenskraft, die, so heißt es, bestimmten Stätten innewohnt: Der Patriclan hat die Pflicht, diese Lebenskräfte der Ahnen weiterzugeben, eine Verantwortung, die das Recht auf Grund und Boden legitimiert. Die Tatsache, daß Männer und Frauen sich nicht dieselben Totemhelden teilen, entspricht der Tatsache, daß sie sich nicht auf dieselben Lebenskräfte beziehen. Die weiblichen Lebenskräfte sind jedoch für den Fortbestand der Gesellschaft ebenso wichtig wie die der Männer.

In jedem Heimatgebiet wird, wie wir wissen, eine Stätte speziell mit der Lebenskraft der von den Männern gefeierten Kulturheroen verbunden. Sie entspricht in der Regel dem Auftauchen des Heroen aus der Erde oder seiner endgültigen Rückkehr in die Unterwelt – dem Raum der Träume. Es kommt jedoch vor, daß die Lebenskraft eines Heroen auf mehrere Stätten verteilt ist, insbesondere aufgrund der Verwandlung eines Teils seines Körpers in einen Felsen, einen Baum oder ein Wasserloch; aber selbst in diesem Fall haben die Männer des Patriclans eine bevorzugte Kultstätte. Der Kult an dieser Stelle soll das Gedeihen der Art, nach der der Traum benannt ist, auf dem gesamten Gebiet der Wanderungen des oder der Heroen dieses Traumes fördern.

Man hat großes Gewicht auf die Tatsache gelegt, daß die Frauen von diesem Kult ausgeschlossen sind, der den voll initiierten Männern des Patriclans vorbehalten bleibt: ungefähr zehn Mitglieder des Patriclans, die zu diesem Zweck eine Loge (»Lodge«) bilden. Im vorliegenden Fall scheint mir der Ausschluß der Frauen kein Ausdruck männlicher Vorherrschaft zu sein: Im symbolischen System der nach Geschlechtern aufgeteilten Rechte auf Grund und Boden haben die Frauen überhaupt keine Veranlassung, am Kult der Männer teilzunehmen. Sie feiern zwar die Pfade wie die Männer, schreiben jedoch, wie betont, ihren Heroinnen andere Lebenskräfte zu als den Heroen der Männer. Wir haben gesehen, daß die Frauen infolge dieser geschlechtlichen Differenzierung der mythischen Helden mit ihren Heroinnen Stätten verbinden, die sich von denen der Männer unterscheiden und die durch Arten definiert werden können, die nicht mit den Helden der Männer zusammenhängen – Arten, welche diejenigen ergänzen, die Männer und Frauen gemeinsam haben (oder die des Status des Heroen) und die dem Pfad ihren Namen geben: die wilden Früchte, *kanta* und *kala kala*, der Honig, *ngarlu*, das geschnitzte Holz, *wirrkali*, werden von den Frauen zum Beispiel mit den Heroinnen des Traumes »Initiation zweier Menschen«, *kajirri-jarra*, verbunden, oder die kleine wilde Yamswurzel, *wapirti*, wird mit dem Feuertraum, *warlu*, assoziiert (vgl. Übersichtstafel über die Träume).

Abbildung der Träume, die Männer und Frauen gemeinsam erhalten, die aber besonders mit den Frauen verbunden sind:

Exogame moiety 2 patrilineare Klassifikationssysteme Paar der Untersektion: »Vater/Sohn«		»Schwester der Vaters/Tochter«					
Männer	Frauen	Männer	Frauen	Männer	Frauen	Männer	Frauen
Japangardi Japanangka	Napangardi Napanangka	Japaljarri Jungarrayi	Napaljarri Nungarrayi	Jampijinpa Jangala	Nampijinpa Nangala	Jakamarra Jupurrurla	Nakamarra Napurrurla
Träume für Konfliktregelungszeremonien							
MALA (Känguruhratte)		MALA (Känguruhratte) . . . . *PULUWANTI* (Eule)		YANKIRRI (Emu)		*YARRIPIRRI* (Schlange) . . . . WAMPANA (Hase Wallaby)	
Fruchtbarkeitskult und Initiationszyklus				*Regenzeremonien*			
KAJIRRI-JARRA (2 Männer) ?	. . . . (2 Schwestern) ↓ KANTA (Stechapfel) KALA-KALA (Frucht) LAJU (Wurm, Made)	KAJIRRI-JARRA (2 Männer) ?	. . . . (2 Schwestern) ↓ MINPIRRI (Beeren) *NGARLU* (Honig) MUNIKIYI (Biene) WURDAMIRRI (Baumrinde) WIRRKALI (Eucalyptus terminalis)	*NGAPA* (Wasser) ↓ MAWURUNGU ? *PAMAPARDU* (Termitenhonig)	. . . . (Donner) . . . . WATIYA (Baum)	NGAPA (Wasser) . . . . ↓ WARLU (Feuer) . ? *NGURLU* (Samen) . . . . PIRI (Koolamin*) PAMAPARDU (Termitenhonig)	. . . . ↓ WAPIRTI (kleiner Ignam) ↓ IMALI-MALI (kleine Eidechse) wird zu 3 Sorten von Samen PARALA (weiß) LUKARARA (schwarz) LUKARIJA (gelb)

Träume für die Circumcision

KARNTA (Frauen)	KARNTA (Frauen)	WATIYA (Baum)	*MARLUJARRA* (2 Känguruhs) ....
	NGARRKA (initiierter Mann)		↓
	↓		WARLU (Feuer) ....
	? { WURDAMIRRI (Baumrinde) WIRRKALI (Eucalyptus terminalis)		
	WAWULJA (Unbesiegbarer)	MALIYARRA (junger Initiierter)	
WIRNTIKI (Brachvogel)	*NGATIJIRRI* (grünes Papageienweibchen) ...	MALIKI (wilde Hunde)	*MALIKI* (wilde Hunde) ....
↓	↓		
YARLA (Ignam)	? PALPAWARNU (4 Sterne)		
	MUNGA (Nacht)		
PILJA (Goanna)	PILJA (Goanna)	*LUNGKARDA*	
↓	LUNGKARDA	(blauzüngige Eidechse)	YIPILANJI (Wurm, Made) ......
	(blauzüngige Eidechse)	wird	
		WARNA (Schlange)	
		↓	
WARNA (Schlange)	*WAKULYARI* (Felsenwallaby)	MAWURUNGU (Donner)	*YAWAKIYI* (Buschzwetschge) ....
	↓		
	? YUKALYI (Termite) gekochter Termitenbau wird PIRI (Koolamin*)		*JANGANPA* (Opossum) ....
	MARLU (Känguruh)		

* Koolamin ist ein Gefäß aus Holz, das zum Tragen von Nahrung oder kleinen Kindern dient.

Diese geheimen Arten der Frauen stellen ebenso wie die Arten, nach denen die Pfade benannt sind (die von Männern und Frauen gefeiert werden), wirkliche Ressourcen des patriclanischen Territoriums dar. So haben die Frauen die Aufgabe, für die gesamte Gemeinschaft auf ritueller Ebene für die Aufrechterhaltung der weiblichen Lebenskräfte zu sorgen, einerseits der Arten, die von den Männern gefeiert, und andererseits auch der Arten, die von ihnen nicht gefeiert werden, die aber zum Überleben ebenso wichtig sind: zum Beispiel verschiedene Arten von Samenkörnern (Traum vom Samenkorn im allgemeinen, *ngurlu*) und der »Bloodwood« Baum (Eucalyptus terminalis), der Wasser enthält (Traum *kajirri-jarra* und Traum *ngarrka*, vgl. Übersichtskarte über die Träume). Wir können annehmen, daß auch die Männer besondere Arten mit der Art verbinden, nach der der Pfad benannt ist, aber ich habe diesbezüglich keine Informationen erhalten. Worauf es bei dieser Parallele zwischen Männern und Frauen ankommt, ist, daß sie ein gemeinsames Anliegen, nämlich das Wachstum der Ressourcen ihres Bodens zu fördern, unterschiedlich angehen. So gesehen, hätten die Aktivitäten der Männer ohne die der Frauen keinen Sinn.
Die Frauen haben einerseits ihre patriclanischen Stätten – zum Beispiel für das Emu, *yankirri*, und für *kajirri-jarra* (zwei Schwestern) –, andererseits aber auch Totemzentren, an denen Frauen mehrerer Patriclans zusammenkommen können – zum Beispiel für den Honig *ngarlu* und die Yamswurzel *yarla*. Wir könnten uns fragen, ob dem nicht eine symbolische Bedeutung zugrunde liegt, die der wirtschaftlichen Solidarität zwischen Frauen entspricht, die als Nebenfrauen sich die jeweiligen Ressourcen ihres Patriclans teilen. So könnte man die Polygamie unter einem wirtschaftlichen Aspekt neu überdenken und zeigen, daß sie den Interessen der Frauen noch eher dienen kann als jenen der Männer.

Heilige Gegenstände und Geheimnisse der Frauen

Ich habe persönlich beobachtet, daß Warlpiri-Frauen, sofern sie Hüterinnen von Träumen sind, ganz so wie die Männer heilige Gegenstände und Geheimnisse besitzen, die zu diesen Träumen gehören: bemalte Grabstöcke, *mangaya*, aber auch bemalte

Holztäfelchen, *yukurrukurru*, und Steine – ein geheimer Besitz, den man *churinga* genannt hat (nach dem von Spencer und Gillen angeführten Arandawort) und den Männern vorbehalten glaubte. Es stimmt, daß die Frauen die Täfelchen der Männer nicht sehen dürfen, aber die Männer dürfen auch die der Frauen nicht sehen. Annette Hamilton hat ebenfalls die Existenz von heiligen und geheimen Gegenständen bei den Frauen der Westküste (Jaggundjara und Bidjandjara, Hamilton 1979) beobachtet. Die Existenz solcher Gegenstände ist für die Rechte auf Grund und Boden entscheidend, denn sie dienten den Aborigines traditionellerweise dazu, ihre Rechte auf das Land zu legitimieren; sie werden heute von den Weißen als regelrechte Rechtstitel auf das Eigentum anerkannt.

Auch das Verbot für Männer, die Täfelchen der Frauen zu sehen, ist sehr streng[2]: Das umgekehrte Verbot (das für Frauen, die Täfelchen und Stätten der Männer zu sehen) hat nämlich zur Aussage geführt, daß die Frauen vom sakralen Leben, einem »Privileg« der Männer, und infolgedessen auch von allen gesellschaftlichen Rechten ausgeschlossen seien. Dieses Verbot für Männer, die Täfelchen der Frauen zu sehen, besteht nicht nur formell: So haben mir die Warlpiri erzählt, daß vor weniger als zehn Jahren Männer, die sich darüber hinweggesetzt hätten, von den Frauen »zu Tode gesungen« worden und kurz darauf gestorben seien. Die anderen Männer, genauso empört über diese Übertretung, haben sich auf die Seite der Frauen gestellt, die damit die Initiative zur Anwendung des Stammesgesetzes ergriffen hatten. Jemanden »zu Tode zu singen« ist eine Praxis, von der wir uns nur schwer vorstellen können, wie sie wirkt. Es handelt sich dabei tatsächlich um eine Tötung. Der Schuldige verinnerlicht den Ausschluß, dem er zum Opfer gefallen ist, und läßt sich, so scheint es, sterben. »Sich-Sterbenlassen« wird als Willensakt aufgefaßt, der rasch einsetzt oder Jahre braucht und dessen physiologischer Mechanismus den Ärzten unerklärlich geblieben ist. Ganze Stämme haben sich auf diese Art »sterben lassen«, als sie von den Weißen seßhaft gemacht worden waren. Wir werden anläßlich der Trauer darauf zurückkommen.

Ich habe festgestellt, daß die Täfelchen der Frauen wie die der Männer sozusagen als Rechtstitel auf Eigentum gelten; denn je nach dem Motiv, das die Frauen darauf malen, gehören sie zu einem Totempfad oder zu einer heiligen Stätte und kennzeichnen so ein Gebiet. Die Frauen verfügen auch über eine Reihe graphischer Motive, Symbole eines Pfades oder einer Stätte, mit denen sie sich den Körper bemalen. Nancy Munn (Munn 1973) hat behauptet, daß die (mit natürlichen Arten oder anderen Phänomenen und Elementen verbundenen) Totemmotive in Form von Körperbemalung nicht spezifischen Stätten, oft nicht einmal einer bestimmten Gegend zugeordnet, sondern das individuelle Eigentum der Frauen sind, das sie eventuell mit anderen Frauen der Familie teilen, selten aber von Generation zu Generation weitergeben: Die Frauen träumen diese Motive, manchmal werden sie sogar vom Ehemann an ihrer Statt geträumt. Dieser Typ von »Totem«-motiven existiert tatsächlich, er stimuliert die persönliche Kreativität der Frauen oder den symbolischen Austausch mit dem Mann sowie ihre Fähigkeit, ihre individuellen Erfahrungen zu deuten. Diese Motive machen jedoch bei weitem nicht den überwiegenden Teil der graphischen Betätigung der Frauen aus: Als Hüterinnen der Träume des Patriclans verfügen Frauen sehr wohl über eine Reihe von Motiven, die der territorialen Identifizierung der »totemischen« Ahnen entsprechen.

Die Motive der Frauen unterscheiden sich von denen der Männer: Wir haben bereits gesehen, daß die Frauen die Verantwortung für andere Stätten tragen als die Männer, für Stätten, die durch Mythen mit geheimen Episoden und durch Zuordnung von Arten bestimmt werden, welche diejenigen Arten, die den Pfad kennzeichnen, ergänzen. Dies entspricht der Differenzierung der Motive je nach Geschlecht. Die Weitergabe dieses geheimen Wissens der Frauen – der Mythen und der dazugehörigen Tänze, Gesänge und graphischen Darstellungen – hält das Prinzip des Patriclans aufrecht: Eine Frau wird von den Schwestern ihres Vaters initiiert und sie initiiert die Töchter ihres Bruders.

Die Existenz von »Totem«-motiven, die von den Frauen von Generation zu Generation weitergegeben werden und die mit dem Boden ihres jeweiligen Patriclans verbunden sind, ist (wie die Stätten und die Täfelchen) entscheidend: Durch diese Motive identifizieren sich die Frauen mit einem bestimmten Stück Land, sie sind eine neuerliche Garantie für ihre Pflichten und Rechte auf Grund und Boden. Die auf die heiligen Gegenstände oder auf den Körper der Hüterinnen gemalten Motive sollen die Lebenskraft, *kuruwarri*, erneuern, die zugleich die heilige Macht der Gegenstände und die Identität der Hüterinnen ausmacht. Das heißt, daß

die Bestätigung der Macht über und durch den Boden den Frauen rituell garantiert und von den Männern auch anerkannt wird.
Bei Ethnien, in denen die Frauen keine heiligen Täfelchen als Beweis für den Anspruch auf traditionelles Land haben, erkennen die Weißen die Rechte der Frauen aufgrund der Existenz dieser Motive und der dazugehörigen, den patriclanischen Ahnenpfaden zugeordneten Gesänge und Tänze (oder eventuell der matriclanischen, wie bei den Stämmen der westlichen Wüste, die Annette Hamilton beschreibt, deren Frauen im Gegensatz zu den Männern von ihren Müttern erben) an. Motive, Gesänge und Tänze sind der praktische rituelle Ausdruck der Rechte der Frauen auf Grund und Boden, eine Praxis, die nicht ausschließlich den Interessen der Frauen dient, wie dies ein ethnologisches Vorurteil behauptet, sondern der gesamten Gemeinschaft.

Ritueller Beistand, direkte oder klassifikatorische Verwandtschaft (Untersektionen)[3]

Meggitt (Meggitt 1962) hat zur Entdeckung der Funktion der Männer als ritueller Beistand in der lokalen Organisation beigetragen: Er hat gezeigt, wie bei den Männern die direkte – oder unter bestimmten Umständen die kassifikatorische – Verwandtschaft die Gruppe bestimmt, der gegenüber der Mann zu rituellem Beistand verpflichtet ist, ohne den eine Zeremonie der Hüter des Bodens z. B. nicht stattfinden kann. Meggitt und nach ihm Munn haben überlegt, ob es auch bei den Frauen ähnliche Beistandsbeziehungen gibt, aber beide sind zu dem Schluß gekommen, daß sie nicht existieren: Beide jedoch haben an Zeremonien der Frauen nicht teilgenommen.
Ich habe beobachten können, daß Zeremonien der Frauen als Hüterinnen des Bodens Beistandsbeziehungen erfordern, die auf Verwandtschaft zwischen den Mitgliedern verschiedener Patriclans beruhen, wobei die Funktion der Beistände so verantwortungsvoll ist, daß die Zeremonie ohne sie nicht stattfinden könnte. Die Beistände bemalen die heiligen Gegenstände der Hüterinnen und übernehmen die Choreographie ihres Rituals, wie es die Männer auch tun. Die Verwandtschaftsverhältnisse bei den rituellen Beistandsbeziehungen sind jedoch bei den Frauen andere als bei den Männern. Während die Männer den Brüdern

ihrer Mutter helfen müssen, ihnen also von den Söhnen ihrer Schwestern beigestanden wird, müssen die Frauen den Schwestern ihres Mannes assistieren, und ihnen wiederum wird von den Frauen ihrer Brüder Beistand geleistet.[4]
Mit anderen Worten, ein Mann ist in der Regel Hüter des Landes seines Vaters und Beistand für das Land seiner Mutter, während eine Frau Hüterin des Landes ihres Vaters und Beistand für das Land ihres Gatten ist. Die rituelle Tätigkeit der Frauen erstreckt sich daher nicht nur – aufgrund ihrer Funktion als Hüterin ihres Heimatgebietes – auf ihre jeweiligen Patriclans, sondern auch aufgrund ihrer Beistandsfunktion für die Heimat ihres Mannes (die ja die Heimat seiner Schwestern ist, denen die Frauen beistehen müssen) auf dessen Patriclan. Bezüglich rituellen Beistands sind die Männer auf ihre Schwestern angewiesen, von denen sie ja durch Beistand versorgt werden. Wir werden noch anläßlich der Heirat auf diesen Trumpf zurückkommen, den eine Frau dadurch in der Hand hält, daß sie ihrem Bruder den Dienst erweist, ihm ihre Söhne als Beistände zur Verfügung zu stellen.
Bei den Warlpiri heißt die Funktion des Beistandes *kurdungurlu*; ein Mann oder eine Frau werden *kurdungurlu* dieser oder jener Gruppe und der Träume und Zeremonien, die dieser Gruppe eigen sind, genannt. Ins Pidgin English übersetzen die Warlpiri wie die anderen Aboriginesethnien *kurdungurlu* unterschiedslos mit »worker« oder »policeman«. Ein *kurdungurlu* hat die Aufgabe, die heiligen Gegenstände zu bemalen und die Choreographie der Zeremonien zu übernehmen, weshalb man ihn in der angelsächsischen ethnographischen Literatur »Organisator« (»manager«) nennt, im Gegensatz zu dem »Besitzer« (»owner«) eines Traumes. Ich bevorzuge im Französischen die Ausdrücke »gardien« (»Hüter«) statt »Besitzer« und »assistant« (»Beistand«) statt »Organisator«. Die Warlpiri sagen *kirda* für »Hüter«, einen Ausdruck, den sie ins Pidgin English (wie auch andere Aboriginesethnien) mit »boss« übersetzen: Nur die *kirda* dürfen bei ihren Zeremonien tanzen.
Unter bestimmten rituellen Umständen werden die Funktionen von *kirda* und *kurdungurlu* auf nicht direkt verwandte Ethnien ausgedehnt. Bestimmte Männer oder Frauen, die nicht dem Patriclan, der Hüter des gefeierten Traumes ist, angehören, bekommen die Privilegien und den Titel eines *kirda* übertragen (sie sind also für die Dauer der Zeremonie Hüter eines Traumes, den sie

nicht geerbt haben und der nicht ihrer Lebenskraft entspricht). Desgleichen müssen bestimmte Personen, obwohl sie weder durch ihre Mutter (bei den Männern) noch durch ihren Gatten (bei den Frauen) mit dem Patriclan verbunden sind, der Hüter des gefeierten Traumes ist, diesem assistieren, und sie werden auch für die Dauer der Zeremonie *kurdungurlu* genannt. Diese Ausweitung der Funktionen des Hüters und des Beistands erfolgt nach dem Prinzip der klassifikatorischen Verwandtschaft des Systems der Untersektionen.

Die Warlpiri haben ein System klassifikatorischer Verwandtschaft mit acht Untersektionen, das von Elkin (Elkin 1964) als »Aranda« klassifiziert worden ist. Jeder Warlpiri trägt den Namen einer Untersektion, die er im Pidgin English »skin« nennt. Brüder und Schwestern gehören derselben Untersektion an: Der männliche Name lautet gleich wie der weibliche, nur beginnt der der Männer mit »J« und der der Frauen mit »N« (Abb. 1). Die acht Untersektionen sind in zwei exogame Hälften, die sogenannten Patrimoieties, unterteilt: Vier Paare verbinden jede Untersektion mit nur einer anderen, mit der Heirat möglich ist, in einem Verhältnis von Kreuzcousins zweiten Grades. Vier andere Paare von Untersektionen verbinden sie einzeln miteinander als klassifikatorische Patrilinie, sogenannte Semi-Moieties. So ist ein Mann in der Regel in derselben Untersektion wie der Vater seines Vaters und der Sohn seines Sohnes. Desgleichen ist eine Frau in der Regel in derselben Untersektion wie die Schwester des Vaters ihres Vaters (= Untersektion des Großvaters väterlicherseits) und die Tochter des Sohnes ihres Bruders (= Untersektion des Sohnes des Sohnes ihres Bruders). Durch das Alternieren zweier Untersektionen pro klassifikatorischer Patrilinie teilt das System die Untersektionen in zwei endogame Hälften, sogenannte Generationsmoieties, und in zwei andere Hälften, sogenannte klassifikatorische Matrilinien: So bedarf es von Mutter auf Tochter (oder, bei den Männern, vom Bruder der Mutter auf den Sohn der Schwester) einer Kette von vier Untersektionen, bevor man wieder auf die seiner Aszendentin oder Deszendentin stößt.

Die Untersektion eines Kindes wird sowohl von der des Vaters als auch von der der Mutter bestimmt, im Falle einer »falschen« Heirat (vom Standpunkt der Vorschriften zwischen Untersektionen aus gesehen) bestimmt die Untersektion der Mutter die des Kindes: In diesem Fall trägt das Kind den Namen der Untersek-

Abb. 1: Diagramm der Verwandtschaftsklassifikation in 8 Untersektionen (nach Meggitt 1962)

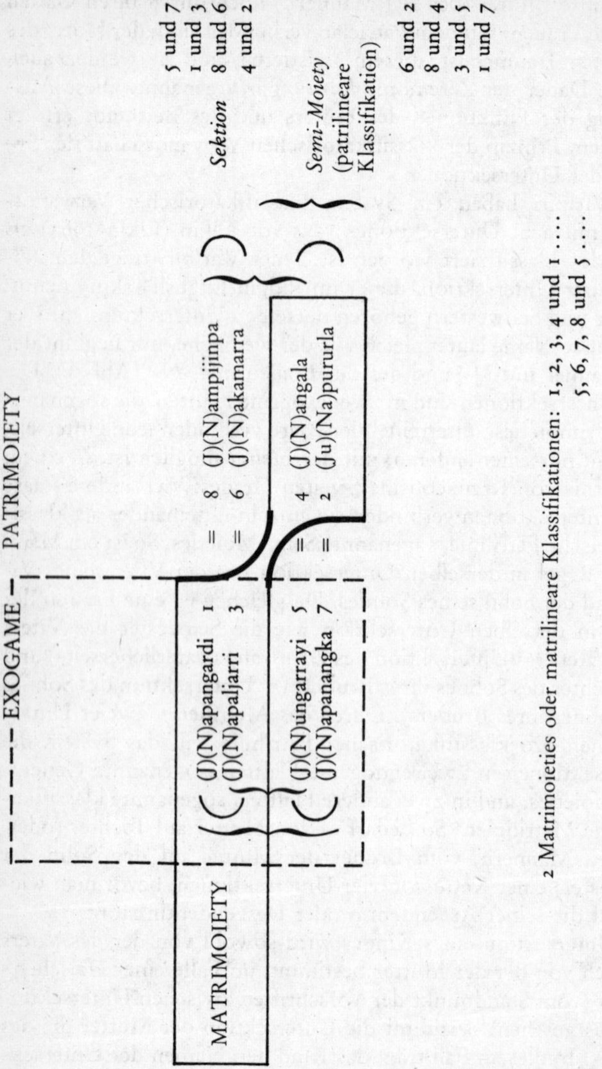

Abb. 2: Diagramm der Verwandtschaftsverhältnisse zwischen Beistand und Hüter bei Männern und Frauen desselben Gebietes.

H1 und H2: Hüter und Hüterinnen eines Patriclans
B1: männl. oder weibl. Beistand des H1
B2: männl. oder weibl. Beistand des H2
– – – – – : Äquivalenz der Untersektion

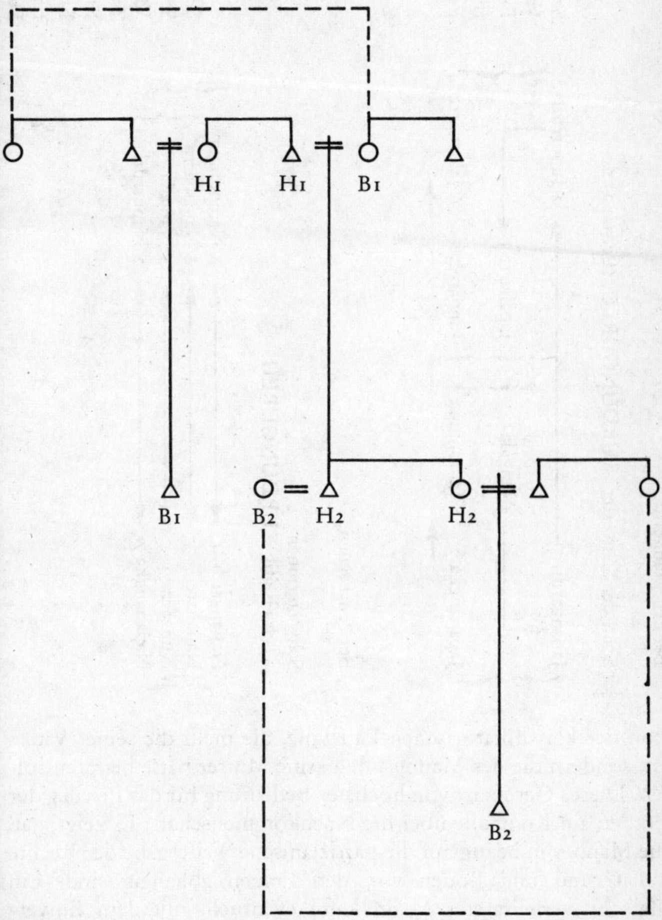

Abb. 3: Diagramm des rituellen Beistandes (Funktion Kurdungurlu) zwischen den acht Untersektionen (siehe Abb. 1 und 2)

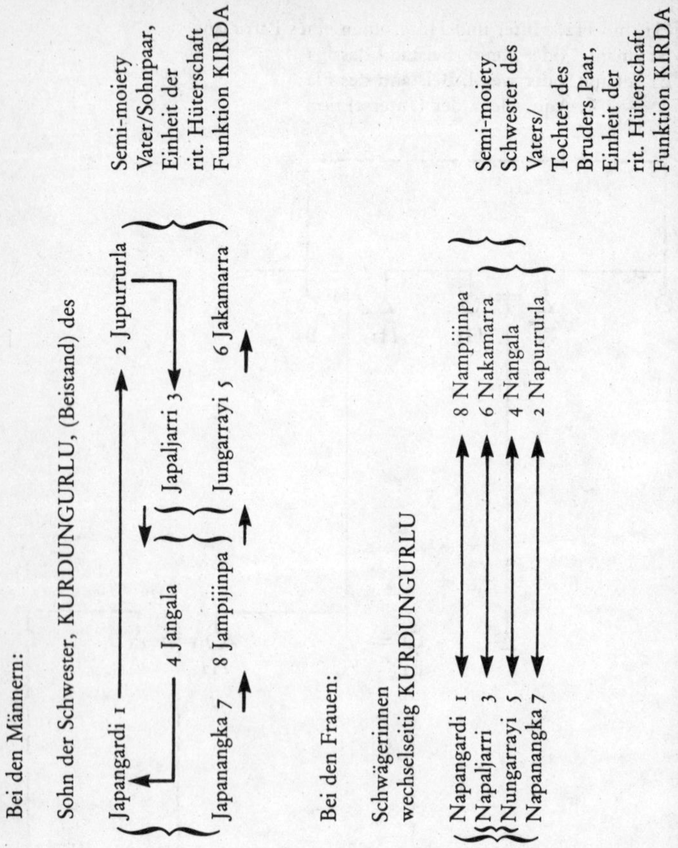

tion der klassifikatorischen Patrilinie, die nicht die seines Vaters ist, sondern die des Mannes, den seine Mutter hätte heiraten sollen. Dieses Gesetz ist von höchster Bedeutung für das Privileg der Frauen auf Kontrolle über die Nachkommenschaft: Es zeigt, daß die Männer in bezug auf die patriclanische Weitergabe der Rechte auf Grund und Boden von den Frauen abhängig sind. Ein »falsch« verheirateter Mann kann eventuell, mit dem Einverständnis seines Patriclans, dieses Kind, das außerhalb seiner klassifikatorischen Patrilinie steht, in seine Loge aufnehmen (adoptieren), aber meist ist es ein Patriclan der klassifikatorischen Patrilinie des Kindes, der es adoptiert. Bei den Frauen kann ein Mädchen aus »falscher« Ehe Rechte auf die Träume von zwei Patriclans haben. Seit einigen Jahren jedoch, seitdem beim Heiraten immer weniger die Regel zwischen Untersektionen eingehalten wird, neigen die Warlpiri dazu, dem Kind den Namen der Untersektion zu geben, der es zur klassifikatorischen Patrilinie seines Vaters gehören läßt, um so die patriclanische Vererbung der Träume und des damit verbundenen Landes sicherzustellen.

Die Warlpiri dehnen ihre Terminologie von realer Verwandtschaft in vereinfachender Weise auf alle Mitglieder der Untersektion eines bestimmten Familienmitgliedes aus: So nennen sie alle diejenigen »Brüder« und »Schwestern«, die denselben Untersektionsnamen tragen wie sie selbst. Sie sagen »Vater« oder »Sohn« (»Tanten väterlicherseits« oder »Töchter des Bruders«), je nach Alter, zu den Mitgliedern der Untersektion, die die ihres Vaters bzw. Sohnes sein müßte. Ebenso belegen sie jeden Warlpiri mit einem Verwandtschaftstitel, der dem konventionellen, zwischen zwei Untersektionen bestehenden Verwandtschaftsverhältnis entspricht.

Dieser Erweiterung der Terminologie von der realen Verwandtschaft auf die klassifikatorische Verwandtschaft zwischen Untersektionen folgt auch die Ausdehnung der Funktionen von Hüter und Helfer bei bestimmten rituellen Anlässen. Hüter, *kirda*, können Männer und Frauen der beiden Untersektionen werden, welche die klassifikatorische Patrilinie bilden, zu der der Patriclan des Hüters im Prinzip gehören sollte, das heißt die klassifikatorischen Schwestern und Brüder der Mitglieder des Patriclans. Beistand, *kurdungurlu*, können bei den Männern ebenso alle Individuen der beiden Untersektionen werden, die als »Söhne der Schwester« mit der einen oder anderen Untersektion der Hüter (welche die klassifikatorische Patrilinie des Patriclans bilden) verbunden sind (Abb. 2). Bei den Frauen werden die Mitglieder der beiden Untersektionen Beistand, die als »Schwägerinnen« mit der einen oder anderen Untersektion der Hüterinnen verbunden sind (Abb. 2): Die Frau des Bruders (Beistand) ist im Prinzip in derselben Untersektion wie die Schwester ihres Mannes (der beigestanden wird). Mit anderen Worten, bei den Untersektionen ist das

Verhältnis *kirda/kurdungurlu* bei den Frauen reziprok (obwohl es das bei der direkten Verwandtschaft nicht oder nur selten ist).

Zwei Untersektionen, die einander beistehen, entsprechen bei den Frauen also denjenigen, die bei der Heirat vorgeschrieben sind, während bei den Männern das Beistandsverhältnis zwischen zwei Untersektionen, die einander – den beiden klassifikatorischen Matrilinienketten folgend – beistehen, nicht wechselseitig ist (Abb. 3).[5]

Die Warlpiri haben nicht immer ein derartiges System von Untersektionen gehabt. Heutzutage dehnt sich dieses System auf immer mehr australische Ethnien aus. Wir dürfen annehmen, daß dieses Phänomen, gekoppelt mit der Ausdehnung der Pflichten von Hüter und Beistand nach Untersektionen, eine Antwort der Aborigines darauf ist, daß man sie seßhaft gemacht und massiv zusammengedrängt hat: eine symbolische Anpassung mit der Absicht, die Lebendigkeit der rituellen Handlungen durch eine maximale Mobilisierung der Stammesmitglieder zu bewahren und zu verstärken. Es gibt heute ungefähr 3000 Warlpiri, die in vier großen Gemeinschaften auf Rinderfarmen oder in Städten (Alice Springs, Darwin und Katherine) verteilt leben. Diese Zahl entspricht etwa 50 Patriclans; in Lajamanu, das etwa 700 Warlpiri zählt, leben Mitglieder fast aller Patriclans. Durch das System der Untersektionen kann sich ein einzelner Vertreter eines Patriclans für eine Zeremonie an alle Mitglieder seiner klassifikatorischen Patrilinie wenden, die ein Viertel aller Erwachsenen ausmacht. Es werden von Stamm zu Stamm, bei jeweils verschiedenen Sprachen, Entsprechungen zwischen Untersektionen hergestellt. So werden selbst Mitglieder verschiedener Stämme zueinander in ein Verhältnis von klassifikatorischer Verwandtschaft gebracht, was ihre Teilnahme am Ritual ermöglicht. Insbesondere dieses Prinzip hat den Warlpiri geholfen, Zeremonien für ein Gebiet zu übernehmen, in dem Lajamanu liegt, das traditionellerweise ja den Kurintji gehört. Ebenso können diese an den Zeremonien der Warlpiri teilnehmen.

Die mythischen Heroen und Heroinnen der Träume tragen die Namen von Untersektionen. Die Kulturheroen der Männer sind meist patriclanische Ahnen, also in der Regel aus derselben Semimoiety (klassifikatorische Patrilinie, die aus zwei Untersektionen besteht) wie die mit dem Patriclan der Hüter verbundene. So feiern die Männer ihre »Brüder« oder »Väter« und eventuell auch ihre »Schwestern« oder »Tanten väterlicherseits«, wenn sie patriclanische Heldinnen haben. Es kann vorkommen, daß sie ihre »Mütter« oder »Großmütter väterlicherseits« feiern, die aus anderen Untersektionen als denen ihres Patriclans kommen, wobei letztere derselben Untersektion angehören wie ihre eigenen Ehefrauen. Die Untersektionen dieser Heroinnen sind die, auf die die Männer ihres Patriclans in bezug auf rituellen Beistand angewiesen sind. Aufgrund ihrer Generationen-Hälfte stehen sie den Männern der Untersektion ihrer Mutter bei, und ihnen wird von den Söhnen der Männer der anderen Untersektion assistiert. Der »Sohn der Schwester« entspricht in bezug auf die Untersektionen dem »Sohn des Bruders der Ehefrau«.

Ich habe schon darauf hingewiesen, daß die Helden der Träume von Frauen fast immer weiblich sind. Ich habe beobachtet, daß diese Heroinnen häufig nicht Frauen aus dem Patriclan sind, was ihre Untersektion betrifft (»Schwester« oder »Töchter« der Männer des Patriclans), sondern den Mythen zufolge die »Mütter« oder »Großmütter väterlicherseits« der Frauen und Männer des Patriclans (das heißt »Mütter« oder »Ehefrauen« von Helden der Männer aus der einen oder anderen Untersektion des Patriclans). Was uns hier interessiert, ist die Tatsache, daß die Frauen, die sich wie die Männer mit den Lebenskräften ihrer Traumheroen identifizieren, dazu neigen, sich mit Heroinnen zu identifizieren, die zwar eine Verkörperung des Traumes des Patriclans sind (vom Standpunkt der Frauen aus), aber doch außerhalb des Patriclans stehen: Es sind die weiblichen Ahnen, die die Männer und Frauen des Patriclans befruchtet haben, vom Standpunkt der Untersektion aus die »Mütter« und »Großmütter väterlicherseits«; diese sind gleichzeitig die jeweiligen »Schwägerinnen« der einen oder anderen Generationenhälfte der Frauen des Patriclans.

Mit anderen Worten, das Prinzip des rituellen Beistands der Frauen und der Schwägerinnen ist, was die Untersektionen betrifft, nur ein Umweg, um sich von den Vertreterinnen (auf Untersektionsebene) ihrer nicht-patriclanischen weiblichen Vorfahren, also ihren »Müttern«, symbolisch beistehen zu lassen und wiederum diesen beizustehen. So können die beistehenden Frauen manchmal dazu bestimmt werden, hochheilige Pantomimen darzustellen, obwohl es in der Regel nur den Hüterinnen eines Traumes gestattet ist, bei den üblichen Zeremonien zu tanzen. Das weibliche Prinzip der rituellen Identifizierung mit nicht-patriclanischen Kulturheroinnen – aus patriclanischen Träumen, deren Hüterin eine Frau ist – weist auf eine spezifische symbolische Absicht der Frauen hin (obwohl es auch bei den Männern vorkommt, daß sie weibliche nicht-patriclanische Heldinnen feiern): Die Frauen bekräftigen sozusagen neuerlich die Macht der Mütter ihrer väterlichen Vorfahren als Voraussetzung für die Feier ihres Heimatgebietes.

Wir wissen, daß die Aborigines die biologische Rolle der Männer bei der Empfängnis nicht ausdrücklich anerkennen. Infolgedessen ist die Kontrolle der biologischen Fortpflanzung grundsätzlich ausschließlich Frauensache. Traditionellerweise wird bei den Warlpiri die Entstehung des Fötus dem Eindringen von Geistkindern oder der Lebenskraft (*kuruwarri*) dieser Geister (*kurruwalpa*) in den Körper der Frau zugeschrieben. Die Frau, ihr Mann oder jemand anderer bestimmt durch Träume deren totemische Natur: Die Art stellt das Empfängnistotem (Traum) des Kindes dar. Bei den Warlpiri entspricht sie der Art, die mit dem angenommenen Ort der Einführung der Lebenskraft durch Geistkinder (Munn 1964) verbunden wird. Dieser Traum, der lebenslänglich im Besitz eines Individuums bleibt, hat nicht unbedingt Hüterrechte an Grund und Boden zur Folge, denn er deckt sich nicht notwendigerweise mit dem oder den Träumen des Patriclans. Ein junger Mann wird erst dann zu den Mitgliedern seines Patriclans gerechnet, wenn er dessen Träume bei seiner Initiation übernimmt. Ein Mädchen wird hingegen von den Frauen betreut, insbesondere von den Schwestern ihres Vaters. Die Anerkennung der patrilinearen Abstammung gründet sich also auf eine rituelle Handlung, die beim Knaben im Gegensatz zum Mädchen eine physische Trennung von seiner Mutter und eine symbolische Anerkennung durch die Männer erfordert.

Wir werden sehen, daß trotz des symbolischen Bemühens der Männer, den Frauen die Kontrolle über die Fortpflanzung zu entziehen, diese für die symbolische Wiedergeburt ihres Sohnes unerläßlich sind, an der sie nicht nur in Gegenwart der Männer, sondern auch mit ihren geheimen Zeremonien rituell beteiligt sind. Wir haben gesehen, daß die Frauen die Rechte auf Grund und Boden mit den Männern teilen; ich möchte jetzt versuchen zu zeigen, daß sie auch die Kontrolle über die symbolische Produktion mit ihnen teilen.

So wie andere Aboriginesethnien haben die Warlpiri alles, was sich auf die rituellen Handlungen bezieht, mit »business« ins Englische übersetzt: die spirituelle Hüterschaft über Grund und Boden, die Handhabung der heiligen Gegenstände, die Interpretation der Mythen und Träume, die Einteilung der Menschen in Untersektionen und der Arten in Totems. Die Inszenierung des Rituals, die Tänze, die Gesänge, die heiligen Gegenstände, das Netz der heiligen Pfade, die Mythen, die Träume, das System der Untersektionen und der Totemverbindungen bilden das, was Annette Hamilton (Hamilton 1979) die symbolische Produktion genannt hat, das heißt den Diskurs der sozialen Reproduktion, den Maurice Godelier (Godelier 1978) als den »ideellen Anteil« der sozialen Beziehungen bezeichnet. Männer und Frauen über 40 Jahre haben den Status von »businessmen« bzw. »businesswomen«, sie tragen die Verantwortung für die rituellen Handlungen. Für sie hat die symbolische Produktion zum Teil insofern wirtschaftliche Bedeutung, als viele rituelle Handlungen bis heute der Abwicklung von Geschäften (Berndt u. Berndt 1954: 46) oder der Regelung von Konflikten (Peterson 1970) dienen.

Der Begriff von der Ewigkeit der Traumzeit bedeutet nicht, daß die Modellhandlungen der mythischen Helden ursprünglich aufgezeichnet wurden und für immer festgehalten sind. Im Gegenteil, da die Traumzeit dynamisch verstanden wird, bietet sie einen Bezugsrahmen, in den Änderungen der Rechte auf Grund und Boden und seine Ressourcen oder Beziehungen zwischen den Menschen, eventuell auch Techniken (Tonkinson 1978), symbolisch integriert werden können. Insbesondere ließen die Mobilität der Warlpiri, das mögliche Anwachsen der Patriclans, Adoptionen und Bündnisse aller Art die patriclanischen Grenzen mit der Zeit verschwinden; diese Veränderungen konnten bei der Geburt eines Kindes immer durch das Prinzip des Empfängnistotems legitimiert werden – durch welches das zukünftige Recht des Kindes auf ein solcherart bestimmtes neues Land verankert wurde. Alle Warlpiri, die in Lajamanu (dem traditionellen Territorium der Kurintji) geboren sind, betrachten sich als Hüter des mit diesem Ort verbundenen Totems (Wallaby: *wampana*), um ihr Recht auf Inbesitznahme von Grund und Boden der Siedlung zu legitimieren. (Sie erben aber nichtsdestoweniger die Landrechte, die mit ihren patriclanischen Träumen verknüpft sind.)

Beteiligung der Frauen am Fruchtbarkeitskult und an der Initiation der Männer

Bei meiner Ankunft in Lajamanu war der Großteil der Männer abwesend; sie hatten sich eine Woche zuvor mit ca. 20 Novizen auf den Weg gemacht, um diesen die Initiationszeremonien bei den Alten von Yuendumu (eine Warlpirisiedlung, 600 km südlich von Lajamanu) zu zeigen. Diese Reise war Teil des fünfmonatigen Initiationszyklus, der es den Warlpiri von Lajamanu ermöglicht, alle beschnittenen jungen Männer zwischen 12 und 20 Jahren gemeinsam zu initiieren, gleich welchen Untersektionen oder patriclanischen Totems sie angehören.

Meggitt (Meggitt 1966) zufolge ist dieser Zyklus von den Warlpiri aus dem Norden, den Warnayaka (die die Mehrheit der Bevölkerung in Lajamanu stellen), zwischen 1870 und 1900 eingeführt und im Zentrum des Warlpiri-Territoriums nicht vor dem 2. Weltkrieg übernommen worden. Der Initiationszyklus soll aus einem ganzen Komplex von Fruchtbarkeitskulten bestehen, die im Norden unter dem Namen *big sunday*, im Arnhemland als *kunapipi* (R. Berndt 1951) oder an der Westküste in Balgo als *dingari* (R. Berndt 1965) bekannt seien. In allen Kulten feiern Männer und Frauen eine allmächtige Urmutter, wie die *gadjari* im *big sunday*, oder die beiden Schwestern, Schöpferinnen von Natur und Kultur, wie die *wauwalak* oder die *djanggawul* bei den *kunapipi* im Osten von Arnhemland. Im *kunapipi* des Südwestens, bei den Dalabon, wird ein Vater-Sohn-Paar, genannt *nagorgo*, gefeiert, das schließlich von einer Schlangenmutter verschlungen wird (Maddock 1976).

Die Warlpiri nennen ihren Zyklus *gadjari* (diese Schreibweise entspricht der von Meggitt, ich verwende lieber die des Education Departments: *kajirri*) und geben ihm damit den Namen der »Mutter« des *big sunday*-Kultes. Meggitt (Meggitt 1966) behauptet jedoch, daß die Warlpiri-Männer bei der Übernahme dieses Kultes jeden Bezug auf Heldinnen fallengelassen haben und daß die Muttervorstellung von den rituellen Symbolen verdeckt werde: Sie sollen einen Mythos, den sie zuvor gehabt hätten, angepaßt haben, und zwar einen Mythos, dessen Helden zwei Männer, Vater und Sohn, anderen zufolge zwei Brüder, seien. In Lajamanu geben die Warlpiri das Geschlecht des Helden dieses Mythos, auf den sich Meggitt bezieht, nicht öffentlich an; gefeiert wird er von der gesamten, aus den ungeraden Untersektionen der Abb. 1 gebildeten Hälfte (Moiety), obwohl nur ein einziger Patriclan direkt über die Lebenskraft dieser Helden verfügt: Sie nennen den Mythos *kajirri-jarra*, wobei *jarra* »zwei« bedeutet und *kajirri* den Begriff der Initiation darstellt. Der Musikologe Steven Wild (persönliche Mitteilung) war in Lajamanu Zeuge zweier Initiationszyklen, die von den Warlpiri *kajirri* genannt worden sind, sich aber auf andere mythische Helden berufen: einerseits auf den Vogel *wirntiki* (stone curlew: Brachvogel), der Traum einer Semimoiety der Hälfte, die den *kajirri-jarra*-Traum hütet, und andererseits auf die wilden Hunde, *maliki*, ein Traum, der der anderen Hälfte gehört. Von diesen und anderen Mythen berichtet Meggitt (Meggitt 1966), daß sie mit dem sogenannten *kajirri-jarra* verknüpft seien.

Der Initiationszyklus, der während meines Aufenthaltes in Lajamanu gefeiert wurde, gründete sich auf die beiden Helden des Traumes *kajirri-jarra*. Meggitt schrieb (Meggitt 1966), daß die Warlpiri-Männer die Frauen von diesem Kult ausschließen und einen anderen Mythos verwenden, um ihnen trügerische Erklärungen zu geben: Menschenfresserinnen hätten ihre Söhne gefressen, die von ihren Gatten, den Männern des *mulga*-Baumes, dann wieder zum Leben erweckt worden seien. Die Warlpiri-Frauen sollen also nach dieser Version glauben, die Initiation ihrer Söhne bestehe darin, daß die mythischen Menschenfresserinnen sie verschlingen und die Männer ihnen das Leben wiedergeben.

Ich habe daher mit einiger Überraschung festgestellt, daß die Frauen einerseits diesen Kult parallel zu den Männern feiern und daß sie sich andererseits nicht auf diesen Mythos von Menschenfresserinnen berufen, sondern auf zwei Heldinnen, den Schöpferinnen von Natur und Kultur, deren Name den Männern nicht verraten werden darf. Dieser Name ist nicht derjenige, den Meggitt als den Geheimnamen der männlichen Helden angibt. Während der fünf Monate der Feier des Initiationszyklus waren die Haupthüterinnen der mit dem Mythos verbundenen Träume im Lager der Frauen Tag und Nacht damit beschäftigt, für nahezu jeden zweiten Tag Zeremonien zu organisieren. Die Männer waren von diesen Zeremonien ausgeschlossen, es würde sich auch kein Mann in das Lager der Frauen wagen (ebensowenig wie die Frauen in das Lager der Männer). Was mich aber verblüffte, war die Beobachtung, daß dieser Respekt vor dem Geheimnis des jeweils anderen Geschlechts von täglichen Diskussionen zwischen einem oder zwei Hütern und einer oder zwei Hüterinnen begleitet war, die gemeinsam die Etappen des Ablaufs des Zyklus festlegten. Abgesehen von den Hüterinnen der Träume waren alle Mütter der Novizen, unabhängig von ihren eigenen Träumen, an der Feier des Zyklus besonders beteiligt. Sie behaupteten, dies für ihre Söhne tun zu müssen.

Wir sehen also, daß diese rituellen Handlungen der Frauen nicht für die Frauen bestimmt, sondern für die gesamte Gemeinschaft notwendig waren, und daß die Handlungen der Männer ohne die der Frauen keinen Sinn gehabt hätten (C. Berndt 1965). Dies bringt uns dazu, das Postulat zu hinterfragen, demzufolge die Fruchtbarkeitskulte als Riten interpretiert werden, die die Vormachtstellung der Männer bestärken und den Männern die Kontrolle über die biologische Fortpflanzung, diesem natürlichen Privileg der Frauen, einräumen (Bern 1980). Sicher hat ein gewisser Diskurs der Männer die Absicht, die Frauen glauben zu lassen, sie, die Männer, hätten die biologische Fortpflanzung unter Kontrolle (z. B. durch den Mythos der Menschenfresserinnen), aber wir werden weiter unten sehen, daß dies nur ein Aspekt eines komplexen symbolischen Ganzen ist – eine erzieherische Maßnahme den Novizen gegenüber – und daß dieser eine Aspekt keine Vormachtstellung legitimiert.

Seitdem die Warlpiri den Zyklus übernommen haben, müssen die Novizen, *punyunyu*, während der fünfmonatigen Feier mit den Männern jeglichen Kontakt zu den Frauen meiden. (Früher, als die Jugendlichen ausschließlich von ihrem Patriclan initiiert worden waren, mußten sie sich ebenfalls von den Frauen fernhalten.) So durften die Frauen während der ersten drei Wochen meines Aufenthalts in Erwartung der Rückkehr der Männer und der Novizen weder nach Nordosten, der den Männern vorbehaltenen rituellen Zone, noch nach Südosten gehen, denn von dort sollten die Männer zurückkommen.

Am Tage der Ankunft der Novizen tanzten alle Frauen der Siedlung stundenlang und teilten sich dann außerhalb des Lagers der alleinstehenden Frauen, entsprechend den beiden klassifikatorischen Patrilinien, in zwei Gruppen auf. Zwischen den beiden Gruppen von Frauen, die mit gesenktem Kopf dasaßen, mußten diejenigen Novizen durchgehen, die zum ersten Mal an diesem Zyklus teilnahmen. Die anderen Novizen gingen seitlich an den beiden Gruppen vorbei. Während sie sich in Richtung Männerlager entfernten, erhoben sich die Mütter aller Novizen und die Schwestern von deren Vätern, streckten die Arme in ihre Richtung aus und tanzten. Ich hatte wie die anderen Frauen den Kopf gesenkt, da sagte mir eine alte Frau mit erhobenem Kopf: »Du darfst schauen, du bist keine Junge, du lernst mit uns.« Ein solcher ritueller Kontakt zwischen den Novizen und den Frauen wiederholte sich, als ein junger Mann aus Balgo (Westaustralien, 1000 km westlich) gebracht wurde, um sich den Novizen anzuschließen, dann, als zwei andere Jugendliche nach ihrer Beschneidung in die Gruppe der Novizen aufgenommen wurden, und schließlich, als die Novizen von einer heiligen Stätte, an der sie fast zwei Wochen gelagert hatten, zurückkamen.

Die Novizen müssen ungefähr acht solcher periodischer, fünfmonatiger Zyklen absolvieren, bevor sie vollkommen initiiert (subinzisiert) sind und somit aktiv an den Zeremonien der Männer teilnehmen dürfen. Früher mußten sie bis zur Heirat dann noch ein paar Jahre warten, während derer sie nach den Jahren der Initiation eine spezifische Rolle spielten, bis sie ca. 30 Jahre alt waren. Heutzutage ist diese Rolle verschwunden, und die Männer heiraten schon ab dem 20. Lebensjahr, manchmal sogar früher. Die Warlpiri sagen lachend, daß die Mobilisierung durch das Ritual den Zweck hat, die Jugendlichen abzulenken, damit sie keine Dummheiten machen. Die Jungen sind heute in der Tat mit dem manchmal ernsten Problem des Müßiggangs konfrontiert; dieser Brauch könnte aber auch auf einen Versuch der initiierten Männer hinweisen, mögliche sexuelle Rivalen auszuschalten, eine Interpretation, die auf den ersten Blick ein Monopol der Alten auf die Frauen zu bestätigen scheint.

Die Frage, ob solch ein Monopol existiert, ist strittig: Es kam vor, daß alte Männer junge Frauen heirateten, nachdem sie als erste Frau eine alte Witwe bekommen hatten, doch das entsprach einer Form von Ehe, die nicht die ganze Sexualität monopolisiert. So wurde stillschweigend hingenommen, daß junge Leute, Männer wie Frauen, außereheliche sexuelle Beziehungen hatten. Ehebruch wurde als Verfehlung auf verwandtschaftlicher Ebene oder auf der Ebene der Untersektionen bestraft; oft handelte es sich dabei um symbolische Sanktionen, z. B. Aderlaß des Mannes. Meistens wurde die Frau nicht beschuldigt, und wenn es dem jungen Paar gelang zu fliehen, so konnte es eine Legitimierung seiner Beziehung erreichen, und der rechtmäßige Ehemann verlor seine Rechte, konnte aber seine Kinder behalten, wenn er es verlangte. Da die biologische Vaterschaft auf sozialer Ebene nicht anerkannt wurde, war es vor allem wichtig, daß das Kind einer verheirateten Frau vom Standpunkt der patriclanischen Vererbung aus als Sohn oder Tochter anerkannt wurde. Mit anderen Worten, wenn die Ehe als Institution Vorbedingung für die Weitergabe der patriclanischen Tradition und der Rechte auf Grund und Boden war, so bedingte sie nicht die Sexualität. Ich würde sogar meinen, daß das Nichtbezeichnen des biologischen Vaters der Institutionalisierung einer stillschweigenden Duldung des Ehebruchs entsprechen könnte.

Viele führen das Phänomen des sogenannten Frauenmonopols der Alten auf eine Entfremdung der Jungen und auf das »Begehren der Mutter« zurück. So deutet Meggitt (Meggitt 1966) – und er stützt sich dabei auf Róheim (Róheim 1945) – das Drama der Initiation und ihre rituelle Inszenierung in Freudschen Begriffen mit dem männlichen Kastrationskomplex. Bettelheim (Bettelheim 1982) aber weigert sich, die Initiation des Mannes mit Kastration und Inzesttabu in Verbindung zu bringen: Er stellt im Gegenteil das Fehlen von sexuellen Repressionen und elterlichen Drohhaltungen fest und interpretiert die Initiation als positiven Akt, der bei den männlichen Jugendlichen die Angst vor dem anderen Geschlecht vertreibt oder gar nicht erst aufkommen läßt und ihnen Sicherheit im Umgang mit ihrem sexuellen Verlangen verleiht. Durch die Beschneidung würde der Knabe geboren – »Tatsächlich wird durch die Beschneidung die Eichel freigelegt; sie taucht wie ein Neugeborenes aus dem Mutterleib auf« (Nunberg, in: Bettelheim 1982: 54) –, und die Subinzision befriedige den Wunsch der Jugendlichen, zum anderen Geschlecht zu gehören, da sich der Penis wie eine Scheide öffnet und blutet. Diese beiden Stufen der Sexualität eröffneten einen Zugang zu sexueller Lust und einem erfolgreichen Leben in der Welt der Erwachsenen.

Die Durchführung der Subinzision steht im Mittelpunkt der Fruchtbarkeitskulte; das Blut der Subinzision wird im allgemeinen mit dem Menstruationsblut gleichgesetzt. Meggitt (Meggitt 1966) teilt uns mit, daß die beiden Männer des *kajirri-jarra*-Mythos, der mit dem Fruchtbarkeitskult der Warlpiri verbunden ist, diese Praxis, die bereits anderen Helden zugeschrieben worden war, wieder eingeführt hätten und daß das Blut die Lebenskraft, *kuruwarri*, verkörpere. Dem Menstruationsblut schreiben die Männer die Empfängnisfähigkeit der Frauen zu. Im Gegensatz zu dem, was von anderen Ethnien berichtet wird, finden die Warlpiri das Blut weder abstoßend noch ist es Gegenstand eines Tabus: Die Frauen müssen während ihrer Regel nicht unbedingt ihr Familienlager verlassen.

Wenn Männer von den Zeremonien der Frauen, *yawulyu*, sprechen, weisen sie immer darauf hin, daß es sich dabei um »women's business«, eine Angelegenheit der Frauen, handelt. Es ist so, als ob die Männer die Frauen um das, was sie deren Geheimnis nennen, beneideten, während die Frauen selbst nicht einmal das Bedürfnis haben, es zu verbergen. Bettelheim (Bettelheim 1982: 31) stellt in bezug auf das Menstruationsblut fest, daß im Westen im allgemeinen die »meisten der pubertierenden Knaben äußerst neugierig und auch eifersüchtig auf das Geheimnis der Mädchen sind. Die Mädchen schüren diese Neugierde und prahlen so sehr mit ihrem Geheimnis, daß das Mysterium bald alles andere als geheim ist«. Wenn wir annehmen – wie es allgemein getan wird –, daß das rote Ocker Blut symbolisiert, so können wir sagen, daß die Frauen ihr Geheimnis deutlich zur Schau stellen, da sie täglich das Gesicht, die Arme und die Beine, wenn nicht überhaupt den ganzen Körper, damit bemalen. Diese rote Bemalung hat eine ästhetische Funktion mit dem Ziel, das Begehren der Männer zu erregen: ein Begehren, das die Männer für die bemalte Frau empfinden sollen, vielleicht soll aber auch ihr Wunsch angestachelt werden, Frau im Sinne von fortpflanzungsfähig zu sein. Die Männer bemalen sich bei ihren Zeremonien mit rotem Ocker und Blut und stellen sich mit Hilfe bestimmter Riten ausdrücklich symbolisch als Zwitter dar.

Indem sie symbolisch vorgeben, die weibliche Fruchtbarkeit zu kontrollieren, erkennen die Männer an, daß in Wirklichkeit die Frauen über sie verfügen. Der männliche Diskurs, der den Frauen vormachen soll, daß sie – die Männer – das Geheimnis der Fortpflanzung besitzen (Mythos der Menschenfresserinnen, die die Novizen verschlingen, welche die Männer wieder zum Leben erwecken können), kann als Antwort auf die Annahme gelten, daß die Frauen ein Geheimnis über die biologische Fortpflanzung besitzen: ihr Menstruationsblut. Mit anderen Worten, dieser Männerdiskurs, der sich nur an Frauen und Novizen wendet, soll die Existenz eines Geheimnisses simulieren, das es gar nicht gibt, wobei das wahre Geheimnis darin besteht, daß der eigentliche Inhalt des Geheimnisses als solcher gar nicht zählt. Das Wesentliche daran ist der dramatische, symbolische und psychische Effekt, den es auf die jungen Männer ausübt, um ihnen den Übergang zum Erwachsensein zu ermöglichen.

Die Frauen scheinen auf diese Vorspiegelungen nicht hereinzufallen; sie nehmen nämlich einerseits dem »business« der Männer gegenüber eine etwas ironische Haltung ein, so wie die Mütter von ihren Söhnen sagen, daß »sie sich beschäftigen«, und andererseits sind sie überhaupt nicht neugierig auf das, was die Männer tun, so als wären sie sich dessen bewußt, daß sie ihren eigenen Status und das soziale Gleichgewicht erhalten, indem sie die Männer in dem Glauben lassen, ihr Geheimnis würde anerkannt. Sie wissen, daß sie von diesem Geheimnis nicht direkt betroffen sind, sondern daß es sich um eine pädagogische Maßnahme für die zukünftigen Initiierten handelt; sie tragen übrigens mit ihren Ritualen und ihrem komplizenhaften Einverständnis ihren Teil dazu bei.

Daß die Männer das Geheimnis der Fortpflanzung, das sie den Frauen zuschreiben, nicht besitzen, stellt die Notwendigkeit und die symbolische Wirksamkeit ihrer Aktivitäten keineswegs in Frage; diese haben Regulierung, nicht Vorherrschaft zum Ziel; in diesem Zusammenhang stellen sie eine psychische Kompensation für das Privileg der Frauen auf die Kontrolle der biologischen Fortpflanzung dar und sollten außerdem bei den Novizen sexuelle Sicherheit im Umgang mit dem anderen Geschlecht bewirken. Ich will damit nicht sagen, daß die rituellen Handlungen der Männer sich auf eine Kompensation und Stärkung des Selbstvertrauens beschränken, beides ist nur ein Aspekt derselben.

Der Wunsch beider Geschlechter nach Unabhängigkeit und gegenseitigem Beistand

Der Geschlechtsunterschied ruft nach Bettelheim (Bettelheim 1982) eine biologische Antithese hervor, aus der ein Begehren in der zweifachen Bedeutung von Eifersucht und Anziehung zwischen den Geschlechtern hervorgeht. Ich würde sogar die Hypothese aufstellen, daß diese Antithese mit einem paradoxen Wunsch einhergeht: dem nach Unabhängigkeit vom anderen Geschlecht, dem Wunsch, sich selbst zu genügen, so daß es beim Geschlechtsakt weniger um das »Besitzen« des anderen geht als um ein symbolisches Anders-»werden«. Aus dieser Ambivalenz (Wunsch nach Unabhängigkeit und gegenseitige Anziehung) erkläre ich mir die symbolischen Bemühungen der Warlpiri-Männer und -Frauen um ihr soziales Gleichgewicht. Von diesem Blickwinkel aus könnte man den Glauben an die Geistkinder, die die Empfängnis bewirken, als ein institutionalisiertes Ignorieren der Funktion des Spermas sehen, das auf das Bedürfnis der Männer und der Frauen zurückzuführen ist, die Geburt vom Sexualakt zu trennen, um so die Unabhängigkeit der Geschlechter voneinander zu betonen. Dies gestattet den Männern und Frauen, auf symbolischer Ebene jeweils die sexuelle Polarität zu leben. Ich habe schon an anderer Stelle betont, daß die Nichtanerkennung des biologischen Vaters eine Trennung von Ehe und Sexualität zu beider Gunsten zu legitimieren scheint: Die Ehe sichert die patriclanische Vererbung der Rechte auf Grund und Boden, ohne die sexuelle Freiheit zu beeinträchtigen. Tonkinson (Tonkinson 1974) unterstützt ebenfalls die These, daß die Aborigines die biologische Funktion der Männer bei der Empfängnis kennen und daß die Nichtanerkennung dieser Funktion soziale Motive hat.

Sehen wir uns nun die weibliche Version des *kajirri-jarra*-Mythos an, auf den sich der Fruchtbarkeitskult und der Initiationszyklus der jungen Männer vor allem beziehen. Zwei Heldinnen schufen Pflanzenarten und hölzerne Gegenstände. Sie assoziierten die Biene, *munikiyi*, mit den Blumen, *yukuljuju*, um Honig, *ngarlu*, zu produzieren. Sie streuten eßbare und hoch geschätzte *kanta*, Früchte und Beeren, *minpiri*, aus, damit diese keimen (sie werden entlang des ganzen Pfades ausgesät); sie nahmen die Rinde eines Baumes, *wurdamirri*, um einen Wasserbehälter, *maru*, daraus zu machen; sie verzierten die Beeren, *minpiri*, mit Brandmalerei, um Halsketten aus ihnen herzustellen, sie schnitzten die Zweige des Baumes, *wirrkali* (»bloodwood«: Eucalyptus terminalis). Sie schlugen auf eine Frucht, *kalakala*, aus der eine Made, *laju*, wurde, und aus dieser wiederum wurde ein Mann: sie aßen die Frucht (= schliefen mit dem Mann). Sie hielten ihre Zeremonien ab, wurden von Hunden gejagt und ergriffen die Initiative, indem sie den Männern ihre Söhne zur Initiation übergaben; sie verlangten dafür als Gegenleistung Fleisch und ergriffen dann von neuem die Flucht vor den Hunden.

Die männliche Version, von der Meggitt (1966) berichtet, führt an, daß das Epos der beiden Helden damit endet, daß sie von den Hunden zerrissen werden. Die Stätte dieses letzten Ereignisses ist besonders geheim, nicht einmal den Namen dürfen die Frauen kennen; infolgedessen sollte auch die damit in Zusammenhang stehende Episode geheim sein.[6] Die Betonung dieses Geheimnisses erweckt in mir die Vorstellung, daß die Hunde, sowohl für die Männer als auch für die Frauen, das sexuelle Begehren symbolisieren, mit anderen Worten das Eingeständnis der Abhängigkeit vom anderen Geschlecht, die aber im Verborgenen bleiben muß, um die Wirksamkeit der rituellen Trennung zwischen den Geschlechtern zu legitimieren: das heißt, um die Unabhängigkeit der Geschlechter voneinander auf symbolischer Ebene zu gewährleisten. In der weiblichen Version kann man aus der Flucht vor den Hunden – wenn man sie als Flucht vor dem sexuellen Begehren versteht – schließen, daß die Frauen sehr wohl um die Gefahr der Befruchtung bei sexuellen Beziehungen gewußt haben müssen.[7]

Da diese Funktion der sexuellen Beziehung in der Sozialordnung nicht anerkannt wird, verleiht das Wissen darum dem geheimen Leben der Frauen einen ersten Sinn; es erklärt gleichzeitig auch die Tatsache, daß dieses geheime Wissen eigentlich keiner symbolischen Darstellung und damit keiner rituellen Inszenierung bedarf, weil es die stillschweigende Basis einer Solidarität ausmacht. Das zeremonielle Leben der Frauen scheint in den Riten einen Nebenaspekt dieses Wissens zu betonen; was zählt, ist die Lust der Frauen in Abwesenheit der Männer: Die Zeremonien sollen die Frauen dazu bringen, einander zu lieben (Reay 1970), und inszenieren eine sexuelle Selbstbefriedigung. Jedesmal, bevor die Frauen ihre Rituale ausführen, werden heilige Grabstöcke bemalt und in den Boden gesteckt; diese »Erektion« verkörpert zwar die Traumheldinnen, symbolisiert aber auch die Sexualität und erinnert die Männer daran, daß die Frauen über eine Unabhängigkeit verfügen, die aus dieser Beschwörung einer symbolischen Sexualität entsteht, von der die Männer ausgeschlossen sind.

Die Männer dürften eigentlich nicht sehen, was sich auf dem Zeremonienplatz der Frauen abspielt, aber dieser Grundsatz gleicht eher einer schelmischen Provokation; da das Frauenlager von außen eingesehen werden kann, können die Männer gar nicht anders, als das Vorhandensein der erigierten Stöckchen und die Silhouetten der tagsüber tanzenden Frauen wahrzunehmen. We-

sentlich daran ist, daß all diese Tätigkeiten den Männern unzugänglich bleiben, einerseits, weil sie deren Bedeutung nicht kennen, und andererseits, weil sie von der Lust ausgeschlossen sind, die die Teilnehmerinnen dabei empfinden. Den Frauen geht es bei den rituellen Handlungen der Männer, die sich in einem vor ihnen verborgenen Lager abspielen, ebenso. Es ist aber interessant, das Provozierende an den Tätigkeiten der Frauen festzustellen. Ich habe schon im Zusammenhang mit dem Menstruationsblut erwähnt, daß das Geheimnis der Frauen gerade deswegen so wirksam ist, weil es zum Teil offenliegt; anders gesagt, es ruft ständig seinen Inhalt, also das, was den Männern verborgen bleibt, in Erinnerung. Im übrigen dürfen die Männer die Einzäunung des Frauenlagers nicht überschreiten. So können diejenigen, die aus irgendeinem Grund nicht mehr mit ihrem Mann zusammenleben wollen, dort Zuflucht suchen, Frieden finden und sogar mit ihren Kindern zusammenleben. Wir stellten bereits fest, daß die heiligen Täfelchen der Frauen von Männern unter Androhung des »Zu-Tode-Singens« nicht gesehen werden dürfen.
Die Fähigkeit der Frauen zu symbolischer Unabhängigkeit von den Männern bedeutet aber nicht, daß sie kein heterosexuelles Begehren kennen. Sie kennen magische Liebesriten, die der Verführung geliebter Männer dienen (C. H. Berndt 1950). Viele Ethnologen wollten die rituelle Aktivität der Frauen darauf reduzieren; nun führen die Warlpiri-Frauen aber gerade diese Liebesriten nie auf einem Zeremonieplatz aus, weder im Frauenlager noch bei einer ihrer heiligen Stätten. Sie gehen vielmehr in kleinen Gruppen in den Busch, den Blicken der Männer verborgen. Die Männer üben diese Art von Ritual übrigens unter gleichen Bedingungen aus.
Ein Vergleich der Warlpiri-Mythen spiegelt diese Ambivalenz zwischen heterosexuellem Begehren und dem Wunsch nach Unabhängigkeit vom anderen Geschlecht wider. Ich habe die Hypothese aufgestellt, daß es im Machtkampf zwischen Männern und Frauen um diesen Wunsch nach Unabhängigkeit geht, der auf mythischer Ebene bei den Frauen durch ihre Flucht und symbolische »Kastration« der Männer (die Frauen übergeben ihre Söhne den Männern zur Subinzision, d. h. sie werden mit einer symbolischen Vagina versehen) zum Ausdruck kommt, bei den Männern durch die Jagd auf die Frauen im doppelten Sinn von erobern und verjagen (White 1978).
Auf dieser Interpretationsebene der Symbolik erscheint der Herr

schaftsanspruch der Männer als soziale Notwendigkeit; er kompensiert die naturgegebene Kontrolle der Frauen über die Fortpflanzung (Hamilton 1979). Da sich die Frauen bewußt sind, daß es bei der Fortpflanzungskontrolle um sie geht, haben sie von vornherein gar kein kompensatorisches Herrschaftsbedürfnis.

Wir haben gesehen, daß die Heldinnen des *kajirri-jarra*, dem wesentlichen Mythos im Zusammenhang mit dem Fruchtbarkeitskult, die Initiative zu einem Tausch mit den Männern ergreifen; sie geben ihnen ihre Söhne zur Initiation und bekommen dafür Fleisch. Das Jagdprivileg der Männer erscheint in diesem Mythos als Kompensation des Privilegs der Frauen bezüglich der Fortpflanzungskontrolle. Die Männer nehmen den Frauen ihre Söhne nicht weg, sondern die Frauen geben sie ihnen. Der Mythos zeigt, daß das heterosexuelle Begehren und die Kinder männlichen Geschlechts die Orte sind, an denen eine Zusammenarbeit mit den Männern notwendig ist, während die Frauen sonst eher zur Unabhängigkeit tendieren. Daher schließen die Frauen einen »Vertrag« mit den Männern, sie geben ihnen ihre Söhne, wenn die Männer für sie jagen. So wird eine Arbeitsteilung legitimiert, die den Frauen – als Ergänzung zu ihrem Beitrag zum Sammeln und Jagen von Kleintieren – die Mühsal der Großwildjagd für ihre eigene Ernährung und die ihrer Kinder erspart.

In derselben Logik interpretieren die Warlpiri-Frauen die bestehende geschlechtliche Arbeitsteilung: Das Jagdprivileg der Männer wird nicht als Bevorzugung gegenüber den Frauen angesehen, sondern als eine Spezialisierung, die das Privileg der Frauen bezüglich der Kontrolle der Nachkommenschaft kompensiert. Ich verstehe Kompensation nicht als Auswirkung einer eventuellen Vormachtstellung: die Privilegien der Männer und Frauen bedeuten ja jeweils auch Verantwortung und Verpflichtung, und insofern erscheint das weibliche Privileg der Kontrolle über die Nachkommenschaft ebenfalls als ein Ausgleich für die Mühen der Schwangerschaft. Dieses System von Privilegien scheint mir nicht einer Zustimmung der Frauen zu einer eventuellen Herrschaft der Männer gleichzukommen (Godelier 1978), und ich beabsichtige auch nicht, das konventionelle Herrschaftssystem umzukehren und damit den Frauen die Hauptrolle zuzuschreiben. Interpretiert man die Privilegien als zwei Kompensationsebenen, so erscheint die Arbeitsteilung als ausgewogener Beistandsvertrag zwischen den Geschlechtern.

Die Vorstellung, daß die Frauen ihre Söhne den Männern schenken, gibt es nicht nur in der weiblichen Version des *kajirri-jarra*-Mythos; das ganze rituelle Verhalten beim Tod eines Mannes spiegelt sie ebenfalls wider. So verlangt die Tradition, daß beim Tod eines Mannes alle Frauen des Patriclans seiner Mutter, die durch direkte oder klassifikatorische Verwandtschaft seine Mütter sind, diesen Verlust mit rituellen Geschenken an die Männer ihres Patriclans, die als ihre Brüder definiert werden, aufwiegen. Der Verstorbene war der rituelle Beistand, *kurdungurlu*, eben dieser Männer. Die Mütter müssen darüber hinaus für eine bestimmte Zeit Schweigen geloben. Andererseits verarmt ein Vater derart durch den Tod seines Sohnes, daß er es oft vorzieht, »sich sterben zu lassen«, denn durch den Tod eines Sohnes wird die Weitergabe seiner Verantwortung als ritueller Hüter, *kirda*, unterbrochen.

Zwei Wochen vor dem Ende des Zyklus des Fruchtbarkeitskultes erlebte ich die Trauer um den Tod eines Adoptivsohnes eines der beiden Hauptverantwortlichen des *kajirri-jarra*. Das Ende des Pfades der beiden mythischen Helden konnte nicht mehr gefeiert werden: Der Pfad wurde tabu, seine Feier auf das nächste Jahr verschoben. Der Adoptivvater verfiel zwei Stunden lang in eine Art katatonischen Zustand, der sich durch das Eingreifen der Familiengruppe, durch Zureden und Massieren löste. Die Krankenpflegerinnen erklärten sich demgegenüber machtlos. Ein gutes Dutzend »business-women«, nicht nur patriclanische »Mütter«, sondern auch »Mütter« durch klassifikatorische Verwandtschaft, obwohl nicht zum Patriclan der Mutter des Verstorbenen gehörig, brachten den Männern ihrer Untersektion Geschenke: Mehl, Zucker, Tee und Brot; und nachdem sie Schweigen gelobt hatten, drückten sie sich 14 Tage lang durch eine sehr ausgeklügelte Gestik aus (Meggitt 1954). Die anderen Frauen hatten ihnen für die Zeit der Trauer ein besonderes Lager errichtet, das auf halbem Weg zwischen dem Lager der Frauen und dem des Adoptivvaters des Verstorbenen lag.

Diese Rolle bei der Bestattung, die den »Müttern« des Verstorbenen obliegt, macht deutlich, daß die Frauen nicht nur als Trägerinnen der Fortpflanzung gesehen werden, sondern auch für das Leben ihrer erwachsenen Söhne verantwortlich bleiben, zunächst ihren Brüdern, den Onkeln mütterlicherseits dieser jungen Männer, dann auch ihrem Mann, dem Vater dieser jungen Männer, gegenüber. Dies erinnert uns an die Bedeutung der Beistandsfunktion und zeigt uns, daß die Frauen als Gebende anerkannt sind, nicht nur in bezug auf die patrilineare Weitergabe der Hüterschaft über den Boden ihres Mannes (und seines Patriclans), sondern auch über den ihrer Brüder (und deren Patriclan, nämlich dem der Mutter des Verstorbenen). Die Anerkennung dieser Dienste, die eine Frau einerseits ihrem Patriclan und andererseits dem ihres Mannes leistet, kommt in einer institutionalisierten Dankbarkeit der Männer ihren Schwestern und ihren Ehefrauen gegenüber zum Ausdruck: Die Ehemänner müssen nicht nur ihre Frauen versorgen, sondern auch deren Mütter, und die Brüder müssen nicht nur ihre Schwestern systematisch verteidigen, sondern auch die Interessen von deren Töchtern vertreten.

Wir werden nochmals auf diese Trumpfkarte zurückkommen, die eine Frau durch die institutionalisierte Zusammenarbeit mit ihren Brüdern in der Hand hält; zunächst ein Beispiel aus dem Ritual, das die Anerkennung des Austausches zeigt, an dem die Frauen teilhaben, indem sie ihre Söhne den Männern (Gatten und Brüdern) übergeben. Am letzten Tag des Fruchtbarkeitskultes (der wegen des Trauerfalles mit der Feier eines anderen Pfades als dem des *kajirri-jarra* abschloß, mit diesem aber in direkter Verbindung stand) begleiteten alle Frauen von Lajamanu bei Tagesanbruch die »business-women« zum Lager der Männer, zur Wiedersehensfeier der Mütter mit ihren Söhnen nach deren Klausur (Meggitt 1966). Unterwegs vergrub die Hauptverantwortliche des Zyklus heimlich die beiden heiligen Grabstöckchen, die Inkarnationen der beiden mythischen Heroinnen der Frauen (am Vorabend hatten Frauen aus Trauer über den bevorstehenden Abschied von ihren Heldinnen geweint). Bei der Ankunft der Frauen im Lager der Männer bedeckten diese die Novizen mit ockergefärbten Schnüren aus Haaren (die einen sehr hohen rituellen Tauschwert zwischen Personen, Clans und Stämmen haben, inbesondere für Heilungsrituale) und Stoffen (die heute häufig die Schnüre ersetzen). Sie führten dann die derart verhüllten jungen Männer zu den Müttern, die als einzige in der Menge der sitzenden Frauen standen und entsprechend den acht Untersektionen auf acht Gruppen verteilt waren. Die Mütter nahmen den jungen Männern diese rituellen Geschenke, die für sie bestimmt waren, ab, danach gingen alle Frauen sofort weg. Von diesem Tag an wurde das Männerlager an einen anderen Ort verlegt und war von neuem für die Frauen verboten.

Wenn die Frauen als Gegengabe für ihre Söhne materielle Unterstützung von ihrem Mann und moralische von ihren Brüdern erhalten, so gewinnen sie als Gegengabe für ihre Töchter die Unterstützung ihrer Schwiegersöhne, denn diese müssen sie ja ein Leben lang mit Fleisch versorgen. Annette Hamilton (1979) hat bei janggundjara- und bidjandjara sprechenden Ethnien die Beteiligung der Frauen an der Heirat ihrer Kinder oder Enkelkinder analysiert und dabei den hohen Status der Schwiegermutter als den einer Frau hervorgehoben, die ihre Tochter gegen Fleisch tauscht. Heute noch ist bei diesen Ethnien, wie bei den Warlpiri, das Verhältnis direkter oder klassifikatorischer Verwandtschaft zwischen Schwiegermutter und Schwiegersohn tabu, das einzige übrigens wirklich tabuisierte Verhältnis: Mitglieder verschiedenen Geschlechts, die, und sei es nur durch ihre jeweiligen Untersektionen, in einem solchen Verhältnis zueinander stehen, dürfen nicht miteinander sprechen und müssen es sogar vermeiden, einander zu begegnen. Vielleicht können wir den Grund dieses Tabus in der Herausforderung sehen, die diese Austauschbeziehung für den Wunsch der Männer darstellt, die Kontrolle über die Fortpflanzung, ein Privileg der Frauen, zu haben. Diane Bell (Bell & White 1978) hat ebenfalls gezeigt, daß die Frauen bei den Kaytej und den Warlpiri tatsächlich an einer Heiratsentscheidung mitwirken. Ihre Forschungen und die von Annette Hamilton stellen das Postulat in Frage, daß Heirat eine Angelegenheit der Männer sei, bei der die Frauen nichts mitzureden hätten, und sie widersprechen auch der Auffassung, nach der die Frauen die Entscheidung der Männer nur bestätigen. Die Entscheidung der Frauen wird parallel zu der der Männer gefällt, sie wird bei den Warlpiri offiziell durch ein Ritual der Frauen (bei dem ich anwesend war) am Vorabend der Beschneidung eines Knaben bekanntgegeben.

Während der Junge, der beschnitten werden soll, die ganze Nacht über wachgehalten wird, mit gesenktem Kopf dahockt und ungefähr alle halbe Stunde aufstehen muß, um den Horizont abzusuchen, an dem der Morgenstern erscheinen soll (der das Ende dieser rituellen Nachtwache ankündigt), singen die Männer und tanzen die Frauen. Irgendwann reichen dann Mütter, die in Abstimmung mit den Frauen ihrer jeweiligen Familiengruppen einen Tausch untereinander beschlossen haben, einander ein glimmendes Holzstückchen und enthüllen so den anderen Frauen und

Männern ihre Entscheidung für eine Verbindung. Entscheiden sich die Männer anders, so kann der junge Mann zwischen beiden Vorschlägen wählen.

Bei den Beratungen der Männer über die Heirat eines jungen Mannes oder eines Mädchens hat der Vorschlag eines Bruders der Mutter entscheidende Bedeutung. Nach dem Ritual ist es der Bruder der Mutter eines Mädchens, der es seinem zukünftigen Mann übergibt, dabei aber trotzdem verpflichtet bleibt, es später zu verteidigen. Wie gesagt, die Männer sind von ihren Schwestern abhängig, weil diese ihnen ihre Söhne als rituellen Beistand liefern. Ich spreche von Abhängigkeit insofern, als eine Frau sich weigern könnte, Söhne zu haben; das weibliche Privileg der Kontrolle über die Nachkommenschaft besteht ja in dem für die Männer bedrohlichen Verfügen über ihre Fruchtbarkeit mittels Empfängnisverhütung, Abtreibung oder Kindestötung bei der Geburt (Bates 1938, Spencer & Gillen 1904). Das berechtigt uns zu sagen, daß die Frauen mit ihrem Privileg Macht über die Bedürfnisse der Männer haben. So ist die Anerkennung des Dienstes, den eine Frau ihrem Bruder (und Patriclan) leistet, in ein Verhältnis notwendiger Zusammenarbeit eingebunden. Wenn wir bedenken, wie verpflichtet ein Mann seiner Schwester ist, können wir vermuten, daß er seine Entscheidung hinsichtlich der Wahl des zukünftigen Gatten der Tochter oder des Sohnes seiner Schwester eher in ihrem Sinne treffen wird.

Wir können in der Heirat eines Mädchens oder jungen Mannes in gewissem Sinn die Verkörperung dieser Zusammenarbeit zwischen einer Frau und ihrem Bruder sehen. Letzterer muß darauf achten, daß ihr Mann sie mit Wildbret versorgt. Wenn der Mann diesen »Ehevertrag« nicht einhält und seine Frau nicht mit Fleisch versorgt, kann der Bruder ihn physisch angreifen (Meggitt 1962). Sicherlich dient die Heirat den Interessen der Männer (patriclanische Vererbung und ritueller Beistand, die den Zugang zu den Ressourcen verschiedener Gebiete regeln), aber die Interessen der Frauen (wirtschaftlicher und ritueller Beistand untereinander und Beistand von seiten der Männer) sind Grundvoraussetzung für die gesamte Gemeinschaft: Die Männer jagen mit ihren Schwägern und müssen den Brüdern ihrer Mutter Beistand leisten. Dieses Aufeinander-angewiesen-Sein wird nicht für einen Herrschaftsanspruch ausgenützt, sondern dient der Regelung des Tauschs und der systematischen gegenseitigen Hilfestellung, wo-

durch der Zugang zu den Ressourcen mehrerer Gebiete gewährleistet ist.
Wir haben eben gesehen, daß die Warlpiri-Frauen die Kontrolle über die Nachkommenschaft dazu benutzen, um durch die Heirat ihrer Kinder Bündnisse zu schließen oder zu erneuern. Aber obwohl die Macht der Frauen in dem Trumpf des Tausches ihrer Kinder besteht, werden kinderlose Frauen weder von den Männern noch von den Frauen herabgesetzt; obwohl der Status von »business-women« mit dem Ende der Initiation des ersten Sohnes erlangt wird, erreichen auch kinder- oder ehelose Frauen ohne Söhne diesen Status ab ca. 30 Jahren und sind durchaus anerkannt. Mit anderen Worten: Eine Frau wird als Person geachtet und nicht nur als Mutter oder Ehefrau. Ich würde dieses scheinbare Paradox damit erklären, daß in der Terminologie der Kinder alle direkten oder klassifikatorischen Schwestern ihrer echten Mütter »Mütter« genannt werden. Dem System der Untersektionen entsprechend, betrifft das ungefähr ein Achtel der Frauen eines Stammes. Den Frauen wird also kollektiv der Status einer Mutter verliehen, und sie teilen rituell, wirtschaftlich und sozial die Verantwortung und das Privileg der Kontrolle über die Nachkommenschaft, weil sie nach klassifikatorischer Verwandtschaft alle Kinder haben.

Schlußfolgerungen

Wir haben gesehen, daß das Ritualsystem der Warlpiri einen Diskurs und eine Praxis der Verbindung eines Patriclans mit Grund und Boden darstellt und daß die soziale Reproduktion dieses Systems patriclanischer Hüterschaft auf einer Geschlechtertrennung beruht. Ich habe gezeigt, daß die Frauen von der Kontrolle dieser Reproduktion nicht ausgeschlossen sind und daß sie parallel zu den Männern an für die Gemeinschaft unerläßlichen Aktivitäten teilhaben, die auch als solche anerkannt werden: Sie haben wie die Männer den Status von Hüterinnen des Bodens, sind Träger der Lebenskräfte der Ahnen, haben ihre heiligen Stätten und Gegenstände, ihre Mythen und ihre bodengebundenen Zeremonien. Im übrigen sind sie an der Entscheidung über die Heirat ihrer Kinder beteiligt. Mit anderen Worten, die Frauen erscheinen als soziale Partnerinnen der Männer: Das sehr komplexe symbolische System der Geschlechtertrennung entspricht einer sozialen Reproduktion, die auf eine Neutralisierung der Machtverhältnisse zwischen Männern und Frauen, die dem Geschlechtsunterschied inhärent sind, abzuzielen scheint.

In der symbolischen Formulierung der sozialen Reproduktion können widersprüchliche Tendenzen die Rechtfertigung einer Herrschaft der Männer oder der Frauen versuchen, ohne damit notwendigerweise soziale Herrschaftsbeziehungen widerzuspiegeln. Ökonomische Zwänge und die Heiratsordnung begünstigen bei bestimmten australischen Ethnien (Hamilton 1978) eine Herrschaft der Männer über die Frauen, was jedoch bei den Warlpiri nicht der Fall zu sein scheint.

Die symbolische Organisation der Warlpiri stellt offenbar ein System von aufgeteilten Kompensationen zwischen den Geschlechtern dar. Diese Kompensationen scheinen sich auf anderen Gebieten (Ökonomie und Politik) als Aufteilung von Privilegien zwischen Männern und Frauen zu manifestieren, die keine eventuelle Vorherrschaft eines Geschlechtes über das andere legitimiert, sondern ein System gegenseitigen Beistands der Geschlechter darstellt. Wir haben es mit einer Gesellschaft zu tun, die die Rolle der Männer bei der Empfängnis der Kinder leugnet: Dies habe ich als Ausgangspunkt des Kompensationssystems interpretiert, welches die Machtverhältnisse zwischen den Geschlechtern neutralisiert. So verfügen die Frauen als Ausgleich für die Mühen der Schwangerschaft über das Privileg der Fortpflanzung. Wir können in manchen der von den Frauen inszenierten Rituale eine Art symbolisches Zum-Manne-Werden sehen, als wollten sie damit ihre Unabhängigkeit diesem Privileg gegenüber rechtfertigen. Ebenso setzen die Männer bei manchen ihrer Rituale ein symbolisches Zur-Frau-Werden in Szene, als wollten sie ihren sozialen Ausschluß von der Kontrolle über die Fortpflanzung und damit ihre nicht nur biologische, sondern auch soziale (Sicherstellung der patrilinearen Vererbung, spirituelle Zugehörigkeit zu Grund und Boden) Abhängigkeit von den Frauen kompensieren. Das Jagdprivileg der Männer (analog dem Fortpflanzungsprivileg der Frauen) erscheint als Kompensation der Beistandsverpflichtung den Frauen gegenüber. Heutzutage ist die Fruchtbarkeit der Frauen ein Faktor von Abhängigkeit, und zwar keiner gegenseitigen zwischen Männern und Frauen (Kinder gegen Jagdprodukte), sondern einer einseitigen; die Männer sind von den Frauen abhängig. Die Frauen können nämlich mit dem Geld ihrer Kinderbeihilfen ohne die Hilfe der Männer in den Supermärkten der Siedlungen oder der Städte Fleisch besorgen, und viele Ehemänner und erwachsene Söhne können der Versuchung, sich aushalten zu lassen, nicht widerstehen.

Man könnte einwenden, daß sich die Frauen damit ausbeuten lassen; mir persönlich scheint diese Sicht menschlicher Beziehungen ziemlich relativ zu sein. Es stimmt, daß die Frauen, die sich selbst sehr gut versorgen können, die Autorität der Männer, die in der traditionellen Arbeitsteilung begründet ist, nun in Frage stellen. Die Weißen haben das System des gegenseitigen Beistands, das zwischen den Geschlechtern bestand, gestört: Heute ersetzt die Unterstützung durch den Staat die der Männer und macht diese damit von ihren Frauen abhängig.

Wir könnten uns fragen, inwieweit die herabwürdigende Haltung und Gewalttätigkeit der Warlpiri-Männer den Frauen gegenüber, von denen Meggitt (1962) berichtet, die Auswirkungen einer Akkulturation sind. Ich persönlich konnte derartige Haltungen nicht so eindeutig beobachten. Als Meggitt seine Feldstudien machte, waren die Warlpiri gerade umgesiedelt und mit Gewalt in Lajamanu, außerhalb ihres Stammesgebietes, seßhaft gemacht worden; das hat ihr wirtschaftliches und soziales System völlig durcheinandergebracht. Heute, 20 Jahre später, erreichen sie Schritt für Schritt eine gewisse Autonomie den Weißen gegenüber. Das könnte den schwächeren Antagonismus nicht nur zwischen den Geschlechtern, sondern auch zwischen Einzelpersonen erklären, den ich im Vergleich zu den Berichten Meggitts beobachtet habe.

Diese relative Autonomie regelt jedoch noch lange nicht alle internen Konflikte dieser Gesellschaft im wirtschaftlichen und sozialen Umbruch. Ich bin zu dem Schluß gekommen, daß die Männer zur sozialen Reproduktion der traditionellen Gesellschaft ein Austauschsystem reproduzieren müßten, das auf der Kontrolle der Frauen über die Fortpflanzung beruht. Obwohl diese biologische Kontrolle bei den Warlpiri Frauensache ist, werden sie nicht darauf beschränkt und von der sozialen Reproduktion ausgeschlossen. Im Gegenteil, die Warlpiri-Frauen verstanden die Vorteile ihrer Privilegien zu nutzen und ein »Geschäft« (business) daraus zu machen: Sie waren »Geschäftsfrauen«, die ihre Trümpfe – ihre Kinder – stets von neuem in das Austauschsystem einzubringen wußten. Mit dem System der Kinderbeihilfe und der ausschließlichen Einbeziehung von Männern in Politik und Verwaltung haben die Weißen eine hierarchische Struktur in das Verhältnis der Geschlechter eingeführt. Man sollte aber auch beachten, daß der Verwaltungsrat von Lajamanu keine wichtige Entscheidung ohne Befragung der Frauen fällt und daß im Juni 1980 erstmals eine Frau in dieses Gremium gewählt wurde.

Die Jugend jedenfalls übernimmt eine neue Funktion; das Prinzip der Bündnisse durch Heirat, die zum Teil die Macht der Eltern, Männern wie Frauen, ausmachten, wird in Frage gestellt. In ihrem Identitätsanspruch den Weißen gegenüber ist die Jugend dennoch sehr darauf bedacht, das Prinzip der spirituellen Identifikation mit Grund und Boden und der patriclanischen Totemvererbung aufrechtzuerhalten. In dieser Hinsicht scheint die Trennung zwischen Männern und Frauen im Ritual fast lebenswichtig zu sein; sie wird so streng eingehalten, daß gewisse Publikationen oder Filme über die Rituale nicht verbreitet werden dürfen, damit das Geheimnis der jeweiligen Aktivitäten jedes Geschlechts gewahrt bleibt.[8]

Man kann sich fragen, ob diese Trennung nicht vor allem auf philosophischer Ebene von wesentlicher Bedeutung ist, indem sie ein ausgeklügeltes System von Geheimnissen als Versuch einer Lösung der biologischen Unterschiede sowohl zwischen den Geschlechtern als auch zwischen Arten aufrechterhält. In der Sicht der totemistischen Welt der Aborigines könnte man ihr Grundprinzip unter folgendes Motto stellen: »Man muß teilen, um einig zu werden«.

Anmerkungen

1 Die Frauen haben mich gebeten, ihnen zu helfen, über einen von den Bergwerksgesellschaften, die die Bodenschätze in den anerkannten Aboriginesgebieten abbauen, subventionierten Ausgleichsfonds (ABTA) einen Lastwagen zu bekommen. Sie brauchten ein Fahrzeug, um ihre Stätten aufzusuchen und dort ihre Zeremonien abzuhalten. Diese Forderung wurde von den Männern begeistert unterstützt und vom Ausgleichsfonds anerkannt. Die Frauen eines Nachbarstammes der Warlpiri, die Yanmagderi, haben aus demselben Grund Fahrzeuge erhalten.

2 Männer dürfen zwar die Täfelchen nicht mehr sehen, sobald sie von den Frauen bemalt wurden, stellen sie aber für sie her; die Grabstöcke schnitzen sich die Frauen selber.

3 Ich verstehe unter direkter Verwandtschaft die spezifische Verwandtschaft der Warlpiri und unter klassifikatorischer Verwandtschaft das System der Untersektionen.

4 Ich habe feststellen können, daß die Männer einander ebenfalls als »Schwäger« beistehen, während die Frauen einander als »Mütter/Töchter« beistehen.

5 Dieser Unterschied in der Logik der Hilfe bei Männern bzw. Frauen ergibt sich aus Informationen der Warlpiri in Lajamanu. Auf der strukturellen Ebene realer oder klassifikatorischer Verwandtschaft gibt es jedoch – aufgrund des Alternierens zweier »Generationen« (endogamer Hälften) – auch die »männliche« Logik der matrilinearen Kette bei den Frauen und die »weibliche« Logik der Wechselseitigkeit zwischen Verbündeten bei den Männern.

6 In Wirklichkeit sind den Frauen Lokalisierung und Name des Ortes bekannt: In ihrer Sicht wurden dort die beiden Schwestern zerrissen.

7 Der *kajirri-jarra*-Kult ist zwischen zwei klassifikatorischen Patrilinien aufgeteilt: (J)(N)apangardi/(J)(N)apanangka und (J)(N)apaljarri/(J)(N)ungarrayi. Meggitt hat berichtet, daß die beiden Helden der Männer Zeugenaussagen zufolge entweder zwei Japaljarri oder aber ein Japaljarri und sein Sohn Jungarrayi sind, d. h. Väter und Söhne der zweiten Hüterpatrilinie (Abb. 2) und die Gatten der Töchter der Tochter oder der Töchter der Schwester der Männer der erste Patrilinie (Abb. 1). Bei Männern wie Frauen hat diese Patrilinie der Hüterschaft die Hauptverantwortung für diesen Kult. Die Heldinnen der Frauen sind zwei Schwestern der Untersektion Nampijinpa, d. h. die Mütter oder Schwägerinnen der Frauen dieser Patrilinie und die Mütter oder Gattinnen der Männer dieser Patrilinie. Den Helden der Männer gegenüber sind die Heldinnen die Großmütter mütterlicherseits ihrer Frauen, das heißt die Frauen, die über die Heirat bestimmen.

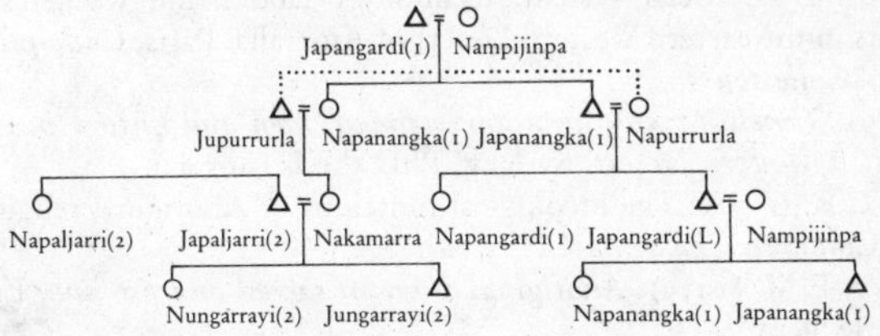

8 Die Warlpiri-Frauen haben mich gebeten, die Filme, die ich von ihren Ritualen gedreht habe, niemals Männern vorzuführen, auch Weißen nicht. Ich habe ihnen eine Kopie geschickt; das Original befindet sich im Institut für Aboriginesstudien (AIAS) in Canberra.

Bates, D. (1938): *The passing of the Aborigines*, London, J. Murray.

Bell, D. & I. White (1978): *Choices in the marriage market desert politics* (unver. Manusk.), Canberra, Australian Institute of Aboriginal Studies (AIAS).

Bern, J. (1980): Ideology and domination: toward a reconstruction of Australian Aboriginal social formation, in: *Oceania* 50: 118-132.

Berndt, C. H. (1950): *Women's changing ceremonies in Northern Australia*, Cahiers de l'Homme I.

– (1965): Women and the »secret life«, in: Berndt, R. M. & C. H. Berndt (Hg.): *Aboriginal man in Australia*, Sydney, Angus & Robertson.

Berndt, R. M. (1951): *Kunapipi*, Melbourne, Cheshire.

– (1965): Morality and myth, in: Berndt R. M. & C. H. Berndt (Hg.): *Aboriginal man in Australia*, Sydney, Angus & Robertson.

Berndt, C. H. & R. M. Berndt (1954): *The first Australians*, New York, Philosophical Library.

Bettelheim, B. (1982): Symbolische Wunden. Pubertätsriten und der Neid des Mannes, Frankfurt/Main.

Elkin, A. P. ([4]1964): *The Australian Aborigines*, Sydney, Angus & Robertson.

Gale, F. (Hg.), (1970): *Women's role in Aboriginal Society*, Canberra, AIAS.

Godelier, M. (1978): La part idéelle du réel: essai sur l'idéologique, in: *L'Homme* XVIII (3-4): 155-188.

Goodale, J. (1971): *Tiwi wives: a study of the women of Melville Island, North Australia*, Seattle, University of Washington Press.

Hamilton, A. (1970): The role of women in aboriginal marriage arrangements, in Gale F. (Hg.): *Women's role in Aboriginal Society*, Canberra, AIAS.

– (1978): Dual social system: technology labour and women's secret rights in the eastern Western Desert of Australia, Paris, *Colloque Chasseurs-Collecteurs*.

– (1979): *Timeless transformation: women, men and history in the Australian Western Desert*, Sydney, PhD thesis (unver.).

Hiatt, L. R. (1978): The ideological functions of Aboriginal religion, Paris, *Colloque Chasseurs-Collecteurs.*

Kaberry, P. M. (1939): *Aboriginal woman: sacred and profane*, London, Routledge.

Maddock, K. (1976): Communication and change in mythology, in: Peterson N. (Hg.): *Tribes and boundaries in Australia*, Canberra, AIAS.

Meggitt, M. (1954): Sign language among the Walbiri of Central Australia, in: *Oceania* 25 (1-2): 1-16.

– (1962): *Desert people: a study of the Walbiri Aborigines of Central Australia*, Melbourne, Angus & Robertson.

– (1966): Gadjari among the Walbiri Aborigines of Central Australia, in: *Oceania* 36 u. 37.
Munn, N. (1964): Totemic designs and group continuity in Walbiri cosmology, in Reay M. (Hg.): *Aborigines now*, London, Angus & Robertson.
– (1970): The transformation of subjects into objects in Walbiri and Pitjantjatjara myth, in Berndt R. M. (Hg.): *Australian Aboriginal Anthropology*, Nedlands, University of Western Australia Press.
– (1973): *Walbiri iconography*, Ithaca, Cornell University Press.
Peterson, N. (1970): Buluwandi: a Central Australian ceremony for the resolution of conflict, in Berndt R. M. (Hg.): *Australian Aboriginal Anthropology*, Nedlands, University of Western Australia Press.
– (1972): Totemism yesterday: sentiment and local organisation among the Australian Aborigines, in: *Man* 7: 12-32.
Peterson, N., P. McConvel, S. Wild & R. Hagen (1978): *Prepared at the instruction of the Central Land Council on behalf of the Walpiri and Kartangarurru-Kurintji. A claim to areas of traditional land by the Walpiri and Kartangarurru-Kurintji.*
Reay, M. (1970): A decision as narrative. In Berndt R. M. (Hg.): *Australian Aboriginal Anthropology*, Nedlands, University of Western Australian Press.
Róheim, G. (1945): *The eternal ones of the dream*, New York, International Universities Press.
Rohrlich-Leavitt, R., B. Sykes & E. Weatherford, (1975): Aboriginal woman, male and female anthropological perpectives, in Reiter R. R. (Hg.): *Toward an anthropology of women*, New York, Monthly Review Press.
Slocum, S. (1975):Woman the gatherer: male bias in anthropology, in Reiter R. R. (Hg.): *Toward an anthropology of women*, New York, Monthly Review Press.
Spencer, Sir B. & F. Gillen (1904): *Northern Tribes of Central Australia*, London, Mc Millan.
Stanner, W. (1965): Religion, totemism and symbolism, in Berndt R. M. & C. Berndt (Hg.): *Aboriginal man in Australia*, Sydney, Angus & Robertson.
Strehlow, T. G. H. (1970): Geography and the totemic landscape in Central Australia: a functional study, in Berndt R. M. (Hg.): *Australian Aboriginal Anthropology*, Nedlands, University of Western Australia Press.
Tonkinson, R. (1974): Semen versus spirit-child in Western Desert culture, in Hiatt L. R. (Hg.): *Australian Aboriginal concepts*, Canberra, AIAS.
– (1978): *The Mardudjara aborigines*, New York, H. Rinehardt & Winston.
White, I. (1978): Sexual conquest and submission, in Hiatt L. R. (Hg.): *Australian Aboriginal mythology*, Canberra AIAS.

Elke Mader
Richard Gippelhauser

Deine Gedanken sind gefangen in meiner Liebe.
Zur Beziehung der Geschlechter bei den Achuara-Jivaro des oberen Amazonas

Deine Gedanken sind gefangen in meiner Liebe
wie in einem neuen Spinnennetz
in der Dämmerung
gehen sie hin und her
kreisen nur um mich.

Najuir (Pellizzaro 1977, S. 13)

Einleitung

Das Verhältnis der Geschlechter zueinander – in all seinen wirtschaftlichen, sozialen und emotionalen Facetten – ist in einer Gesellschaft, die aus autonomen, auf verwandtschaftlicher Basis organisierten Lokalgruppen besteht, ein grundlegendes, wenn nicht das wichtigste Element gesellschaftlicher Organisation. Aus der Beziehung zwischen Mann und Frau ergeben sich die meisten wichtigen sozialen Bindungen, in ihr spiegeln sich Denkkonzepte, religiöse und magische Vorstellungen. Nicht zuletzt ist sie ein häufiger Anlaß zu Spannungen und Konflikten, deren Konsequenzen weit über die sogenannte Privatsphäre hinausreichen. Sie ist – im Gegensatz zur Geschlechterbeziehung in unserer Kultur – nicht eine im Randbereich gesellschaftlichen Seins angesiedelte private Angelegenheit, sondern eine zentrale Kategorie des Gemeinschaftslebens.
Die Achuara, eine ca. 5000 Personen umfassende Stammesgruppe der Jivaro-Sprachfamilie, leben in den tropischen Waldgebieten des oberen Amazonas zu beiden Seiten der peruanisch-ecuadorianischen Grenze.[1] Ihre Siedlungen – meist Einzelhäuser oder kleine Häusergruppen mit durchschnittlich 15 Bewohnern – liegen verstreut entlang der Flußläufe und bilden wirtschaftlich und sozial relativ autonome, nur locker verbundene Einheiten. Daneben gibt es Dörfer (60-200 Personen), die auf Missionsgründungen der 60er Jahre zurückgehen.

Die traditionelle Hausform ist ein großes offenes, ovales Haus mit Palmdach, das in Zeiten kriegerischer Auseinandersetzungen mit einer Palisade umgeben wird. Die einzelnen Haushalte bestehen aus Kernfamilien oder – meist polygyn oder matrilokal – erweiterten Familien; die Haushaltsgröße kann zwischen 5 und 35 Personen variieren.
Obwohl man bei den Achuara von genereller Polygynie[2] sprechen kann, da jeder Mann die Möglichkeit hat, mehrere Frauen zu heiraten, und dies auch anstrebt (im Gegensatz zur begrenzten Polygynie stratifizierter Gesellschaften, in denen Mehrfachehen der Oberschicht vorbehalten sind), scheint die Polygynierate auf den ersten Blick relativ niedrig; von 179 bestehenden Ehen waren 1979 nur 23% polygyn. Nur in den seltensten Fällen, und zwar nur durch sororal polygyne Heiraten, gelingt es einem jungen Mann bisweilen, zwei Frauen gleichzeitig oder in relativ kurzem Intervall zu ehelichen. Im Normalfall liegen beträchtliche Zeitabstände zwischen den einzelnen Heiraten. Daher ist das Alter des Mannes entscheidend für die Zahl seiner Frauen. Bei der Gruppe der über 50jährigen zeigt sich, daß 82% der Männer, die dieses Alter erreichen, irgendwann in ihrem Leben eine polygyne Ehe geführt haben, 27% von ihnen mit mehr als zwei Frauen.
Als ideal gilt unter Männern eine Ehe mit drei Frauen; was darüber hinausgeht, wird als exzessiv betrachtet, bei Großen Alten Männern aber toleriert. Wie über die optimale Frauenzahl, herrscht bei den Achuara im allgemeinen Einhelligkeit auch darüber, daß Kofrauen möglichst Schwestern sein sollten. Solche polygynen Ehen seien konfliktfreier und dauerten länger an, da die Frauen schon an ein Zusammenleben gewöhnt seien.
Aus der Sicht der Achuara-Frauen bedeutet die Polygynie eine Arbeitserleichterung, vor allem bei der Versorgung von Gästen (bei Gemeinschaftsarbeiten, Festen etc.), für die enorme Mengen Maniokbier zubereitet werden müssen. Darüber hinaus sind in einer generell polygynen Gesellschaft alle begehrenswerten Männer (tüchtige Arbeiter, große Krieger, geschickte Diplomaten) entweder bereits verheiratet oder werden sicherlich eines Tages noch andere Frauen ehelichen. Nur Versager bleiben ihr Leben lang monogam. Allerdings sind polygyne Ehen – selbst wenn die Kofrauen Schwestern sind – keineswegs immer frei von Eifersucht und emotionalen Problemen:

Du mein geliebter Mann
Meine Schwester, meine kleine Schwester
Ist in dich verliebt
Wie ein zahmer Shamak-Vogel
Dem du gefällst
Kommt sie zu dir
Mit zerrauften Federn
Die sich vor Verlangen sträuben.

Vielleicht hast du schon mit ihr geschlafen
Wo du doch nur mit mir
Mit mir allein schlafen sollst.

Wärst du nur wieder wie früher
Würdest du sie nicht ständig
»Meine geliebte Frau« nennen!
Denn ich werde dir nichts mehr zu essen geben
Wenn du nicht wieder wie früher wirst
Kann ich dir nichts mehr zu essen geben.

Najuir (Pellizzaro 1977, S. 26)

Aufgrund der Residenzregel – ein jungverheirateter Mann zieht in den Haushalt seines Schwiegervaters und bleibt dort, bis dieser stirbt, dann kann er seinen eigenen Haushalt gründen – lebt in den Großhaushalten der Achuara meist ein älterer Mann mit seinen Schwiegersöhnen zusammen. Die Frauen einer solchen erweiterten Familie sind untereinander durch blutsverwandtschaftliche Beziehungen verbunden (Mutter – Tochter, Schwester – Schwester) und bilden den dauerhaften Kern der Lokalgruppe. Die Männer sind untereinander meist affinalverwandt (Schwiegervater – Schwiegersohn, Schwager – Schwager), die jungen Männer, die Söhne des Haushaltsvorstands, verlassen die Lokalgruppe, wenn sie heiraten.
Daher ist die Heiratsallianz, welche die verstreuten Lokalgruppen – die einzigen dauerhaften sozialen Gebilde – untereinander verbindet, entscheidend für den Aufbau der Verwandtschaftsorganisation.
Auch im verwandtschaftsterminologischen System ist die Heiratsallianz von zentraler Bedeutung: Darin wird eine Kategorie von Verwandten terminologisch als heiratbar bezeichnet und von

den nicht heiratbaren unterschieden. Dieser Gegensatz bestimmt nicht nur den Aufbau der Terminologie in der Generation des Sprechers, aus der die Heiratspartner gewählt werden; auch die Termini der ersten aufsteigenden und absteigenden Generation werden danach eingeordnet, in welcher Beziehung ihre Träger zu den heiratbaren bzw. nicht heiratbaren Verwandten der eigenen Generation stehen.[3]
Dieses verwandtschaftsterminologische System mit seiner Zuordnung in heiratbare und nicht heiratbare Kategorien umfaßt das gesamte Universum möglicher Verwandtschaftsbeziehungen. Nicht blutsverwandte Angeheiratete werden nicht mit eigenen Termini belegt, sondern mit den ihnen im System zukommenden Kategoriebezeichnungen. Dies führt dazu, daß bei den Achuara innerhalb einer Region – etwa eines Flußsystems – kaum zwei Stammesangehörige zu finden sind, die nicht in einer genau festgelegten verwandtschaftlichen Beziehung zueinander stehen. Dieses verwandtschaftliche Relationssystem steckt den Rahmen für soziale Interaktionen und politische Entscheidungen ab. Innerhalb dessen hat der einzelne einen relativ großen Handlungsspielraum, da er die verschiedenen Verwandten nach jeweiliger Opportunität als »nah« oder »entfernt« klassifizieren kann, indem er der Verwandtschaftsbezeichnung das entsprechende Präfix beifügt. So hat er in Konfliktsituationen die Möglichkeit, sich verschiedenen Gruppierungen anzuschließen, und ist dabei nicht durch eine starre Abstammungsordnung an eine bestimmte Gruppe gebunden. Die Abstammung wird bilateral abgeleitet, d. h. daß ein Achuara durch seine Geburt mit allen mütterlichen und väterlichen Verwandten auf gleiche Weise verbunden ist; dies ist aber so wenig wichtig, daß sich viele ältere Menschen nicht einmal an die Namen ihrer Großeltern erinnern können.
Die geringe Bedeutung der Abstammung hängt auch mit der Tatsache zusammen, daß weder wichtige Produktionsmittel noch gesellschaftlicher Status vererbbar sind. Das entscheidende Produktionsmittel – der Boden – wird erst durch enormen Arbeitsaufwand (Rodung) nutzbar, kann dann nur für wenige Jahre bebaut werden und muß daraufhin ein Vielfaches dieser Zeit brachliegen. Es gibt weder persönliches noch kollektives Eigentum an Grund und Boden: Das Nutzungsrecht eines Feldes liegt bei der Personengruppe, die es gerodet hat und betreut, und zwar bis zum vollkommenen Erlöschen der Erträge. Von diesem Zeit-

punkt an steht es jedem (dem es aufgrund seiner verwandtschaftlichen, sozialen und politischen Beziehungen zu den benachbarten Haushalten möglich ist, sich dort anzusiedeln) frei, auf dem Platz eine neue Rodung vorzunehmen.
Die meisten Gebrauchsgegenstände sind aufgrund der extremen klimatischen Bedingungen von sehr beschränkter Haltbarkeit: Sie werden – so sie noch gut verwendbar sind – vom Vater auf den Sohn und von der Mutter auf die Tochter vererbt. Gesellschaftlicher Status kann nur von der betreffenden Person selbst erworben werden und wird primär von Alter, Wissen und Seelenkraft sowie von Leistungen in den wichtigsten Subsistenzbereichen und – bei Männern – im Krieg und bei Verhandlungen bestimmt. Eine Anhäufung von Gütern trägt nicht zum Prestige des einzelnen bei.
Die Subsistenz der Achuara bildet der Brandrodungsfeldbau, der durch Jagd, Fischfang und Sammeln ergänzt wird.
Vorwiegend in Mischkulturen werden mindestens 46 verschiedene Pflanzenarten angebaut, von denen 67% der Ernährung dienen, 20% als Heilmittel und Gifte sowie 13% für die Herstellung von Gebrauchsgütern Verwendung finden. Die Felder werden entweder im unberührten Urwald oder auf aufgelassenen Feldern angelegt; die Nutzungsdauer beträgt im Durchschnitt 3-4 Jahre, die notwendige Brachezeit zur Regeneration des Bodens 10-15 Jahre. Ein bis zwei Monate nach der Rodung wird das Feld abgebrannt und in der Folge bepflanzt. Solange es bebaut wird, wird das Feld regelmäßig gejätet; für Maniok werden bei der Ernte, die täglich nach Bedarf des Haushalts erfolgt, neue Stecklinge nachgepflanzt. Bevor der Ertrag des Feldes drastisch absinkt, wird eine neue Pflanzung angelegt.
Die Jagd dient in erster Linie der Selbstversorgung mit eiweißreicher Nahrung sowie der Beschaffung von Rohmaterialien für die Herstellung von Federschmuck, Musikinstrumenten und Waffen; Pelze und Häute werden gelegentlich an Händler verkauft. Das wichtigste Wild sind zwei Arten von Pecari (Wildschwein), deren Fleisch das beliebteste Nahrungsmittel ist.
Am häufigsten werden Jagdzüge von 1-2 Männern bzw. einem Mann mit einer seiner Frauen durchgeführt. Viele Haushalte verfügen über Jagdlager in entlegenen, wildreichen Gebieten, die von einem Teil der Haushaltsmitglieder über mehrere Wochen hinweg benutzt werden.

Auch Fischfang dient, ähnlich wie die Jagd, der Selbstversorgung mit eiweißreicher Nahrung; das seltene Vorkommen größerer Fischarten und der Mangel an geeigneten Konservierungstechniken verhindert allerdings eine kommerzielle Nutzung. Die Methoden und Techniken des Fischfangs sind vom Wasserstand der befischten Bäche und kleinen Flüsse abhängig. Bei hohem Wasserstand wird meistens geangelt, bei Niederwasser mit Gift gefischt.

Sammeln ist für die Nahrungsbeschaffung als Ergänzung zu Feldbau, Jagd und Fischfang nur von begrenzter Bedeutung, spielt aber bei der Materialbeschaffung für die Gebrauchsgüterfertigung eine wesentliche Rolle. Einzelne gesammelte Produkte (z. B. Honig, Heilmittel) werden gelegentlich verkauft. Es werden mindestens 79 verschiedene Naturprodukte gesammelt, wobei der größte Teil (42%) als Materialien für die Gebrauchsgüterfertigung Verwendung findet; 27% dienen als Nahrungsmittel, 14% als Heil- und Genußmittel, 12% als Färbemittel und Duftstoffe.

Die Tierhaltung (Hühner, Enten, Schweine) ist fast ausschließlich verkaufsorientiert, nur Jagd- und Wachhunde werden von den Achuara selbst verwendet.

Ein großer Teil der Gebrauchsgegenstände wird auch heute noch von den Achuara selbst hergestellt: Grundsätzlich verfügen alle Männer und Frauen – gemäß der geschlechtlichen Arbeitsteilung – über die nötigen Kenntnisse zur Herstellung von Gegenständen des täglichen Gebrauchs.

NUVA NUVAKATIN – Die Heirat

Mein Mann, du sollst wissen
Ich bin Tsungki[4], ich bin die Tsungki-Frau

Du sagst – ich habe die Tochter eines Menschen geheiratet
Aber ich sage nur – ich bin wie Tsungki

Ich bereite dir einen Liebestrank
Der dich mit Verlangen nach mir erfüllt
Denn ich bin eine Frau, die man leidenschaftlich lieben muß

Ich bin eine Frau, die man nicht verlassen kann
Denn ich bin wie Tsungki
Unheil und Untergang kann ich über dich bringen
Ich bin eine Frau, die du nicht verlassen darfst.

Tius (Pellizzaro 1977, S. 220)

Durch die Heiratsregel steckt die Gesellschaft den Rahmen ab, in dem sexueller Kontakt und Eheschließung stattfinden sollen. Bei den Achuara gelten innerhalb der terminologisch als heiratbar gekennzeichneten Verwandtschaftskategorie bilaterale Kreuzcous/ins/inen als bevorzugte Heiratspartner. Eine solche Ehe ermöglicht durch die Generationen fortführbare Heiratsallianzen zwischen den einzelnen Lokalgruppen. Heiraten mit Verwandten, die Eltern von Angehörigen der heiratbaren Kategorie (Vaterschwester, Mutterbruder) und solchen, die Angehörige der heiratbaren Kategorie der Kinder sein könnten (Schwestertöchter, Brudersohn), werden allerdings toleriert. Alle anderen Beziehungen gelten als inzestuös. Darüber hinaus besteht die Möglichkeit, Stammesfremde zu heiraten, was beim früher häufigen Frauenraub, beim Eindringen in Siedlungsgebiete anderer ethnischer Gruppen und bei Ehen mit mestizischen Händlern praktiziert wurde und wird. Dabei werden die Eingeheirateten samt ihren Verwandten in das terminologische System der Achuara eingebaut und mit den ihnen darin zustehenden Bezeichnungen belegt.
Das Recht der Brautvergabe liegt gewöhnlich beim Vater, wenn dieser nicht mehr lebt, bei den Brüdern oder, wenn kein erwachsener Bruder vorhanden ist, beim Vaterbruder, bei dem das Mädchen dann wohnt. Ein leiblicher Vater, der nie mit der Mutter zusammengelebt hat und an der Erziehung der Tochter keinen Anteil hatte, hat kein Recht, über ihre Heirat zu entscheiden, und wird oft nicht einmal informiert. Die Mutter hat bei der Verheiratung der Tochter ein gewisses Mitspracherecht, die Braut selbst ein »Vetorecht«, dessen Gebrauch aber, sollte er den Wünschen und Vorstellungen des Vaters extrem widersprechen, zu Konflikten führen kann.
Will also ein junger Mann ein Mädchen heiraten, muß er bei ihrem Vater um sie bitten. Dafür braucht er – wie in allen wichtigen Angelegenheiten – einen Vermittler, einen, »der gut reden kann«, um im Diskurs den notwendigen Konsens in seinem Sinn herbeizuführen.

Das Gespräch findet im Haus des zukünftigen Schwiegervaters statt, die Männer sitzen als Gäste im Männerteil des Hauses und bringen im Morgengrauen beim Huayuztrinken[5] ihr Anliegen vor. Die Braut und die Mutter des Mädchens sind entweder im Frauenteil des Hauses oder kommen zu den Männern, um Bier auszuschenken. Das Gespräch verläuft stark ritualisiert und beginnt immer mit einer kategorischen Ablehnung des Brautvaters. »Du bist viel zu jung, um zu heiraten« – bringt er vor. »Woher soll ich wissen, ob du arbeiten und deine Frau versorgen kannst? Und wer weiß, ob du in meinem Haus wohnen bleibst und nicht mit meiner Tochter wegziehst, um ein eigenes Haus zu bauen? Ich bin alt, meine Frau auch. Wir brauchen einen Schwiegersohn, der für uns arbeiten kann. Kannst du überhaupt roden und Pflanzungen anlegen? Vögel und Affen mit deinem Blasrohr erlegen? Mit Barbasco fischen?« Eine weibliche Stimme mischt sich ins Gespräch, die Brautmutter bezieht die Seite ihres Mannes: »Du bist noch ein Kind, du kannst nicht arbeiten und einer Frau genug Essen verschaffen. Vielleicht wirst du sie auch schlecht behandeln und schlagen, oder sie sitzen lassen und zu einer anderen Frau ziehen.« (Karsten 1935, S. 188 f.)

So zieht sich das Streitgespräch unter unzähligen Wiederholungen über mehrere Stunden hin. Die Etikette fordert vom Brautvater, den Antrag aufs heftigste zurückzuweisen, da sonst der Eindruck entstünde, er wolle seine Tochter an den Erstbesten verheiraten. Dem Vermittler wiederum fällt die Aufgabe zu, die angezweifelten Eigenschaften des Bräutigams besonders hervorzuheben und ins richtige Licht zu rücken; der Bräutigam selbst bleibt während der langen Diskussion eher passiv.

Nachdem Vermittler und Brautvater zu einem Einverständnis gekommen sind – weil der Brautvater des Redens müde geworden ist –, gehen Brautwerber und Vermittler nach Hause. In der folgenden Nacht kommt der Bräutigam wieder ins Haus, um mit dem Mädchen zu schlafen. Will sie ihn nicht heiraten, hat sie nun die Möglichkeit, ihrem Willen Ausdruck zu verleihen: Sie legt sich nicht mit ihm ins Bett, sondern bleibt demonstrativ neben der Feuerstelle sitzen. Ist ihr Vater noch wach, kommt er und fragt, was los sei; manchmal versucht er, sie unter Druck zu setzen, damit sie mit ihrem Mann ins Bett geht. Es kommt sehr auf die Willensstärke des Mädchens an, ob es ihr gelingt, einen von ihrem Vater akzeptierten Brautwerber wieder loszuwerden.

Sie kann die ganze Nacht über aufbleiben und auch in der darauffolgenden Nacht das gemeinsame Bett sofort wieder verlassen und sich neben das Feuer setzen. Nach der zweiten mißglückten Nacht wird der Bräutigam beschämt nach Hause zurückkehren. Eine andere Möglichkeit, die Ehe zu verweigern, ist die, das elterliche Haus zu verlassen und bei nahewohnenden Verwandten Zuflucht zu suchen, bis sich der Zorn des Bräutigams und des Vaters gelegt haben.
Meistens ist aber die Braut mit der Ehe einverstanden. Sie wird auch kaum von der Bewerbung überrascht, da die Absicht eines Mannes, ein Mädchen zu heiraten, längere Zeit vorher allgemein bekannt und sehr oft mit der Braut abgesprochen ist.
Manchmal ist es auch nicht klar, wie weit die Zustimmung geht bzw. in welchem Ausmaß der soziale Druck den Ausschlag für diese Zustimmung gibt. Ein Beispiel:
Yusa ist Waise und lebt mit ihrem Bruder, dem sie den Haushalt führt, bei ihrem Onkel. Sie ist 22 Jahre alt, und ihre Verwandten finden, daß sie längst verheiratet sein sollte. Als nun Kamiru, den sie schon einmal abgewiesen hat, sich neuerlich um sie bewirbt, erwartet man von ihr, daß sie die Werbung annimmt. Sie gibt nach und bereitet sich auf den Festtag vor, indem sie Stoff kauft und am Abend noch ein neues Kleid näht. Um sie daran zu hindern, ihre Meinung vielleicht doch noch zu ändern, wird sie von den jungen Männern im Haus ihres Bruders, das nach mestizischer Art Hauswände hat, eingesperrt. Sie scheint sich in ihr Schicksal gefügt zu haben, der nächste Tag verläuft der Norm entsprechend: Yusa kocht – im neuen Kleid und mit rot bemalten Wangen – im Haus ihrer Ziehmutter Bier, Kamiru kommt am Nachmittag von der Jagd zurück, sie nimmt seine Jagdbeute entgegen, stellt einen Topf mit Wasser aufs Feuer, holt Salz und bereitet das Fleisch zu. Kamiru setzt sich in die Nähe der Feuerstelle, plaudert mit Yusa und seiner Ziehschwiegermutter. Am Abend packt Kamiru alle seine Sachen und zieht zu seiner Frau in das Haus ihres Bruders. Im Gespräch hebt er immer wieder seine Verpflichtungen dem Schwager gegenüber hervor: auf dessen Haus gut aufzupassen, dafür zu sorgen, daß alles in Ordnung ist, wenn er zurückkommt. Die Ehe, für die die Braut nie große Begeisterung zeigte, hält aber nicht lange. Yusa ist mit ihrem Ehemann nicht zufrieden – als offiziellen Grund für die Trennung nennt sie seine Erfolglosigkeit als Jäger – und zieht wieder

zu ihrem Bruder, der inzwischen in einem anderen Dorf wohnt.
Oft ist es aber der Vater, der sich einer Ehe, die ihm nicht opportun erscheint, widersetzt. Ist das Mädchen sehr verliebt und will es den Mann unbedingt heiraten, so versucht es, den Vater entsprechend zu beeinflussen.

Mein geliebter, geliebter Mann
Vergiß es nicht
Damals, als du hier saßest – vor meinem Vater –
War ich wie ein Jaguar
Wie ein Jaguar
In meinem Herzen
Mit meinem kleinen Herzen
Habe ich gesprochen
Um es dir geben zu können

Ich habe es für dich zustande gebracht
Ich habe es für dich getan.

Najuir (Pellizzaro 1977, S. 7)

Lehnt der Vater den Brautwerber weiterhin ab, verbleibt den Liebenden noch die Möglichkeit der Flucht. Aus sicherer Entfernung – oft von Verwandten aus, die an einem anderen Fluß wohnen – werden dann, wieder über einen Vermittler, Verhandlungen begonnen, wodurch sich die Beziehung zu den Brauteltern oft wieder einrenken läßt.
Bei der Wahl des Bräutigams sind grundsätzlich drei, oft miteinander im Widerstreit stehende Motivationen im Spiel: erstens das Bestreben, der gesellschaftlichen Forderung nach Heirat mit einem möglichst »richtigen«, verwandtschaftlich »nahen« Partner, d. h. möglichst einem »nekas-yajaur«, einem wirklichen Kreuzcousin, gerecht zu werden, was mit einem Prestigegewinn für alle Beteiligten – Bräutigam, Braut und Eltern – verbunden ist; zweitens der Wunsch des Brautvaters nach einem tüchtigen, tapferen und arbeitsamen Schwiegersohn; und drittens das Verlangen der Braut nach einem bestimmten, von ihr geliebten oder bevorzugten Mann.
Eine alleinige Entscheidung der Eltern gilt vor allem bei den Kinderehen: Mädchen können bereits in einem Alter von 5-10 Jahren verheiratet werden. Bei der Eheschließung mit einem vorpubertä-

ren Mädchen spielt sich die Brautwerbung ähnlich ab, der Schwiegersohn zieht in das Haus ihres Vaters, nur schlafen die beiden bis zur Geschlechtsreife des Mädchens getrennt. Zu diesem Zeitpunkt wurde früher das Tabakfest der Frauen abgehalten, durch das die Braut für ihre zukünftige Aufgabe als Ehefrau spirituell gestärkt wurde. Dieses initiationsartige Fest ist heute, ähnlich wie andere, meist zum Kopfjagdkomplex zählende Feste, fast ganz in Vergessenheit geraten. Schon vor dem Vollzug der Ehe übernimmt das Mädchen schrittweise, entsprechend ihrer altersbedingten Fähigkeiten, die wirtschaftlichen Aufgaben einer Ehefrau.

Kinderehen dürften früher häufiger geschlossen worden sein, heute sind sie meist von kurzer Dauer, da das Mädchen oft, wenn es erwachsen wird, mit der Entscheidung des Vaters nicht mehr einverstanden ist und sich einen anderen Partner sucht. Ebensooft verliert der Ehemann beim Warten auf den Vollzug der Ehe und die volle wirtschaftliche Leistungsfähigkeit seiner Frau die Geduld und verläßt sie um einer älteren, geschlechtsreifen Partnerin willen.

1979 waren am Rio Huasaga 12 vorpubertäre Mädchen verheiratet, davon 4 aus der Altersgruppe bis zu 10 Jahren, 8 aus der bis zu 14 Jahren. Die Ehen von zwei weiteren Mädchen (5 und 7 Jahre) wurden während der Datenaufnahme geschieden. Unter den Jungen der gleichen Altersgruppen war kein einziger verheiratet, auch in der Altersgruppe 16-20 Jahre waren erst 37% aller Jungen, aber bereits 71% aller Mädchen verheiratet. Erst in der Gruppe der 21-30jährigen gleicht sich das Verhältnis etwas aus. Dieser deutliche Unterschied im Heiratsalter erhöht auch die Zahl der heiratsfähigen Frauen – einerseits direkt durch die hinzukommenden vorpubertären und pubertären Mädchen, andererseits indirekt durch die aufgrund des großen Altersunterschiedes der Ehepartner hohe Zahl früh verwitweter Frauen, die dann wieder der heiratbaren Gruppe zufallen. Somit ist auch bei einem zahlenmäßig ausgeglichenen Verhältnis der Geschlechter die Aufrechterhaltung der Polygynie möglich. Vergleicht man die Zugehörigkeit der Ehepartner zu den einzelnen Altersgruppen, so zeigt sich, daß jüngere Männer bisweilen mit älteren Frauen (Witwen) verheiratet sind, Männer der mittleren Altersgruppe mit Frauen ihres eigenen Alters oder jüngeren, ältere Männer fast ausschließlich mit jüngeren Frauen.

Eine Ausnahme bei den Regeln der Eheschließung bilden Große Alte Männer, die besonders attraktive und wichtige Allianzpartner sind. Ihnen werden oft von den Brauteltern Mädchen zur Heirat ins Haus gebracht, was in einem solchen Fall auch keine Schande für die Eltern ist. So hatte Kukush, eine der einflußreichsten Persönlichkeiten am Rio Huasaga, in seiner »großen Zeit« sieben Frauen. Seinen eigenen Worten zufolge »sind die Eltern gekommen, mit dem Mädchen an der Hand, haben sie mir gegeben und gesagt, da nimm sie«. Von seinen sieben Frauen ist eine als Mädchen an Masern gestorben, eine ist an einen anderen Fluß davongelaufen, eine weitere hat sich verliebt und brannte ebenfalls durch.

JICHUR – Der Schwiegersohn

»Leicht ist das Tagewerk aller und vor allem desjenigen, der eine heiratsfähige Tochter hat. Der Anwärter auf ihre Hand wird in des Wortes vollster Bedeutung ... der Sklave seines Schwiegervaters ... Er ist dem Hausvater mit Haut und Haar verschrieben und muß stets seines Winks gewärtig sein.«
(Up de Graff 1930, S. 220)

Und du, junger Mann
Stolz wie ein Hahn
Warst du immer
Hast immer so gesprochen
Aber jetzt
Warum hast du dich jetzt
In eine bleiche, gelbe Blume verwandelt?
Ich lache, ich muß lachen
Jetzt bist du wie eine gelbe Süßkartoffel
Aber vorher, vorher ...
Bleich und gelb bist du geworden
Ich lache, ich muß lachen.

Trinklied, in dem die Braut ihren Bräutigam, der Angst vor seinem zukünftigen Schwiegervater hat, verspottet (Tsamarint, A. 1977, S. 58-59).

Während in vielen anderen Gesellschaften die jungen Frauen nach der Eheschließung den Haushalt der Eltern verlassen und – meist in sehr untergeordneter Stellung – im Haus der Schwiegereltern leben, sind es bei den Achuara die jungen Männer, die diese schwierige Position einnehmen müssen.
Zwischen Schwiegersohn und Schwiegervater besteht bis zu dessen Tod ein Abhängigkeitsverhältnis, das im sozialen Leben der Achuara ohne Beispiel ist: der junge Mann muß ihn in sämtlichen Arbeitsbereichen unterstützen, er muß also zusätzlich zu seinen eigenen Tätigkeiten große Teile der Aufgaben des Schwiegervaters übernehmen. Die Verfügungsgewalt eines Schwiegervaters über die Arbeitskraft des Ehemannes seiner Tochter geht so weit, daß dieser, will er eigenen Tätigkeiten nachgehen, dafür um Erlaubnis bitten muß.
So hatten z. B. die jungen Männer eines Dorfes eine Arbeitsgruppe zum Holzfällen gebildet. Sie arbeiteten nach einem Rotationssystem einige Wochen lang jeden Tag zum Nutzen eines anderen; der einzige jüngere Mann im Dorf, der an dieser einträglichen und auch unterhaltsamen Tätigkeit nicht teilnehmen konnte, war der Schwiegersohn des Lokalgruppenvorstands. Der Alte hatte sich nämlich in den Kopf gesetzt, zur gleichen Zeit einen Pferch für seine Schweineherde zu bauen, die immer wieder in die Maniokfelder eingebrochen war und dort Schaden angerichtet hatte. Dazu zog er seinen Schwiegersohn als Gehilfen heran. Obwohl dieser einige schöne Bäume in der Nähe des Dorfes stehen hatte und gern die Gelegenheit genutzt hätte, sie im Zuge der Gemeinschaftsarbeiten zu fällen, mußte er täglich mit seinem Schwiegervater am Zaun für eine Schweineherde bauen, an der er selbst gar keinen Anteil hatte.
Diese Form von Autoritätsausübung steht im gesellschaftlichen Leben der Achuara völlig isoliert da. Man findet sie weder in der Beziehung zwischen Ehepartnern, in der die Frauen in ihrem Arbeitsbereich fast autonom walten können, noch in der Erziehung der Kinder, die schon von frühester Jugend an recht frei über die Gestaltung ihres Tagesablaufs entscheiden können. So ist es für einen Mann schwieriger, seinen – sagen wir, zehnjährigen – Sohn zur Verrichtung einer bestimmten Tätigkeit zu veranlassen als seinen 25jährigen Schwiegersohn.

Mit zunehmendem Alter und abnehmenden physischen Kräften des Schwiegervaters wächst der Arbeitsanteil des Schwiegersohns immer mehr, bis fast der gesamte männliche Aufgabenbereich des Haushalts von ihm abgedeckt wird und der Alte sich nur mehr leichten handwerklichen Tätigkeiten widmet. Parallel dazu ändert sich auch das Kräfteverhältnis zwischen den beiden: Während das Prestige des Älteren abnimmt, steigt das des Jüngeren, und er wächst langsam in die Rolle des Haushaltsvorstands bzw. des Leiters der Lokalgruppe hinein. Aufgaben, die zuvor nur aufgrund des Drucks der Autorität des Schwiegervaters übernommen wurden, werden dann zu selbstverständlichen Erledigungen, deren Nichterfüllung starke Ansehenseinbußen mit sich brächte.

Tüchtige Schwiegersöhne erhöhen das Prestige des Schwiegervaters und ermöglichen ihm, auch andere Gefolgsleute um sich zu sammeln. Es wäre daher für einen Mann sowohl von wirtschaftlichem als auch von politischem Interesse, möglichst viele und tüchtige Schwiegersöhne in seiner Lokalgruppe zu haben. Gäbe man jedem Schwiegersohn nur eine Tochter zur Frau, so könnte man die Zahl der Schwiegersöhne maximieren und das ökonomische und politische Potential der Gruppe erhöhen. Dies ist allerdings meist nicht durchführbar, da man, um einen tüchtigen Schwiegersohn im Haus zu halten und sich seiner Dienste und seiner Unterstützung weiterhin zu versichern, ihm in der Folge noch weitere Töchter zur Frau geben muß.

Es steht dabei der Wunsch des Schwiegervaters nach möglichst vielen Schwiegersöhnen dem des Schwiegersohns nach möglichst vielen Frauen und somit Ausbau seiner eigenen wirtschaftlichen und sozialen Position entgegen. Werden diesem weitere Schwestern seiner Frau verweigert, so kann er mit seinem Auszug und der Einheirat in eine andere Lokalgruppe drohen; dies wirkt um so mehr, je angesehener er ist und je größer der Verlust für die Gruppe des Schwiegervaters wäre.

Nach dem Tod des Schwiegervaters ist es Aufgabe des Schwiegersohns, für dessen Witwe zu sorgen. Meist nimmt er sie in seinen eigenen Haushalt auf oder besucht sie regelmäßig, um die Arbeiten des männlichen Bereichs zu übernehmen.

Männertausch

Bei konsequent durch die Generationen fortgeführter bilateraler Kreuzcousinenheirat, die dem Aufbau dravidischer Verwandtschaftssysteme (Dumont 1953) zugrunde liegt, ist der Schwiegervater im idealtypischen Fall zugleich Mutterbruder und Vaterschwestermann.

Er ist der Kreuzcousin (Mutterbrudersohn sowie Vaterschwestersohn) des Vaters und zugleich als Schwestermann und Fraubruder dessen nächster Affinalverwandter (»sair«).[6] Sein Sohn ist Egos Kreuzcousin, zugleich auch Egos Schwager (Schwestermann und Fraubruder) sowie Vater der Heiratspartner von Egos Kindern, sein nächster Affinaler (»sair«). Dessen Sohn ist wiederum Egos Schwestersohn und potentieller Schwiegersohn, der nächste Affinale (»sair«) von Egos Sohn.

Nach der Residenzregel zieht ein junger Mann nach der Heirat zum Schwiegervater, dem »sair« seines Vaters, sein Sohn zu seinem »sair« usw. Daraus ergibt sich, daß die Söhne die Lokalgruppe verlassen und erst deren Söhne als Ehemänner der Tochtertöchter wieder zurückkehren können. Frauen bleiben nach der Heirat weiterhin im elterlichen Haushalt in derselben Lokalgruppe.

Abb. 1

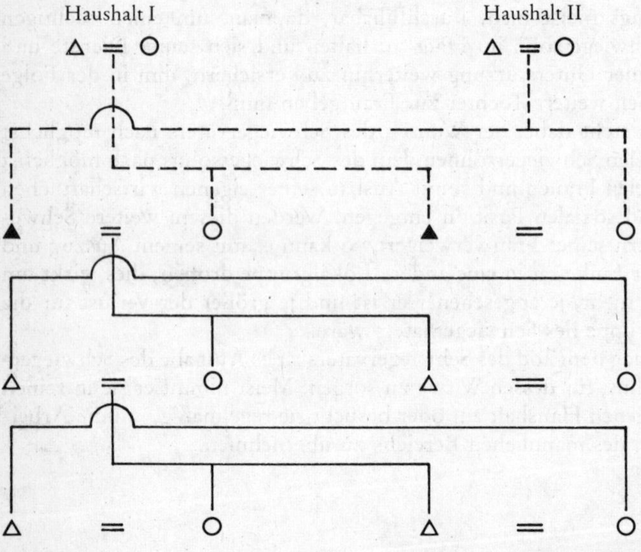

Man kann demnach, läßt man die Vorurteile eines unilinear und maskulin orientierten Denkens beiseite, durchaus von einem Männertausch zwischen Lokalgruppen sprechen, und zwar tauschen Schwäger/Kreuzcousins Söhne.
So kann eine enge affinalverwandtschaftliche Beziehung zwischen zwei Haushalten über Generationen hinweg aufrechterhalten werden; die Heiratsallianz wird perpetuiert. Haushalte, deren Vorstände zueinander in blutsverwandtschaftlicher Beziehung stehen, also klassifikatorische Brüder bzw. Parallelcousins sind, können keinen direkten Männertausch betreiben; erst nach zwei Generationen können – über den Umweg über eine »sair« – Lokalgruppe – die Enkelsöhne des Bruders als Ehemänner der Tochtertöchter in den Haushalt kommen.
Um der gesellschaftlichen Forderung nach einer möglichst nahen Ehe der Tochter gerecht zu werden, werden manchmal deren bilaterale Kreuzcousins in den Haushalt aufgenommen und zu Schwiegersöhnen herangezogen.
Die jungen Männer sind also Bindeglieder zwischen den einzelnen Lokalgruppen, sie sollen den Zusammenhalt der ohnehin wenig stabilen Allianzgruppe gewährleisten.
Die jung verheirateten Frauen genießen in diesem System den Vorteil, weder ihr gewohntes soziales Netz verlassen zu müssen noch irgendeiner Autorität unterstellt zu sein, für die sie Arbeitsleistung zu erbringen hätten, wie das bei den jungen Männern der Fall ist. Als verheiratete Frauen sind sie in ihrem Arbeitsbereich weitgehend autonom. Außerdem bietet die Anwesenheit des Vaters, dem der Ehemann untergeordnet ist, Schutz vor schlechter Behandlung. Mit Mutter, Tanten (Kofrauen der Mutter) und Schwestern sowie später Töchtern und Schwestertöchtern bleiben sie grundsätzlich das ganze Leben lang in einem Haushalt; gemeinsam bilden sie den dauerhaften Kern der Lokalgruppe.

JEA – Das Haus

Wenn ich sterbe
Wirst du dich nach jungen Männern umsehen
Aber solange ich lebe
Gib noch mehr Bier

In diese schöne Schale.
Laß uns tanzen, meine kleine Frau.

(Harner 1972, S. 125)

»Ich habe jetzt drei Frauen, habe sie alle auf einen Schlag erwischt, und sie streiten gar nicht untereinander, warum sollten Schwestern auch streiten. Warum nimmst du dir nicht auch noch eine Witwe dazu, die ordentlich Maniokbier brauen kann? Aber dann fängt sie sicher mit deiner Frau zu streiten an. Es ist wichtig, viele Frauen zu haben, mit einer Frau geht nichts weiter, man kommt zu keinen Kindern und auch sonst zu nichts.«

Pingar im Gespräch mit R. Gippelhauser

Ansehen und Einfluß eines Haushalts werden entscheidend von den Frauen mitbestimmt. Je mehr verheiratete Frauen in einem Haus leben, desto größer ist dessen wirtschaftliche Kapazität, da jede Frau mit ihren Kindern eine relativ eigenständige Wirtschaftseinheit darstellt. Sie produziert fast alle pflanzlichen Nahrungsmittel, zieht Schweine und Hühner auf und betreut die Jagdhunde. Auch die Distribution sämtlicher Nahrungsmittel obliegt der Frau, gleichgültig ob sie von ihr selbst oder von ihrem Mann produziert werden, was ihr eine einflußreiche Stellung im Haushalt garantiert. Bei ehelichen Konflikten kommt es immer wieder vor, daß Frauen die Verweigerung der Nahrungszuteilung als Druckmittel verwenden.

Eine der wichtigsten Aufgaben der Frau ist das Brauen und Verteilen von Maniokbier, um das sich alles im Leben der Achuara dreht: »jamanch« wird von der Morgendämmerung bis in die sinkende Nacht getrunken, von jung und alt, als Nahrungsmittel oder zur Berauschung, zur Erfrischung am Feld und besonders reichlich bei Festen. Kein soziales Ereignis findet ohne Maniokbier statt, und ist bei Gemeinschaftsarbeiten kein Bier mehr vorhanden, so brechen alle Teilnehmer nach Hause auf, unabhängig davon, ob die Arbeit fertiggestellt wurde oder nicht.

Große Mengen wohlschmeckenden »jamanch« aus schönen, selbsthergestellten Trinkschalen auszuschenken ist der Stolz jeder Frau. Kommen Gäste ins Haus, setzen sie sich auf die Besucherbank – alles schweigt, bis der Hausherr »jamanch! jamanch!« ruft. Erst wenn die Frauen mit Bier und Trinkschalen kommen, beginnt das ritualisierte Wechselgespräch; ist gerade keine der Frauen im Haus, muß mit der Empfangszeremonie gewartet werden. Die Frauen stellen sich mit ihren Schöpfschalen neben die Gäste und schenken nach, wenn ihnen die Trinkschalen hingereicht werden. Als höflich gilt es, wenn der Gast die Trinkschale einige Male zurückzieht, um so das Nachschenken formal abzulehnen. Diese Geste wird von den Frauen generell ignoriert und die Schale aufs neue gefüllt.

Das Bierausschenken ist für die Frauen ein wesentlicher Bestandteil ihres sozialen Lebens: Es ermöglicht ihnen persönliche Kontakte zu Personen aus anderen Lokalgruppen und Teilnahme an wichtigen Entscheidungsprozessen. Während des Biertrinkens werden Probleme aus sämtlichen Lebensbereichen besprochen; wenn die ritualisierte Wechselrede vorbei ist, haben alle – Männer wie Frauen – die Möglichkeit, ihre Anliegen vorzubringen und zu erörtern. Solche Gespräche sind die Grundlage von Entscheidungen, die den ganzen Haushalt oder auch mehrere Haushalte betreffen. In sehr langen »Gesprächsrunden« wird versucht, einen Konsens aller Beteiligten herzustellen. Die Bedeutung dieser Gespräche als regulativer Faktor in einer Gesellschaft ohne soziopolitische Institutionen, die über lockere Gefolgschaften hinausgehen, und in der es sonst keine Instanz zur Beilegung von Konflikten gibt, kann nicht hoch genug eingeschätzt werden. Ihre Funktion reicht weit über Meinungsaustausch und Unterhaltung hinaus und ist als wesentlicher Faktor des politischen, sozialen und ökonomischen Lebens zu bewerten.

Werden bei solchen Zusammenkünften wichtige Entscheidungen getroffen, so bringen auch die Frauen ihren Standpunkt mit Nachdruck ein. Eine direkte Einflußnahme auf politische Bündnisse, Konfliktlösungen etc. ist allerdings den älteren Frauen vorbehalten. Zwar ist es jüngeren Frauen keineswegs untersagt, sich in Gespräche einzumischen, doch wird ihre Stellungnahme weniger stark berücksichtigt, ebenso wie die Stimme junger Männer relativ wenig Gewicht hat.

Die Organisation der Arbeit ist bei den Achuara vor allem durch die geschlechtliche Arbeitsteilung bestimmt: In allen Arbeitsbereichen sind einzelne Tätigkeiten einem bestimmten Geschlecht zugeordnet, d.h. Männer und Frauen haben streng getrennte Aufgabenbereiche. Es wird aber meistens nicht ein ganzer Produktionsbereich (z.B. Feldbau, Jagd) von einem Geschlecht

übernommen, sondern Männer und Frauen teilen miteinander zusammenhängende und sich ergänzende Tätigkeiten untereinander auf.
Allgemein gilt, daß vor allem jene Arbeiten in den männlichen Bereich fallen, die besonders hohe physische Beanspruchung mit sich bringen, weit vom Wohnort entfernt durchgeführt werden und mit größeren Risiken verbunden sind. Bei den Tätigkeiten, die in die Kategorien exklusiv und dominant weiblich fallen, liegt der Arbeitsplatz meist in der unmittelbaren Umgebung der Siedlung: ein erheblicher Teil dieser Aktivitäten findet im Haus statt. Dies steht teilweise in Zusammenhang mit dem Umstand, daß die Arbeiten der Frauen mit der physischen Belastung von Schwangerschaft und Geburt sowie mit der Betreuung und dem Stillen von Kleinkindern (Kinder werden meist bis zum dritten Lebensjahr gestillt) vereinbar sein müssen. Außerdem war bis in die 50er Jahre ständig mit der Gefahr von Überfällen benachbarter Stammesgruppen und damit verbundenem Frauenraub zu rechnen.
Die exklusiv und dominant männlichen Arbeiten werden meist in unregelmäßigen Abständen ausgeführt, sind zeitlich begrenzt und durch kurzfristige Zusammenarbeit optimierbar. Demgegenüber müssen die Tätigkeiten des weiblichen Bereichs kontinuierlich ausgeführt werden und bieten nur wenig Gelegenheit zur Kooperation.
Sehr ausgewogen ist die soziale Bewertung der Arbeitsbereiche: Für beide Geschlechter gibt es einzelne Tätigkeiten, die mehr, andere, die weniger prestigeträchtig sind; eine grundsätzlich verschiedene soziale Einstufung von Männer- und Frauenarbeit ist dem Denken der Achuara fremd.
Die geschlechtsspezifische Zuordnung von kontinuierlicher und periodischer Arbeit steht in engem Zusammenhang zur polygynen Familie. Eine solche Aufgabenteilung ermöglicht die optimale Kooperation eines Mannes mit mehreren Frauen; außerdem erlaubt sie eine längere Abwesenheit der Männer vom Produktionsprozeß ohne Gefährdung der Subsistenz, was vor allem für Kriegszüge und Reisen wichtig ist.
Besteht also der Haushalt aus einer polygynen erweiterten Familie, so ergibt sich aus der geschlechtlichen Arbeitsteilung eine alternierende Zusammenarbeit des Mannes mit jeweils einer seiner Ehefrauen. Der Mann schläft jede Nacht bei einer anderen Frau und arbeitet am folgenden Tag für sie bzw. mit ihr. Die

dabei erwirtschafteten Nahrungsmittel werden der betreffenden Frau zur Zubereitung und Verteilung übergeben. Sie versorgt damit ihren Mann und ihre Kinder; nur bei sehr großer Ausbeute gibt sie auch den anderen Ehefrauen sowie nahen Verwandten davon ab. Somit bildet jede Frau mit ihren Kindern eine eigene Konsumtionseinheit, in die der Ehemann abwechselnd integriert wird.

Die Zusammenarbeit der Ehepartner erstreckt sich auch auf die Herstellung von Gebrauchsgütern sowie auf Gemeinschaftsarbeiten für Rodung, Abbrennen oder Bepflanzen der Felder, die jeweils einer der Frauen zugute kommen. Für die Frauen ergibt sich daraus ein Arbeitsrhythmus, in dem direkte Zusammenarbeit mit dem Ehemann und selbständiges Arbeiten (oft gemeinsam mit unverheirateten Töchtern) alternieren; der Zeitraum für autonome Tätigkeiten der Frauen ist um so größer, je mehr Ehefrauen in einer Familie leben (z. B. bei vier Ehefrauen: 1 Tag Kooperation zu 3 Tagen selbständiges Arbeiten).

Die Produktionsgemeinschaft der polygynen Familie besteht also aus zwei oder mehr relativ unabhängig operierenden Arbeitsgruppen, denen der Ehemann abwechselnd zugehört.

Auf diese Weise laufen innerhalb einer Produktionsgemeinschaft verschiedene Arbeitsprozesse nebeneinander her; je größer der Haushalt, desto komplexer die Kombination der verschiedenen Tätigkeiten und Arbeitsgruppen.

Unabhängig vom Aufbau des Haushalts bewirken bestimmte Verwandtschaftsbeziehungen eine entsprechende Form der Kooperation.

Betrachtet man die Gruppe der verheirateten Personen – von denen die meiste Arbeit geleistet wird –, so zeigt sich, daß es sich, mit Ausnahme der Mutter-Tochter-Beziehung, bei allen »stark kooperierenden Verwandten« um Affinale handelt. Eine ähnliche Tendenz zeigt sich auch bezüglich der verwandtschaftlichen Zusammensetzung der Arbeitsgruppen bei Gemeinschaftsarbeiten.

In der Gruppe der kooperierenden Affinalverwandten nehmen zwei Beziehungen eine Sonderstellung ein: sowohl zwischen Ehepartnern als auch zwischen Schwiegervater und Schwiegersohn besteht eine soziale Verpflichtung zu bestimmten Arbeitsleistungen. Während diese Verpflichtung zwischen Ehepartnern auf Gegenseitigkeit beruht, stellt sie zwischen Schwiegervater und Schwiegersohn eine einseitige ökonomische Unterstützung des Schwiegervaters dar. In beiden Fällen kann eine mangelhafte Erfüllung dieser Arbeitsverpflichtung zu sozialen Konflikten, z. B. zur Auflösung einer Ehe führen. Unzulängliche Arbeitsleistung des Mannes ist einer der wenigen sozial akzeptierten Gründe für die Auflösung einer Ehe durch die Frau.

WAKANI – Die Kraft der Seele

Mein Geliebter
Allein in seinem Bett
Denkt er an mich
Dort wo er sich niedergelegt hat
Liegt er allein
Und meine einsame Seele
Ist ganz nahe bei ihm
Von Zeit zu Zeit
Begegnet er meiner Seele
Sie begegnet ihm und sie flüstert
Flüstert ganz zart
Bleib mir zuliebe alleine
Mein geliebter Mann
Bleib alleine
Dort wo du liegst.

Najuir (Pellizzaro 1977, S. 9)

Das Weltbild der Achuara und ihre reichhaltige Mythologie stellen ein äußerst komplexes philosophisches, psychologisches und magisches Denksystem dar, das hier nur bruchstückhaft angerissen werden kann. Wir greifen dabei einige Punkte heraus, die wichtige Aspekte der Geschlechterbeziehung verkörpern; das Fragmentarische und Provisorische einer solchen Darstellung ist uns dabei vollkommen bewußt.
Dem Denken der Achuara liegt die Vorstellung zugrunde, daß das ganze Universum mit »Wakani« erfüllt ist: Wakani – Seele, Schatten, Geist, Kraft, nicht-materieller Teil alles Materiellen, ist nicht nur allen Menschen, sondern auch Tieren, Pflanzen, Flüssen und Gestirnen eigen. »Durch die Luft schwärmt ständig eine Fülle dieser übernatürlichen Wesen« (Karsten 1935, S. 352), wo-

bei der Begriff des Übernatürlichen dem europäischen Denken entstammt, denn für die Achuara sind Wakani in all ihren Ausformungen ein realer, integraler, wesentlicher Bestandteil der Natur. Wakani ist die treibende Energie alles Lebendigen im weitesten Sinn – eher alles Existierenden.

Wakani wird dem Menschen bei der Geburt mitgegeben, im Lauf seines Lebens hat er die Möglichkeit, es zu stärken und auch andere spezifische Formen von Seelenkraft dazuzugewinnen. Wakani ist aber nicht nur Stärke, es stellt auch den verletzbaren Teil der menschlichen Existenz dar. So ist der Mensch immer in Gefahr, »an seiner Seele Schaden zu nehmen«, besonders in der Nacht, wenn die Wakani den Körper verlassen, während der Träume herumwandern und leicht von anderen Kräften beeinflußt werden können. Ein Mensch kann nur krank werden, einen Unfall haben, getötet werden, wenn zuerst sein Wakani verletzt oder gestohlen wurde.

Darüber hinaus gibt es Erscheinungen und Wesen, in denen sich diese Energie konzentriert; sie stellen eine übergeordnete Kategorie von Kräften dar, die immer gleichzeitig unter einem positiven und negativen Aspekt gesehen werden. Es liegt oft am einzelnen Menschen, in einer Begegnung mit ihnen den positiven Aspekt ihrer Energie für sich nützen zu können und den negativen auszuschalten.

Ein Teil dieser Wesen gehört zur Kategorie »Arutama« – die »Alten«, die größtenteils den folgenden drei Bereichen zugeordnet sind: Etsa – der Sonne und durch sie dem männlichen Kulturheros Shakaim, Nunga – der Erde und der weiblichen Kulturheroin Nungui, sowie Ayumpum, der Macht über Leben und Tod, die sich in bestimmten Tieren und lebensbedrohlichen Naturphänomenen wie Blitz und Erdbeben manifestiert (Pellizzaro 1976, S. 3).

Wakani wie Arutama sind immer einem bestimmten Geschlecht zugeordnet, sind entweder männlich oder weiblich; somit wird das ganze Universum von einer Dichotomie männlich/weiblich durchzogen. Diese spiegelt sich unter anderem in der geschlechtlichen Arbeitsteilung, wobei männlich oder weiblich gedachte Pflanzen und Tiergattungen von dem entsprechenden Geschlecht betreut werden. Mythen von der Entstehung einzelner Pflanzen und Tiere erzählen häufig, wie sich Männer und Frauen in solche verwandeln (Jordana 1974); Pflanzen- oder Tierbezeichnungen sind Männer- oder Frauennamen (Mader 1985, S. 386). Frauen verstehen sich als Töchter der Kulturheroin Nungui, von der das ganze Wissen über den weiblichen Aufgabenbereich stammt. Nur durch eine ständige Verbindung mit ihr kann der Feldbau erfolgreich sein, da es Nungui ist, die durch ihr Tanzen in den Feldern die Pflanzen wachsen läßt. Während der Feldarbeit werden sie und ihr männliches Gegenstück Shakaim durch Gesänge zum Tanzen angeregt, für Nungui werden auch magische Steine als Geschenke ins Feld gelegt.

Wir singen versammelt in der Nacht
Als Töchter von Nungui, der Frau,
Zu Nungui, der Frau, singen wir:
Laß den Maniok zahlreich sein,
Vermehre die Erdnüsse,
Vermehre die Süßkartoffel,
(...)
Vermehre alles, alles.
Als Töchter von Nungui, der Frau,
Rufen wir sie,
Nungui, die Frau,
»Arutama nunganuma« – die Alte, die in der Erde ist.
(...)
Zu Shakaim, dem Mann, singen wir,
Auch er vermehre die Früchte,
Auch ihm, der die Bäume fällt,
Der das Land gerodet hat,
Rufen wir,
Vermehre die Ernte,
(...)
Vermehre alles, alles. (Karsten 1935, S. 135)

Eine andere Kategorie von Wesen mit außerordentlichen Kräften, die besonders gefährlich sind, sind die »Iwianch«: Iwianch ist die Seelenkraft verstorbener Vishin (Hexer, Heiler, Schamanen) – Menschen, die im Leben sehr viel Kraft in ihrer Person vereinigen konnten, da ihnen spezielle Techniken zum Akkumulieren von Wakani zur Verfügung standen. Iwianch können in verschiedenen Gestalten erscheinen: zum einen als Menschen, sowohl als alte Männer als auch in Form schöner, geschmückter junger Männer, die die Frauen verführen und ihre Seele stehlen, oder auch in

verschiedenen Tiergestalten oder als Dämonen. Unter Dämonen sind hier Wesen zu verstehen, die nicht in das euro-amerikanische Klassifikationssystem der Natur einzuordnen sind, von den Achuara aber sehr wohl in ihres einbezogen werden.
All diese »Sonderformen« sind in ihrer Grundstruktur auch Wakani: So sind alle Arutama und Iwianch gleichzeitig Wakani, aber nicht alle Wakani notwendigerweise Arutama oder Iwianch.
Diese Kräfte sind dem Menschen aber nicht im Wachbewußtsein zugänglich, sondern hauptsächlich über verschiedene Formen des Traumes, die von den Achuara als die wirkliche Welt hinter den Phänomenen angesehen werden. Das Wachbewußtsein zeigt nur ein Abbild dieser Wirklichkeit und ist ständig Täuschungen unterworfen. Der Traum, sei es ein Schlaftraum oder ein durch Halluzinogene induzierter Traum, ermöglicht erst das »wuimektinyu« – das »Sehen der Dinge an sich«. Auch die wahre Persönlichkeit anderer Menschen kann nur über Träume erkannt werden, da hier ein Wakani dem anderen direkt gegenübertritt.
Das Erkennen der Wirklichkeit im Traum ermöglicht erst, mit ihren materiellen Manifestationen im Wachbewußtsein umzugehen. Im Traum kann man auch eine gefährliche Situation bewältigen, begegnet sie einem dann im täglichen Leben, kann man ihr ohne Angst entgegentreten: »Ich kenne dich gut – ich habe dich im Traum gesehen« (Karsten 1935, S. 450).
Das Leben der Achuara ist ein fortlaufender Prozeß, mit diesen verschiedenen, in der Welt wirksamen Kräften umgehen zu lernen. Kleine Kinder müssen durch ihre Eltern besonders geschützt werden, da sie den schädlichen Wirkungen dieser Kräfte besonders ausgesetzt sind. In jeder Lebensphase, in der etwas Neues begonnen wird, etwas zum ersten Mal gemacht wird – Ehe, Geburt –, muß den dabei wirksamen Kräften besondere Aufmerksamkeit geschenkt werden, um ihr destruktives Potential abzuwehren. Mit zunehmendem Alter und wachsender Erfahrung im Umgang mit der Welt ist der einzelne immer weniger diesen Kräften ausgeliefert.
Besonders vielfältig sind die Tabus und Verhaltensregeln, die bei der Geburt des ersten Kindes eingehalten werden müssen, um das Leben des Neugeborenen zu schützen. Die junge Frau wird von ihrer Mutter, der Mann von seinem Schwiegervater angeleitet; diese verfügen als ältere Menschen über genügend Kraft und Wissen, die sie an das junge Paar weitergeben können.

Die Geburt findet außerhalb des Hauses statt, die Frauen bringen die Kinder in hockender Stellung auf dem Feld zur Welt, wobei sie von ihrer Mutter oder einer anderen erfahrenen Frau unterstützt werden. Als spirituelle Geburtshelferin gilt die Ratte, von der die Frauen in mythischer Vorzeit das Gebären lernten. Während der ersten drei Lebensmonate des Kindes müssen strenge Speisevorschriften eingehalten werden; junge Eltern müssen erst von erfahrenen Personen »lernen zu essen, ohne ihrem Kind dabei zu schaden«.

Gleich nach der Geburt, bevor das Neugeborene zum ersten Mal trinkt, wird ihm – je nach Geschlecht des Kindes – vom ältesten Mann bzw. der ältesten Frau des Haushalts ein Getränk aus »Tsinsimba«-Pflanzen eingeflößt, um sein Wakani zu stärken.

Während die Frauen bald nach der Geburt ihren üblichen Aktivitäten nachgehen, sind die Männer stark eingeschränkt: Sie dürfen nichts mit Holz oder Eisen zu tun haben und nur bestimmte Tiere jagen. Auch andere Handlungen könnten bestimmte negative Folgen für das Wakani des Kindes mit sich bringen. So verbiegt sich die Wirbelsäule des Kindes, wenn der Vater Feuerstämme tragen sollte, baut er ein Kanu, wird das Kind schwarz und stirbt, flicht er einen Korb, schadet er seinen Augen, berührt er einen Außenbordmotor, so wird das Kind krank (Marianu, in: Fast 1974, S. 81-84).

Die starke Verantwortung des Vaters für das Wohlergehen des Neugeborenen steht in Zusammenhang mit der Vorstellung, daß er bei der Zeugung das Leben des Kindes spendet, während die Frauen, »wie die Erde den Samen empfangen und ihn gedeihen lassen«. Der Vater muß während der Schwangerschaft regelmäßig mit seiner Frau schlafen, damit das Kind wächst und immer mehr Lebenskraft bekommt. Auch der Neumond hat direkten Einfluß auf das Wachstum des Kindes im Mutterleib (Karsten 1935, S. 218).

PASE MARU – Die Gebrochene Regel

»Jede Kultur enthält auch die Negation ihres manifesten Musters und ihrer Kernwerte, die sich durch eine stillschweigende Bestätigung der konträren latenten Werte hindurch vollzieht. Das vollständige reale Muster einer Kultur ist das Produkt des funktionalen Zusammenspiels offiziell bestätigter und offiziell negierter Muster.«

Georges Devereux

Mein Geliebter
Laß mich sein wie ein Stern des Firmaments
In den unüberschreitbaren Höhen.
Wo bist du?
Im feingesponnenen Netz der Dämmerung
Laß mich zu dir kommen.
Najuir (Pellizzaro 1977, S. 22)

Die meisten Kulturen verfügen über Mechanismen, die dem einzelnen die Möglichkeit geben, seine persönlichen Wünsche und Neigungen gegen die von der Gesellschaft vorgegebenen Normen zu behaupten. Wie groß der Freiraum des einzelnen innerhalb des Regelsystems seiner sozialen Bezugsgruppe wirklich ist, zeigt sich nicht nur an Ausmaß und Striktheit der für einen Verstoß gegen die Norm geltenden Sanktionen, sondern – und vielleicht in größerer Deutlichkeit – auch an der Art ihrer Handhabung.
Der Ehebruch stellt bei den Achuara einen der schwersten Verstöße gegen die soziale Ordnung dar. Er gefährdet die per Heiratsallianz geschlossenen Bündnisse und bedroht die Stabilität des politischen Gefüges. Die Strafe für dieses Verbrechen ist der Tod für beide Beteiligte, also für die untreue Ehefrau wie für ihren Liebhaber (der seinerseits oft auch ein untreuer Ehemann ist).
Ein ebenso schweres Vergehen ist das Eingehen inzestuöser Verbindungen, sei es sexueller Kontakt zwischen Personen der unter das Inzestverbot fallenden Gruppe oder gar eine Ehe zwischen solchen, beispielsweise Parallelcousins. Eine Verbindung dieser Art stellt die verwandtschaftliche Ordnung und das in ihr verankerte System des Männertausches zwischen Affinalen in Frage. Auch dieser Verstoß sollte mit dem Tod beider Beteiligten geahndet werden.
Im ersten Fall ist es die Aufgabe des betrogenen Ehemannes, die Strafe zu vollziehen, im zweiten Fall obliegt dies den Vätern.
Obwohl uns diese Normen sehr oft und sehr bestimmt genannt wurden, scheinen die für Übertretungen vorgesehenen Strafen nur selten vollzogen worden zu sein. Aus den letzten 15 Jahren ist vom Rio Huasaga nur ein einziger Fall bekannt, in dem ein eifersüchtiger Ehemann seine Frau erschoß. Dieser Fall wird aber

allgemein als Mord betrachtet, da ein Ehebruch nie bewiesen wurde.
Hingegen trifft man häufig auf Erzählungen über außereheliche Liebesaffären, die offenbar nicht geahndet werden. Ein breites Spektrum magischer Praktiken, die die Anziehungskraft auf das andere Geschlecht unwiderstehlich machen sollen, zielt keineswegs ausschließlich auf legale Werbung und Ehe ab. Dieser Widerspruch zwischen gesellschaftlicher Regel und konkreter Lebenspraxis manifestiert sich auch in der Existenz mehrerer bestehender Ehen, die eindeutig auf inzestuösen Verbindungen beruhen.

Endlos sind die Lieder
Meine Geliebte
Die ich auf der Flöte spiele
Ohne Ende
Muß ich sie spielen
Wenn du mich nicht liebst.
Shakaim (Tsamarint, A. 1977, S. 49)

Außereheliche Beziehungen werden oft bei Besuchen und Festen angebahnt, manchmal auch zwischen Personen, die unter einem Dach leben, so beispielsweise zwischen Schwägern und Schwägerinnen. Die Initiative kann vom Mann oder der Frau ausgehen, meistens sind es aber die Männer, die die Aufmerksamkeit auf sich lenken. Der Verliebte versucht der Frau heimlich kleine Geschenke zu bringen, sie während des Bierausschenkens anzulächeln und auch ein Lächeln zu erhaschen. Die Frau zeigt ihre Zuneigung, indem sie diesen Gast besonders reichlich bewirtet und ihm durch kleine Zeichen der Körpersprache zu verstehen gibt, daß sie seine Gefühle teilt (Bianchi, C. 1980, S. 26).
Oft leben die Verliebten weit voneinander entfernt und können sich nur bei besonderen sozialen Anlässen treffen. Besuche alleinreisender Männer müssen immer eine stichhaltige Begründung haben, da sie sonst sofort unter dem Verdacht stehen, ihre Anwesenheit sei einzig auf ein »unehrenhaftes« Interesse an einer der Frauen des Hauses zurückzuführen. Daher ist es ein wichtiges Element jeder Liebesbeziehung, aus der Ferne Einfluß auf die Seele (Wakani) der geliebten Person zu nehmen. Macht über Denken und Fühlen des anderen erlangt man vor allem durch das Singen und Spielen magischer Liebeslieder, die vom Tukan der

Geliebten überbracht werden. Der Tukan gilt als sehr intelligenter Vogel und als bester Vermittler in Liebesangelegenheiten; während der »blauen Stunde«, knapp vor und nach dem Sonnenuntergang, ist die Wirkung dieser Lieder am größten.

»Wenn man bei Sonnenuntergang für seine Geliebte Flöte spielt
und der Tukan singt,
dann wird sie traurig.
Wenn die Geliebte in der Dämmerung nachdenklich wird,
dann hat der Tukan im Baum gesungen.
Dann setzt sie sich nieder, wird traurig und denkt: »Ay, er sitzt
sicher in seinem Haus und denkt an mich.«
Und sie beginnt zu weinen.
Also, damit die Frauen an sie denken, spielen die Männer, wenn
sie allein sind, auf der Flöte.
Und so spielen sie ein Liebeslied nach dem anderen, um es an ihre
Geliebte zu schicken.«
Kukush

Während die Männer Flöte oder Violine spielen, singen die Frauen zu einem bestimmten Rhythmus eine Vielzahl von Liebesbeschwörungen, die mit ihrem Variationsreichtum und ihrer komplexen Natursymbolik eine eigene Gattung der lyrischen Poesie darstellen. Diese Lieder werden bei allen »Beziehungsschwierigkeiten« eingesetzt, sie sollen entweder die Zuneigung des Ehemannes bewahren, ihn davon abhalten, sich auf Reisen in andere Frauen zu verlieben, oder aber einen Liebhaber bezaubern. Auch der Mann soll an nichts anderes mehr denken können als an seine Geliebte, er soll aus Liebe weinen:

Geliebter, Geliebter
Denke nur an mich
Der Regen, der vom Dach rinnt
Bringt Tränen in deine Augen
Tränen um Tränen für mich
Mein Geliebter denkt nur an mich
Aus Liebe vergießt er Tränen
Wie Regen vom Dach
Tränen, Tränen um mich vergossen
Najuir (Pellizzaro 1977, S. 21)

Andere magische Mittel sollen die erotische Anziehungskraft erhöhen. Bestimmten Pflanzen oder Tiersubstanzen wird die Kraft zugeschrieben, im anderen Begehren zu erwecken, so daß dieser der Verführung vollständig erliegt. Mit einigen Blättern »Simaika« leicht über den Arm der Geliebten zu streichen oder die Pflanze mit roter Farbe vermischt als Gesichtsbemalung zu tragen – vor allem um die Augen herum – macht es leicht, sie zu verführen. Die Farbe soll sie verrückt machen, sie beginnt zu singen und zu tanzen und folgt dem Mann überall hin (Karsten 1935, S. 223). »Piripri« – Blätter, in das Essen des Geliebten gemischt, sollen dessen Begierde erregen, aber noch sicherer ist ein Pulver, das aus dem Penis des Nasenbären gemacht wird. Um Nasenbär, Kaiman, Delphin und Wasserboa kreisen verschiedene erotische Vorstellungen; die Augen der Boa, Fett und Vagina des Delphins bergen nicht nur beschwörende Kräfte, sondern wirken auch als Aphrodisiaka (Karsten 1935, S. 231).

Das Wissen über die verschiedenen Arten von Liebeszauber stammt von der mythischen Figur der jungen Tsungki, der verführerischen Tochter des Großen Alten im Wasser, der seinerseits der Herr über die magischen Pfeile der Vishin ist. Tsungki wird auch mit dem Vollmond, der sich im Wasser spiegelt, gleichgesetzt, der Vollmond bewirkt, daß sich die Menschen ineinander verlieben, eine Vollmondnacht ist die Zeit der Liebesromanzen (Pellizzaro 1980, S. 3).

Um sich heimlich zu treffen, nimmt man meist eine Arbeit außer Haus zum Vorwand, die Frauen schützen häufig die Feldarbeit vor, bei der sie in relativ großer Entfernung vom Haus und vor der Überwachung durch Ehemann oder Eltern sicher sind. Der Liebhaber begründet seine Abwesenheit mit einem Jagdzug, hält sich in der Nähe der Pflanzung der Geliebten auf und macht sich durch bestimmte Zeichen – wie zum Beispiel Nachahmen von Vogelstimmen – bemerkbar. Die Geliebte gibt ihm nun ihrerseits Zeichen, sie schlägt auf ein Stück Holz, um anzukündigen, daß die Luft rein ist (Bianchi, C. 1980, S. 28). Dabei dürften die meisten ziemlich große Geschicklichkeit im Geheimhalten ihrer Liebesaffären haben, so daß die Beziehungen oft unentdeckt bleiben.

Ob und wann der Ehebruch entdeckt wird und auf welche Weise die Betroffenen reagieren, ist vielen, sehr persönlichen Umständen unterworfen. Ein wesentlicher Aspekt ist die Reaktion der

Ehefrau des Liebhabers: Verdächtigt sie ihren Mann, eine Geliebte zu haben, so kann es sein, daß sie der Angelegenheit keine besondere Bedeutung schenkt, entweder weil sie selber einen Geliebten hat oder sich in Zukunft ebenso schadlos halten will. Manchmal weiß auch der Ehemann über die Beziehungen seiner Frau Bescheid, scheint es ihm aber nicht opportun, einen Konflikt auf Leben und Tod zwischen zwei Lokalgruppen heraufzubeschwören – ein solcher Konflikt kann außerdem einen lange andauernden Blutrachezyklus auslösen –, so gibt er vor, nichts von dem Ehebruch zu bemerken. Es ist aber möglich, daß die betrogene Ehefrau die Angelegenheit an die Öffentlichkeit bringt, indem sie beim Bierausschenken ihren Mann in Anwesenheit von Gästen des Ehebruchs beschuldigt (Bianchi, C. 1980, S. 35 f.). Sie kann zwar keine direkten Sanktionen gegen ihn ergreifen, bringt ihn aber durch die öffentliche Anschuldigung in eine sehr unangenehme Situation. Sie weigert sich, ihm Essen oder Bier zu geben, mit dem Hinweis, er solle doch bei seiner Geliebten essen und trinken, wo es ja offenbar viel besser sei. In einem Raum, in dem vielleicht 15-20 Personen leben und eventuell noch etliche Besucher aus anderen Lokalgruppen versammelt sind, bleiben derartige Szenen sicher nicht ohne Wirkung. Außerdem wird durch die Anklage meist auch die Aufmerksamkeit des betrogenen Ehemannes erregt, und sollte der Liebhaber seine Besuche bei der Geliebten fortsetzen, kann für die beiden von diesem Zeitpunkt an ernsthafte Lebensgefahr bestehen.
Wie sich die Dinge dann weiter entwickeln, hängt hauptsächlich von der Intensität der Liebesbeziehung und den Lebensumständen des Mannes ab. Ist die Beziehung nicht besonders tiefgehend, so wird sie wahrscheinlich abgebrochen, sobald größere Unannehmlichkeiten zu befürchten sind. Der Liebhaber kommt meistens mit den Vorhaltungen seiner Frau und eventuell seines Schwiegervaters davon, der untreuen Frau kann es hingegen passieren, daß sie von ihrem eifersüchtigen Mann verprügelt oder mit der Rückseite einer Machete geschlagen wird.
Sind die beiden leidenschaftlich ineinander verliebt, so werden sie mehr riskieren, um die Beziehung fortsetzen zu können. Dabei bieten sich je nach dem Kräfteverhältnis zwischen Ehemann und Liebhaber verschiedene Handlungsmöglichkeiten. Ist der Liebhaber ein unverheirateter junger Mann und dem Gatten an Einfluß unterlegen, so wird das Paar zu entfernt wohnenden Verwandten

flüchten und von dort nach einiger Zeit, wenn angenommen werden kann, daß die erste Wut verraucht ist, Verhandlungen mit dem betrogenen Ehemann aufnehmen. Man versucht dafür einen möglichst einflußreichen Vermittler zu gewinnen, der eine Abschlagszahlung vorschlägt und über diese verhandelt. Dabei geht es nicht nur um die Höhe der Summe, sondern hauptsächlich darum, ob der Ehemann gewillt ist, eine solche anzunehmen und den Konflikt damit zu beenden.

Ist der Liebhaber älter, schon verheiratet und dem Gatten etwa ebenbürtig, so kann es am ehesten zu ernsten Konflikten kommen. Er steht vor der schwierigen Entscheidung, bei einer Flucht Familie und Position aufgeben zu müssen oder bei einer Fortführung der Beziehung am selben Ort möglicherweise in eine bewaffnete Auseinandersetzung mit dem Ehemann und seinen Verwandten oder Gefolgsleuten zu geraten.

Ist der Liebhaber einflußreicher, so kann er die Frau ins Haus nehmen und ihrem Mann Abschlagszahlungen anbieten, da dieser es nicht wagen wird, etwas gegen ihn zu unternehmen. Bei einer solchen Konstellation kann es auch vorkommen, daß der Ehemann – nachdem er seine Frau durch Prügel erfolglos zur Aufgabe der Beziehung zu zwingen versuchte – selbst mit ihr zu entfernt wohnenden Verwandten zieht, bis »die Hitze abgekühlt ist«.

In den letzten Jahren wurde uns kein einziger Fall bekannt, in dem es zur gesellschaftlich vorgesehenen Ahndung eines Ehebruchs – die Tötung von Ehefrau und Liebhaber – gekommen wäre. Ehebruch war aber oft Anlaß für den Zerfall von Lokalgruppen oder sogar für das Aufbrechen großer Gefolgschaften. Es können auch persönliche Feindschaften daraus entstehen, die sich erst manifestieren, wenn es aus einem anderen Anlaß zu Fehden oder Blutracheunternehmungen mit größeren Allianzbildungen kommt.

Die Auswirkungen des Inzests bleiben dagegen eher im privaten Bereich. Ist die Beziehung intensiv genug, so flüchtet das Paar ebenfalls zu entfernt wohnenden Verwandten und versucht sich nach einiger Zeit mit den Vätern zu versöhnen. Sie können aber meist nicht zu ihrer ursprünglichen Lokalgruppe zurückkehren, wo sie ihr Ansehen vollständig eingebüßt haben. Uns ist auch hier kein Fall bekannt, der mit dem Tod der »Regelbrecher« geendet hätte.

Im Spannungsfeld zwischen individuellem Wunsch und gesellschaftlicher Norm existiert also ein weites Netz von Vorgangsweisen, die darauf abzielen, das Konfliktpotential des Regelbruchs zu minimieren und einen relativ spannungsfreien Zustand zwischen allen Betroffenen herzustellen. Der Konsens der Gruppe über den neuen Status quo hebt die rechtswidrige Handlung auf und verwandelt sie in ein sozial akzeptiertes Faktum. Ein Mann, dessen Frau ihn verlassen hat, weist darauf hin, sie sei ja »aus Liebe gegangen«, und eine große Liebe – im Vollmond entstanden und von Tsungki beschützt – ist etwas, das respektiert werden muß.

TSUNGKI*

Ein Jäger stellt am Fluß einem Paca[7] nach, doch das Tier verschwindet plötzlich im Wasser. Er sucht und sucht, flußab, flußauf, geht zurück, beginnt von neuem zu suchen, kann es nicht mehr finden und steht traurig und nachdenklich am Ufer des Flusses.

Nur der Alte Tsungki, der im Wasser lebt, sieht das Tier, und er stößt einen Pfiff aus. Der Jäger hört das Pfeifen, kann aber niemanden sehen. Nachdenklich, ob etwa ein Feind oder ein Arutam in der Nähe sei, sucht er, flußab, flußauf und kann doch nichts sehen.

Nachdenklich geht er nach Hause.

Nachdenklich sitzt er in seinem Haus, ißt nur wenig von dem Essen, das ihm seine Frau anbietet, trinkt nur wenig Bier. Er sucht einige Tabakblätter und kehrt in der Nacht an das Ufer des Flusses zurück. An der Stelle, an der das Paca im Wasser verschwand, trinkt er Tabaksaft und legt sich zum Träumen nieder.

Kaum schläft er, steigt aus der Tiefe des Wassers eine Frau von außergewöhnlicher Schönheit, mit langem Haar, in einem schwarzen Kleid steht sie vor ihm und spricht: »Warum bist du zurückgekehrt, nachdem du so lange gesucht und nichts gefunden hast? Ja, mein Vater hat dich mit seinem Pfeifen gerufen. Es ist

* Gekürzte Fassung des Mythos nach der spanischen Transkription von S. Pellizzaro, 1980, S. 9-57.

gut, daß du zurückgekommen bist. Ich bin aus dem Wasser gestiegen, um dir von meinem Vater zu sagen, daß er das Paca schon getötet hat, weil es sein Feind war. (...)«
Bevor sie ins Wasser zurückkehrt, fordert sie ihn auf, in der nächsten Nacht wieder zum Fluß zu kommen.
In der folgenden Nacht kommt er mit Tabakblättern wieder zum Ufer des Flusses. Kaum beginnen seine Träume, steigt auch wieder die junge Tsungki aus den Wellen. Sie spricht zu ihm: »Wenn du erwachst, schau auf diesen Felsen mitten in der Strömung; dort werden Steine liegen, Namur-Steine mit einer besonderen Kraft, die dir mein Vater schickt. Jetzt schlafe weiter in diesem Laubwerk, aber wenn du erwachst, dann hole dir die Steine.« Im Morgengrauen, nach dem Erwachen, schwimmt der Mann in die Mitte des Flusses; dort findet er die magischen Steine, durchsichtig und schön. Am nächsten Tag legt er die Steine in die Schale, aus der er Tabaksaft trinkt, und er sieht Tsungki aus dem Wasser steigen und zu ihm kommen, sie spricht: »Mein Vater denkt daran, mich dir zur Frau zu geben.« »So laß uns heiraten«, erwidert der Mann. »Doch mein Vater läßt dir sagen, daß du, nachdem du mit mir geschlafen hast, in sein Haus kommen mußt.«
Und nachdem sie sich geliebt haben, sagt sie zu ihm: »Nun gehe nach Hause zu deinen Frauen, am Abend komm zurück und ich werde dir zu essen geben.« So verbringt der Mann die Tage in seinem Haus und kehrt jeden Abend zu Tsungki zurück, die all seine Sehnsüchte erfüllt.
In einer Nacht spricht Tsungki zu ihm: »Jetzt hast du Tabaksaft getrunken und mit mir geschlafen, mein Vater will, daß ich dich zu ihm bringe.« Denn was wollen die Alten, wenn sich ihre Töchter verheiraten – sie wollen, daß sie ihnen die jungen Männer bringen. So sagt auch Tsungki: »Mein Vater ruft dich, gehen wir zu ihm, er ist gut.«
Aber der Mann zögert und spricht: »Das Wasser ist tief, und ich fürchte die Dämonen, die mich ergreifen könnten.« Die Frau spricht ihm Mut zu: »Mein Haus ist ganz nahe, du brauchst dich nicht zu fürchten, denn du gehst ja mit mir. Halte dich fest, und ich nehme dich mit.« Und so gleiten sie in das Wasser – mitten in einen Strudel – und befinden sich sogleich in einem schönen, großen Haus.
Der Alte Tsungki sitzt auf seinem großen Hocker, sehr mächtig und eindrucksvoll, ein Großer Alter Mann. Und er mißt den

jungen Mann, der sich ihm nähert, sehr genau und kritisch. (...)

Nach einem langen Gespräch sagt der Alte Tsungki zum Abschied: »Obwohl du meine Tochter geheiratet hast, gestatte ich dir, weiter bei deinen Frauen zu wohnen, aber du sollst mich oft besuchen. Und behandle meine Tochter gut, sonst werden dich meine Tiere verfolgen!« Denn im Haus des Alten Tsungki halten sich Anakondas und Kaimane auf, sie sind seine Hocker und Hauspfosten, sie bewachen sein Haus.

Die Frau des Alten Tsungki hat Piripri-Pflanzen gesammelt – ein besonderes Piripri, das es heute nicht mehr gibt –, hat sie gekaut und zubereitet und auf die Genitalien des Mannes gestrichen, damit sein Glied groß und stark wird.

So kehrt er nach Hause zurück, aber obwohl er das Haus durch den Frauenteil betritt, schläft er nicht mit seinen Frauen. – Sie werden sehr eifersüchtig. Anfangs beschuldigt eine die andere, weil jede glaubt, ihr Mann verbringe seine Nächte mit der anderen. Aber eines Nachts, als sich der Mann allein in den Männerteil zurückzog, geht diejenige seiner Frauen, die ihn am meisten liebt, zu ihm in den Männerteil, um sich dort zu ihm zu legen. Als sie aber in die Nähe seines Bettes kommt, steigt sie auf etwas Kaltes. Da sieht sie, daß das Bett ganz von Wasser umgeben ist, in dem sich eine kleine rote Schlange bewegt und zischt: »Mein geliebter Mann, ich werde mich zu dir legen und dich zärtlich umarmen.«

Denn Tsungki verwandelt sich im Haus ihres Mannes in eine Schlange, um von den anderen Frauen nicht bemerkt zu werden. Wenn der Mann das Haus verläßt, steckt er die Schlange in seine Umhängetasche und erst draußen im Wald oder am Fluß nimmt sie wieder menschliche Gestalt an.

Nachdem die eine Ehefrau in das Wasser stieg, das ihren Mann und Tsungki umgibt, zieht sie sich erschrocken zurück und hat keine Erklärung für diese eigenartigen Vorgänge. Sie spricht zu ihrer Schwester: »Schwester, ich weiß nicht, was mit unserem Mann vorgeht, er benimmt sich ganz anders als früher und schläft, ganz von Wasser umgeben, wie in einem See, von dem ein eigenartiger Glanz ausgeht. Geh zu seinem Bett und überzeuge dich selbst.« Und die zweite Frau steht auf, nähert sich ihrem Mann und stellt fest, daß es wirklich so ist.

Und während die beiden Frauen ohne Kinder bleiben, wird

Tsungki schwanger. Kurz vor der Geburt nimmt sie ihr Mann nicht mehr zur Jagd mit – denn Frauen soll man kurz vor der Geburt nicht auf lange Märsche mitnehmen, sie sollen im Haus ruhen –, so verwandelt sie sich wieder in eine Schlange, er gibt sie in einen Korb und bindet ihn ganz hoch am Hauspfosten fest. Seinen Frauen verbietet er, den Korb in seiner Abwesenheit zu öffnen. Die Frauen aber sind neugierig, holen den Korb herunter und finden eine kleine, rote Schlange, die erschrocken vor ihnen zurückweicht. Zuerst rufen die beiden erstaunt: »Eine Schlange!« und werfen den Korb zu Boden. Dann sagt eine der Frauen: »Also das ist der Grund, warum unser Mann nicht mit uns geschlafen hat! Schwester, bring glühende Scheiter und wir verbrennen sie gleich!«

Und so schlagen sie mit glühenden Scheiten auf die Schlange ein. Aber als das geschieht, beginnt Wasser aus der Erde zu quellen und einen kleinen Teich zu bilden, in dem die Schlange für immer verschwindet. Während die Frauen versuchen, sie zu erschlagen, verschwindet sie in der feuchten Erde.

Unter der Erde kommt sie zu ihrem Vater. Sie erzählt ihm, daß sie verfolgt und geschlagen wurde und der Alte Tsungki erhebt sich zornig, er ruft: »Nun werden sie meine Macht sehen!« und läßt seine Anakondas frei.

Inzwischen verdunkelt sich der Himmel mit dichten Wolken, ein starker Regen setzt ein, ein gewaltiger Sturm erhebt sich und die Riesenschlangen gleiten aus dem Wasser in den Wald. Denn der Mann hatte dem Alten Tsungki versprochen, seine Tochter zu beschützen, nur unter dieser Bedingung hat ihm der Alte die Tochter auf die Erde mitgegeben, damit sie Kinder bekäme.

Als der Mann jetzt den Wind spürt, ahnt er, daß seine Frauen den Korb geöffnet haben. Er eilt nach Hause und fragt: »Hat jemand von euch den Korb geöffnet, daß so plötzlich ein Sturm tobt?« Eine seiner kleinen Töchter, die in der Nähe war, sagte ihm: »Hier, in der Mitte des Hauses haben sie den Korb geöffnet!« Und sie erzählt ihm alles, was vorgefallen ist. Kaum hat das Kind die Worte gesprochen, läuft er durch das Haus und schreit: »Ihr habt das getan, nun seht, wie ihr mit den Folgen fertig werdet!« Er nimmt das kleine Mädchen auf die Schultern und läuft mit ihr auf die Hügel zu, denn der Fluß beginnt bereits aus den Ufern zu treten und das ganze Land mit Wasser zu bedecken. Das Wasser steigt und steigt und überschwemmt alles.

Der Mann eilt mit seiner Tochter auf den höchsten Hügel und steigt dort auf eine hohe Palme. Dort baut er einen Sitz, wartet und denkt: »Jetzt wird gleich das Wasser kommen und mich verschlingen.« Aber als es nur wenige Finger von ihm entfernt ist, beginnt es, langsam wieder zu sinken. Nachdem der Fluß in sein Bett zurückgekehrt ist, steigt der Mann mit seiner Tochter von der Palme und geht zu seinem Haus zurück. Die Schlangen haben von seinen beiden Frauen nicht viel übrig gelassen und auch das Haus ist komplett verwüstet. Er baut eine kleine Hütte aus Blättern und schläft dort ein.

Am nächsten Tag beginnt er ein schönes, neues Haus zu bauen. Als seine Tochter erwachsen wird, heiratet er sie und sie haben noch viele Kinder.

So erzählten es die Alten in ihren Gesprächen.

Deshalb sind wir alle mit den Tsungki verwandt. Wir sind mit den Tsungki verwandt, weil die junge Tsungki-Frau unter Wasser das Kind eines Menschen geboren hat.

Anmerkungen

1 Der Großteil der in der Folge verwendeten Daten stammt von den ca. 1200 Achuara des peruanischen Rio Huasaga und wurde von R. Gippelhauser und E. Mader in den Jahren 1975, 1976, 1978/79 und 1982 erhoben. Für die Durchsicht des Textes danken wir Wolfram Bayer sehr herzlich.

2 Vergleiche Jack Goody: Polygyny, economy and the role of women, in Goody (Hg.) (1973), S. 175-190.

3 Dumont, der solche, als dravidisch bezeichneten, verwandtschaftsterminologischen Systeme als erster genauer untersuchte und als eigenständig erkannte, spricht daher von zwei Kategorien von Verwandten: Kognaten und Affinalen. Bei ersteren ist die blutsverwandtschaftliche Beziehung ausschlaggebend, bei letzteren die affinale, auch wenn die Personen blutsverwandt sein sollten. (Dumont 1953, S. 34-39).

4 Tsungki: weibliche mythologische Figur, die mit ihrem Vater, dem alten Tsungki, auf dem Grund des Flusses lebt; Symbol für Liebe und Erotik. Text des Mythos siehe S. 248-252.

5 Huayuz: Absud von Blättern eines Strauches, wird täglich frühmorgens getrunken und wieder erbrochen, um den Körper für den neuen Tag zu reinigen.

6 Im Sinne von Dumont (1953), S. 34-39, vgl. auch Anm. 3.
7 Paca: Wasserschwein, amazonisches Nagetier.

Bibliographie

Bianchi, Cesar (1980): »Hombre y Mujer en la Sociedad Shuar«, in: *Mundo Shuar*, Serie B, Nr. 16, Sucua.

Dumont, Luis (1953): »The Dravidian Kinship Terminology as an Expression of Marriage«, in: *Man*, No. 54.

Gippelhauser, Richard (1985): *Verwandtschafts- und Sozialorganisation bei den Achuara des peruanischen Amazonas*, (Diss.) Wien.

Goody, Jack (Hg.) (1973): *The Character of Kinship*, Cambridge.

Harner, Michael (1972): *The Jivaro: People of the Sacred Waterfalls*, London.

Jordana Laguna, Jose Luis (1974): *Mitos y Historias Aguarunas*, Lima.

Karsten, Raphael (1935): »The Headhunters of Western Amazonas. The Life and Culture of the Jibaro Indians of Eastern Ecuador«, Societas Scietiorum Finnica, in: *Commentationes Humanorum i Herorum*, Vol. 7, Nr. 1, Helsingfors.

Mader, Elke (1985): *Subsistenz und Arbeitsorganisation der Achuara des peruanischen Amazonas*, (Diss.) Wien.

Pellizzaro, Siro (1977): »Cantos de Amor de la Esposa Achuar«, in: *Mundo Shuar*, Serie G, Nr. 2, Sucua.

Pellizzaro, Siro (1980): »Tsunki: Mitos y Ritos de la Pesca«, in: *Mundo Shuar*, Serie F, Nr. 2, Sucua.

Tsamarint, A., Mashumbar, B., Pellizzaro, S. (1977): »Cantos des Amor«, in: *Mundo Shuar*, Serie G, Nr. 1.

Up de Graff, F. W. (1924): *Bei den Kopfjägern des Amazonas*, Leipzig.

Bridget O'Laughlin
Vermittlung eines Widerspruchs: Warum Mbum-Frauen keine Hühner essen

Der untergeordnete Status der Frauen in vielen, wenn nicht in allen Gesellschaften wurde oft in Beziehung zur natürlichen Arbeitsteilung innerhalb der Familie gesetzt. Obwohl das Ausmaß und der Ausdruck dieser Geschlechterasymmetrie in den verschiedenen Gesellschaften stark variieren, werden die reproduktiven Aktivitäten der Frauen – Gebären und Ernähren der Kinder – als die Wurzeln dieser Ungleichheit betrachtet. Um die Macht der reproduktiven Zwänge bezüglich einer Bestimmung der Stellung der Frau zu verstehen, sind die tatsächlich entscheidenden Beziehungen zwischen biologischer Reproduktion, geschlechtlicher Arbeitsteilung und den Geschlechterhierarchien detailliert und an Einzelfällen zu untersuchen.

Es ist demnach die Absicht dieser Arbeit, die Grundlagen der Ungleichheit zwischen den Geschlechtern in einer afrikanischen Gesellschaft, bei den Mbum Kpau im südwestlichen Tschad, zu beschreiben.[1] Ich hoffe zeigen zu können, daß die Dominanz der Männer in der Mbum-Gesellschaft in erster Linie auf deren Kontrolle über die Mittel der Reproduktion (Frauen und Surplus) beruht, weniger auf einer technisch definierten oder natürlichen Arbeitsteilung. In der Ideologie der Mbum ist die Natur der Frau in der Weise definiert, daß bestimmte niedrig bewertete Aufgaben, Verbote und das Unvermögen, bestimmte Aufgaben übernehmen zu können, in untrennbarem Zusammenhang mit den reproduktiven Aktivitäten der Frauen, über die sie selbst nur beschränkte Kontrolle ausüben, gesehen werden. Das, was willkürlich ist und widersprüchlich (eine Widerspiegelung der Unterordnung der Frauen unter die Männer), wird als biologisch bestimmt definiert: Beispielsweise verbietet sich den Frauen der Genuß von Hühnerfleisch, weil sie Angst haben, in der Reproduktion zu versagen.[2]

Das Problem: Asymmetrie der Geschlechter bei Speiseverboten

Bei den Mbum Kpau essen Frauen weder Hühner- noch Ziegenfleisch. Sie fürchten, sonst beim Gebären Schmerzen zu erleiden oder zu sterben, mißgebildete oder kranke Kinder zur Welt zu bringen oder sogar unfruchtbar zu werden.[3] Männer sind heute von solchen Verboten nicht betroffen, doch die Alten können sich erinnern, daß in ihrer Jugend kein Mann solche Speisen zu sich nahm, bevor sein erstes Kind laufen gelernt hatte.[4] Die Beachtung dieses Verbots muß von den Männern nicht erzwungen werden, da Frauen normalerweise Hühner- und Ziegenfleisch von sich aus mit Abscheu zurückweisen. Einige wenige junge Mädchen werden heutzutage wohl heimlich vor ihrer Initiation und Heirat Hühner essen, so wie auch einige Frauen Ziegenfleisch essen, wenn sie zu alt zum Gebären sind, doch die meisten Frauen halten sich noch immer an die geforderte Abstinenz. Wären die Frauen darüber informiert gewesen, daß ich verbotene Speisen zu mir genommen habe, hätten sie laut meine Kinderlosigkeit beklagt und bei jedem Fleischgericht, das ich ihnen servierte, sorgfältig die Zutaten untersucht.

Die Beachtung der Speiseverbote ist leicht zu verstehen. Sterilität oder das Unvermögen, lebende Kinder zu gebären, ist ein schlimmes Schicksal für eine Mbum-Frau, verbittert die ehelichen Beziehungen und kann eine junge Frau dazu bringen, die Nächte während ihrer Menstruation schlaflos vor sich hin zu brüten und zu weinen. Nach einigen kinderlosen Jahren oder mehreren Heiraten (sterile Frauen heiraten öfters) wird eine Frau öffentlich als *maatu* – unfruchtbare Frau – bezeichnet. Dieses Attribut bleibt an einer Frau lange über ihr gebärfähiges Alter hinaus haften. Die männliche Sterilität ist kulturell anerkannt und von der Impotenz unterschieden. Zwar wird auch sie mit »verrücktem« oder »närrischem« Verhalten in Zusammenhang gebracht, aber nicht, wie bei den Frauen, als Folge moralischen Fehlverhaltens gesehen.

Das Verbot von Ziegen und Hühnern für Frauen ist im Alltagsleben nicht wichtig, da beide Tiere meist nur zu besonderen Gelegenheiten getötet und verzehrt werden. Doch in solchen kulturell spezifischen Situationen dient das Verbot dazu, Unterschiede und Rangordnung der Geschlechter sichtbar zu machen. Wenn zum Beispiel für eine Arbeitsgruppe, die gemeinsam ein Feld mit Hakken bearbeitet, das Essen bereitet wird, erhalten die Männer üblicherweise ein Gericht mit Hühnerfleisch und die Frauen Fisch und Gemüse, obwohl alle beim Behacken des Feldes in einer Gruppe zusammenarbeiten. Es können zwar ältere Frauen ebenso wie Männer Opfer darbringen, doch dürfen nur Männer die wichtigsten Opferspeisen, Hühner und Ziegen, verzehren. Das Verbot von Hühnern und Ziegen dient daher sowohl der impliziten Anerkennung als auch der expliziten Bestimmung der Unterordnung der Frauen.

Die Ungleichheit in den Ernährungsmustern der Mbum Kpau äußert sich nicht nur in den absoluten Speiseverboten für Frauen. Männer konsumieren einen unproportional hohen Anteil an bestimmten beliebten Speisen wie Brei aus hellem Mehl, Fleisch und Bier. Männer erwarten Fleischsaucen zu ihrem Brei, und sie lehnen es manchmal ab, Saucen aus Grünzeug oder andere Pflanzennahrung zu essen, da dies, wie sie behaupten, Frauenspeisen seien.[5] Männer und Frauen nehmen normalerweise ihre Mahlzeiten getrennt ein, und die Frauen geben die größten Fleischhappen immer in die Schüsseln der Männer. Von »guten« Ehefrauen wird erwartet, daß sie ihren Ehemännern ausschließlich hellen Brei – aus fein ausgesiebtem Hirsemehl ohne Kleie zubereitet – vorsetzen. Wird im Dorf oder in einer Arbeitsgruppe Bier angeboten, erhalten die ältesten anwesenden Männer den ersten und größten Anteil.

Wie diese Beispiele zeigen, drücken sich männliche Privilegien in der Ernährung fast ausschließlich in der Kategorie der »Prestigespeisen« aus – heller Brei, Bier und Fleisch, vor allem das von Hühnern und Ziegen.[6] Um das zu verstehen und um die Frage beantworten zu können, warum Hühner und Ziegen als spezielle Kategorie mit absolutem Speiseverbot unterschieden werden sollten, ist eine Beschreibung der Produktions- und Verteilungsweise dieser Güter innerhalb der Mbum-Ökonomie notwendig.

Zuweisung der Geschlechterrollen innerhalb der technischen Produktionsverhältnisse

Die Mbum Kpau sind in erster Linie Brandrodungsfeldbauern[7], beschäftigen sich daneben mit Jagd und Sammelwirtschaft, halten Haustiere und erzeugen Handwerksprodukte. In kleinen Dorfgemeinschaften, die sich aus einem oder mehreren patrilinear organisierten Verbänden zusammensetzen, besiedeln sie ein Gebiet von geringer Bevölkerungsdichte.[8] Sowohl Männer als auch Frauen sind für die Rodung und Kultivierung ihrer Felder selbst verantwortlich, doch kann ein Mann seiner Frau beim Umschneiden einzelner großer Bäume auf ihrer Lichtung helfen. Beide, Männer und Frauen, ernten im Herbst das Getreide; wird aber Bier gebraut, so leisten Männer die meiste Arbeit beim Dreschen, während Frauen worfeln. Frauen besitzen häufiger als Männer zusätzliche kleine Felder mit Gemüse und Ölsaaten, während Männer kleine Landflecken mit Jute bebauen. Trotz dieser und anderer kleinerer Abweichungen hinsichtlich der angebauten Fruchtsorten sind in bezug auf die landwirtschaftlichen Tätigkeiten der Mbum Kpau kaum Unterschiede zwischen den Geschlechtern zu erkennen, weder was die Zuteilung der Aufgaben noch was die Schwere der Arbeit betrifft.

Die Zuschreibung der Geschlechterrollen ist beim Jagen und Sammeln deutlicher ausgeprägt. Für diese Arbeiten wird zwar nur ein geringer Teil der zur Verfügung stehenden Arbeitszeit aufgewendet, doch stellen sie eine wichtige Ergänzung der Subsistenz der Mbum dar. Wenn Männer jagen, so tun sie dies mit Netzen, Hunden und Speeren, stellen Kleinwild und Vögeln mit Fallen nach und fischen mit Netzen, Angelschnüren, Reusen und Fallen. Frauen nehmen an den großen Netzjagden nur als Trägerinnen teil, aber sie töten Kleinwild während der Feuerjagden in der Nähe des Dorfes, suchen nach Krabben und dämmen kleine Teiche ein, aus denen Fische geschöpft werden. Das ganze Jahr über sammeln Frauen im Busch Grünzeug, Blumen, Früchte und Pilze für Saucen, in Notzeiten graben sie nach wildwachsenden Knollen und sammeln Ölfrüchte. Auf Reisen oder bei Arbeiten im Busch sammeln die Männer gelegentlich Nahrung, bringen aber nur in Ausnahmsfällen ihren Frauen oder Müttern davon etwas nach Hause.

Die Haltung von Ziegen, Hühnern und Hunden, den wichtigsten Haustieren, erfordert nur wenig Aufwand, da sie entweder frei in der Nähe des Dorfes grasen oder sich von Abfällen ernähren. Ausschließlich Männer halten Hunde, während sich sowohl Männer als auch Frauen um die Ziegen und Hühner kümmern. Haustiere werden nicht zum Konsum gehalten, sondern – wie man sagt – damit sie sich vermehren. Deshalb sollten Hunde überhaupt nicht verspeist werden, und Ziegen und Hühner sind nur zur Verwendung bei Opfern, Festen, Arbeitsgruppen, als Geschenke und zur Bezahlung von Strafen und Brautpreisen bestimmt – alles Erfordernisse des Haushalts, die nicht unmittelbar zur Subsistenz gehören.[9]

Bei den oben beschriebenen Formen der Produktion – Haustierhaltung, Brandrodungsfeldbau, Jagen und Sammeln – ist der Beitrag beider Geschlechter annähernd gleich, sowohl was den Anteil an der Subsistenz als auch was den Einsatz an Arbeitszeit betrifft. Darüber hinaus ist der Arbeitseinsatz, den Schwangere und Frauen mit Kleinkindern zu leisten haben, nur wenig geringer als jener der Männer ihrer Altersgruppe. Vielleicht noch bedeutsamer ist die Tatsache, daß die Rollenzuschreibung im Produktionsprozeß beim Brandrodungsfeldbau und der Haustierhaltung nur geringfügig nach Geschlechtern differenziert ist, obwohl Großwild nur von Männern gejagt wird. Die Bedeutung des jagenden Mannes in der Mbum-Gesellschaft war zweifellos in der Vergangenheit größer, als Löwen, Panther, Büffel und Wildschweine noch verbreitet waren und als die Männer, vor der kolonialen Besetzung, Krieger sein konnten – also Menschenjäger.

Zusätzlich zur direkten Güterproduktion erfordert die Mbum-Ökonomie solche Formen der Arbeit, die Produkte in andere, nützlichere oder erwünschtere Formen umwandeln. Diese sekundären Formen der Produktion umfassen handwerkliche Tätigkeiten, die Zubereitung der Nahrung und den Handel.

Die Gewinnung der Rohstoffe für die Handwerksproduktion zeigt kaum geschlechtliche Ausdifferenzierungen; sowohl Männer als auch Frauen schneiden Binsen, graben Ton ab, fällen kleine Bäume und pflanzen Kalebassenkürbisse. Im Gegensatz dazu sind bestimmte handwerkliche Fähigkeiten an das Geschlecht gebunden. Frauen fertigen Töpfe an und ritzen Kalebassen, während Männer Holz schnitzen, Metall gießen, Matten und Körbe flechten, Leder gerben und Häuser bauen. Kein Mann, es sei denn, er wäre ein Transvestit, wird einen Topf formen oder eine Kalebasse verzieren. Die Frauen hingegen üben sich oft in männlichen Handwerken; zum Beispiel drehen sie Seile, schnitzen einen Stampfer, binden Binsen zum Dachdecken oder stellen Ziegel her. Die Ausübung komplexerer handwerklicher Tätigkeiten ist sowohl durch das Alter als auch durch das Geschlecht festgelegt: Man muß alt und mit speziellen magischen Fähigkeiten ausgestattet sein, um einen sehr großen Topf herstellen zu können, einen Mörser auszuhöhlen oder die Verbindungsstücke der Wände der Getreidespeicher zu weben.

Die Speisen werden fast ausschließlich von Frauen zubereitet. Die meisten Männer benützen einen Topf nur dann zum Kochen, wenn sie ein Opferhuhn zubereiten oder aus den Abfällen der Jagdbeute den Anteil für die Hunde kochen.[10] Befinden sich Männer und Knaben auf den Feldern, so rösten sie oft Maniok, Erdnüsse und Mais über dem offenen Feuer und braten frisches Wild und Vögel auf Spießen. Wenn Männer ohne Frauen leben, kochen sie ihr Essen manchmal selbst, aber weil es eine Schande ist, Frauenarbeit zu verrichten, tun sie es nur innerhalb des Hauses. Sie werden vielleicht auch selbst Wasser holen und ihren Hof kehren, niemals aber Getreide stampfen oder mahlen, auch kein Bier oder Öl herstellen und kein Salz reichen (unerläßlich für schmackhaftes Essen). Tatsächlich gelingt es aber den meisten unverheirateten Männern, ihre Mahlzeiten bei der engeren Verwandtschaft einzunehmen. Oft kann man hören, wie sie Frauen anflehen, ihnen Mehl zu stampfen, Bier zu brauen oder Öl für sie herzustellen.

Der Handel ist eine weitere Art, Produkte umzuwandeln. Die Mbum Kpau kennen keinen Marktplatz, aber die Frauen tauschen untereinander kleinere Mengen an Subsistenzgütern und verkaufen Bier im Dorf. Knaben und junge Männer verkaufen gelegentlich durch Hausieren kleinere Dinge gegen Bargeld. Ältere Männer handeln niemals etwas auf diese Weise und gehen auch keine Tauschgeschäfte um kleine Gütermengen ein, doch mit den Ältesten aus anderen Dörfern unterhalten sie oft Tausch-Freundschaften; Freundschaften, die in eine lange Folge von Gaben und Gegengaben an Hirse, Haustieren und Bargeld münden. Frauen bauen ebensolche Freundschaften auf, entweder mit Männern oder mit anderen Frauen, aber das Ausmaß der Transaktionen ist eher klein, und die Dauer der Beziehung bleibt kurz.

So scheint die geschlechtliche Arbeitsteilung im Prozeß der Transformation der Produkte, in deren Mittelpunkt der Haushalt steht, stärker ausgeprägt zu sein als in der direkten Produktion. Frauen können bestimmte, unentbehrliche Gegenstände wie Häuser, Getreidespeicher, Hacken und Mörser nicht selbst herstellen, und genausowenig können Männer Töpfe machen, Mehl stampfen, Bier brauen und verkaufen oder Salz reichen. Diese strengere Bestimmung der Geschlechterrollen kann nicht mit ir-

gendeiner besonderen Bedeutung biologisch determinierter Unterschiede an Kraft oder Eignung zwischen Männern und Frauen in Verbindung gebracht werden.[11] Die gering ausgeprägte geschlechtliche Arbeitsteilung in den meisten Bereichen der Mbum-Produktion ist, mit den möglichen Ausnahmen der Jagd und des Krieges, kulturell, nicht biologisch bestimmt.
Bis jetzt haben wir die Organisation der Produktion nur in bezug zur Arbeitsteilung innerhalb der einzelnen Arbeitsprozesse betrachtet. Es wurde gezeigt, daß die ökonomische Unterordnung der Frauen nicht technisch bedingt ist, da es innerhalb der Produktion als ganzer wenige geschlechtsspezifisch zugeordnete Rollen außerhalb des häuslichen Bereiches gibt, und daß der Beitrag beider Geschlechter im großen und ganzen gleich ist. Deshalb erscheint es an dieser Stelle angebracht, sich von der Technologie abzuwenden und die Organisation der Produktion zu untersuchen, um den hauptsächlichen Ausdruck männlicher Dominanz herauszuarbeiten.

Die Ungleichheit der Geschlechter in den gesellschaftlichen Produktionsverhältnissen

Die Arbeitskooperation und die gemeinschaftliche Nutzung der Ressourcen geschieht in multifunktionalen und einander überschneidenden Einheiten: das Individuum, der Haushalt, die Getreidespeichergruppe, das Gehöft, der Verband und die Lineage. Innerhalb jeder Gruppe liegt die Autorität sowohl über die Ressourcen als auch über die Produkte in den Händen der alten Männer. Eine Getreidespeichergruppe zum Beispiel produziert und lagert ihre Hirse gemeinsam, aber ihr Oberhaupt verteilt das Getreide zum Konsum in gleichen Teilen an die Ehefrauen in der Gruppe und bestimmt gewisse Mengen für besondere Verwendungen, wie z. B. für die Verpflegung von Arbeitsgruppen oder zum Austausch.
Ähnlich ist es in einem Haushalt, der die Basis für den Baumwollanbau bildet und in dem ein Mann die Geldeinkünfte seiner Ehefrauen und seiner unverheirateten Söhne kontrolliert. Desgleichen verwalten die Ältesten der örtlichen Lineagesegmente den Brautschatz, Heilmittel, Netze und Musikinstrumente, die sich

im gemeinsamen Besitz der Lineage befinden, und beaufsichtigen gewisse Arbeitsgruppen. Obgleich Witwen und geschiedene Frauen nach ihrem gebärfähigen Alter Oberhaupt ihres eigenen Haushalts werden können, sind es doch nur die älteren Männer, die durch ihre Macht über größere Produktionseinheiten die Kontrolle über entscheidende Anteile an den Ressourcen ausüben. Mit einem Überblick über die Verteilung der Kontrolle über die Ressourcen in den verschiedenen Bereichen der Mbum-Produktion kann man sehr leicht die Asymmetrie der Geschlechter bezüglich der Verteilung der Produktionsmittel und der Produktivkräfte zeigen.

Kontrolle über das Land und die Arbeitsinstrumente

Beim Brandrodungsfeldbau sind der Boden und die Arbeitsinstrumente im Besitz der Männer und der Frauen, die ihn bebauen. Durch Residenz in einer Dorfgemeinschaft erwirbt man das Recht, Land zur Bebauung zu nutzen. Weder Individuen noch Abstammungsgruppen haben spezielle Rechte auf kultivierbares Land. Alle Bauern besitzen eine Hacke und manchmal eine Axt. Mit Ausnahme der Hirse, die vom Oberhaupt der Getreidespeichergruppe zugewiesen wird, ist das Saatgut für die meisten Feldfrüchte Besitz der einzelnen Bauern.

Obwohl das Anrecht auf bestimmte, durch Brandrodung kultivierbare Landflächen weder bei einem Kollektiv noch bei den Individuen liegt, werden dennoch bestimmte Landstriche mit bestimmten Patrilineages assoziiert. Die Ältesten dieser Lineages tragen rituelle Verantwortung für diese Gebiete und haben Anrecht auf Teile von jedem in diesem Gebiet getöteten Großwild. Den Besitzern von Hunden oder Netzen gehört das Wild, das damit gefangen wird: Hunde sind das Eigentum einzelner Männer, Netze können individuell (auch von Frauen) oder von Lineages besessen werden. Frauen besitzen keine eigenen Speere, aber sie können sich diese von ihren Ehegatten oder männlichen Verwandten borgen. Obwohl sie das Fleisch von Hühnern und Ziegen nicht konsumieren dürfen, ziehen Frauen Haustiere auf, die sie für Opfer, zum Austausch oder zur Ausstattung einer Arbeitsgruppe verwenden.

Die handwerkliche Produktion der Mbum erfordert nur wenige, aber vielseitig verwendbare Werkzeuge. Hacken, Äxte und Messer werden zum Töpfern, Holzschnitzen und Weben, aber auch in der Landwirtschaft verwendet und sind individueller Besitz, unabhängig vom Geschlecht. Keine Frau kann Esse und Amboß des Schmiedes besitzen, aber strenggenommen kann das auch kein Mann, denn die Schmiedewerkzeuge sind gemeinsames Eigentum eines Segments der Patrilinie. Die meisten Küchenutensilien sind ausschließlich im Besitz der Frauen, doch haben fast alle Männer einige eigene Töpfe zur Zubereitung und Lagerung von medizinischen oder magischen Gegenständen.

So ist, rechtlich gesehen, der Zugang zu den grundlegenden Produktionsmitteln bei den Mbum Kpau nicht nach dem Geschlecht definiert, doch die tatsächliche Verteilung der Werkzeuge und Haustiere zeigt eine auffällige Asymmetrie zugunsten der Männer. Es gibt tatsächlich nur wenige Frauen, die Jagdnetze, Äxte oder eine große Anzahl Ziegen besitzen. So sind es wahrscheinlich nur Ausnahmefälle, in denen Frauen über größere Mengen disponiblen Saatgutes verfügen, da nur unverheiratete Frauen einer Getreidespeichergruppe vorstehen können, und auch nur kleineren dieser Einheiten. Frauen können solche Machtpositionen nie erreichen, die ihnen innerhalb ihrer Lineage die Kontrolle über den gemeinsamen Besitz an Netzen, Werkzeugen, Musikinstrumenten, Medizin und an Tieren erlauben würden. Das individuelle Eigentum betreffend gibt es zwar keine festen Erbregeln, doch erben Frauen selten von ihren Vätern, Männer hingegen oft von beiden Elternteilen.

So egalitär die Regelung der Eigentumsverhältnisse im juridischen Überbau[12] der Mbum ist, so spiegeln diese doch nicht die wirklichen Produktionsverhältnisse wider, die durch eine bemerkenswerte Ungleichheit nach dem Geschlecht (und dem Alter) gekennzeichnet sind. In der ungleichen Verteilung der Produktionsmittel innerhalb aller erweiterten Produktionseinheiten realisiert sich die Autorität der älteren Männer. Dieses Prinzip der Autorität drückt sich auch in den Exogamieregeln und dem Gebot der virilokalen Residenz aus: Bei ihrer Heirat müssen Frauen ihre eigenen Lineages und damit die Haushalte ihrer Väter verlassen, um sich den Haushalten und Getreidespeichergruppen ihrer Ehemänner anzuschließen.

Die Männer üben ebenso wie über die Produktionsmittel auch die Kontrolle über die Arbeit im Produktionsprozeß aus. Innerhalb einer Lineage kooperieren deren Mitglieder im Sinne einer Ideologie der verallgemeinerten Reziprozität. Sie bearbeiten gemeinsam ihre Felder, wobei diese Arbeitsgruppen auch mit Bier versorgt werden müssen, und ergänzen sich gegenseitig in ihren handwerklichen Tätigkeiten. Theoretisch bleiben Frauen auch nach ihrer Heirat Mitglieder der Lineages ihrer Väter und halten dadurch ihren Anspruch auf kooperative und handwerkliche Dienste aufrecht. Durch die Regel der virilokalen Residenz sind sie aber selten in der Lage, solche Rechte auch tatsächlich wahrzunehmen. So sind Frauen fast vollständig von ihren Ehemännern und Kindern abhängig. Wenn zum Beispiel ein Ehemann seiner Frau keinen ordentlichen Griff für ihre Hacke schnitzen kann, so muß sie sich selbst einen kaufen, der ihres Mannes hingegen wird möglicherweise unentgeltlich von einem Verwandten aus seiner Patrilineage geschnitzt.[13] Beziehungen, die kooperative Arbeit außerhalb ihres Haushalts betreffen, kann eine Frau nur auf der Grundlage der Gegenseitigkeit unterhalten, im Gegensatz zu ihrem Ehemann, der viele Arbeitstage ohne Gegenleistung von seinen jüngeren Verwandten aus der Patrilinie beanspruchen kann. Folglich sind es die Männer, insbesondere die älteren, die mehr Menschen zur Leistung zusätzlicher Arbeitstage verpflichten, obwohl es prinzipiell Männern wie Frauen möglich ist, Arbeitsgruppen auszustatten.

Unter diesen Bedingungen, die den Zugriff auf Arbeit weitgehend vom Zusammenwohnen mit der Patrilineage abhängig machen, ist es den Männern möglich, mehr Arbeitskräfte zu rekrutieren, als es Frauen tun können. Als Haupt einer Großfamilie, die eine Getreidespeichergruppe bildet, können ältere Männer über zusätzliche Arbeitskräfte außerhalb der eigenen Haushalte verfügen. Die Technologie der Mbum Kpau ist einfach und erfordert nur ein beschränktes Geräteinventar, und der Zugang zum Land ist durch die Zugehörigkeit zu einer Gemeinschaft, die über ein Gebiet verfügt, in dem Brandrodungsfelder angelegt werden können, gegeben. Daher ist der Einsatz von Arbeit als die wichtigste Variable zu bezeichnen, die verschiedene Produktionsniveaus und die Möglichkeit der Akkumulation bestimmt.[14] Daher ist die

geringere Möglichkeit der Frauen, sich zusätzliche Arbeit anzueignen, der stärkste Indikator der untergeordneten Stellung der Frauen in der Mbum-Ökonomie.
Es wurde gezeigt, daß die Kontrolle der Männer über die Arbeit und über die Produktionsmittel sowohl mit der Residenzordnung nach der Heirat als auch mit der Macht der alten Männer über die erweiterten Produktionseinheiten verbunden ist. Zwischen technischen und gesellschaftlichen Produktionsverhältnissen herrscht ein Widerspruch: Ältere Männer können als Oberhäupter großer Getreidespeichergruppen und als Lineageälteste über einen Teil der Arbeit und des Mehrproduktes sowohl ihrer Söhne und ihrer jüngeren Geschwister als auch über das ihrer Ehefrauen bestimmen. Eine Analyse der Ungleichheit der Geschlechter in den Produktionsverhältnissen führt daher in diesem Fall unumgänglich zu einer zusammenhängenden näheren Betrachtung zweier Probleme – der Heiratsregeln und der Akkumulation des Mehrproduktes.
In anderen Worten, ohne eine Beschreibung der Organisation der Reproduktion wäre die Erörterung der Organisation der Produktion nur unvollständig. Einige Anthropologen[15], die in einer von Althusser inspirierten marxistischen Tradition arbeiten, haben angeregt, den Grund der Dominanz der alten Männer in afrikanischen Gesellschaften in deren Kontrolle über die Reproduktivkräfte – das Mehrprodukt und die Arbeit, Rechte auf Frauen und der Brautpreis – zu suchen. Die Reproduktionsstrukturen schaffen so die Verknüpfung zwischen der ökonomischen Basis und dem politisch-juridischen Überbau. Schließlich wird an diesem Punkt, bei der Erörterung der Reproduktion, die metaphorische Verknüpfung zwischen Frauen, Ziegen und Hühnern klar und die Bedeutung der Speiseverbote verständlich.

Reproduktion der Produktionsbedingungen und -verhältnisse

Wie Marx (Marx, MEW 42: 394 f.) gezeigt hat, ist eine Produktionsweise nicht nur eine Ansammlung von Produktionsprozessen, sondern sie muß auch die Bedingungen ihrer eigenen Reproduktion schaffen. Drei Aspekte der Reproduktion können analytisch getrennt werden: die Reproduktion der Produktionsmittel, die Reproduktion der Arbeitskraft und die Reproduktion der Produktionsverhältnisse (Althusser 1971: 128).

Reproduktion der Produktionsmittel

Land (Erde, Pflanzen, Tiere), einfache Werkzeuge, Zuchttiere und Saatgut werden im Produktionsprozeß reproduziert. Als Brandrodungsfeldbauern und Jäger bemühen sich die Mbum wenig, verbrauchten Boden wieder zu erneuern: Düngen und andere Methoden der Verbesserung der Bodenqualität sind nicht üblich, auch werden bei der Jagd weibliche Tiere nicht geschont. Dementsprechend war traditionellerweise zur Erhaltung einer gleichbleibenden Bodenqualität ein ständiger Wechsel der Anbauflächen und manchmal auch der Wohnorte erforderlich. Bei der Tierhaltung werden trächtige Zuchttiere sorgsam gehütet und gepflegt, doch es werden keine Anstrengungen zur Verbesserung der Zucht unternommen.

Ein großer Teil des für die Mbum-Produktion notwendigen Geräteinventars kann von geschickten Handwerkern innerhalb der Gemeinschaften selbst hergestellt und repariert werden, doch viele wichtige Werkzeuge wie Messer, die Klingen der Äxte, Speerspitzen und die Blätter der Hacken müssen beim zunehmend seltener werdenden Dorfschmied oder vom »arabischen« Schmied aus der nächsten Stadt besorgt werden. Zur Versorgung mit Eisen waren die Mbum auch schon vor der modernen Zeit des Alteisens vom Handel mit den benachbarten Laka abhängig, da sie keine eigene Erzgewinnung und -aufbereitung betrieben. Haustiere, Getreide und manchmal auch Sklaven wurden gegen Klumpen von unbearbeitetem Eisenerz getauscht. Dieses Erz zirkulierte als Tauschmittel (bei Brautpreistransaktionen, beim Verkauf von Getreide, Bier, Haustieren, Heilmitteln und Rechtstiteln) und wurde von den lokalen Schmieden zu Metallgeräten verarbeitet.

Die Erhaltung des Geräteinventars und die Versorgung mit Saatgut war daher bei den Mbum Kpau seit langem von der Akkumulation eines Mehrproduktes über die Subsistenz hinaus abhängig. Die Kontrolle dieses Mehrproduktes ruht aufgrund der Art und Weise, in der die Produktionseinheiten organisiert sind, fast gänzlich in den Händen der älteren Männer. Die Bedingungen der Reproduktion der Produktionsmittel bei den Mbum Kpau bestehen daher in der Akkumulation eines Surplus durch die älteren Männer. Prestigespeisen – Bier, heller Brei, Hühner und Ziegen – sind ein Ausdruck der Existenz dieses Surplus, und ihr bevorzugter Konsum durch die älteren Männer drückt deren Macht aus. In Zeiten des Mangels oder einer Hungersnot wird selten Bier gebraut, die Männer essen roten Brei genauso wie hellen, und Vieh wird gegen Getreide getauscht.

Die Reproduktion der Arbeitskraft

Eine zweite Komponente, die das Bestehen einer bestimmten Produktionsweise bestimmt, ist die Reproduktion der Arbeitskraft. Diese erfordert nicht nur biologische Reproduktion, sondern auch die Sozialisation der Individuen und deren Vorbereitung auf die Aufgaben in der Produktion. Betrachtet man nun die entscheidende Bedeutung der Arbeit im Verhältnis zu den Produktionsmitteln innerhalb der Wirtschaft der Mbum, so wäre zu erwarten, daß die Kontrolle über die Reproduktion der Arbeitskraft eine bestimmende Machtposition in dieser Gesellschaft zur Folge hat. Das stimmt auch; doch stößt man hier auf einen zentralen Widerspruch des Systems: Frauen tragen die hauptsächliche Verantwortung sowohl für die biologische Reproduktion als auch für die Sozialisation der Kinder. Die männlichen Ältesten jedoch kontrollieren über die Frauen ihrer Lineage die Reproduktion, und die Autorität, die aus dieser Kontrolle erwächst, liegt gänzlich bei ihnen.
Bei den Mbum Kpau ist es biologisch notwendig, daß Frauen Kinder nicht nur gebären, sondern sie auch mindestens zwei Jahre lang stillen. Aus Angst vor einer Schwangerschaft sollte eine Frau während dieser Zeit keinen Geschlechtsverkehr mit ihrem Mann haben, aber sobald das Kind alleine laufen kann und gesund erscheint, wird sie wahrscheinlich nach kurzer Zeit erneut schwanger. Eine Geburt wird als schmerzhaft und gefährlich empfunden, und tatsächlich ist die Sterblichkeit der Mütter und Säuglinge hoch. Trotzdem wird keinerlei Form der Empfängnisverhütung praktiziert, da Frauen so viele Kinder wie möglich haben wollen. Das bedeutet eine Beeinträchtigung der Kraft und Mobilität der Frauen während der längsten Zeit ihrer Jugend durch das ständige Gebären und Stillen ihrer Kinder.

Bis zum Alter von sechs Jahren schlafen die Kinder in den Häusern ihrer Mütter und gehen normalerweise tagsüber mit ihnen auf die Felder. Frauen sind dafür verantwortlich, ihre Kinder zu ernähren und sie im Falle einer Krankheit zu pflegen. Aber auch die Mbum-Männer verbringen viel Zeit mit kleinen Kindern: Sie baden sie, hätscheln sie, erzählen ihnen am Abend Geschichten im Dorf und kümmern sich sogar tagsüber auf den Feldern um die kleinen Knaben. Nachdem die Kinder sechs Jahre alt geworden sind, erfolgt die Sozialisation hauptsächlich durch ältere Geschwister in nach Geschlechtern getrennten Spielgruppen. Zur Zeit der männlichen Initiation behaupten die älteren Männer ihre Autorität über die Sozialisation und trachten, die Knaben von allem Weiblichen zu säubern.

Die männliche Initiation bedeutet eine implizite Anerkennung der Macht der Frauen über die Sozialisation der männlichen und weiblichen Kinder und leugnet gleichzeitig diese Macht. Die Frauen werden mit der biologischen Reproduktion und der Ernährung der Gemeinschaft identifiziert, die Männer hingegen mit der moralischen Reproduktion. Es können zwar sowohl Frauen als auch Männer Heiler und Wahrsager sein, aber die Frauen übernehmen dabei pflegende Rollen wie die der Hebammen, Pflegerinnen und Klagefrauen, während die Männer als Richter, Musiker und Totenbestatter mit den Ahnen verkehren.

So verfügen die Frauen, obwohl sie für die biologische Reproduktion der Arbeitskraft und einen beträchtlichen Teil der Sozialisation verantwortlich sind, weder über die moralische noch über die politische Autorität, die dieser Verantwortung eigentlich entspräche. Man muß das Fehlen dieser Autorität in bezug zu den Verhältnissen setzen, die die Frauen ihre Kinder für andere Gruppen als die ihren gebären lassen – zu den Exogamieregeln, zur virilokalen Residenzordnung und der patrilinearen Abstammung. Die Voraussetzung der biologischen Reproduktion wird folglich zur Entfremdung der Frauen von ihrer eigenen Reproduktion: Frauen, und mit ihnen ihre reproduktiven Fähigkeiten, müssen zwischen patrilinearen Gruppen getauscht werden, die unveränderlich unter der Kontrolle der männlichen Ältesten stehen.

Der Begriff »Entfremdung« ist vielleicht zu kraß, da Mbum-Frauen bei der Wahl ihrer Ehemänner ein gewichtiges Mitspracherecht besitzen, obwohl sie sich starkem Druck durch die Eltern oder älteren Brüder wahrscheinlich beugen werden. Auch

erfolgt die Beendigung einer Ehe oft auf die Initiative der Frau hin, wenn sie ihren Wasserkrug von seinem Platz nimmt, ihre Kochutensilien zusammenpackt und das Gehöft ihres Mannes mit einer Flut von Beschimpfungen verläßt. Es wird als Schande und sogar als gefährlich für einen Mann angesehen, wenn er seine Frau durch die Entfernung ihrer Wasserkrüge vertreibt oder auch nur ihre Matte wegen eines Streits für eine Nacht verläßt. Doch während Frauen die Kontrolle über ihre Arbeit als Ehefrauen innerhalb der Ehegemeinschaft aufrechterhalten, unterliegen die Tauschbeziehungen, die die Verfügungsrechte über ihre *reproduktiven* Fähigkeiten betreffen, ausschließlich der Kontrolle der Männer, speziell der alten.
Wird eine Frau vor ihrer Heirat schwanger, muß der Mann, den sie als den Vater des noch ungeborenen Kindes nennt, eine kleine Strafe (*lari mbOl*) bezahlen. Diese Buße besteht aus Bargeld und mindestens einem Hühnchen, das dann von der Patrilineage des Mädchens geopfert wird. Einen kleinen Teil erhält auch die Patrilineage der Mutter des Mädchens für ein Hühneropfer. Die Patrilineage des Mannes, der die Strafe bezahlt, erhält die Rechte auf das Kind, gleichgültig ob eine Heirat zustande kommt oder nicht.[16] Heiratet eine Frau, wird der *lari mbOl* übergeben (falls das nicht schon vorher geschehen ist), doch manchmal wird diese Zahlung bis zur ersten Schwangerschaft hinausgezögert.
Nach der Geburt einiger Kinder sollte ein viel höherer Brautpreis (*lari ũĩ*) von der Patrilineage des Mannes an die der Frau entrichtet werden. Ein Teil davon muß von der Lineage der Frau an die Schwester ihrer Mutter zum persönlichen Gebrauch weitergegeben werden (*lari tu pam* = »Brustwarzen«- oder Colostrum-Geld[17]). Wird der Brautpreis nicht bezahlt, behält die Patrilineage der Frau alle Rechte auf den Brautpreis für die Töchter, die dieser Ehe entspringen. Die reproduktiven Rechte auf Frauen schließen daher nicht nur die Rechte auf die Kinder ein, sondern auch die Rechte auf den Brautpreis: Erstere erwirbt man durch die Übergabe des *lari mbOl* und letztere durch die Bezahlung des *lari ũĩ*.
Seit ungefähr zwanzig Jahren wird der Brautpreis nur mehr in Haustieren und Bargeld entrichtet, aber früher umfaßte er neben den Tieren auch Brocken von unbearbeitetem Eisen, aus denen Werkzeuge und Waffen geschmiedet wurden.
Da heute Baumwolle zum Verkauf angebaut wird, können die meisten jungen Männer für den *lari mbOl* selbst aufkommen. Zur

Aufbringung des *lari ũĩ* sind sie aber immer noch von ihren Ältesten abhängig, die das Vermögen der Lineagesegmente unter ihrer Gewalt haben. Dieses Vermögen häufen die Ältesten aus Einkünften verschiedenster Art an: aus Bußgeldern, Zahlungen bei Initiationsfeiern, dem Verkauf von Bier und Überschußgetreide (was das Mehrprodukt, das die Frauen und jüngeren Mitglieder der Getreidespeichergruppen erarbeiten, beinhaltet), aus den Haustieren, der Versorgung mit Heilmitteln und vor allem aus den Brautpreisen für die Frauen der Patrilineage. Diese Kontrolle über die Reproduktion in Form der Kontrolle über den Brautpreis konsolidiert so die Macht der Ältesten über ihre Söhne und jüngeren Geschwister, die zur Leistung des Brautpreises oder zur Bezahlung von Geldbußen von den Alten abhängig sind.

Die Tatsache, daß Frauen gegen Brautpreisgüter eingetauscht werden können, befreit eine Lineage aus der unmittelbaren Abhängigkeit vom reproduktiven Erfolg ihrer Frauen und sichert ihre eigene Existenz und die Reproduktion der sie konstituierenden Haushalte und Getreidespeichergruppen. Wurden in einer Generation nicht genug Frauen geboren, um sie gegen andere Frauen zu tauschen und ihre Brüder so mit Ehefrauen zu versorgen, kann das wirtschaftliche Mehrprodukt in Brautpreisgüter verwandelt und damit gegen Frauen eingetauscht werden. Umgekehrt ist es, trotz moralischer Vorbehalte gegen den Gebrauch des Brautschatzes zur Subsistenz, in Notsituationen möglich, diesen gegen Werkzeuge, Haustiere und Saatgut einzutauschen. Das Brautpreissystem verbindet so die Reproduktion der Arbeitskraft mit der Reproduktion der Produktionsmittel und festigt gleichzeitig die Macht der älteren Männer über die Frauen und die jüngeren Männer. Die Kontrolle über den Brautschatz, dieser wichtigste Ausdruck der Macht der Alten, vereint die Lineageautorität als Überbau mit der Basis der Produktionsverhältnisse.

Die Entfremdung der Frauen von Momenten ihrer eigenen Reproduktivkraft, wie sie im Austauschsystem der Brautpreise geschieht, ist daher eine Vorbedingung des entscheidenden Widerspruches an der Basis, nämlich der Entfremdung der Frauen und jüngeren Männer von dem von ihnen geschaffenen Mehrprodukt.[18] Der Widerspruch, der dem Brautpreis-Tauschsystem und dem Recht der Ältesten über die Frauen innewohnt, ist vielleicht hartnäckiger und unversöhnlicher als jener an der Basis zwischen technischen und gesellschaftlichen Produktionsverhältnissen. Die jungen Männer werden in ihrem Lebenszyklus voranschreiten und manche von ihnen im Laufe der Zeit den Status eines Ältesten erreichen, so wie auch Frauen als Witwen oder Geschiedene Oberhäupter ihrer eigenen Produktionseinheiten werden können. Innerhalb ihrer Lineage bleiben sie aber ewig unmündig und können daher niemals die Kontrolle über den Ertrag ihrer eigenen Reproduktionstätigkeit erlangen.

Reproduktion der Produktionsverhältnisse

Die unvereinbaren Widersprüche der Mbum-Gesellschaft, die in den verschiedenen Formen der Asymmetrie der Geschlechter liegen, führen uns zur letzten Form der Reproduktion, die das Fortbestehen einer Gesellschaftsformation sichert: die Reproduktion der Produktionsverhältnisse. Um ein System zu reproduzieren, das Widersprüche enthält oder sich auf solche gründet, muß eine Gesellschaft diese Widersprüche über den juridisch-politischen Überbau und/oder die ideologischen Repräsentationen vermitteln. Daher werden wir jetzt erst, zumindest teilweise, zu verstehen beginnen, warum Mbum-Frauen keine Hühner essen.
Jene Verhältnisse, die durch die Dominanz der älteren Männer gekennzeichnet sind und die schon in der Organisation der Produktionsverhältnisse bestehen, werden durch den Überbau der Lineageautorität und der Erbfolgeregeln gleichermaßen ausgedrückt wie auch bekräftigt. Ähnlich verhält es sich mit den Positionen innerhalb des Dorfes, die mit politischer Autorität verbunden sind. Niemand, der nicht den Prozeß der männlichen Initiation durchlaufen hat, kann eine solche Stellung erreichen, auch die jungen Männer nicht. Trotzdem können verwitwete oder geschiedene ältere Frauen als Friedensstifterinnen bedeutenden Einfluß erringen, vor allem, wenn sie geschickte Heilerinnen, Hebammen oder Wahrsagerinnen sind. Bei der Schlichtung von Streitigkeiten durch die Ältesten, bei Bezirks- und Regionalgerichten ebenso wie innerhalb der Gemeinschaften können Frauen Klagen einbringen und für sich selbst sprechen; sie brauchen keinen Mann, der sie vertritt.
Innerhalb der juridisch-politischen Sphäre werden Frauen relativ selten auf untergeordnete Plätze verwiesen oder gar ausgeschlossen (überhaupt kennen die Mbum Kpau keine speziell ausgebilde-

ten politischen Strukturen), doch im ideologischen Bereich findet sich eine Unzahl von Äußerungen, die die Unterschiede zwischen den Geschlechtern betonen und die Dominanz der Männer bekräftigen.[19] Vielleicht wären ideologische Anstrengungen, den Widerspruch zwischen den Geschlechtern in der Mbum-Gesellschaft zu vermitteln, sogar bei komplexeren politischen Strukturen zu erwarten. In Gesellschaften, in denen hauptsächlich Frauen für die Sozialisation im frühen Kindesalter verantwortlich sind, reproduzieren sie selbst Geschlechterrollen und Ideologien der Ungleichheit der Geschlechter. Dementsprechend sind es die Mbum-Frauen selbst, die ihren Kindern beibringen, daß kleine Buben Gemüse nicht vertragen und daß Frauen närrisch und streitsüchtig sind.

Um vieles deutlicher erscheint nun die Macht dieses Verbotes für Frauen – Hühner und Ziegenfleisch zu essen – im Spiegel des ideologischen Gebildes, das die Dominanz der Männer herausstreicht und bis zu einem bestimmten Ausmaß von den Frauen ebenso akzeptiert wird wie von den Männern. Frauen sind in einer gewissen Weise wie Hühner und Ziegen – von Männern gezähmte Tiere, die hauptsächlich zum Zweck der Reproduktion gehalten werden und nicht zum Verbrauch bestimmt sind, sondern zur Vermehrung und um durch Austausch zur Quelle des Reichtums ihrer Besitzer zu werden.[20]

Als eine Form des Mehrproduktes, das durch Definition nicht zur Bestreitung der Subsistenz bestimmt ist, sind Haustiere mit dem Prozeß der Reproduktion der Produktionsmittel verbunden, genauso wie die Frauen mit der Reproduktion der Arbeitskraft verbunden sind. Diese strukturelle Äquivalenz zwischen Frauen und Haustieren wird ausdrücklich bestätigt, indem Tiere Bestandteil der Brautpreiszahlungen sind. Und der Brautpreis ist, wie wir bereits gesehen haben, jene Verbindung zwischen der Reproduktion der Arbeitskraft und der Reproduktion der Produktionsmittel, auf der die Dominanz der älteren Männer beruht. Frauen sind so vom Konsum dessen ausgeschlossen, dem sie sowohl metaphorisch ähnlich als auch strukturell gleichwertig sind, genauso wie sie von der Verfügung über die Ergebnisse ihrer eigenen Reproduktionstätigkeit (Brautschatz, aber auch Kinder) ausgeschlossen sind.

Das Verbot, Hühner und Ziegen zu essen, ist an sich nicht mehr als ein Bild zur Verdeutlichung der Geschlechterasymmetrie unter den gesellschaftlichen Verhältnissen der Mbum. In rituell bedeutsamen Situationen wie Bierfesten oder bei Opfern kennzeichnet es die Distanz der Geschlechter und unterwirft die Frauen dem männlichen Privileg. Die wahre Strenge des Verbots liegt aber in seinem vermeintlichen Mittel der Durchsetzung: in der Strafe des Versagens in der Reproduktion – Unfruchtbarkeit oder Gefahr, bei einer Geburt Schmerzen zu erleiden oder gar zu sterben. Den Frauen wird eine moralische Schuld zugewiesen für das, was sie der männlichen Dominanz ausliefert.[21] Die Reproduktion einer Reihe widersprüchlicher gesellschaftlicher Verhältnisse wird ideologisch mit der Reproduktion der Arbeitskraft vermischt: Das, was willkürlich und kulturell bestimmt ist, wird auf eine moralisierende Weise mit biologischen Notwendigkeiten verbunden, damit nämlich, daß Frauen erfolgreich Kinder gebären.

So erscheint das Verbot von Hühnern und Ziegenfleisch als ein weiteres Beispiel der bekannten metaphorischen Verbindung von Heiratsregeln und Speisetabus (vgl. Lévi-Strauss 1967). Die Heiratsregel, versinnbildlicht im Speiseverbot, beschreibt aber kein Modell des Frauentausches, sondern definiert die zugrundeliegende Unterordnung der Frauen, die solchen Systemen innewohnt, in denen Frauen nur Mittel der Verbindung zwischen Gruppen von Männern sind. Zwischen einem Ausdruck der gesellschaftlichen Asymmetrie der Geschlechter (das heißt, daß Frauen solche Speisen nicht essen, die den Männern vorbehalten sind) und der Reproduktion der Menschen selbst wird metaphorisch eine kausale Verbindung hergestellt. Wenn Mbum-Frauen keine Hühner essen, so ist dies eine illusionäre ideologische Vermittlung des Widerspruchs, der in der Entfremdung der Frauen von Aspekten ihrer eigenen Reproduktionsfähigkeiten liegt.

Schlußfolgerungen

Es ist keine überraschende Erkenntnis, daß der symbolische Ausdruck dieser Asymmetrie der Geschlechter auf die biologische Reproduktion zurückgreift, da die unterschiedlichen Fortpflanzungsfunktionen letztendlich den grundlegenden physiologischen Unterschied zwischen Mann und Frau bilden. Die Umwandlung dieses Unterschieds in eine Asymmetrie muß jedoch

sozial begründet, das heißt unter Bezug auf die gesellschaftliche Praxis erklärt werden. Da das Ausmaß und die Formen des Ausdrucks der Asymmetrie der Geschlechter in verschiedenen Gesellschaften so stark unterschiedlich ausgebildet sind, muß man einzelne Beispiele untersuchen, um erkennen zu können, wie die »natürliche Arbeitsteilung« gesellschaftlich und ideologisch zu einer Ungleichwertigkeit der Geschlechter ausgeweitet wird.
Im Fall der Mbum Kpau sowie auch bei einigen anderen afrikanischen Gesellschaften ist es weniger die Einwirkung biologischer Zwänge auf die technischen Produktionsverhältnisse, sondern eher die Verbindung der biologischen Reproduktion mit den gesellschaftlichen Produktionsverhältnissen, die die Grundlage der sozialen Asymmetrie bildet; eine Asymmetrie, die sowohl nach dem Geschlecht als auch nach dem relativen Alter definiert ist. Heiratsordnung und Ökonomie der Mbum-Gesellschaft sind folglich keine getrennten, parallelen Kommunikationssysteme mit gemeinsamen Tiefenstrukturen, die nur durch metonymische Transformationen miteinander verbunden sind (vgl. Lévi-Strauss 1975), sondern sie sind vielmehr Teil ein und desselben Systems gesellschaftlicher Produktion. Die funktionale Interdependenz dieser beiden Systeme fördert Strukturen sozialer Asymmetrie, nämlich die Dominanz der alten Männer, was aber nicht bedeuten soll, daß die Struktur daher harmonisch und frei von Widersprüchen oder eine unmittelbare Widerspiegelung der Arbeitsteilung ist; ganz im Gegenteil, da viele Aspekte der Mbum-Ideologie und Phänomene im Überbaubereich (Zyklus der männlichen Initiation, Residenzregeln, Ahnenkult, Speiseverbote etc.) mit der Durchsetzung der Herrschaft der alten Männer und der Vermittlung von Widersprüchen an der Basis zu tun haben. Das Bewußtsein darüber kann nicht als Maßstab des Widerspruchs gelten, da, wie das in dieser Arbeit beschriebene Beispiel zeigt, die Frauen selbst die Symbole ihrer eigenen Unterlegenheit darstellen.
Wenn im Fall der Mbum die Grundlage der Asymmetrie der beiden Geschlechter eher in den gesellschaftlichen als in den technischen Produktionsverhältnissen gefunden wurde, impliziert dies nicht die Favorisierung einer psycho-physiologischen Erklärung der fast universellen Unterordnung der Frauen unter die Männer. Denn alle Gesellschaften existieren in historischen Zusammenhängen, in denen Macht neue Macht hervorbringt, und die Reproduktion eines bestimmten Komplexes sozialer Produk-

tionsverhältnisse kann sowohl Bedingung als auch Folge der gesellschaftlichen Reproduktion insgesamt sein.
Es ist einfach, sich einen bestimmten Entwicklungsstand der materiellen Produktivkräfte vorzustellen (aber schwieriger, ihn wissenschaftlich zu rekonstruieren), bei dem die Frauen in Zeiten des Gebärens und ausgedehnten Stillens schwach waren und die Männer die Kontrolle über die Produktivkräfte errungen haben könnten. Doch solche Ursprungsfragen – seien sie phantastisch oder wissenschaftlich – sind in ihrem Kern oft mythisch. Es kann zur Apologetik werden, will man die gegenwärtige soziale Ungleichheit durch den Ursprung erklären. Viel wichtiger ist die Frage, wie in einem technologisch fortgeschrittenen System (wie etwa bei den Mbum Kpau und bestimmt im industrialisierten Westen) die Strukturen der Männerherrschaft reproduziert werden. Das Mbum-Material liefert dazu eine besonders ergiebige Darstellung der Art und Weise, wie die funktionale Interdependenz von Basis und Überbau und die ideologische Vermittlung der Widersprüche eine disharmonische Gesellschaftsordnung tragen.
Schließlich, da Ideologie sowohl eine Anspielung – Allusion – auf die dahinterliegende Realität wie auch eine Illusion darüber ist (Althusser 1971: 162), könnte die Interpretation der Ausdrucksformen der Geschlechterasymmetrie den Anthropologen Aufschlüsse bei ihrem Versuch geben, die funktionale Position der weiblichen Unterordnung innerhalb einer definierten Gesellschaft zu bestimmen. Im Fall der Mbum beispielsweise führt uns die metaphorische Gleichsetzung der Frauen mit den Haustieren – im Speiseverbot – einerseits eine Illusion vor, nämlich die der naturwüchsigen Notwendigkeit der männlichen Privilegien, und spielt andererseits darauf an, daß die grundlegenden gesellschaftlichen Produktionsverhältnisse im Brautpreissystem verankert sind. So könnte auch eine vergleichbare Analyse der rituellen Schönheitskonkurrenzen (oder sogar die der Sprache der Sozialwissenschaften, die Frauen als Waren behandelt) Einsichten über den Platz der Geschlechterasymmetrie in einer Gesellschaft verschaffen, die Beziehungen zwischen Personen so beharrlich als solche zwischen Dingen behandelt.

1 Die vorliegende Arbeit basiert auf einer Feldforschung, die von Dezember 1969 bis September 1971 in der Subpräfektur Baïbokoum, Republik Tschad, durchgeführt wurde. Finanzielle Unterstützung für das Forschungsvorhaben erhielt ich vom Foreign Area Fellowship Program und der Yale University.

2 Dieses Verbot von Hühnerfleisch für Frauen ist in Äquatorialafrika weit verbreitet und wurde von Mary Douglas in verschiedenen Arbeiten über die Lele behandelt. Als ich als Lehrerin in Kamerun lebte, speiste ich oft mit den Familien junger Akademiker und Regierungsbeamter. Obwohl die Mahlzeiten in der Zusammensetzung und Präsentation sehr abwechslungsreich waren, wurde als erster Gang fast immer ein Hühnergericht serviert, von dem auch alle anwesenden Frauen etwas zu sich nahmen. Wenn Frauen in dieser Situation Hühner essen, so ist dies ein Zeichen höherer Bildung und »moderner« Einstellungen.

3 Mbum-Frauen essen weder Eier noch Rebhühner oder andere Wildvögel. Sie vermeiden auch den Genuß von Schlangen, aus Angst, schlangenähnliche Kinder zur Welt zu bringen. Während der Schwangerschaft meiden sie auch verschiedene andere Gerichte wie Fische mit knochigem Kopf oder Antilopen mit spiraligen Hörnern aus Furcht, das Kind in ihrem Bauch könnte körperliche Mißbildungen davontragen.

4 Ich erlebte, daß junge Männer ungläubig lachten, als die Alten davon sprachen, daß diese Verbote aus Respekt vor den Vätern und Ahnen befolgt worden seien.

5 Als sich Mütter bei mir über die Weigerung ihrer Kinder, Gemüse zu essen, beklagten, rätselte ich über den Anflug von Stolz, mit dem diese Klagen vorgetragen wurden, bis mir klar wurde, daß sich alle diese Beschwerden auf Knaben bezogen.

6 Aus den Aufzeichnungen über die tägliche individuelle Nahrungsaufnahme geht tatsächlich hervor, daß Frauen mindestens ebensoviel zubereitete Nahrung (Brei und Saucen) zu sich nehmen wie Männer. Männer ergänzen ihre Kost durch größere Mengen rohen Maniok sowie durch Erdnüsse, wilde Früchte, kleine Vögel und Nagetiere. (Maniok und Erdnüsse graben sie auf den Feldern aus, das Kleinwild fangen und rösten sie im Busch.)

7 Die wichtigsten Feldfrüchte, die auf den Brandrodungsfeldern angebaut werden, sind: Baumwolle (zum Verkauf), Hirse, Sorghum, Maniok, Sesam und Erdnüsse. In den Gärten innerhalb des Dorfes wird intensiver Anbau von Getreide, Süßkartoffeln und verschiedenen Gemüsen betrieben.

8 In der Präfektur Logone Oriental beträgt die Bevölkerungsdichte 8,4

Personen/km² (Enquête Démographique au Tchad, 1964). Im Kpau-Gebiet liegt sie wahrscheinlich etwas darunter.

9 Das heißt nicht, daß das Fleisch der Haustiere nicht zur Subsistenz beiträgt; tatsächlich verbleibt nur eine kleine Zahl der erwachsenen männlichen Tiere im Dorf.

10 Frauen ist angeblich die Tatsache nicht bekannt, daß sich die Knaben in den Initiationslagern, die sich abseits des Dorfes befinden, nicht nur von den Speisen ernähren, die ihnen ihre Mütter schicken; die Initianten stampfen auch selbst Mehl und bereiten sich Mahlzeiten zu.

11 Zum Beispiel verrichten unverheiratete Frauen verhältnismäßig oft schwere Arbeiten, stechen Rasenstücke aus, bereiten Lehm auf und formen Ziegel, fühlen sich jedoch nicht in der Lage, eine gleichmäßige Mauer zu errichten. Daher sind Frauen bei körperlich leichten Arbeiten wie Ziegellegen und Aufmauern von der Hilfe der Männer abhängig.

12 Das Modell der überdeterminierten Sozialstruktur, das in dieser Arbeit angewendet wurde, hat Marx (MEW 13: 8) am besten beschrieben: »In der gesellschaftlichen Produktion ihres Lebens gehen die Menschen bestimmte, notwendige, von ihrem Willen unabhängige Verhältnisse ein, Produktionsverhältnisse, die einer bestimmten Entwicklungsstufe ihrer materiellen Produktivkräfte entsprechen. Die Gesamtheit dieser Produktionsverhältnisse bildet die ökonomische Struktur der Gesellschaft, die reale Basis, worauf sich ein juristischer und politischer Überbau erhebt und welcher bestimmte Bewußtseinsformen entsprechen.«

13 Eine seit kurzem verwitwete Frau aus einem entfernten Dorf schickte während der Regenzeit eine Nachricht an ihren Bruder, meinen Nachbarn: Er solle schnell einen Stiel für ihre Hacke schnitzen und ihr schicken. Ihrer sei zerbrochen, sie habe kein Geld, um einen neuen zu kaufen, und keiner ihrer Affinalverwandten würde ihr einen geben.

14 Neben anderen Autoren stellte Conklin (Conklin 1954) fest, wie wichtig es sei, die Effizienz der Brandrodungswirtschaft so zu messen, daß der Ertrag im Verhältnis zum Arbeitseinsatz gesehen wird, anstatt den Ertrag pro Flächeneinheit zu messen.

15 Seit der Übersetzung von Marx' »Formen, die der kapitalistischen Produktion vorhergehen« (MEW 42: 383-421; englische Übersetzung 1964) wurden sich marxistisch arbeitende Wissenschaftler der Bedeutung alternativer historischer Prozesse in der sozialen Evolution, wie es Marx' Interesse für die germanische und die asiatische Produktionsweise veranschaulicht, zunehmend bewußt. Als Überblick über die Forschungen, die sich auf die Formulierung einer afrikanischen Produktionsweise beziehen, sind die Arbeiten von Terray (1969), Berthoud (1969-70), Dupré und Rey (1969) und Willame (1971) zu nennen. Die Besonderheit bestimmter Formen afrikanischer Sozialorgani-

sation wurde in anderem Zusammenhang von Kathleen Gough (1971: 111) dargestellt. Sie beschreibt bestimmte patrilineare Verwandtschaftssysteme, die zwischen den Rechten auf eine Frau als Sexualpartnerin und als häusliche Arbeitskraft und den Rechten auf sie als Genetrix unterscheiden.

16 Wenn ein außerehelich geborenes Kind zur Patrilineage seines Vaters überwechselt, muß jedoch eine »Aufzuchtsgebühr« an den Vater der Mutter gezahlt werden. Die Erwähnung dieser Vorbedingung sollte aber nicht als Ablehnung oder verzerrte Darstellung der Überdetermination der Basis verstanden werden.

17 Colostrum: Die erste Milch nach der Niederkunft, Vormilch (Anm. d. Übersetzer).

18 Ein marxistisches Konzept (Fragestellungen, Kategorien und Kausalitäten) ermöglicht die Analyse der Strukturen jeder Gesellschaft, kapitalistischer wie vorkapitalistischer. Das soll aber nicht heißen, daß die Analyse der Mbum-Gesellschaft eine Kopie der Marxschen Analyse des Kapitalismus sein soll. Man kann zwar in allen Perioden der Produktion gewisse gemeinsame Merkmale erkennen, aber: »Endlich ist die Produktion auch nicht nur besondre. Sondern es ist stets nur ein gewisser Gesellschaftskörper, ein gesellschaftliches Subjekt, das in einer größren oder dürftigren Totalität von Produktionszweigen tätig ist.« (Marx, MEW 13: 618). Dementsprechend ist es wie im Fall der Mbum möglich, daß dem Überbaubereich zugeordnete Phänomene Funktionen innerhalb der Produktionsverhältnisse übernehmen können. Es war Marx selbst, der den Gedanken der Vorbedingung in seine Analyse der vorkapitalistischen ökonomischen Formationen einführte: »Die Urformen des Eigentums lösen sich notwendig auf in das Verhältnis zu den verschiedenen objektiven Momenten, die die Produktion bedingen, als eignen; sie bilden ebensowohl die ökonomische Grundlage verschiedener Formen des Gemeinwesens wie sie ihrerseits bestimmte Formen des Gemeinwesens zur Voraussetzung haben. Diese Formen (werden) wesentlich modifiziert durch das Versetzen der Arbeit selbst unter die *objektiven Produktionsbedingungen* (Leibeigenschaft und Sklaverei) ...« (Marx, MEW 42: 107).

19 Die ideologischen Äußerungen der Ungleichheit der Geschlechter sind so zahlreich, daß hier nur einige wenige erwähnt werden können. Männlichkeit wird mit Stärke, Beständigkeit und Aggressivsein gleichgesetzt, während Weiblichkeit mit »dumm, passiv und unbeständig« assoziiert wird. Ein Sprichwort: »Die Angelegenheiten der Männer gehen vorwärts, vorwärts; die Angelegenheiten der Frauen gehen zurück, zurück.« Wenn eine Mutterhenne aggressiv wird, um ihre Kükken zu verteidigen, sagt man, daß sie »herauskommt und ihren Mann steht«. Die rechte, zum Essen verwendete Hand ist die Seite der Männer und die linke, die verschmutzte Hand, ist die Seite der Frauen. Der

Begriff, der verwendet wird, um alte Männer zu bezeichnen, ist ehrend, während der Begriff für alte Frauen in deren Gegenwart vermieden werden sollte, da er eine Beleidigung darstellt. Die Ahnen werden als »Väter« bezeichnet, auch wenn – wie es heißt – bei großen Opfern Geister von Frauen sich manchmal an die Seite ihrer Brüder hocken, um einen kleinen Anteil an den Speisen zu erhalten.

20 In dieser Arbeit habe ich als Basis der Hühner/Frauen-Metapher die Strukturen der Produktion und Reproduktion betont, diese Metapher kann aber auch andere Repräsentationen der Ungleichheit der Geschlechter ausdrücken. Zum Beispiel hat Mary Douglas (Douglas 1985) das Hühner-Speisetabu für Lele-Frauen auf das Problem der Kategorienvermischung bezogen: Hühner sind Tiere, die im Dorf leben, genauso wie Frauen und Kinder.
Auch erschöpft sich die metaphorische Verwandtschaft von Frauen und Kindern nicht im Gleichnis des domestizierten Tieres, da andere Verbote den Frauen Wildvögel und Eier unter Androhung von Unfruchtbarkeit verbieten. Bei den Mbum äußert sich die Frau/Ei-Beziehung ein weiteres Mal während der Geburt. »Wenn die Fruchtblase platzt, schreit die Frau: ›Das Hühnerei ist zerschlagen.‹« Diese Arbeit ist jedoch kein Versuch einer vollständigen Interpretation eines symbolischen Systems, sondern hat nur die Absicht, zu zeigen, wie ein bestimmter Komplex ideologischer Repräsentationen dazu dienen kann, Widersprüche zu vermitteln.

21 Zum Vergleich die Reaktion auf ein strukturell ähnliches Verbot, nachdem Eva die verbotenen Früchte eines domestizierten Baumes aß: »Zahlreich will ich deine Beschwerden machen und deine Schwangerschaften: Unter Schmerzen sollst du Kinder gebären. Und doch steht dein Begehren nach deinem Manne, er aber soll herrschen über dich.« (Genesis 3,16)

Bibliographie

Althusser, Louis (1971): *Lenin and Philosophy*, London – New York.

Berthoud, G. (1969-70): »La validité des concepts des multicentricité et des sphères d'échanges«, in: *Archives suisses d'anthropologie générale 34:* 35-64.

Conklin, Harold (1954): »An Ethnoecological Approach to Shifting Agriculture«, in: *Transactions of the New York Academy of Sciences 17:* 133-142.

Douglas, Mary (1985): *Reinheit und Gefährdung. Eine Studie zu Vorstellungen von Verunreinigung und Tabu*, Berlin.

Dupré, G. und Rey, P.-Ph. (1969): »Réflexions sur la pertinence d'une théorie de l'histoire des échanges«, in: *Cahiers internationaux de sociologie 46:* 133-162.

Gough, Kathleen (1971): »Nuer Kinship: A Re-examination«, in: Beidelmann, T. O. (Hg.): *The Translation of Culture*, London.

Lévi-Strauss, Claude (1967): *Strukturale Anthropologie*, Bd. 1, Frankfurt/M.

– (1975): *Das Ende des Totemismus*, Frankfurt/M.

Marx, Karl: »Formen, die der kapitalistischen Produktion vorhergehen«, in: MEW (Marx-Engels-Werke) 42, Berlin 1983: 383-421.

– »Zur Kritik der Politischen Ökonomie«, in: MEW 13, Berlin 1961: 1-160, 615-642.

Terray, Emmanuel (1974): *Zur politischen Ökonomie der »primitiven« Gesellschaften*, Frankfurt/M.

Willame, J.-C. (1971): »Recherches sur les modes de production cynégétique et lignager«, in: *L'Homme et la société 19:* 101-119.

Alice Schlegel
Männliches und Weibliches im Denken und Handeln der Hopi

Fragt man traditionsgebundene Hopifrauen, wen sie für wichtiger halten, Frauen oder Männer, dann antworten sie üblicherweise: »Wir sind wichtiger, denn wir sind die Mütter«. Dies mit der Einschränkung, daß Männer als Botenträger an die Götter wohl auch wichtig sind.

Diese Arbeit setzt sich mit einigen bestehenden Annahmen hinsichtlich der weiblichen Reproduktion, der Trennung der Geschlechter und der Stellung der Frau auseinander. In der neueren Literatur über den Status der Frauen wurde die Behauptung der universell zweitrangigen Position der Frauen aufgestellt und mit der Rolle der Frau als Gebärerin und Erzieherin begründet (Chodorow 1974; Ortner 1974; Rosaldo 1974). Darüber hinaus wurde impliziert, daß diese zweitrangige Position zu einer untergeordneten wird, wenn die Geschlechter jeweils in verschiedenen Domänen operieren, in der Öffentlichkeit die Männer, im häuslichen Bereich die Frauen (Rosaldo 1974: 39-40). Diesen Behauptungen widersprechen jedoch die Daten, die aus Untersuchungen der traditionellen Gesellschaft der Hopi stammen. Dort sind den Geschlechtern zwei Tätigkeitsbereiche zugeordnet, und die Rolle der Frauen hinsichtlich der Reproduktion und Bewahrung des Lebens ist dabei die bewußte Rechtfertigung für die von ihnen genossene Stellung der Gleichheit.

Wir wollen die Teilung der Aktivitäten zwischen der ans Haus gebundenen Organisation der Lineage und des Haushalts unter der Kontrolle eines weiblichen Vorstandes und der religiösen und politischen Organisation des Dorfes unter der Kontrolle männlicher Leiter des Gemeinwesens untersuchen. Auch die Ebene des Clans wird zu beachten sein, der sich in der Mitte zwischen Haushalt und Gemeinwesen befindet und in dem die Autorität zwischen einem Bruder- und Schwesterpaar geteilt wird. Wir wollen uns das Konzept der geschlechtlichen Interdependenz der Hopi ansehen, Interdependenz zwischen den männlichen und weiblichen Akteuren innerhalb der sozialen Szene und zwischen den ideologischen Prinzipien von Männlichkeit und Weiblichkeit.

Meiner Meinung nach ist das Schlüsselwort dafür das ›Gleichgewicht‹ (balance). Es gibt viele Gesellschaftsformen, die mit Hilfe von grundlegenden Konzepten eines ideologischen Idealismus operieren. Eine weit verbreitete Form des Dualismus konzentriert sich entweder auf die Beziehungen zwischen Männern und Frauen oder beinhaltet sie. Solche Begriffe findet man sowohl in Stammesgesellschaften, wie den Dogon (Griaule 1965), Trio (Rivière 1969) und Tewa (Ortiz 1969), als auch in Zivilisationen mit Schrift, in denen yin-yang ein zentrales Symbol für eine Reihe binärer Gegensätze darstellt. Dualismus jedoch bedingt nicht notwendigerweise Gleichgewicht oder Gleichheit zwischen den Partnern. Ein ausführliches Eingehen auf die metaphysische und kosmologische Ideenwelt der Hopi wäre notwendig, um dem Konzept des Gleichgewichts – angewendet auf die Natur des Menschen und das Universum – Genüge zu tun, was jedoch den Rahmen dieser Arbeit überschreitet. Aber in diesem Sinne werden wir das bei den Hopi bestehende Verhältnis der Gleichheit der Geschlechter untersuchen, jedes in seiner eigenen Art und seinen sozialen Rollen.

Das häusliche Leben

Die Frauen im Haushalt

Wird ein Hopi-Kind geboren, ist ihm ein Platz innerhalb des matrilokalen Haushalts und des matrilinearen Clans sicher. Ist es ein Knabe, dann wird er ein Gefährte und Helfer seines Vaters, der ihm beibringt, das Land zu bestellen, zu jagen und Viehzucht zu betreiben. Er ist der potentielle Erbe jeglicher religiös-politischer Positionen, die seine »Onkel« oder Mutterbrüder innehaben. Ist das Kind ein Mädchen, ist es als Quelle der Kontinuität des Haushalts und des Clans willkommen. Die Heranwachsende oder eine ihrer Schwestern wird dann das Haus ihrer Mutter erben und für den Unterhalt der alternden Eltern verantwortlich sein. Als Mutter und Schwester wird sie die Verantwortung für viele der zeremoniellen Gegenstände tragen, die von ihren Söhnen und Brüdern benutzt werden. Sie wird die heiligen Masken

»füttern«, indem sie sie mit Maismehl besprüht und dadurch kontinuierliches Leben und Macht für diese notwendigen Elemente bestimmter ritueller Handlungen sicherstellt. Wenn man sie danach fragt, dann betonen die Hopi, daß sie sich gleichermaßen Söhne und Töchter wünschen; Frauen stellen jedoch fest, daß »du eine Tochter für dich selbst heranziehst, aber einen Sohn für jemand anderen«. Töchter bleiben zu Hause, während Söhne ausgeschickt werden, um zu heiraten und Versorger und Zeuger in den Haushalten anderer Frauen werden.

Heiratet ein Mädchen, dann bringt sie den Ehemann in ihren Haushalt, wo er unter Anweisung ihres Vaters und bei Oberaufsicht der Mutter arbeitet. Falls sie nicht die Erbin des Hauses ist, wird ihr Mann ihr ein eigenes Haus bauen, das an das ihrer Mutter anschließt oder in der Nähe ist. Obwohl er das Haus baut, gehört es ihr, und sie kann jederzeit verlangen, daß er es verläßt. Darüber hinaus gehören ihr alle Haushaltsgegenstände mit Ausnahme des persönlichen Eigentums des Mannes. Der Mann bebaut die Felder, die ihm durch ihren Clan zugewiesen wurden. Sobald die Ernte eingebracht ist und sie ihm formell dafür gedankt hat, liegt es in ihrem Ermessen, diese aufzuteilen oder darüber so zu verfügen, wie es ihr richtig erscheint. Dem Mann steht natürlich frei, sie zu verlassen und zu einer anderen Frau zu ziehen oder in das Haus seiner Mutter oder Schwester zurückzukehren, aber in jedem Fall lebt er in einem Haus, das durch ein weibliches Oberhaupt verwaltet wird. Er kommt als Fremder in das Haus seiner Frau. Hier erwirbt er eine angesehene Stellung erst, wenn er seinen Wert bewiesen hat, indem er für ihre Familie sorgt. Die Hopi anerkennen dies, indem sie sagen, daß »ein Mann außerhalb des Hauses seinen Platz hat«. All die langen Arbeitsstunden leistet er in trockenem und unsicherem Klima zugunsten eines Haushalts und eines Clans, über den er keine Autorität ausüben kann, außer über seine kleinen Kinder. Seine häusliche Zufriedenheit liegt in Liebe und Respekt begründet, die er sich als guter Vater und Versorger verdient.

Wie zu erwarten, sind die jungen Männer nicht allzu begierig darauf, zu heiraten. Für eine Frau jedoch ist die Heirat entscheidend, da sie für sich selbst und ihre Kinder einen Versorger braucht. Obwohl man auf illegitime Kinder nicht herabblickt, sind sie doch benachteiligt, weil sie keinen Vater haben, der für sie sorgt. Von einem Mann, der die Mutter seines Kindes nicht geheiratet oder sie verlassen hat, wird erwartet, daß er zum Unterhalt seines Kindes beiträgt; doch tut er dies selten in gleichem Ausmaß wie ein Vater, der mit seiner Familie lebt. Eine Frau kann sich an ihre Brüder um Hilfe wenden. Dies ist für die Brüder gewöhnlich schwierig, da sie genug damit zu tun haben, sich um ihre eigenen Familien zu kümmern.

Auf das heranwachsende Mädchen wird elterlicher Druck ausgeübt, einen Ehemann ins Haus zu bringen, denn der Vater will die Hilfe erhalten, die ein Schwiegersohn leisten kann. Außerdem ist Heirat eine Notwendigkeit für das Leben einer Frau im Jenseits: Das Hochzeitskleid, das die männlichen Verwandten ihres Mannes für sie weben, wird ihr Sterbekleid und das Gefährt, mit welchem ihre Seele in das Totenreich geleitet wird.

Der junge Mann jedoch steht unter keinem derartigen Druck. Er genießt sein relativ sorgloses Leben als unverheirateter Mann, und er zögert eher, die schwere Verantwortung der Ehe auf sich zu nehmen. Ehen werden im allgemeinen nicht arrangiert, und die schwere Bürde, einen Ehepartner zu finden, ist hauptsächlich Sache des Mädchens. Sie tut den ersten Schritt, indem sie ein Heiratsangebot macht, welches akzeptiert werden kann oder nicht. Der Transfer von Arbeitsleistung und Loyalität auf den Haushalt der Ehefrau wird durch eine zeremonielle Gabe von Maismehl an den Haushalt des Bräutigams symbolisiert – was die Hopi als »für ihn zahlen« verstehen – sowie durch die kurze Periode, in der die Braut dem Bräutigam dient, indem sie für den Haushalt seiner Familie Mais mahlt und kocht, während ihre Hochzeitsgewänder gewebt werden.[1] Sobald die Hochzeitsrituale vollzogen sind, übersiedelt der junge Ehemann in das Haus seiner Frau und »wechselt auf ihre Seite über«. Obwohl es ihnen widerstrebt zu heiraten, bleiben nur wenige Männer über Mitte 20 Junggesellen, denn ein guter Hopi ist bereit, seine schweren Pflichten der Gesellschaft gegenüber zu übernehmen, und die Vaterschaft, hochgeschätzt von den Hopi, ist eine der Möglichkeiten, durch die ein Mann zum Gedeihen des Dorfes beitragen kann.

Im Unterschied zu den Frauen teilen die männlichen Hopi die Verantwortung zwischen zwei sozialen Einheiten. Dem Haushalt seiner Frau schuldet der Mann Arbeitskraft und Schutz als Vater und Ehemann. Loyalität schuldet er jedoch dem Haushalt und Clan seiner Herkunft. Wenn es um Angelegenheiten des Clans geht, wie die Zuteilung von Land, das dem Clan gehört, oder der Teilnahme des Clans an Zeremonien, so wird von den männlichen Mitgliedern erwartet, daß sie teilnehmen. Ein Mann, der eine religiös-politische Position innehat, die ihm durch den Clan vererbt wurde, muß einen seiner jungen Clangenossen – gewöhnlich den Sohn seiner Schwester – als Nachfolger ausbilden. Ein Mann in dieser Position führt ein doppelt arbeitsreiches Leben – er muß nicht nur seine häuslichen Pflichten erfüllen, sondern auch einen großen Teil seiner Zeit zeremoniellen Aktivitäten widmen. Die meisten der Männer in führenden Positionen sind in mittleren Jahren oder alt, so daß für gewöhnlich ein oder mehrere Schwiegersöhne im Haus leben, die in der Landwirtschaft und bei der Viehzucht helfen.

Frauen sind keinerlei derartigen Loyalitätskonflikten ausgesetzt. Sobald es ihnen gelungen ist, zu heiraten und Kinder, besonders Töchter, zu gebären, ist ihre Stellung als verantwortungsvolle Erwachsene in den Augen des Clans und der Gemeinschaft gesichert. Sie haben Leben gegeben, und ihre Rolle verlangt die Bewahrung physischen Lebens durch die Ernährung ihrer Familien und anderer sowie des geistigen Lebens durch die Ernährung der heiligen Objekte. Die meisten dieser Aktivitäten nutzen ihrem eigenen Haus und Clan. Dem Elternhaus und Clan ihrer Männer schulden Frauen wenig, nur einen Beitrag an Lebensmitteln in Zeiten zeremonieller Aktivitäten. Zwischen ihnen besteht eine respektvolle Beziehung. Von ihren eigenen Haushalten abgesehen, drehen sich ihre größten Pflichten um ihre Rollen als Großmütter und »Tanten«, oder Vaterschwestern, um die Kinder ihrer Söhne und Brüder, zu denen sie eine Scherzbeziehung unterhalten.

Verglichen mit Frauen in einer männerdominierten Gesellschaft scheinen die Hopi-Frauen sich in einer beneidenswerten Position zu befinden. Wenn das System tatsächlich so arbeitet, wie es geplant ist, dann sind diese Frauen selbstbewußt und sich ihrer Stellung in der Welt sicher. Aber gerade ihre Stärke ist auch die Quelle ihrer Verletzbarkeit: Obwohl sie es sind, die endgültige Entscheidungen über Haushaltsangelegenheiten fällen, sind sie doch von den Männern abhängig, die in das Haus hineingeheiratet haben. Sie brauchen einen Ehemann oder Schwiegersohn, der für sie sorgt. Väter werden alt und arbeitsunfähig, Brüder haben mit ihren eigenen Familien zu tun, und Söhne heiraten und ziehen aus. Es ist für eine Frau eine kritische Frage, einen Ehemann zu bekommen und zu halten, während Männer immer die Alternative haben, zu ihren Müttern oder Schwestern zu ziehen. Wenn eine Frau und ihr Mann sich trennen, dann werden ihre Verwandten für gewöhnlich darauf drängen, daß die Frau den Streit vergißt und ihren Mann zurücknimmt. Sie sagen: »Irgendwer aus deiner Familie könnte bereit sein, das Land für dich zu bestellen, aber nur ein Ehemann kann dir Fleisch und Kleidung geben« (Forde 1931: 382). Die Notwendigkeit, Takt in den ehelichen Beziehungen zu üben, wird von den Hopi betont, denn sie sind der Ansicht, daß Liebe und die Bereitschaft, Verantwortung zu übernehmen, die ehelichen Bindungen untermauern. Sogar Untreue, die als häufigster Grund für eheliche Schwierigkeiten angesehen wird, sollte, wenn möglich, übersehen werden, oder man sollte zumindest so damit umgehen, daß man an das Gefühl für eheliche und elterliche Verantwortung desjenigen Partners appelliert, der die Verfehlung begeht.[2]

Die Frau und ihre männlichen Verwandten

Eine Frau untersteht weder der Autorität ihres Ehemannes noch der ihres Bruders oder des Bruders ihrer Mutter, wie dies in manchen anderen matrilinearen Gesellschaften der Fall ist (Schlegel 1972). Es stimmt wohl, daß man einen Onkel (Mutterbruder) mit Respekt anhören muß, und es wird von den Kindern erwartet, daß sie ihm gehorchen; und wenn Eltern Schwierigkeiten mit einem widerspenstigen Kind haben, dann wird der Onkel gerufen, um es zurechtzuweisen oder schließlich zu bestrafen. Dennoch, sobald der junge Mensch erwachsen ist, wird er sein eigener Herr und Meister, und der Onkel kann nur beraten und zurechtweisen. Obwohl man einem Onkel mit Respekt begegnet, ist dieser Respekt durch recht viel Humor gemildert, und gegenseitige freundliche Neckereien und Scherze sind an der Tagesordnung. Eine scherzhafte Situation, die beobachtet wurde, illustriert den Mangel an Ehrerbietung dem Onkel gegenüber: Beim Hochzeitsfest für ihren »Sohn«, tatsächlich der Sohn einer Schwester, ärgerte sich eine Frau über ihren Onkel, der über eine andere, inzwischen verheiratete Braut sprach und diese lobte, obwohl doch die jetzige Braut im Zentrum der Aufmerksamkeit stehen sollte. Als er hinausging, lief diese Frau mit einer Schere in der Hand hinter ihm her und schnitt, sehr zu seinem Ärger und zur Belustigung der Zuschauer, etwas von seinem langen Haar ab. Als ich sie fragte, warum sie dies getan hätte, erwiderte sie: »Er sprach zuviel über diese andere Braut.«

Brüder und Schwestern sind gleichgestellt; wenn auch der Bruder das Recht hat, seine Schwester zu kritisieren oder zu beraten, so hat sie ihm gegenüber das gleiche Recht. Außerdem ist es zwar für einen Mann annehmbar, in das Haus seiner Schwester zu ziehen, wenn er sich von seiner Frau getrennt hat, doch kann sie seine Bitte jederzeit abschlagen, wenn ihr dies berechtigt erscheint. In einem bestimmten Fall lehnte die Schwester ab, weil sie mit den Gründen ihres Bruders, seine Frau zu verlassen, nicht einverstanden war (Nagata 1970: 280f.).

Im allgemeinen werden Frauen für emotionaler und eigensinniger gehalten als Männer, und daher ist man der Meinung, daß die Frauen auf männlichen Rat eher angewiesen sind als umgekehrt. Die Rolle des Beraters einer Frau übernimmt für gewöhnlich ihr nächster männlicher Angehöriger – Vater, Mutterbruder oder Bruder. Ehegatten widerstrebt es, ihre Frauen zu beraten, und wenn, muß es zumindest taktvoll geschehen, damit die Frauen sich nicht beleidigt fühlen. Frauen jedoch zögern nicht, ihren Vätern, Onkeln und Brüdern ihre Meinung zu sagen, sie zu kritisieren oder Ratschläge zu erteilen, wenn sie dies für notwendig erachten. Es kann sein, daß sie einen dieser Verwandten darauf hinweisen, daß er sich nicht angemessen verhält und dadurch kein gutes Beispiel für ihr eigenes Verhalten setzt. (Männer können dasselbe zu ihren Vätern und Onkeln sagen.) Ältere Leute beiderlei Geschlechts sollten von jüngeren Männern und Frauen respektvoll angehört werden, doch müssen sie diesen Respekt durch ihr eigenes gutes Betragen verdienen.

Anders als in vielen matrilinearen Gesellschaften ist der Mutterbruder in dieser Gesellschaft nicht derjenige Anverwandte, dem der größte Respekt entgegengebracht wird. Das ist vielmehr die *mö'wi*, die Frau des Sohnes, Bruders oder Mutterbruders. So wird sie genannt, wenn man über sie spricht, und so wird sie auch angesprochen, wodurch man Respekt und Ehrerbietung ausdrückt; man glaubt, daß die Verwendung ihres Namens dem Menschen, der dies tut, Unglück bringen wird. Außerdem wäre es auch respektlos, ihren Namen zu benützen. Für keinen anderen Status in der Verwandtschaft oder anderswo ist der Gebrauch des Namens verboten. Die *mö'wi* wird von allen, die ihren Mann als »Sohn«, »Bruder« oder »Onkel« ansprechen, mit besonderer Höflichkeit behandelt. Als Erklärung für diesen Respekt wird angeführt, daß »sie für uns kocht (während ihre Hochzeitskleider gewebt werden) und uns Speisen bringt, wenn sie uns besucht«. Dies ist nur ein Beispiel für den hohen Wert, den man den Frauen als Ernährerinnen zuschreibt.

Leben in der Gemeinschaft

Obwohl die weibliche Autorität größtenteils innerhalb der Sphäre der Haushaltsaktivitäten ausgeübt wird, sind die Frauen von der Teilnahme an oder vom Einfluß auf Gemeindeaktivitäten nicht ausgeschlossen. Indem sie Unterstützung versagen, können sie auf informellem Weg ein Vetorecht ausüben (siehe das Beispiel weiter unten), doch tun sie dies selten; die meisten Aktivitäten der Männer im Rahmen der Gemeinschaft dienen nämlich sowohl dem Wohlergehen der Frauen als auch dem der Männer.
Wenn auch Haushalt und Gemeinschaft weitgehend als zwei getrennte Tätigkeitsbereiche funktionieren, betrachten die Hopi sie nicht als zwei separate Domänen. Das Modell des Hauses liegt dem Konzept des Dorfes zugrunde; daher muß man zuerst die Transformationen des Konzepts vom Hause verstehen, um Autorität und Verantwortung in der Gemeinde analysieren zu können.
Das Haus stellt vor allem die tatsächliche oder symbolische Struktur dar, welche dem einzelnen Unterkunft bietet, die ihn zuordnet und identifiziert und in der er sich sicher fühlt, sowohl in diesem Leben als auch im Leben nach dem Tode. Alle Geschöpfe haben Häuser, und ohne Haus zu sein – wie der Geist des Verstorbenen während seiner Wanderung von der Welt der Lebenden zur Welt der Toten – ist voller Gefahr, für den Betroffenen selbst, möglicherweise aber auch für andere.
Jeder Hopi besitzt ein symbolisches Haus, das schon für das neugeborene Kind gezeichnet wird. Eine der ersten Aktivitäten der Lehmkopf-Clowns (Mudhead Clowns), wenn sie während eines zeremoniellen Tanzes den Dorfplatz betreten, besteht darin, für sich ein Haus auf den Boden zu zeichnen, denn sie repräsentieren neu entstandene Geschöpfe.

Das Haus der Familie und Matrilineage ist die reale Struktur, in der jeder Hopi zur Welt kommt und in das ein Hopi-Mann hineinheiratet. Dies ist der Platz für das private Leben der Familien, und von einem Erwachsenen, den man dabei ertappt, wie er das Haus einer anderen Familie beobachtet, erwartet man nichts Gutes, man hält ihn wahrscheinlich für eine(n) Hexe(r), die/der ihr/sein Opfer belauert. Wie wir sehen, üben Frauen innerhalb dieser Häuser ihre Autorität aus, und Männer nehmen dort eine zweitrangige Stellung ein.

Jeder Clan besitzt ebenfalls ein Haus, das sowohl real als auch symbolisch ist. Real insofern, als es der führenden Lineage des Clans gehört, jener Lineage, der die Clanmutter und ihr Bruder, der »Große Onkel« des Clans, angehören. In diesem Haus werden auch die zeremoniellen Geräte als Besitz des Clans aufbewahrt, und es ist eine der Pflichten der Clanmutter, diese zu betreuen. Als Zentrum des ganzen Clans unter der gemeinsamen Leitung eines Bruder-Schwester-Paares hat das Clanhaus auch symbolische Bedeutung. In diesem Sinne teilen sich im Clanhaus Mann und Frau die Autorität in ihren Rollen als Mutter und Großer Onkel.

Letztlich betrachtet man das gesamte Dorf metaphorisch als Haus: Die Bezeichnung für den Dorfhäuptling ist *kikmongwi* oder »Leiter des Hauses«, ein Begriff, der sich aus dem Stamm des Wortes für ›Haus‹ *ki* und dem Wort für ›Leiter‹ *mongwi* zusammensetzt. Der *kikmongwi* wird von allen Dorfbewohnern mit ›Vater‹ angesprochen, seine Frau mit ›Mutter‹. In diesem Bereich liegt die Autorität über das ›Haus‹ in Händen der Männer, des *kikmongwi* und seiner Versammlung. Obwohl eine Autorität, ist der *kikmongwi* keineswegs autoritär, eher ist es, wie für einen Vater, seine wichtigste Pflicht, für die Entwicklung seiner Kinder zu sorgen. Ein Vater tut dies, indem er sie mit Nahrung und Kleidung versorgt, der *kikmongwi*, indem er als wichtigster Verbindungsmann zu den regenbringenden, lebengebenden, übernatürlichen Wesen fungiert. Seine Gebete, die aus reinem Herzen und klarem Sinn kommen, mobilisieren die segenbringenden Kräfte.

Ein politisches System kann einerseits als Struktur formaler Autorität untersucht werden, auch aber als Prozeß, durch welchen Entscheidungen gefällt werden, die das Leben der Gemeinde beeinflussen, sowohl auf der Ebene nicht-institutionalisierter Formen der Macht und des Einflusses als auch auf der offizieller Autorität. Diese Art des Herangehens ist dem politischen System der Hopi angemessen, da hier die Autorität über die Aktivitäten der Gemeinde eher verstreut als zentralisiert ist und Entscheidungen üblicherweise eher durch Konsens als durch Erlasse getroffen werden (vgl. zur Ausdehnung von politischer Führung Titiev 1944: Kap. 5).

Die Hopi haben zwar einen Dorfhäuptling, den *kikmongwi*, aber seine Rolle besteht hauptsächlich darin, zwischen dem Dorf und der Welt der Geister Harmonie zu bewahren. Sein Rat setzt sich aus Männern zusammen, denen ihre Stellung durch den Clan vererbt wurde (sie wurden von ihren Vorgängern ausgewählt und geschult). Er dient eher als beratende Gruppe denn als legislative oder juridische Körperschaft. Das Zentrum des Lebens der Gemeinde ist das System der Zeremonien, und die einzelnen Zeremonien werden von den *mongwi* oder Leitern kontrolliert, denen ihre Position durch die Clans vererbt wird. (Manche dieser *mongwi* sitzen auch im Rat.) Obwohl einige Clans wichtiger sind als andere, da sie die wichtigeren Zeremonien »besitzen«, gibt es keine starre Hierarchie. Wie wir anhand der Untersuchung des häuslichen Lebens gesehen haben, bedeutet Autorität kein Prinzip der sozialen Interaktionen innerhalb der Verwandtschaft; ähnlich stellt sie auch kein Prinzip der sozialen Interaktion innerhalb der Gemeinde dar. Die Grundsätze, die die Hopi diskutieren und deren Durchführung auch sichtbar ist, betreffen die Annahmen von Verpflichtung und Kooperation für gemeinsame Ziele. Wie auch immer die Autorität aussieht, die die Gemeinde-Führer ausüben, immer zielt sie auf die Koordination der Bemühungen hin, nicht auf die Durchsetzung einseitiger Entscheidungen. Die Lösung von Konflikten bleibt im wesentlichen eine private Angelegenheit zwischen den betroffenen Parteien; Konflikte, die auf privater Basis nicht zu lösen sind, spalten entweder das Dorf, wie dies in Oraibi im Jahre 1906 geschah, oder sie bleiben über Jahre oder Generationen einfach bestehen.

Wenn man daher feststellt, daß Frauen keine Positionen innerhalb der formalen Autoritätsstruktur innehaben, ist damit sehr wenig ausgesagt.[3] Als Mütter, Schwestern und Ehefrauen von Männern, die Entscheidungen im Gemeinwesen treffen, kann der Einfluß von Frauen gar nicht hoch genug eingeschätzt werden. Diese Frauen beherrschen schließlich die Häuser, in denen die Männer leben; und die Stellung eines Mannes in seinem Heim hängt größtenteils von seiner Beziehung zu dessen weiblichem Oberhaupt ab. Frauen zögern nicht, ihre Meinung zu sagen, sei es im privaten Bereich ihres Heims ihren männlichen Angehörigen und deren Besuchern gegenüber oder in öffentlichen Versammlungen. Das folgende Beispiel illustriert eine Situation, die in ihren Auswirkungen einem Vetorecht der Frauen gleichkommt: In einem Dorf waren der Häuptling und seine Schwester in einer das Dorf betreffenden politischen Frage verschiedener Meinung, und die Frau lehnte es daher solange ab, ihre Rolle in der vom Häuptling geleiteten Soyal-Zeremonie zu spielen, bis er kapitulierte. Wie jeder Hopi-Mann bereitwillig zugeben wird, setzen Hopi-Frauen üblicherweise ihren Kopf durch.

Jedes Dorf ist politisch autonom, Bündnisse mit anderen Hopi-Dörfern oder mit Gemeinden anderer Stämme existieren nur auf einer ad hoc-Basis. Handel findet zwischen einzelnen Personen statt; Frauen gehen im allgemeinen nicht auf Handelsunternehmungen, aber wenn Außenstehende ins Dorf kommen, um Güter auszutauschen, nehmen sie aktiv daran teil. Sie üben auch Kontrolle über alle Einkünfte aus Handelswaren, die sie selbst bearbeitet oder erzeugt haben, wie Maisprodukte und Töpferwaren, aus.

Vor der ›pax Americana‹ gab es in früheren Zeiten eine Aktivität der Gemeinde, von der die Frauen ausgeschlossen waren: den Krieg. Sowohl aus praktischen als auch aus ideologischen Gründen war die Kriegsführung eine Angelegenheit der Männer. Fand jedoch ein Überfall statt, während die Männer auf ausgedehnten Jagdzügen waren, halfen die Frauen gezwungenermaßen, das Dorf und die umliegenden Felder zu verteidigen. Eine der beliebtesten legendären Figuren in Oraibi ist Hehe'wuhti, die Kriegerin, die gerade dabei war, ihr Haar aufzustecken, als das Dorf angegriffen wurde. Sie leitete die Verteidigung durch die Frauen mit hochgestecktem Haar auf der einen und herabfallendem auf der anderen Seite des Kopfes, und so wurde sie auch porträtiert.

Die Hopi haben ein komplexes Zeremoniensystem, und dieser Zyklus der Zeremonien bestimmt auch den Rhythmus des Jahresablaufs. Irgendwann im Alter zwischen 5 und 10 Jahren werden alle Kinder in die Kachina-Gesellschaft initiiert, wonach sie dann an Aktivitäten teilnehmen können, die zum Kachina-Tanz gehören[4]; dennoch dürfen nur die Männer wirklich, sowohl als männliche als auch als weibliche, Kachinas tanzen. Zusätzlich werden zur gleichen Zeit einige Knaben und Mädchen in die Powamu-Gesellschaft aufgenommen, deren Aufgabe es ist, für die Kachinas zu sorgen.

Um das zwanzigste Lebensjahr werden alle Männer in eine der vier Bruderschaften der Männer initiiert: Wuwucim und Tao, die einen wohlwollenden Charakter haben, der sich auf Reproduktion und Landwirtschaft bezieht; und Al und Kwan, mit wilderen Eigenschaften, die Jagd (Al) und Krieg (Kwan) behandeln.

Der zeremonielle Zyklus beinhaltet vier große Zeremonien, die das ganze Dorf erfassen, sowie einige geringere, die von speziellen zeremoniellen Gruppen veranstaltet werden. Mit Ausnahme der Vereinigungen der Frauen liegt die Kontrolle über alle Zeremonien in den Händen der männlichen Zeremonienmeister, und die meisten der Teilnehmer sind Männer. Dennoch spielen Frauen eine wesentliche Rolle im zeremoniellen Leben. Sie mahlen das heilige Maismehl, welches als Symbol des natürlichen und spirituellen Lebens ein notwendiger Bestandteil fast aller Zeremonien ist. Bei maskierten Tänzen werden die Tänzer von weiblichen Mitgliedern der Powamu-Vereinigung mit Maismehl bestäubt. Frauen stellen die Speisen für die Teilnehmer zur Verfügung; bei manchen Zeremonien wird dieses Essen unter die Zuschauer verteilt, und diese Nahrungsmittel sind hochgeschätzt. Sowohl Frauen als auch Männer können einen Kachina-Tanz fördern, indem sie mit Hilfe ihrer männlichen und weiblichen Verwandten eine große Menge von Speisen zur Verfügung stellen, mit welchen die Tänzer versorgt und die auch unter die Zuschauer verteilt werden. An solchen Tanztagen steht die fördernde Person »über dem *kikmongwi*«.

Die meisten zeremoniellen Vereinigungen stehen unter männlicher Aufsicht, obwohl auch Frauen Mitglieder sein können. Es gibt jedoch drei Vereinigungen für Frauen – Marau, Lakon und Oaqül. Die Mitgliedschaft ist freiwillig: es steht im Ermessen jeder Frau, keiner, nur einer oder allen Gesellschaften beizutreten; jedoch gehören die meisten Frauen, wenn sie Mitglieder sind, nur einer Vereinigung an. Die Initiationsriten werden in jedem Alter abgehalten, doch treten die meisten als Kinder oder junge Mädchen bei, indem sie von ihren Müttern oder anderen weiblichen Verwandten gebracht werden. In jeder Vereinigung der Frauen gibt es auch einige männliche Mitglieder, die als Assistenten der Oberpriesterin fungieren und die für die Zeremonien benötigten *Pahos* oder Gebetsstöcke herstellen. Wie andere Vereinigungen, so ist auch jede Vereinigung der Frauen im »Besitz« eines Clans, und die Oberpriesterin und ihr männlicher Assistent gehören diesem Clan an.

Die Frauenvereinigungen halten ihre wichtigsten öffentlichen Zeremonien im Herbst ab, nachdem der männliche Teil des zeremoniellen Zyklus im Spätsommer beendet ist.[5] Die Zeremonien dauern jeweils neun Tage, obwohl die Hopi sie als Acht-Tage-Zeremonien betrachten, da der erste Tag als letzter Tag der vorhergehenden Vorbereitungszeit gilt und nicht als eigentlicher Teil der Zeremonie. Die wichtigsten öffentlichen Darbietungen werden am letzten Tag abgehalten. Die meisten der zeremoniellen Aktivitäten finden in einem *Kiwa* statt, welches von den Männern ausgeborgt wird, die es täglich benützen.[6] Die Oberpriesterinnen wohnen dort während der Dauer der Zeremonie, und andere Mitglieder verbringen soviel Zeit dort, wie ihre Haushaltspflichten es ihnen erlauben.

Obwohl jede der Frauenvereinigungen ihr eigenes Ritual und ihre eigenen Symbole hat, gibt es gewisse Gemeinsamkeiten. Alle beinhalten irgendeine Darstellung des Muingwa, des Gottes der Keimung und Beschützers aller wilden und kultivierten Pflanzen. Alle verwenden Mais – real oder symbolisch durch Abbildungen – als wichtigsten rituellen Bestandteil. Bei allen Initiationsriten werden die neuen Mitglieder in eine Art Reifen aus Yucca gestellt, der viermal unter Gebeten und Segnungen gehoben und gesenkt wird. Die Geburtssymbolik ist eindeutig.[7] In allen Tänzen for-

men die Frauen einen Halbkreis mit den Rücken zu den Zuschauern, wobei verschiedene Aktivitäten innerhalb dieses Kreises stattfinden. Im Gegensatz dazu bilden die Tänzer bei den Tänzen der Männer gerade Linien. Bei den Tänzen der Frauen – anders als bei den Männern – kostümieren sich nur die Teilnehmerinnen, die besondere Rollen verkörpern, während die Tänzerinnen im Halbkreis die traditionelle Hopi-Kleidung tragen.
Unter allen Zeremonien ist Marau die am meisten komplexe und diejenige, bei welcher der männliche Anteil am zeremoniellen Zyklus am stärksten herauszuhören ist. Von den Marau-Frauen sagt man, daß sie »Schwestern« der Männer des Wuwucim (und vielleicht auch des Tao) seien, und während der Marau-Tänze kommt es zwischen diesen »Geschwistern« häufig zu freundlichen und derben Neckereien. Drei Nächte mit burlesken Aufführungen auf dem Dorfplatz sind Teil der Marau-Zeremonie, wobei die Frauen sich über die Kachina-Tänze der Männer lustig machen und obszöne Lieder über ihre »Brüder« singen.
Die Marau-Zeremonie selbst enthält Elemente, die an Teile des Wuwucim, der großen Winterzeremonie der vier Bruderschaften, erinnern. (Der Name stammt von der Wuwucim-Vereinigung, der größten der vier Bruderschaften.) Wie im Wuwucim werden allen Toten Gaben dargeboten und verstorbene Mitglieder der Vereinigung zur Zeremonie geladen. Die Aufführung, die am letzten Tag auf dem Dorfplatz stattfindet, enthält auch Elemente, die einige der grundlegenden Züge des Wuwucim widerzuspiegeln scheinen. Nachdem die Tänzerinnen ihren Kreis gebildet und ihren Tanz begonnen haben, kommen je zwei Frauen in kurzen Männer-Kilts und Kopfschmuck auf den Kreis zu. Sie werden *Marautaka* oder »Maraumänner« genannt. Die ersten beiden tragen Bogen und Pfeile, und während sie vorwärts gehen, schleudern sie die Pfeile in Bündel von Weinreben hinein, die sie vor sich hinwerfen. Die Pfeile werden »Blitzpfeile« genannt, sie symbolisieren Fruchtbarkeit, da man glaubt, daß Blitze Pflanzen befruchten. Auf diese Weise kommt der wohlmeinende, lebensspendende Charakter der Wuwucim- und Tao-Bruderschaften zum Ausdruck. Indem diese Frauen aber Pfeile abschießen, führen sie auch Tätigkeiten aus, die für Jagd und Krieg charakteristisch und den Grundzügen der Al- und Kwan-Bruderschaften verwandt sind. Die Tatsache, daß die Pfeile nach der Zeremonie im Schrein der Kriegsgötter aufbewahrt werden, weist darauf hin,

daß das Pfeilschießen nicht nur mit der Keimung zu tun hat. Die Pfeile stellen daher ein Schlüsselsymbol zweier wichtiger und einander widersprechender Prinzipien im Verhältnis der Hopi zu ihrer Welt dar – Wohlwollen und Kampf. In der Wuwucim-Zeremonie treten diese Prinzipien getrennt auf, indem sie, ihrer Verschiedenheit entsprechend, zwei Paar Bruderschaften zugewiesen werden. Beim Marau vereinigen sie sich.

Das zweite Darstellerinnenpaar ist mit langen Stangen ausgestattet und mit Reifen, die in altes Rehleder gewickelt sind, welches der Überlieferung nach aus Resten der Kleidung längst erschlagener Feinde herrührt. Während die Frauen vorwärts schreiten, stoßen sie die Ringe zu Boden und bewerfen sie mit den Stangen. Diese Stangen erinnern an die Lanzen, die von den Mitgliedern der Kwan-Vereinigung getragen werden, und die Assoziationen zu Feinden und zur Kleidung der Toten bilden Parallelen zu Aspekten der Rituale der Kwan-Vereinigung. Die Marau-Zeremonien scheinen daher diejenigen Rituale und deren zugrundeliegende Prinzipien in einem einzigen Ritual zu vereinigen, die von den Männergruppen im Wuwucim jeweils gesondert dargestellt werden. Es scheint sich um eine Verdichtung und Transformation der wichtigsten symbolischen Elemente der Männer-Zeremonien zu handeln.

Lakon und Oaqül sind einander sehr ähnlich. Beide werden als Korbtänze bezeichnet, weil am Ende jeden Tanzes, der als Teil der wichtigsten öffentlichen Veranstaltungen stattfindet, den Zuschauern geschmückte Körbe zugeworfen werden. Die Männer im Publikum versuchen sie zu fangen, wobei sie schreien, andere Männer zur Seite stoßen und sie einander sogar aus den Händen reißen. Klugerweise stehen Frauen und Kinder im Hintergrund. Gewöhnlich tauchen aus diesem Getümmel am Ende sowohl Männer als auch Körbe etwas zerschlagen auf. Man ist der Meinung, daß dies alles den Männern bei der Jagd hilft, denn das Schreien erweckt die Neugierde des Rotwildes und bringt dieses in die Nähe des Dorfes.

Die Lakon-Zeremonie enthält symbolische und rituelle Züge, die sich auf die Jagd beziehen, vor allem die »Geschwister«-Beziehung zwischen Lakon-Frauen und Al-(sowie möglicherweise auch Kwan-)Männern. Auch hier werden, wie im Marau, wieder männliche und weibliche Elemente zusammengebracht. Am deutlichsten veranschaulicht das der Kopfschmuck, den die beiden wichtigsten Darstellerinnen des Lakon-Tanzes tragen; er besteht aus einem Bündel Federn, das an der rechten Seite befestigt ist, und einem Horn, das links herausragt. Diese Elemente wurden von einem Hopi dahingehend interpretiert, daß sie Männlichkeit (das Horn) und Weiblichkeit (Federn als Ersatz für Blumen) darstellen (Titiev 1972: 99-100, 293). Zwischen Frauen und Wild, besonders Antilopen (die am meisten gejagt werden), gibt es eine subtile Verbindung, die in verschiedenen Ritualen auftaucht und auch in Scherzen über außereheliche Abenteuer aufscheint: Männer sprechen davon, »Jagd auf ein zweibeiniges Wild zu machen«. Außerhalb der Ehe werden Männer als sexuelle Aggressoren angesehen, und das räuberische Wesen der männlichen Sexualität kommt in der Meinung zum Ausdruck, daß eine Frau, willigt sie ein, mit einem Geschenk »bezahlt« werden sollte. Dabei handelt es sich nicht um Prostitution, sondern es manifestiert eher die Vorstellung, daß eine Gegenleistung erwartet werden darf, wenn irgend etwas genommen wird.

Lakon und Oaqül scheinen auch Erntefeste zu sein, denn Darstellungen oder andere Repräsentationen des Muingwa stellen ein wichtiges Element in den privaten Kiwa-Ritualen dar, und Samen werden als ein Bestandteil der Altäre in den Kiwas verwendet. Dekorierte Körbe, wenn nicht als Wandschmuck benutzt, werden zur Darbietung von Speisen bei Hochzeiten und während des Powamu, dem Frühlingsfest der Keimung, verwendet, so daß ihr Gebrauch während dieser Zeremonien die weibliche Rolle als Getreidemahler und Ernährer betont. Oaqül ist jüngeren Datums und nicht so gut wie die beiden anderen in das System der Zeremonien integriert.

Der weibliche Anteil des zeremoniellen Zyklus verkörpert also eine Doppelrolle innerhalb des Zyklus. Erstens bekräftigt er die Besonderheit der Frauen, indem er Elemente einbringt, wie zum Beispiel Körbe, die für weibliche Aktivitäten spezifisch sind. Der lebengebende Inhalt der Initiationsriten ist der dramatischste dieser Aspekte. Zweitens wird durch die Integrierung, Vereinigung und Abänderung wichtiger Elemente, die in den Zeremonien der Männer zum Ausdruck kommen, die Botschaft übermittelt, daß Frauen wie Männer zum Bestehen der Hopi-Gemeinschaft und des Universums beitragen. Männer und Frauen sind unterschiedlich, haben unterschiedliche Funktionen und sogar Eigenschaften, aber beide sind sie Teile der gesamten Welt der Hopi und arbeiten zusammen auf ein gemeinsames Ziel hin. Die Zeremonien der Frauen bringen die notwendige gegenseitige Abhängigkeit zwischen Männern und Frauen zum Ausdruck.

Männliches und Weibliches in der Ideologie der Hopi

Wenn wir die bisher behandelten Zeremonien der Frauen im Zusammenhang des ganzen zeremoniellen Zyklus, besonders hinsichtlich der Zeremonien der Männer betrachten, die denen der Frauen unmittelbar vorhergehen und folgen, so gewinnen wir einen gewissen Einblick in die Art und Weise, wie von den Hopi männliche und weibliche Prinzipien konzipiert werden.

Der Hauptzyklus, an dem das ganze Dorf teilnimmt, endet im Juli mit Niman, dem Haus-Tanz. Die Kachinas, die zum ersten Mal kurz vor Soyal im Dezember auftauchen, gehen nach diesem Tanz zurück in ihre Heimat in die San Francisco-Berge, heilige Gipfel im Südwesten der Hopi-Dörfer. Im August, vor dem Frauen-Anteil im Zyklus, wird eine von zwei Zeremonien der Männer abgehalten, die einander jährlich abwechseln. Es sind dies die Schlangen-Antilopen-Zeremonie, dargestellt von der Schlangen- und Antilopenvereinigung, sowie die Flöten-Zeremonie, dargestellt von der Flöten-Vereinigung. Nur Mitglieder dieser Vereinigungen nehmen daran teil, sowie die Clans, die sie »besitzen«. Diese Zeremonien verhalten sich komplementär zueinander, da sie die beiden gegensätzlichen Aspekte des männlichen Prinzips, Wohlwollen und Raub, repräsentieren.[8]

Die Flöten-Zeremonie quillt über von Symbolen des Pflanzenwachstums und der Kräfte, die diese fördern, wie Wasser und Sonne. Meiner Meinung nach ist dies Ausdruck der Rolle des Mannes als Befruchter. Wie der Farmer für seine Felder, der Gatte und Vater für seine Frau und seine Kinder, der *Kikmongwi* für sein Dorf und der große Geist für sein Volk, so ist der Mann notwendig, um Leben hervorzurufen und für das Leben zu sorgen. Im Gegensatz dazu repräsentiert die Schlangen-Antilopen-Zeremonie die räuberische Natur des Mannes, der auch töten muß, um Leben zu erhalten. Schlangentänzer tragen Kostüme und bezeichnen die Schlangen, mit denen sie umgehen, als »Krieger«. Nach den Informationen, die Stephen (1936: 714) 1843 erhalten hatte, waren die Mitglieder der Schlangen-Vereinigungen in alten Zeiten die eigentlichen Krieger, während die Antilopen alte Männer waren, die zu Hause blieben und in den Kiwas um Erfolg beteten. Durch diese beiden Zeremonien wird die Dualität der Männlichkeit dargestellt, wie dies auch in den beiden Paaren von Männer-Bruderschaften der Fall ist: Wuwucim und Tao, Al und Kwan.

Die Lakon-Zeremonie, die erste der Zeremonien der Frauen, kann man als Darstellung der unterschiedlichen Natur der Männer und Frauen ansehen. Das Weibliche steht mit den Elementen in Verbindung, die aus Mutter Erde hervorkommen – eßbare Pflanzen in ihrem natürlichen Zustand oder als Tauschgegenstand – symbolisiert durch Körbe und Wild. Die Beziehung der Männer zu Frauen entspricht sowohl der des Farmers zu seinem Getreide – es ist eine wohlwollende und schützende Beziehung – als auch der des Jägers zum Wild. Während diese letztere Beziehung ganz offensichtlich aggressiv ist, enthält sie doch auch einen Bestandteil von Wohlwollen. Ein Jäger nämlich vollzieht Rituale, die das tote Tier besänftigen, indem sie seinen Geist zurück in die Welt der Tiere schicken, wodurch der Fortbestand des Lebens der Tiere gesichert ist. Männer müssen die Kräfte des Lebens aktivieren und sie müssen sie schützen, aber um sie zu schützen, müssen sie auch töten – sowohl Tiere als Nahrungsmittel als auch Feinde, um Sicherheit zu gewährleisten. Frauen jedoch haben keinen Anteil an dieser Doppelrolle der Lebensspender und Lebenszerstörer: Ihrer Natur nach sind sie einzig darauf ausgerichtet, Leben zu geben und zu erhalten.

Wie beschrieben, kann man die Marau-Zeremonie, die dem Lakon folgt, als das weibliche Gegenstück zu Wuwucim deuten. Die burlesken Elemente, die in dieser Zeremonie so dominieren und die in geringem Ausmaß auch in der Wuwucim-Zeremonie aufscheinen, sind Anzeichen der Spannung, die der zwiespältigen Beziehung zwischen Männern und Frauen zugrunde liegt. Einerseits sind sie unterschiedlich und haben differierende Charaktereigenschaften; andererseits sind sie als Mitglieder der moralischen Welt – im Gegensatz zu den natürlichen und übernatürlichen Welten – gleichgestellt. Daß Scherze zwischen Männern und Frauen sich besonders auf ihre Geschlechter beziehen, ist an dem ausgesprochen sexuellen Inhalt der Lieder und Scherze zu erkennen sowie an der deutlichen Darstellung der Genitalien in den

scherzhaften Teilen der Zeremonie. Wuwucim, die erste Zeremonie im Zyklus der Männer, findet im November statt.
Die letzte in der Reihe der Zeremonien der Frauen ist Oaqül, welche Lakon ähnlich ist. Sie scheint die unwichtigste der Zeremonien der Frauen zu sein und stellt eine Wiederholung der Botschaft der Lakon-Zeremonie dar.
Der große Zyklus, an dem vier Hauptzeremonien der Gemeindewesen sowie eine Anzahl von Kachina-Tänzen beteiligt sind, beginnt mit Wuwucim und endet mit Niman. Dieser Zyklus bringt den Glauben der Hopi an eine natürliche und soziale Welt zum Ausdruck und den Fortschritt des Hopi-Volkes durch die Zeiten. Der kleine Zyklus, der zwischen Niman und Wuwucim stattfindet, besteht aus den Darstellungen der Vereinigung der Männer und Frauen und übermittelt eine andere Botschaft. Teilweise besteht er, alles in allem, aus einer symbolischen Feststellung über das Wesen des Mannes und das der Frau und beider Rollen im sozialen Leben. Er kontrastiert die Doppelnatur der Männer mit der eindeutigen Natur der Frauen. Wenn meine Beurteilung von Marau als femininer Transformation des Wuwucim richtig ist, dann verbindet diese Zeremonie die Dualität in einer Darstellung der Einheit.

Das Weibliche als die Quelle des Lebens

Wie in den einführenden Sätzen dieser Arbeit angedeutet, liegt für Hopi-Frauen ihre Bedeutung in der Rolle, die sie in der Fortpflanzung spielen; die Rolle der Männer besteht zu einem großen Teil darin, die Frauen zu beschützen, so daß sie diese Rolle ausfüllen können. Als Beschützer und Ratgeber der Frauen gewährleisten sie den Frauen die physische und geistige Sicherheit, die notwendig ist, damit die Kinder und das Volk der Hopi gedeihen können. Gesundheit und das Leben selbst hängen vom harmonischen Gleichgewicht mit anderen Menschen und den spirituellen Wesen ab, und sorgenvolle Gedanken machen es einer Frau unmöglich, für sich selber und für ihre Kinder entsprechend zu sorgen. Wenn eine Frau beunruhigt ist, dann ist sie selbst und sind ihre Kinder gefährdet.
Die Aufrechterhaltung der Gesellschaft durch Hervorbringung und Weiterführung des Lebens ist für jede Gesellschaft ein wich-

tiges Ziel, welches aber zweitrangig werden kann, wenn im Brennpunkt der unmittelbaren Bedürfnisse der Krieg oder andere männliche Aktivitäten stehen. Für die Hopi, welche die Vernichtung von Leben durch Jagd oder Krieg nur als notwendiges Übel betrachten, ist der Kampf nicht an sich wichtig; die Schaffung von Leben bedeutet das wichtigste soziale Ziel.[9] Wenn die Hopi tanzen, sagen sie, daß sie um Regen beten; dies ist aber nicht nur im realistischen Sinne als bittere Notwendigkeit in einem trockenen Klima zu verstehen, sondern auch metaphorisch. Regen, den die Männer durch ihre harmonische Beziehung mit der Welt der Geister herbeiführen, ist ein wichtiges Symbol für jene Kräfte, die Leben hervorbringen. Diese Kräfte können aber auch gefährlich sein – der Blitz, der die Felder befruchtet, kann auch töten, Wolkenbrüche können junge Pflanzen wegschwemmen. Das andere wichtige Symbol der Lebenskräfte, die Sonne, kann ebenfalls zur Gefahr werden, indem sie die zarten Pflanzen verbrennt, wenn der Regen ausbleibt. Es ist daher Pflicht der Männer, die lebensbringenden Kräfte unter Kontrolle zu halten und ihnen zu ermöglichen, nutzbringend durch die Körper der Frauen und in der Mutter Erde zu wirken. Beide Geschlechter erfüllen ihre notwendigen Aufgaben innerhalb der natürlichen und geistigen Bereiche zur Förderung des Lebens.

Die Frau als eigentliche Quelle des Lebens symbolisiert die feminine Natur des Mais; er stellt das vorrangige Symbol des Lebens dar und ist Bestandteil fast aller rituellen Aktivitäten. Jedes Neugeborene erhält eine vollkommen gewachsene Maisähre, seine Maismutter, welche das Kind ebenso beschützt wie das symbolisch gezeichnete Haus. Es überrascht nicht, daß der Gott der Pflanzen, auch des Mais, ein Mann ist, Muingwas, denn es ist die Pflicht der Männer, für den Mais und jedes weibliche Wesen zu sorgen.

Die lebengebende Kraft der Frauen kommt in einem der Hexenglauben der Hopi zum Ausdruck. Um weltliche Macht zu erlangen, kann ein Mensch sein Leben oder »Herz« verschachern. Um zu überleben, muß er durch Zauberkraft das Herz eines anderen stehlen und ihn dadurch töten. Kinder, jung und mit reinem Herzen, sind die beliebtesten Opfer. Man sagt, daß das Herz eines Knaben dem Hexer oder der Hexe vier weitere Lebensjahre gibt. Das Herz eines Mädchens jedoch schenkt ihm oder ihr noch weitere acht Jahre des Lebens.

Zusammenfassung

Wir haben einige Züge der sozialen Organisation und des ideologischen Systems untersucht, die in Zusammenhang mit der hohen Achtung stehen, die die Frauen der Hopi genießen, und mit der Gleichheit, derer sie sich Männern gegenüber erfreuen. In diesem ineinander verflochtenem Netz von Aktivitäten und Glaubensinhalten bilden die sozialen und subsistenzbezogenen Rollen von Männern und Frauen ein Modell der Vorstellung über Männlichkeit und Weiblichkeit. Auf diesem wiederum beruht das Gefühl für »Richtigkeit«, mit welchem die Hopi ihren häuslichen und gemeinschaftlichen Tätigkeiten nachgehen. An jedem Punkt ihres Lebensweges orientieren sich traditionsgebundene Hopi an ihren Glaubensvorstellungen, die sie leiten und ihr tägliches Verhalten rechtfertigen. Und die Art und Weise, wie sie ihre täglichen Aufgaben erfüllen, beeinflußt ihre Beziehung zur Welt der Geister. Ein Hopi-Mann, der sich um seine Anpflanzungen kümmert oder seinen Pflichten als Ehemann und Vater nachkommt, übt nicht nur Tätigkeiten aus, die der Subsistenz oder dem sozialen Leben dienen, sondern er trägt ebenso zur Erhaltung des Lebens selbst bei; sein Beitrag enthält auch einen geheiligten Aspekt, der es ihm ermöglicht, gute Beziehungen zu der Welt der Geister zu unterhalten. Eine Hopi-Frau, die Mais mahlt, tut dies im Bewußtsein, Nahrung für ihre Kinder und das Volk herzustellen, zugleich ist genau diese Substanz, die sie bearbeitet, das geheiligte Element des Lebens. Maismahlen kann nicht als die lästige und zeitraubende Aufgabe betrachtet werden, die sie zu sein scheint; vielmehr ist es eine heilige Pflicht der Frauen, die mit reinem Herzen und klarem Sinn auszuführen ist. Frauen singen bei der Arbeit Lieder über das Maismahlen, um die Mühen zu erleichtern und ihren lebensbejahenden Beitrag auszudrücken.

Männlichkeit und Weiblichkeit sind interdependente und gleichermaßen wichtige Prinzipien des sozialen Lebens und der Ideologie der Hopi. Diese Prinzipien sind eher komplementäre als einander ähnliche. Der weibliche Tätigkeitsbereich ist der Haushalt, der männliche Tätigkeitsbereich das Gemeinwesen. Männer und Frauen üben Kontrolle über verschiedene Teile des zeremoniellen Zyklus aus. Jedes Geschlecht hat seine eigenen Aufgaben – nur die Männer jagen, nur die Frauen mahlen Mais –, jedoch können beide zusammen die Felder bestellen oder die Herden hüten, auch wenn dies vor allem Pflichten der Männer sind. Aber die Dichotomie des Männlichen und des Weiblichen, welche die Geschlechter trennt, wird durch ihre notwendige wechselseitige Abhängigkeit an jedem Punkt des sozialen und ideologischen Systems überbrückt. Die Trennung der Geschlechter verursacht keine Unterordnung des einen und Überordnung des anderen Geschlechts; vielmehr erlaubt sie jedem Geschlecht, seine notwendige und gleichermaßen geschätzte Rolle in der Erhaltung der Gesellschaft auszufüllen. Da, wo im ideologischen Brennpunkt einer Kultur das Leben steht und beide Geschlechter als gleichermaßen notwendig zur Förderung des Lebens erachtet werden, ist die Geringschätzung eines der Geschlechter unwahrscheinlich.

Es ist unklar, in welche Richtung sich die heutige Gesellschaft der Hopi in bezug auf die Gleichberechtigung der Frauen entwickeln wird. Drei Faktoren hat man dabei in Betracht zu ziehen: die Einführung der Geldwirtschaft, demographische Veränderungen und eine neue Haltung der Fruchtbarkeit gegenüber.

Um die Jahrhundertwende, als die Wirtschaftsform der Hopi sich allmählich in eine Geldwirtschaft verwandelte, ging man mit Geld ebenso um wie mit anderen Haushaltsgütern. Von Männern wurde erwartet, daß sie den Verdienst ihren Frauen übergaben; Frauen verwalteten das Familieneinkommen. In den letzten Jahren waren einige Männer nicht mehr bereit, den alten Brauch fortzuführen. Sie sehen nun verdientes Geld immer mehr als ihr Eigentum an, wie sie der Tradition nach ihre Schafe oder Rinderherden als ihr Eigentum ansehen, das sie zuteilen oder weggeben können, wie sie wollen.[10] Da nun moderne Bauten, die für Hopi-Begriffe sehr teuer sind, die alten, selbstgebauten Steinhäuser ersetzen, widerstrebt es den Männern, die diese Häuser bezahlen mußten, sie im Falle einer Scheidung ihren Frauen zu überlassen. Ein früherer Richter des Stammesgerichts der Hopi erzählte mir von einem Prozeß über einen derartigen Fall. Im Urteil wurde das Haus der Frau zugesprochen, die Entscheidung mit einer Berufung auf die Tradition gerechtfertigt.

Andererseits beteiligen sich unverheiratete wie auch berufstätige, verheiratete Frauen in immer größerer Anzahl an der Geldwirtschaft. Da sie nicht mehr viele Stunden darauf verwenden müssen, Mais zu mahlen, sondern statt dessen maschinell gemahlenes Mehl verwenden, können sie jetzt durch zusätzlichen Verdienst weiterhin einen wirtschaftlichen Beitrag für die Familie leisten.

Der Frauenüberschuß bezeichnet jene demographische Veränderung, welche für die ökonomische Beziehung zwischen Männern und Frauen bedeutend werden könnte. Vom Ende des Krieges im Jahre 1870 bis zum 2. Weltkrieg schien das Verhältnis der Anzahl von Männern und Frauen wahrscheinlich wegen der Sterblichkeit im Kindbett zugunsten der Männer zu liegen. Seit dem 2. Weltkrieg, aufgrund des verbesserten Gesundheitswesens und der steigenden Sterblichkeitsrate von Männern durch Autounfälle, hat sich das Verhältnis zugunsten der Frauen verschoben (Stephen J. Kunitz, persönliche Mitteilung). Dies bedeutet zumindest, daß es im Gegensatz zu früheren Zeiten mehr Witwen und Geschiedene geben wird. (Es kann nicht mit Sicherheit angenommen werden, daß die Anzahl der Frauen, die unverheiratet bleiben, steigen wird: Falls die Hopi ihrer traditionellen Gepflogenheit, sich nicht gerade selten scheiden zu lassen und wieder zu heiraten, treu bleiben, kann es durchaus sein, daß fast jede Frau mindestens einmal im Leben verheiratet sein wird.) Diese Frauen werden daher sich selbst und eventuelle Kinder erhalten müssen, und es ist wahrscheinlich, daß sie zu diesem Zweck zur Lohnarbeit greifen werden. Der Wechsel zur Geldwirtschaft wird daher nicht notwendigerweise größere ökonomische Abhängigkeit von den Männern mit sich bringen.

Die neue Haltung gegenüber der Fruchtbarkeit fördert kleine Familien. Man sieht immer noch Familien mit sieben oder mehr Kindern, aber viele Hopis zwischen zwanzig und dreißig Jahren bringen ihren Wunsch nach zwei oder drei Kindern als der idealen Anzahl zum Ausdruck. Methoden der Geburtenkontrolle werden weitgehend akzeptiert. Der hohe Wert, den die Fruchtbarkeit bisher hatte, wird durch eine moderne Betonung der Bildung und eines höheren Lebensstandards ersetzt. Selbst in früheren Zeiten schätzte man die Fruchtbarkeit nur dann hoch, wenn die Familie über genügend Mittel verfügte, die Kinder zu versorgen.

Die Veränderungen in den häuslichen und Unterhaltstätigkeiten von Männern und Frauen beeinflussen die Art und Weise der Interaktionen zwischen ihnen. Die Entwicklung zielt in Richtung auf größere Angleichung der Geschlechter, weg von der Betonung ihrer Unterschiede sowie der Komplementarität. Die Arbeitsmöglichkeiten, die in den Reservaten zur Verfügung stehen, werden vor allem von der Regierung der Vereinigten Staaten bereitgestellt und sind, wie das für den angelsächsischen Raum typisch ist, geschlechtsspezifisch ausgerichtet, so daß Stellen in Sekretariaten und Büros vor allem Frauen zur Verfügung stehen, administrative Stellen eher den Männern. Straßenbau, eine wichtige Einnahmequelle der Gemeinden, wird allein von den Männern ausgeführt. In einer Ehe jedoch, in der beide Partner arbeiten, tragen Mann und Frau zunehmend gleichermaßen zum Unterhalt bei und stellen der Familie gleiche Erzeugnisse – Geld – zur Verfügung; das Selbstverständnis beider Partner beruht ebensosehr auf ihrer beruflichen Tätigkeit als auch auf der Rolle, die sie im Haus spielen. In diesem Sinne werden die Rollen der Männer und Frauen einander immer ähnlicher, wobei die notwendige gegenseitige Interdependenz gleichzeitig zurückgeht.

Es ist zu diesem Zeitpunkt unmöglich, vorherzusagen, ob die Gleichberechtigung der Frauen der Hopi erhalten bleiben wird. Wie ich schon betont habe, muß die Tendenz zu einer erhöhten Teilnahme am ökonomischen System der Vereinigten Staaten nicht notwendigerweise die ökonomische Unterwerfung der Frauen mit sich bringen. Bisher haben Frauen sich nur in geringem Maße am Stammesrat oder am Gericht des Stammes beteiligt, wobei die ausführenden Körperschaften unter Leitung des Bureau of Indian Affairs als vom traditionellen Dorfleiter und seinem Rat völlig getrennte Institutionen eingesetzt sind.[11] Dies beruht zumindest teilweise darauf, daß Männer bis vor kurzem mehr und direkteren Kontakt mit der angelsächsischen Welt hatten, und es gibt keinen Grund zur Annahme, daß Frauen in Zukunft nicht weitaus aktiver in diesen ausführenden Körperschaften teilnehmen werden.

Wenn sich die Haltung der Hopi den Frauen gegenüber ändert, dann wahrscheinlich als Folge einer neuen Einstellung zur Fruchtbarkeit. Wie wir gesehen haben, ist die hohe Wertschätzung der Frauen in ihrer wichtigen Rolle als Ursprung und Bewahrerin des menschlichen Lebens begründet. In dem Ausmaße, wie dieses Konzept an Bedeutung verliert, könnte auch die einzigartige Bedeutung der Frauen selbst nachlassen. Sowie jedoch traditionelle Haltungen, die dem sich verändernden System nicht mehr angemessen sind, ihre besondere Bedeutung verlieren, können andere, die durchaus adäquat sind, aktiviert werden. Auch wenn Frauen ihren hohen Wert als Mütter verlieren, können sie noch immer als Partnerinnen wichtig sein, und dieses Konzept ist von den Hopi hinsichtlich der Zusammenarbeit bei wirtschaftlichen und zeremoniellen Tätigkeiten weitgehend anerkannt. Als Partnerinnen in der Erhaltung des Heims und des Gemeinwesens können sie ihre Stellung der Gleichberechtigung in der Beziehungsbalance erhalten, die für die Hopi-Welt so bezeichnend ist.

Anmerkungen

Die Daten für diese Arbeit wurden auf Third Mesa vor allem von älteren Männern gesammelt. Wenn nicht anders angeführt, handelt es sich bei der untersuchten Zeitspanne um das Ende des 19. und den Beginn des 20. Jahrhunderts. Die Feldarbeit wurde vom National Institute of Mental Health unterstützt, wofür hier Dank ausgesprochen wird. Die Zitate folgen englischsprachigen Äußerungen der einzelnen Hopi. Mein Dank gebührt Fred Eggan für seine Stellungnahme zu dieser Arbeit, wenn auch unsere Standpunkte hinsichtlich der räuberischen Eigenschaft des außerehelichen Geschlechtsverkehrs und der Ehrerbietung, die der *Mö'wi* gezollt wird, unterschiedliche sind.

1 Über Heiratsbräuche und den Druck, der auf Mädchen ausgeübt wird, damit sie heiraten, s. Schlegel (1973).

2 Man muß sich fragen, warum Untreue so geächtet und gleichzeitig so weit verbreitet ist. Wahrscheinlich stellt sie einen der wenigen Fluchtwege aus den strikten Regeln des sozialen Lebens dar, und selbst das indirekte Vergnügen der Untreue kommt in den Neckereien und Scherzen über »private Gattinnen« und »Jagd auf zweibeiniges Wild« zum Ausdruck. Meistens sind es Männer, die die Initiative zu sexuellen Aktivitäten ergreifen (obwohl auch manchmal Frauen sexuelle Beziehungen initiieren), so daß Untreue für die Männer auch ein Mittel sein kann, ihre versteckte Ablehnung ihrer Frauen und ihre eigene, relativ unsichere Stellung im Haus zum Ausdruck zu bringen. Da auch strenge Sanktionen gegen eine offene Artikulation des Ärgers unter Männern gehandhabt werden, kann eine Möglichkeit, Feindseligkeit gegen einen anderen Mann auszudrücken, darin bestehen, seine Frau zu verführen.

3 Tatsächlich gibt es eine bestimmte Situation, in der Frauen am formalen System der Autoritäten teilnehmen: Wenn ein *Mongwi* stirbt, ohne einen Erben genannt zu haben, ist es Sache der Clanmutter, seinen Ersatz zu nennen (Titiev 1972: 82). Es gibt derzeit sogar eine Frau, welche die Häuptlingswürde von Oraibi für sich mit der Begründung in Anspruch nimmt, daß ihr Bruder, das ernannte Ober-

haupt, sich nicht an die Tradition der Hopi gehalten hat. Dieser Fall ist zu einer beträchtlichen Streitfrage geworden: Einige Hopi stehen auf dem Standpunkt, daß sie kein echter Häuptling sei, da sie – die niemals in eine zeremonielle Bruderschaft eingeweiht wurde – die Rituale eines Häuptlings nicht vollziehen könne (s. u.); andere unterstützen sie mit der Begründung, sie habe eingegriffen, um die nötige Leitung zu gewährleisten. Es gibt noch den älteren Fall einer Frau, die Häuptling von Moenkopi, eines »Tochterdorfes« von Oraibi, war. Sie hatte niemals die Position eines wirklichen *Kikmongwi*, da Moenkopi in den Zeremonienzyklus von Oraibi mit eingeschlossen war; vielmehr scheint sie als Verbindungsglied zwischen Moenkopi und den angelsächsischen Behörden der nahegelegenen Stadt Tuba City fungiert zu haben (Nagata 1970: 39-44).

4 Der Begriff Kachina bezieht sich sowohl auf ein übernatürliches Wesen, dessen vorrangige Rolle darin besteht, Regen zu bringen, als auch auf den Mann, der dieses Wesen im Kachina-Tanz verkörpert. Man glaubt, daß der Geist des Kachina in den Körper des Tänzers eintritt, sobald dieser die Kachina-Maske aufsetzt, und daß er dann ein Kachina wird. Es gibt weit über hundert verschiedene Kachina-Arten, manche beliebter als andere.

5 Während der Wintermonate werden für die hier besprochenen Vereinigungen der Frauen und für andere Vereinigungen (s. u.) kürzere Zeremonien abgehalten. Die Hauptzeremonie wird in jedem Fall im Sommer oder im Herbst gefeiert, und um diese geht es in der vorliegenden Arbeit.

6 Marau hatte sein eigenes Kiwa, welches dem Eidechsen-Clan gehörte, dem wiederum Marau gehört. Im Jahre 1901 wurde es neu erbaut und von den Männern übernommen, die es seither der Marau-Vereinigung für deren Zeremonien leihen; Lakon und Oaqül benutzen ein anderes Kiwa, das sie von den Männern ausborgten. Abgesehen von ihrer zeremoniellen Verwendung dienen Kiwas als Männerhäuser.

7 Der Reifen wird nur für die Initiationsriten der Vereinigungen der Frauen und die Initiation von Kindern in die Powamu- und Kachina-Vereinigungen verwendet, die im Marau-Kiwa von Oraibi abgehalten werden. Er wird nicht für die Initiation in andere Vereinigungen oder die Bruderschaften der Männer verwendet, obwohl bei letzteren der Begriff der Wiedergeburt dadurch zum Ausdruck kommt, daß die in die Bruderschaft Aufgenommenen wie neugeborene Kinder behandelt werden.

8 Flöten- und Schlangen/Antilopenzeremonien ergänzen einander hinsichtlich ihrer zeitlichen Anordnung und, wie angedeutet, in ihrer symbolischen Aussage. Gemäß Parsons (1940) gibt es archäologische und ethnologische Hinweise, daß diese Zeremonien einmal eine einzige Zeremonie, zumindest aber enger verbunden waren, als dies heute

der Fall ist. Momtcit, eine Kriegszeremonie, die, wie die Schlangen/Antilopenzeremonie, aus zwei Reihen von Tänzern besteht, existiert nicht mehr. Vielleicht bedeutete Momtcit hinsichtlich der Schlangen/Antilopen das gleiche wie Oaqül in bezug auf Lakon: Eine erneute Aussage der gleichen Botschaft (s. u.).

9 Kriegsführung ist im großen Zyklus der Zeremonien kein zentrales Thema, scheint jedoch im kleinen Zyklus der Sommer- und Herbstzeremonien auf. Die Hopi messen der Kriegsführung eher geringere Bedeutung bei, und nicht durch diese Aktivität wird die Mannbarkeit erreicht oder bekräftigt – dies geschieht durch die Initiation in eine Bruderschaft. Tapferkeit im Krieg fand Respekt nur insoweit, als sie zur Verteidigung des Dorfes beitrug und die Möglichkeit schuf, den physischen und geistigen Aktivitäten nachzugehen, die der Erhaltung des Lebens dienen.

10 Nagata (1970) zeigt uns ein ziemlich anderes Bild von Moenkopi, wo Männer schon viel früher begannen, ihren Verdienst als ihr Eigentum anzusehen und heute beginnen, diesen Verdienst immer mehr als mit ihren Frauen gemeinsames Eigentum zu betrachten. Da Moenkopi-Männer sehr engen und früheren Kontakt mit der angelsächsischen Gesellschaftsform und Lohnarbeit hatten als die Dörfer der Mesas, ist anzunehmen, daß die Umwandlung zu einer neuen Form häuslicher Wirtschaft ebenfalls früher einsetzte.

11 Im Jahre 1975 wurde die erste Frau in den Stammesrat gewählt.

Bibliographie

Chodorow, Nancy (1974): »Family Structure and Feminine Personality, in: Rosaldo, M. Z. & Lamphere, L. (Hg.): *Women, Culture, and Society*, Stanford.

Griaule, Marcel (1965): *Conversations with Ogotemmêli*, London.

Forde, C. D. (1931): »Hopi Agriculture and Land Ownership«, in: *Journal of the Royal Anthropological Institute of Great Britain and Northern Ireland 61*, S. 357-405.

Nagata, Shuichi (1970): *Modern Transformations of Moenkopi Pueblo*, Urbana.

Ortiz, Alfonso (1969): *The Tewa World*, Chicago.

Ortner, Sherry (1974): »Is Male to Female as Nature to Culture?« in: Rosaldo, M. Z. & Lamphere, L. (Hg.): *Woman, Culture, and Society*, Stanford.

Parsons, Elsie Clews (1940): »A Pre-Spanish Record of Hopi Ceremonies«, in: *American Anthropologist* 42, S. 541-542.

Riviere, Peter (1969): *Marriage among the Trio. A Principal of Social Organization*, Oxford.
Rosaldo, Michelle Zimbalist (1974): »Women, Culture, and Society. A Theoretical Overview«, in: Rosaldo & Lamphere, a. a. O.
Schlegel, Alice (1972): *Male Dominance and Female Autonomy. Domestic Authority in Matrilineal Societies*, New Haven.
– (1973): »The Adolescent Socialization of the Hopi Girl«, in: *Ethnology* 12, S. 449-462.
Stephen, Alexander M. (1936): *Hopi Journal of Alexander M. Stephen*, hg. v. E. C. Parsons, New York.
Titiev, Mischa (1944): »Old Oraibi«. *Harvard University, Papers of the Peabody Museum of American Anthropology and Ethnology* 22/1.
– (1972): *The Hopi Indians of Old Oraibi. Change and Continuity*, Ann Arbor.

Käthe Uray-Köhalmy
Die Stellung der Frau in der mongolischen Gesellschaft

Den mongolischen Frauen wird heute dem Gesetz nach vollständige Gleichberechtigung zugesichert. Dies gilt sowohl für die Mongolische Volksrepublik als auch für die Volksrepublik China, in der Mongolen im Autonomen Gebiet Innere Mongolei und in den Kantonen Qinghai, Ningsxia, Gansu und Xinjiang leben, sowie für die Sowjetunion, also für die Burjatische und die Kalmückische Autonome Sowjetrepublik.[1] Wie weit die Frauen nun tatsächlich in der Lage sind, ihre Rechte und Möglichkeiten voll auszuschöpfen, ist eine andere Frage. In der Mongolischen Volksrepublik trifft man Lehrerinnen, Ärztinnen, Leiterinnen von genossenschaftlichen Betrieben, Delegierte in den örtlichen und zentralen Volksvertretungen und auch Wissenschaftlerinnen, wenngleich letztere noch in geringer Zahl. Bei den öffentlichen traditionellen Mitsommer-Sportfestlichkeiten nehmen an Pferderennen sowohl kleine, 8-12jährige Mädchen als auch Buben teil, und durchaus kann auch ein kleines Mädchen den ersten Preis gewinnen.

Die Mongolinnen tragen heute gerne europäische Kleidung und statt der traditionellen Zöpfe eine in Dauerwellen gelegte Frisur. Bei festlichen Angelegenheiten bevorzugen sie aber die traditionelle Seidenkleidung, den bunten Kaftan, der für Männer, Frauen und Kinder gleich geschnitten ist.

Die Mongolin genießt große sexuelle Freiheit. Wenn sie schon vor der Eheschließung ein, zwei Kinder hat, erwächst ihr und den Kindern daraus kein Nachteil, da die Mongolen zwischen ehelichen und unehelichen Kindern keinen Unterschied machen. Die vorehelichen Kinder bleiben bei den mütterlichen Großeltern und werden als deren Kinder betrachtet. In der Ehe ist die Stellung der Frau nicht untergeordnet, in wirtschaftlichen Fragen spricht sie mit; Mann und Frau nennen sich gegenseitig *nöchör* (Gefährten).

Der »ritterliche« Umgang mit den Frauen, diese für die europäische Kultur so charakteristische Äußerlichkeit, ist den Mongolen

aber vollkommen fremd – Frauen haben nicht den Vortritt, sondern stehen beim Anstehen in der Reihe nach den Männern. Kommen Gäste, nimmt die Hausfrau nicht am Tisch Platz, ausgenommen, die Gäste sind ausschließlich Frauen; dies gilt nur für Familien, die in modernen Häusern wohnen. Denn in der Jurte hat die Frau ihren Platz an der östlichen Seite, hinter dem Herd. Von dem zu festlichen Angelegenheiten geschlachteten und gekochten Schaf bekommen die Frauen nie etwas vom besten Stück, dem Nierenbraten. Das gilt auch noch für die urbanisierten Mongolen; die Frau eines mongolischen Wissenschaftlers sagte mir einmal, daß sie noch nie von dem Rückenstück eines Schafes gegessen habe.
Scheinbar ist dies alles sehr widersprüchlich, und der Widerspruch verstärkt sich noch, wenn man Berichte über die Neuvermählten in der traditionellen mongolischen Gesellschaft betrachtet.[2] Von den westmongolischen Kalmücken existieren Beschreibungen, denen zufolge die jungvermählte Frau weder ihren Mann noch dessen Brüder oder die Schwiegereltern beim Namen nennen oder ansprechen durfte; sie mußte die Namen verändern oder umschreiben, sogar ähnlich lautende Wörter auf diese Weise entstellen. Vor den Schwiegereltern durfte sie nicht in lockerer Kleidung oder unbedeckten Hauptes erscheinen, sie durfte nie ihren Rücken zeigen oder mit gekreuzten Beinen vor ihnen sitzen. Um Verständnis für das Leben der mongolischen Frau zu gewinnen, soll nicht nur eine Rolle, ein Aspekt herausgegriffen werden, sondern wenn möglich der ganze Lebensablauf in der traditionellen Gesellschaft ins Auge gefaßt werden. Bisher gibt es meines Wissens leider noch keine spezifischen Studien über das Leben, einzelne Lebensabschnitte und die unterschiedlichen Wirkungsfelder der mongolischen Frauen.
Die hier folgenden Beschreibungen basieren in erster Linie auf eigenen Beobachtungen während meiner Studienreisen in der Mongolei, auf den Schilderungen der Reisenden, den gelegentlichen Beschreibungen von Ethnologen und zuletzt auf der Auswertung historischer Quellen.
Die Mongolen leben seit fast acht Jahrhunderten in den Steppen Innerasiens und führen, ähnlich den früheren Bewohnern dieser Gebiete, das Leben der Hirtennomaden. Sie stehen am Endpunkt einer Entwicklung, in der sich ihre materielle Kultur im Vergleich zu ihren Vorgängern in der Steppe äußerst zweckmäßig gestaltet

und vereinfacht hat. Ihre Herden bestehen zur Hälfte aus Rindern, aus Schafen und Ziegen (etwa ein Drittel) sowie aus Pferden und Kamelen.[3] Getreideanbau ist nur in den niederschlagsbegünstigteren, aufgeschütteten Flußtälern des Nordens und Ostens möglich. Die Jagd behielt eine nicht unerhebliche Bedeutung.
Die für die Steppengebiete Innerasiens typische Viehwirtschaft konnte traditionellerweise dann am ergiebigsten betrieben werden, wenn die wirtschaftlichen Einheiten nicht zu klein, aber auch nicht zu groß waren. Die kleinste wirtschaftliche Einheit, das *ail* (türkisch *aul*), bestand entweder aus einer Großfamilie mit bis zu 30 oder 40 Erwachsenen, oder es schlossen sich dazu zwei, drei kleinere, eventuell nicht einmal verwandte Familien zusammen. Jedes *ail* gehörte zu einer exogamen Sippe mit Schutzgeistern, die die eigentlichen Besitzer des Weidelandes und der Jagdgründe waren.
Wie die Kultur der innerasiatischen Hirtenvölker, so scheint auch die der Mongolen auf zwei Komponenten zu beruhen: auf der der frühen iranisch-skythischen Steppenvölker und auf der der südsibirischen Waldvölker. Viele Elemente, vor allem der materiellen Kultur, lassen sich bis zu den Skythen zurückverfolgen, während die gesellschaftlichen Bräuche eher von den Waldvölkern ererbt scheinen. Alle im Territorium einer Sippe zur Welt Gekommenen wurden zu dieser Sippe gerechnet und waren im wesentlichen gleichberechtigt, unabhängig von ihrem Geschlecht und unabhängig davon, ob die Mutter verheiratet, ledig oder eine Beischläferin war. Kinder beiden Geschlechts wurden lange gestillt und danach weder mit Nahrung noch mit Kleidung verwöhnt. Mädchen und Buben wurden schon im zarten Alter von vier Jahren mit Aufgaben betraut, z. B. mit dem Sammeln von Kuhfladen, die getrocknet als Brennmaterial dienten, dem Führen der Kälber, Lämmer und Fohlen vor und nach dem Melken. Die 8-12jährigen hüteten die Schafe und ritten die Pferde ein.[4] In diesem Alter waren sie schon trainierte Reiter, da sie, die Buben wie die Mädchen, mit 4-5 Jahren zu reiten anfingen und in dieser Zeit bereits ihr erstes Reitpferd bekamen. Die Mädchen wurden zugleich in die Koch- und Konservierungskünste eingeführt. Sie erlernten das Nähen, das Herstellen von Filzmatten sowie das Gerben von Fellen, wobei die beiden letzteren gemeinschaftliche Arbeiten sind. Ab dem sechsten Lebensjahr bestand die wichtigste Aufgabe der Mädchen im Betreuen der jüngeren Geschwister und Kusi-

nen. Fast alle kleinen Mongolenmädchen trugen ständig ein kleines Kind auf dem Rücken oder führten eines an der Hand. Die Mongolenmädchen spielten nicht mit leblosen Puppen, da in der Familie, in der Ailgemeinschaft, immer eine lebendige Puppe für sie da war. Die Kleinen hingen auch sehr an ihren Schwestern, ihren Pflegemüttern.

Nach der Pubertät benahmen sich die Mädchen sehr zurückhaltend, besonders in Anwesenheit fremder Männer. Den Älteren gegenüber mußten sie ehrerbietungsvoll sein, durften nicht mit gekreuzten oder gar gespreizten Beinen sitzen und sollten sich innerhalb der Jurte im hinteren Teil der Osthälfte aufhalten. In dieser Periode glich ihre Kleidung jener der Männer: sie trugen einen Seidenkaftan, der vorne übergeschlagen wurde und an der rechten Seite verschließbar war; bei den Chalcha-Mädchen waren die beliebtesten Farben dunkelgrün, dunkelbraun und lila. Die Taille wurde mit einem langen Seidenschal, dessen Farbe sich deutlich von der des Kaftans abhob, umwunden. Die langen, dichten, dunklen Haare flochten sie zu einem Zopf am Hinterkopf. Schmuck trugen die Mädchen gewöhnlich nicht, höchstens kleine Ohrringe, die Oiratenmädchen ein kleines, rundes, mit Perlmutter und Gold besticktes Käpplein.

Die erwachsene und heiratsfähige Jugend nützte jede Gelegenheit zum gemeinsamen Singen, Tanzen und Spielen. Bei den Burjaten waren Wechselgesänge zwischen zwei wetteifernden Gruppen sehr verbreitet. Zu Jugendtreffen gaben die großen gemeinschaftlichen Jagden und die Wettspiele im Sommer gute Gelegenheit, da bei solchen Anlässen mehrere Sippen zusammenkamen. Es blieb nicht nur beim Singen und Spielen, sondern es konnten sich durchaus auch Liebschaften entwickeln. Allerdings wurden aus diesen Liebschaften keine Ehen, wenn sie nicht in die Heiratsstrategien der beiden betreffenden Sippen paßten. Eine dabei entstandene Schwangerschaft bedeutete aber keinesfalls ein Unglück. Kinder waren immer eine willkommene Bereicherung der Familie, ein Segen, wobei man nicht genau nach dem Spender schaute. Uneheliche Kinder zählten zur Familie ihrer Mutter und blieben dort auch nach deren Heirat, um die Großeltern in ihren alten Tagen zu unterstützen. Das Leben der ledigen Mütter veränderte sich wenig. Sie verrichteten dieselben Aufgaben wie früher, trugen dieselbe Kleidung, allerdings zeigte die Haartracht, daß sie ihre Jungfräulichkeit verloren hatten; sie trugen wie verheiratete

Frauen zwei geflochtene Zöpfe. Ihre Heiratschancen verschlechterten sich dadurch nicht.
Das Zustandekommen von Ehebündnissen unterlag vollständig den zwischensippschaftlichen Beziehungen und diente der Sicherung machtpolitischer Bündnisse. Meist standen zwei bis vier Sippen in einem solchen schwägerlichen Verhältnis. Die männlichen Mitglieder solcher Sippen nannten sich gegenseitig *quada*, »Schwager«, unabhängig davon, ob sie persönlich verschwägert waren oder nicht. Solche Bündnisse schlossen aber nicht aus, daß man Töchter gelegentlich auch anderen Sippen zur Heirat gab. Die Mädchen aus starken und erfolgreichen Sippen waren sehr begehrt. Es gab auch solche Sippen in der Steppe, die sich überhaupt nicht um kriegerische Erfolge bemühten, sondern nur geschickt die Bündnispartner, d. h. Heiratspartner aussuchten und dabei so verfuhren, daß sie stets zu den Siegern, den Aufsteigern in ihrer Steppenregion zählten.
Die Eheschließung selbst hatte mehrere Formen. Manchmal wurden die Kinder zweier Familien bereits als Neugeborene einander versprochen. Das hieß *öndögön süi*, »Eier-Brautschaft«. Als Zeichen des neuen Haushalts tauschten die Eltern der Brautleute irgendeinen kleinen Gegenstand, meist einen Feuerstein, aus. Die Ehe wurde dann vollzogen, wenn die Kinder im heiratsfähigen Alter waren, d. h. ab dem 18. Lebensjahr.
Eine altertümliche Form der Ehe war die, wonach der Bräutigam im Knabenalter in die Familie der Braut kam oder wenigstens zeitweise dort lebte und mit seiner Arbeit die Braut »abdiente«. So war es auch mit Tschinggis Khan und seiner ersten Frau Börte Tschino. Bei dieser Form der Ehe wurde kein Brautpreis gezahlt. Falls ein Kind zur Welt kam, noch bevor das Paar zu den Weidegründen des Bräutigams zog, blieb es, wie im Falle vorehelicher Kinder, bei den Brauteltern zurück.
Bei der dritten Eheform wurde um das heiratsfähige Mädchen geworben. Diese Form war die meistverbreitete. Aus der Sippe des Bräutigams kamen zuerst Botschafter mit kleinen Geschenken zu den Brauteltern, um eine grundsätzliche Einwilligung zu erkunden. Wurde diese gegeben, verhandelte man über die materielle Seite. Die Vertretung der Bräutigamsfamilie bestand aus einer Gruppe mehrerer Männer, in der Regel in ungerader Zahl (drei bis sieben), und einer Frau. Für die Arbeits- bzw. Reproduktionskraft der Frau mußte eine Entschädigung gezahlt wer-

den. Der Preis wurde größtenteils in Vieh festgesetzt und von der Sippe, später von der Großfamilie des Bräutigams aufgebracht. Bei den Oiraten war es Sitte, daß die Bräutigamsfamilie auch für die festliche Kleidung der Braut aufkommen mußte; die Textilien wurden in das *ail* der Braut gebracht, wo die Frauen die Kleidung anfertigten. Das Material für das Zelthaus des jungen Paares wurde von beiden Familien gespendet, und zwar das Gestell oder Teile davon von seiten der Familie des Bräutigams und alles andere, inbegriffen die innere Ausstattung der Jurte, von seiten der Brautfamilie. Wohlhabende Leute gaben der Braut eine Mitgift *(insche)*. Diese bestand hauptsächlich aus Vieh; Khane und andere Anführer gaben auch Diener und Dienerinnen mit.
Der Tag der Übergabe der Braut wurde von den Verhandlern mit Hilfe eines Lamas oder Astrologen bestimmt, denn es mußte ein für die Brautleute glückbringender Tag sein. Danach wurden die Vorbereitungen getroffen: Gäste beider Familien eingeladen, das Essen und die Getränke bereitgestellt. Die Bräuche und Riten, nach denen sich die Überführung der Braut vollzog, zeigen deutlich, wie sehr die Ehe eine Angelegenheit der Sippen und nicht der Brautleute war.
Am festgesetzten Tag kam der Bräutigam in Begleitung zweier Altersgenossen zu Pferd und brachte einen mit Seidenschärpen geschmückten Pfeil. Früher waren die drei mit Bogen und Köcher bewaffnet. Der Pfeil symbolisiert den Bräutigam, seine Männlichkeit, seine Fähigkeiten bei der Jagd und im Beschützen der Seinen. Bei den Burjaten entfaltete sich zwischen den Bräutigamseltern ein Wechselgesang, bei dem der Bräutigam durch einen Pfeil und die Braut durch ein kostbares Seidentuch sinnbildlich dargestellt wurden. Die Eltern der Braut sangen über ihre Sorge, daß sie nun ihr Kind, welches sie mit Liebe und Fürsorge aufgezogen haben, in die Fremde entlassen müssen. Der Bräutigam und seine Begleiter legten ihre Waffen auf das Jurtendach links über der Türe. In die Jurte eingetreten, verbeugten sie sich vor dem Herdfeuer und nahmen anschließend auf der rechten, westlichen Seite Platz. Traditionellerweise wurden sie nun mit einem auf einem großen Teller aufgebauten gekochten Schafsstück und Milchbranntwein bewirtet. Bei manchen mongolischen Stämmen übergab die Brautmutter dem Bräutigam ein selbstgenähtes Kleid mit Gürtel und Gürteltasche. Bei diesem Festmahl befanden sich auch alle Gäste, die mit dem Bräutigam gekommen waren, an der west-

lichen Seite der Jurte, während den Gästen der Braut die östliche Seite zugedacht war.[5] Bezeichnenderweise befand sich die Braut nun schon auf der westlichen Seite, also getrennt von ihrer Familie. Sie stand dort verborgen hinter einem großen Tuch mitten unter ihren Gefährtinnen. Am Ende der Bewirtung wurde die Braut übergeben, genauer, es mußten sich die Begleiter des Bräutigams darum bemühen, die in Tränen aufgelöste Braut aus dem Ring der an sie festgeklammerten, weinenden Mädchen herauszuholen. Endlich konnte die Braut auf das für sie vorbereitete Pferd gesetzt werden. Sie wurde mit einem Tuch verhüllt und ein schon vorher bestimmter Mann aus der Begleitung des Bräutigams setzte sich hinter sie und führte das Pferd. Alle Bräutigamsleute ritten nun mit der Braut zu ihrem *ail.* Unterwegs nahm eine Frau die Zügel des Brautpferdes. Das *ail* des Bräutigams wurde dreimal im Uhrzeigersinn umritten, bevor man die Frau schließlich zu ihrer neuen Jurte brachte, die nördlich von der Jurte der Bräutigamseltern aufgestellt war. Zwei Männer, jeder stellvertretend für eine Sippe, betraten die Jurte und entfachten mit Hilfe ihrer Feuerzeuge (Feuerstein und Stahl) Feuer oder brachten vom Herd der Bräutigamseltern Glut mit und zündeten damit das Herdfeuer an.[6]

Mancherorts wurden schöne Loblieder auf die neu gegründete Behausung, auf den Herd und auf das junge Paar gesungen. Nachdem das Feuer brannte, also das neue Heim zu funktionieren begann, wurde die Braut hineingeführt, und man nahm ihr das Tuch ab. Die junge Frau setzte sich hinter das Feuer und stellte eine Kanne Tee auf. Sie nahm damit erstmals den traditionellen Platz einer »Hausfrau« ein. Zwei Frauen aus der Familie des Bräutigams halfen ihr, die Frauenbekleidung anzulegen. Sie flochten ihr Haar zu zwei Zöpfen und steckten es in zwei Zopfhüllen. Auf den Scheitel kam ein kleines, schönverziertes Käppchen, welches bei den Khalka-Mongolen aus Silberfiligran verfertigt wurde. Der Kopfschmuck der verheirateten Mongolin war sehr aufwendig. Das Kleid war auf Taille geschnitten, öffnete sich vorne in der Mitte und hatte einen breiten faltigen Rock und hohe Schinkelärmel. Darüber trug man noch eine reichverzierte, ärmellose Weste. Einen Gürtel erhielt die Verheiratete jedoch nicht. Dementsprechend nannte man sie nun eine *busgui,* d.h. eine »Gürtellose«. Der Gürtel ist das Zeichen der freien, vollberechtigten Sippenmitglieder – als solche gilt die Verheiratete nicht mehr. Die Stellung der mongolischen Ehefrau hatte zwei Seiten, die der Fremden und die der *gergei,* »Herrin der Jurte«, was auch mit ihrer prunkhaften Kleidung unterstrichen wurde. Hier in ihrem Filzhaus, dessen innere Ausstattung von ihrer Familie stammte, ihr also vertraut war, bewirtete sie das erste Mal die Anwesenden mit Tee. Manche mongolischen Stämme vollzogen bei dieser Gelegenheit Fruchtbarkeitsriten, z. B. wurde der jungen Frau ein kleiner Bub in den Schoß gesetzt oder ein Köcher voll Pfeilen übergeben.

Anschließend wurde die junge Frau den Schwiegereltern und den Alten der Sippe vorgestellt. Eine Verwandte des Gatten, die »Verbeugungsmutter«, geleitete die junge Frau ins Hauptzelt, in dem alle wichtigen Personen der Sippe sich versammelt hatten. Sie mußte mit gesenktem Haupt eintreten und nach Anweisung der Verbeugungsmutter mit Kniefall und bis zur Erde geneigt zuerst die Herdstelle, anschließend die Familiengottheiten *(ongone),* dann den Schwiegervater, die Schwiegermutter und schließlich der Reihe nach die vom Gatten aus gesehen älteren Männer und Frauen ehren. Alle Personen, vor denen sie sich in dieser Zeremonie verneigte, durfte sie nicht bei deren Namen nennen oder ansprechen. Die Namen mußten entweder durch ein gleichbedeutendes Wort ersetzt oder in der phonetischen Lautfolge verzerrt werden. Meistens wurde der Anfangslaut durch ein »j« ersetzt. Vor Respektpersonen durfte sich die junge Ehefrau nicht ungekämmt und ohne Kopfbedeckung (Kopfschmuck und Zopfhülle) oder in unvollständiger Bekleidung zeigen, nicht deren Weg kreuzen, zwischen ihnen und dem Herd durchgehen und nicht mit gestreckten oder gespreizten Beinen vor ihnen sitzen.

Diese Verhaltensregeln gelten bei den Mongolen allgemein gegenüber Respektpersonen.[7] Darüber hinaus geht das Namenstabu und das Verbot, zwischen Respektpersonen und Feuerstelle durchzugehen, was als magische Abwehrmaßnahme zu betrachten ist. Durch sie soll vermieden werden, daß die fremden Sippengeister, die mit der eingeheirateten Frau in Verbindung stehen, schädlichen Einfluß ausüben. Für beide Sippen bedeutete die Übergabe bzw. Übernahme eines Sippenmitglieds zugleich auch etwas Verhängnisvolles. Die Mongolen sind bis heute der Ansicht, daß nicht nur jeder Mensch und jedes Tier, sondern auch Gegenstände ihren eigenen Geist oder eine wesentliche innere Substanz besitzen. Darum halten sie von allem, was sie von ihrem

Haushalt abgeben, verkaufen oder verschenken, etwas zurück – ein Büschel Fell, ein Blatt, einen Faden. Die heiratende Tochter muß ganz vom Haus weggegeben werden, falls sie nicht voreheliche Kinder hinterläßt. Dies könnte unter Umständen gefährlich sein, denn sie könnte ja das Glück der Familie mitnehmen.[8] Im vorigen Jahrhundert soll es bei den Burjaten noch vorgekommen sein, daß man Töchter mit Schamanenwissen nicht verheiratete. Drohten sie, eigenmächtig wegzulaufen, so hat man sie, das Gesicht nach unten gerichtet, lebendig begraben, mit dornigen Ästen bedeckt, Erde auf sie geschüttet und mit einem Speer durchbohrt. Auf diese Weise wollte man sicherstellen, daß ihre Hilfsgeister und Sippengeister in der Sippe blieben.

Für die Sippe des Ehemannes konnte die junge Frau eine Gefahr bedeuten, indem sie fremde Sitten, Gewohnheiten und Gerüche mitbrachte. Deshalb errichtete man zum Schutze der wichtigsten Personen eine unsichtbare und unüberwindbare Barriere des Nichtanschauens, des Nichtberührens und des Nichtbenennens. Im Falle des Levirats, eine nach dem Tode des Gatten bei den Mongolen übliche Form der Wiederverheiratung der Frau, durften nur Männer, die jünger als der verstorbene Gatte waren, die Witwe nehmen, solche also, vor denen sie sich bei der Hochzeitszeremonie nicht verbeugt hatte.

Kehren wir aber zum Verlauf der Hochzeit zurück. Nach dem Zeremoniell des Verbeugens wurde die junge Frau in ihre Jurte zurückbegleitet. In den nächsten Tagen sollte sie sich nicht viel in der Öffentlichkeit zeigen und sich vor Fremden mit einem Tuch bedecken. Nach zwei bis drei Tagen kam die Mutter und überreichte dem jungen Paar und den Eltern des Schwiegersohnes Geschenke. Die Mutter führte die Tochter in das Ehealltagsleben ein und gab gute Ratschläge. In historischen Zeiten fuhr die Brautmutter gleich mit dem Brautzug mit, so auch, als Temüdschin, der spätere Tschinggis Khan, seine erste Frau Börte heiratete (Heissig 1981: 94).

Nach einigen Tagen mußte die Brautmutter heimkehren und die Tochter wurde einem schwierigen Lebensabschnitt überlassen. Die oben beschriebenen Tabus und Sittlichkeitsregeln waren zu befolgen, außerdem mußte die junge Frau ihre Fähigkeiten unter Beweis stellen, vom Kühemelken über die Milchwirtschaft bis zur Fellarbeit. Sie mußte sich erst in ihrer neuen und endgültigen Familie behaupten und einen ehrwürdigen Platz darin sichern.

Aus der Volksdichtung und den zahlreichen Klageliedern der jungvermählten Frauen ist ersichtlich, daß das erste Jahr die schwierigste Phase war. Allmählich erleichterte sich aber ihre Situation. Nacheinander hoben zuerst die jüngeren, dann die älteren Schwägerinnen und Tanten das Namenstabu auf.[9] Die junge Frau war nun in den Kreis der Frauen der Familie aufgenommen. Man darf auch nicht vergessen, daß infolge des Brauchs, nach dem die Mongolen ihre Ehefrauen, wenn möglich, immer aus derselben Sippe holen, sich auch Blutsverwandte unter den Tanten und Schwägerinnen befinden konnten. In diesem Fall war die zugeheiratete Frau nicht allein.
Falls im ersten Jahr eine Schwangerschaft eintrat, stärkte sie die Position der jungen Frau. Die mongolischen Frauen brachten ihre Kinder innerhalb der Jurte, neben der Feuerstelle und von dieser abgewandt, zur Welt. Alle Männer waren ausgeschlossen, nur erfahrene Helferinnen standen bei. Die Gebärende kniete auf einer Filzmatte vor der Hebamme, eine andere Frau stützte sie von hinten. In kalten Jahreszeiten schlüpften die Mongolinnen nur mit einem Bein aus Hosen und Stiefeln.[10] Das Neugeborene wurde mit Tee gewaschen und mit Butter eingerieben, dann wikkelte man es in weiche Felle oder alte Tücher, legte es in eine Wiege oder Kiste und schirmte Mutter und Kind sorgfältig vor allen schlimmen Einflüssen ab. Die Kinder wurden sehr lange gestillt. Bei mehreren, kurz aufeinanderfolgenden Schwangerschaften wurden auch die älteren Kinder mit Muttermilch versorgt. In den ersten zwei, drei Monaten nach der Geburt wurde die junge Mutter bei der Betreuung des Babys stark unterstützt. Am Tage übernahmen die halbwüchsigen Mädchen die Aufsicht, letztlich wurden die Kinder aber vom ganzen *ail* erzogen. In der mongolischen Sprache gibt es kein Wort für die Bezeichnung der Kernfamilie.
Die Position der Frau in der Familie ihres Mannes war stark von der Tatsache geprägt, daß sie als eine Art sippenpolitische Geisel galt, nämlich als Bürge des Bündnisses der Vatersippe mit der ihres Ehemannes. Wie sich nun in Einzelfällen die Situation der Ehefrau gestaltete, hing von mehreren Faktoren ab. Der erste war die Reputation, das Ansehen des väterlichen Klans. Handelte es sich um einen mächtigen Klan oder gestalteten sich die politischen Verhältnisse in der Sippe so, daß das Bündnis mit dem väterlichen Klan, dem die Frau entstammte, wertvoll schien, so

hob das auch ihren Rang in der neuen Umgebung. Auch hatte Verwandtschaft mit hochgeehrten, historischen Sippen einen besonderen Wert. Am höchsten schätzte man die Abstammung von der Bordschigin-Sippe, der Sippe Tschinggis Khans.

Neben diesen sozialen und politischen Umständen waren auch die persönlichen Eigenschaften der Frau für ihre familien- und sippeninterne Position ausschlaggebend. Eine hochgeschätzte Eigenschaft bei Frauen war der Mut. Altani, die Frau eines Gefolgsmannes von Tschinggis Khan, wurde dadurch berühmt, daß sie dem jüngsten Sohn von Tschinggis, Tolui, das Leben rettete, indem sie einen Tatarenkrieger, der wegen Blutrache den kleinen Buben entführt hatte und im Begriff war, ihn zu töten, so lange an den Zöpfen zerrte und ihm dabei in die Hände biß, bis jener schließlich den Knaben losließ (Heissig 1982: 214).

Für die Position der Frauen, besonders für die älteren, war es wichtig, Söhne zu haben. Obwohl dem Zustandekommen einer Ehe, wie wir gesehen haben, mehr familien- oder sippenpolitische Gedanken bzw. wirtschaftliche Notwendigkeit als persönliche Sympathie der Beteiligten zugrunde lag, gab es selten Streit in der Ehe. Allerdings galt Streit auch als schweres Vergehen gegen die Herdgottheit. Mißfiel sich das Ehepaar gegenseitig, konnten sie einander aus dem Wege gehen. Von Scheidungen oder Verstoßungen der Frau ist fast nichts bekannt. In der Geheimen Geschichte der Mongolen wird berichtet, daß Tschinggis wegen eines schlechten Traumes eine seiner Frauen, Ibaka beki, mit reicher Mitgift dem Anführer der Nachtwache weiterschenkte (Heissig 1982: 207). In späteren Zeiten, nach dem 15. Jahrhundert, kam es vereinzelt in fürstlichen Familien vor, daß Frauen, die Ehebruch begangen hatten, an Nase und Ohren verstümmelt und anschließend verstoßen wurden. Jedoch konnte die Sippe der Mißhandelten Rache nehmen (Veit 1986: 385). Die Verstoßung der Frau entsprach nicht dem alten Sippenrecht der Mongolen, die gewöhnlich die eheliche Treue nicht wichtig nahmen, um so mehr aber die Bündnistreue schätzten.

Außerhalb der Sippenaristokratie gab es im allgemeinen nur monogame Ehen, während wir innerhalb der Sippenaristokratie Eheformen mit bis zu vier Gattinnen vorfinden: so hatte Tschinggis Khan vier Frauen in Besuchsehe. Jede von ihnen hatte ihren eigenen Haushalt, ihre eigene Subsistenzbasis. Diese getrennten Haushalte hatten vor allem ökonomische Gründe, denn so konnte mehr

Vieh gehalten und versorgt werden, da Anzahl und Größe von Herden, die von nur einem Zentrum aus betreut werden konnten, begrenzt war. Der Gatte pendelte zwischen seinen verschiedenen Heimen. Archäologische Funde bezeugen, daß diese Form der Ehe eine große Vergangenheit in der Steppe besitzt.
Das Verhältnis der mongolischen Ehepartner war im allgemeinen ausgeglichen und beruhte auf der Anerkennung der wirtschaftlichen Unentbehrlichkeit des anderen. Dies schloß freilich eheliche Liebe, Vertraulichkeit und sexuelle Freuden nicht aus[11], wenngleich diese nie offen gezeigt wurden, weder vor Familienmitgliedern noch vor Fremden. Sogar ein Kuß beim Abschied war unmöglich.
Wer in der Ehe das Entscheidungsrecht hatte, hing in erster Linie von der jeweiligen Persönlichkeit ab. »Pantoffelhelden« waren nach Aussagen der Mongolen nicht so selten. Laut mongolischen Informanten galt als sicheres Zeichen der Unterordnung, wer morgens als erster aufstand, um das Feuer zu schüren und den Tee zu kochen. In wichtigen Fragen wurde die Frau von ihrem Mann um Rat gefragt, nicht zuletzt auch deshalb, weil in der Regel die Frau älter als der Mann war und daher mitunter über größere Erfahrung verfügte. Eine um zwei Jahre ältere Frau wurde für ideal gehalten. Tschinggis Khans erste Frau, Börte, war um soviel älter. Tschinggis, den die Mongolen auch heute noch in Verhaltensfragen als die größte Autorität betrachten, holte in wichtigen politischen Fragen sehr oft Rat von seiner Mutter und von seinen Frauen ein. Daneben äußerten die Frauen in politischen Angelegenheiten auch unaufgefordert ihre Meinung, der Tschinggis gerne folgte. Die Mutter blieb für ihre erwachsenen Söhne eine unumgängliche Autorität. Als Tschinggis Khan auf eine Verleumdung schlechter Ratgeber hin seinen jüngeren Bruder Kasar gefangennahm, eilte die Mutter herbei, befreite selbst den mißhandelten Sohn und rügte den Khan und älteren Sohn aufs strengste (Heissig 1981: 244).
Die verwitwete Mutter konnte bei den Mongolen nicht nur ihre Kinder bevormunden, sondern auch in alle Machtbereiche und Rechte des verstorbenen Mannes eintreten. Hierfür gibt es in der Geschichte der Mongolen zahlreiche Beispiele. Die bekanntesten Fälle sind folgende: Töregene, die Witwe Ögödei Khans – ursprünglich die Frau eines Merkit-Anführers, die von Tschinggis nach dem Sieg über das Merkit-Volk seinem Sohn Ögödei gege-

ben worden war – übernahm in den Jahren 1242 bis 1246 die Regentschaft über das gesamte mongolische Weltreich, d. h. bis zur Ernennung ihres Sohnes Güyük zum Großkhan. Nach dem frühen Tod des Güyük wurde dessen Witwe, Oghul Ghaymisch, für drei Jahre Regentin, hinterließ aber einen sehr schlechten Ruf. Deshalb wurde vom Reichstag *(khurultai)* auch nicht einer ihrer Söhne zum Khan gewählt, sondern die Macht ging auf eine andere Linie über (Weiers 1986: 205; Rossabi 1979: 153-180). Eigentlich wollte auch schon Höelün-Khatun, die Mutter Tschinggis Khans, nach dem Tod ihres Ehemannes Yesügei, der Häuptling der mongolischen Stammeskonföderation war, Regentschaftsansprüche geltend machen. Sie wurde aber von der Witwe des früheren Konföderationsanführers, der aus einer anderen mongolischen Sippe stammte, hart zurückgewiesen (Heissig 1981: 72-73).

Sowohl in der Geschichte der Mongolen als auch in der mongolischen Heldendichtung kommen immer wieder Kriegerinnen vor, die, mitunter als Männer verkleidet, mit oder an Stelle von Vater, Bruder oder Gatte in den Kampf ziehen und Abenteuer siegreich bestehen. Die kämpfende Frau ist tief in den beiden Grundkomponenten der mongolischen Tradition verankert. Bei den Taigajägern etwa nehmen die Mädchen an Jagd- und Kriegszügen ihrer väterlichen Klans teil, und laut den Heldenerzählungen ziehen sie selbständig auf Abenteuer aus. Wie aus chinesischen und russischen Beschreibungen ersichtlich ist, behielten die Mädchen auch im Übergang zum Steppenhirtentum noch eine Zeitlang ihre Waffen (Uray-Köhalmy 1981: 266). In der Tradition der bis zur Skythenzeit zurückverfolgbaren Steppenkultur erschienen immer wieder Frauenbünde, die jede männliche Annäherung mit Waffengewalt zurückwiesen. Erst ihrem Besieger folgten sie als dessen Frau. Von gewissen Steppenherrschern wurde aufgezeichnet, daß sie eine aus Frauen bestehende Leibwache hatten, so etwa der Hunnenfürst Tschi-Tschi (2. Jh. v. Chr.) und ein Khan der Uiguren aus dem 9. Jahrhundert. Diese Traditionen bedeuten aber nicht, daß die mongolischen Mädchen neben Näh- auch Waffenübungen gehabt hätten – das Reiten mußten sie ohnehin erlernen –, sondern daß durchaus ein gewisses Idealbild der kämpfenden Frau bei den Mongolen lebte und wirkte. Einzelne Repräsentantinnen verwirklichten das Idealbild unter besonderen historischen Umständen, so z. B. die Kriegerin Kutulun, die kämpferische Tochter des Kaidu, eines Enkels von Ögödei Khan (Rossabi 1979: 179-180). Die Geheime Geschichte der Mongolen überliefert das Schicksal der Botokuj-Tarkun, der Frau des Dajdukul-Sokor vom Kori-Tümet-Stamm (Heissig 1981: 240). Als Tschinggis seine Heerscharen unter der Führung von Boroul, Dörbej-Doksin, Kortschi und Kuduka gegen dieses Waldvolk schickte, übernahm Botokuj-Tarkun nach dem Tode ihres Mannes den Oberbefehl. Es gelang ihr, Borokul zu töten und Kotschi und Kuduka gefangenzunehmen. Schließlich konnte Dörbej-Doksin sie doch durch List besiegen, und Tschinggis gab sie seinem Heerführer Kuduka zur Frau.

Der Waffenwiderstand leistenden Botokuj geschah also das, was man gewöhnlich mit den Frauen besiegter Stämme zu tun pflegte: sie wurden zu Ehefrauen, im schlechtesten Fall zu Nebenfrauen, der Sieger. Die Inbesitznahme der Frauen der Besiegten scheint bei den Mongolen zur Vervollständigung eines Triumphes beizutragen, auch unter sehr erniedrigenden Umständen. Nach dem schwer errungenen Sieg über den Stamm der Naiman ließ Tschinggis die Mutter des besiegten Khans, Görbesü, zu sich bringen und vergewaltigte sie. Er sprach: »Du hast gesagt, der Geruch der Mongolen sei schlecht, nicht wahr?« (Heissig 1981: 196). Als Tschinggis sich mit einem Heiratsantrag an die Naiman gewandt hatte, hatte Görbesü sich nämlich sehr geringschätzig über die Mongolen geäußert.

Drei der vier Gattinnen des Tschinggis waren Ehefrauen oder Töchter besiegter Feinde. Auch die Ehefrauen seiner Brüder stammten größtenteils aus »Kriegsbeute«. Alle diese erbeuteten Frauen waren aber vollberechtigt, konnten nach dem Tod ihrer Ehemänner zur Regentin aufsteigen und erhielten nach ihrem Tod, gleich der Hauptgemahlin, eine Verehrungsstätte, wie etwa die zwei von Tschinggis erbeuteten Tatarenprinzessinnen, Dschisü und Dschisüken und die Merkit-Prinzessin Kulan.

Für das Schicksal der alten Frauen spielte es eine wesentliche Rolle, ob sie Kinder hatten oder nicht: ausgenommen waren hier die Gattinnen der Khane, deren wirtschaftliche Lage gesichert war. Zur Verpflegung der Eltern war der jüngste Sohn oder der Enkelsohn verpflichtet. Er erbte die Jurte und ihre Ausstattung und alles persönliche Hab und Gut der Eltern. Die älteren Söhne wurden bei ihrer Heirat ausbezahlt und hatten später keinerlei Ansprüche mehr.[12] Kinderlose alte Leute, die wenig wohlhabend waren, fristeten ein auf das Gnadenbrot der Verwandten angewiesenes Dasein. Dazu mußten die alten Frauen im Haushalt noch kräftig mithelfen, sie hüteten die Schafe, bedienten die Handmühlen und sammelten Kuhfladen zum Heizen.

Eine gesonderte Stellung in der Gesellschaft hatte die Schamanin. Weibliche Schamanen gab es häufig bei den Burjaten, den Daguren und den östlichen Mongolenstämmen – wahrscheinlich unter dem Einfluß mandschu-tungusischer Völker –, und sie galten als mächtiger und stärker als die männlichen, die sich vor ihnen fürchteten. Am besten kennen wir den Schamanismus der Burjaten. Zum einen, weil schon im vorigen Jahrhundert burjatische Ethnologen ihn beschrieben haben, zum anderen, weil die Sippenstruktur der Burjaten am längsten bestand. Wir wissen, daß der nordasiatische Schamanismus stark mit der Struktur der Sippe verbunden war. Bei den zentralen Mongolen wurde durch das Verschwinden der Sippen und den Einfluß der lamaistischen Kirche der Schamanismus immer mehr in den Hintergrund gedrängt. Allerdings kann man, vom burjatischen Schamanismus ausgehend, gewisse Schlüsse ziehen. Zwischen männlichen und weiblichen Schamanen bestand kein Unterschied, weder in der Berufung noch in ihrem Werdegang noch im Ritual. Die Hilfsgeister vererbten sich innerhalb einer Sippe, darum war es unerwünscht, daß Schamanen durch Heirat in eine fremde Sippe gelangten, es sei denn, die Geister meldeten sich nach der Heirat, dann aber gehörten sie in der Regel, wenigstens zum Teil, schon zur Sippe des Mannes. Interessant ist, daß die Mongolen die Hebamme mit demselben Wort bezeichnen wie die Schamanin, nämlich *udagan*. Allerdings war das Amt der Hebamme ein temporäres und kein berufsmäßiges.

Das Bild, das wir vom Leben der Mongolin anhand dieser Erhebungen gewinnen können, ist sehr skizzenhaft. Ihre rechtliche Stellung, zumindest in der anfangs weitgehend urgemeinschaftlich organisierten Sippengemeinschaft, war eine nahezu gleichberechtigte. Bei angehender Differenzierung der Gesellschaft, besonders nach der Eingliederung der Mongolei in den Machtbereich der Mandschu-Dynastie, verschlechterte sich die Situation der Frauen in gewisser Weise; aber selbst dann war sie besser als die Position der östlichen und westlichen Nachbarinnen, d. h. der Chinesen und der Frauen der islamisierten Turkvölker, obwohl alle genannten Gruppen patrilinear waren.

In China lebten die Frauen der mittleren und gehobenen Schichten in völliger familiärer Isolation. Infolge ökonomischer und ethisch-religiöser Gründe wurden die Mädchen nicht als vollwertige Nachkommen betrachtet, da sie den für die Familie und die Gemeinschaft so wichtigen Ahnenkult nicht ausführen konnten. Aus diesem Grunde wurden sie auch häufig nach der Geburt ausgesetzt. Dieses Verfahren war für die Mongolen eine barbarische Greueltat und wurde unter den Kaisern der Yüan-Dynastie, also unter der Mongolenherrschaft über China, strengstens untersagt und verfolgt. Die chinesische Bauernkultur unterschied sich grundsätzlich von der Hirtenkultur der Mongolen, und die unterschiedliche Stellung der Frau in diesen Gesellschaften ist daraus ableitbar. Bei den westlichen Nachbarn der Mongolen, den Kasachen, Kirgisen und Usbeken, die ebenfalls Hirtenvölker mit einer in Einzelheiten zwar abweichenden[13], aber im wesentlichen ähnlichen Nomadenkultur waren, verhielten sich die Frauen im Vergleich zu den Mongolinnen auffallend anders. Das Auftreten der Mongolin ist »privat« und »öffentlich« zugleich, sie beteiligt sich in Anwesenheit Fremder am Gespräch, während sich die Kasachin oder die Kirgisin zurückhaltend verhält. Dieses Benehmen ist die äußere Widerspiegelung einer von den Männern beherrschten und kontrollierten Welt und einer Daseinsform der Frau, die sie auf das häusliche Leben eingrenzt.
Die Ursache des Unterschieds ist (mit Einschränkung) keinesfalls in den erwähnten Abweichungen zwischen den Kulturen der östlichen und westlichen Steppennomaden zu suchen, denn auch für den westlichen Teil sind kriegerische Frauenbünde in früheren Jahrhunderten bezeichnend. Bei den schamanistischen Turkvölkern Südsibiriens verfügten die Frauen über eine den Mongolen ähnliche Position. Die abweichende Stellung der Frau führe ich auf den Einfluß der Religion zurück. Der Lamaismus drängte die Frau nicht in den Hintergrund, sondern gab ihr die Möglichkeit, im spirituellen Bereich zur höchsten Erkenntnis zu gelangen; er erleichterte ihr Dasein nicht, zerstörte aber auch nicht die aus der Sippengesellschaft stammende Position. Demgegenüber griff der Islam tief in das Leben der Frau ein, deformierte, wie das bei den stärker islamisierten Turkvölkern ersichtlich ist, gemeinsam mit der Struktur der Sippe auch die traditionelle Stellung der Frau (Bacon 1958: 12, 74-75, 123, 183, 186).
Die islamisierten Hirtenvölker Asiens waren durch Reiseberichte

und andere Beschreibungen weitaus bekannter als die Mongolen, und so prägten sie das Bild, das nicht nur in der gebildeten Öffentlichkeit, sondern auch bei vielen der Fachwissenschaftler von den asiatischen Hirtennomaden allgemein bestand. Untersuchungen über die östlichen und nördlichen nicht-islamisierten Nomaden des asiatischen Steppengürtels verhelfen zu einem genaueren und besseren Bild dieser Menschen und ihrer Kultur.

Anmerkungen

1 Über die mongolischen Völker, Sprachen und ihre Geschichte und Kultur geben folgende Werke Auskunft: Weiers 1986; Heissig 1978, 1981; Taube & Taube 1983.

2 Pentti 1959; Pentti 1971: 127-138; Hamayon & Bassanoff 1973: 7-74.

3 Im Westen besitzen sie mehr Schafe und weniger Rinder, im Osten ist es umgekehrt.

4 Die Mongolen reiten schon die zweijährigen Pferde ein.

5 Bei den Mongolen war die Sitzordnung in der Jurte streng geregelt. In der Mitte des hinteren Teils, der in Richtung Norden zeigt, befand sich der Ehrenplatz für den Hausherrn und für ehrwürdige Fremde. Links davon, also in der östlichen Hälfte der Jurte, war der Platz der Frauen und übrigen Familienmitglieder, die Familienseite. Rechts vom Hausherrn, in der westlichen Hälfte, war der Platz für Männer und gewöhnliche Fremde. Der Eingang befand sich in der Mitte der Südseite.

6 Das Herdfeuer war heilig. Nur ein männlicher Sippenangehöriger durfte es anzünden. Fremden gab man kein Feuer. Jedes noch so kleine Vergehen gegen das Herdfeuer strafte sein Geist aufs strengste. Die zentralen und südlichen Mongolen stellten sich den Schutzgeist des Herdes weiblich vor: *golumta eke* = »Herdmutter«.

7 Der gesellschaftliche Verkehr war bei den Mongolen streng geregelt: die Form der Begrüßung, der Umgang mit Älteren und Jüngeren und mit sozial Höhergestellten.

8 Die heikle Lage der Töchter findet auch in der mongolischen Volksdichtung ihren Niederschlag (Uray-Köhalmy 1985: 111-124).

9 Vermutlich wäre ein längeres Aufrechterhalten der Tabus auch angesichts der gemeinschaftlichen Arbeiten umständlich gewesen.

10 Episoden des alltäglichen Lebens sind in den Bildern des mongolischen Malers Marzan Sarav wahrheitsgetreu und in epischer Breite dargestellt.

11 Die mongolischen Frauen galten bei den benachbarten Kirgisen und

Kasachen als besonders gute sexuelle Partner. Dies könnte auch daher rühren, daß die Mongolen Nötigung oder Gewaltanwendung gegenüber Frauen nur als Ausnahme kennen; Sexualität beruht auf gegenseitiger Einwilligung und ist für die Mongolin somit eine Quelle der Freude.

12 Diese Regelung der Elternversorgung galt auch in den höchsten Schichten. Als Tschinggis Khan seinen Familienmitgliedern Anteile der eroberten Länder und Völker überwies, erhielt der jüngste Bruder seinen Anteil zusammen mit der Mutter Höelün (Heissig 1981: 215).

13 Schon seit dem Erscheinen der frühen Steppenvölker im ersten vorchristlichen Jahrtausend sind zwischen den westlich bzw. östlich vom Changai-Gebirge lebenden Stämmen Unterschiede in Begräbnisritual, Felszeichnungen usw. erkennbar.

Bibliographie

Bacon, Elisabeth (1958): *Obok. A Study of Social Structure in Eurasia*, New York.

Hamayon, Roberte & Bassanoff, Namtscha (1973): »Sur la difficulté d'être une belle-fille«, in: *Etudes Mongoles* 4, 1973.

Heissig, Walter (1978): *Die Mongolen. Ein Volk sucht seine Geschichte*, München.

– (1981): *Die Geheime Geschichte der Mongolen*, Düsseldorf.

Pentti, Aalto (1959): »Über die kalmückische Frauensprache«, in: *Studia Mongolica* 1.

– (1971): »Frauensprachliche Erscheinungen im Mongolischen«, in: *Zentralasiatische Studien* 5.

Rossabi, M. (1979): »Khubilai Khan and the Women in his Family«, in: Bauer, W. (Hg.): *Studia Sino-Mongolica. Festschrift für Herbert Franke*, Wiesbaden.

Taube, Erika & Taube, Manfred (1983): *Schamanen und Rhapsoden. Die geistige Kultur der alten Mongolei*, Leipzig.

Uray-Köhalmy, Käthe (1981): »Daurien. Das Keimen und Absterben eines Nomadenreiches«, in: *Acta Orientalia Hungarica* xxxv.

– (1985): *Die brave Schwester, die böse Schwester und der weiße Hase. Fragen der mongolischen Heldendichtung*, Teil III, Wiesbaden.

Veit, Veronika (1986): »Die mongolischen Völkerschaften vom 15. Jahrhundert bis 1691«, in: Weiers, M. (Hg.): *Die Mongolen*, Darmstadt.

Weiers, Michael (Hg.) (1986): *Die Mongolen*, Darmstadt.

Hildegard Diemberger, Guntram Hazod, Christian Schicklgruber

Mutterwort und Vaterfolge: Frauen und Männer machen Gesellschaft – das Beispiel der Khumbo*

Übersicht

* Die Daten dieser Arbeit beruhen auf einer insgesamt zweijährigen Feldforschung aus den Jahren 1983-1984 und 1985-1986 bei den Khumbo in NO-Nepal. Für die Durchsicht früherer Fassungen dieses Aufsatzes danken wir Herrn Prof. Ernst Steinkellner und Dr. Andre Gingrich. Die Transkription der tibetischen Wörter folgt der »Wiener Umschrift«.

Der »Mythos vom ›Dip‹«[1]

Am Anfang der Zeit
Der Hund sagte nicht Mutter, sagte nicht Schwester
In diesem Zustand ging der Hundesohn zur Hundemutter und machte Liebe mit ihr
Da sagte die Mutter des Menschen, der Hund begeht Dip
Der Menschensohn sah, wie der Hundesohn zu seiner Mutter ging, um sich mit ihr zu vereinigen
Er sagte, der Hund verübe Dip mit seiner Mutter
Daraufhin ging er zu seiner Mutter und verlangte, mit ihr das gleiche zu tun
Da sprach die Mutter: »Ich seh in dir die Liebe der Verunreinigung, du bist aus mir geboren und nun willst du dort eindringen, woher du gekommen bist!«
Und sie sprach den Fluch:
»Bei Geburt brechen für dich Erde, Steine und der Balken des Hauses
Beim Tod brechen für dich Erde, Steine und Balken des Hauses
Bei Geburt bricht die Saschi ama (sa gźi ama), die Erdmutter, dort auf, wo du später, dein Antlitz mit dem Leichentuch verhüllt, zu ihr zurückkehren wirst.«
Ehe sich der Sohn mit seiner Mutter vereinigte, forderte sie ihn auf, sein Gesicht mit einem weißen Tuch zu bedecken
Seit diesem Tag bricht für die Menschen, sobald sie aus dem Schoß ihrer Mutter geboren werden, die Erde dort, wo sie nach dem Tod in sie zurückkehren werden
So ist Geburt und Tod Verunreinigung (Dip)
Geburt- und Tod-Dip sind das gleiche
Geburt-, Tod- und Konflikt-Dip[2] sind das gleiche
Es gibt kein Dip außer den dreien.

Einleitung

Der alte Lhawen (lha bon) aus dem Nachbardorf erzählt uns den Mythos von der Verunreinigung, von Leben und Tod. Ihm gegenüber sitzt eine alte und sehr bestimmende Frau und füllt ein letztes Mal unsere Schnapsgläser. Wir sitzen um die Feuerstelle beim spärlichen Licht der letzten Glut. Wir, das sind die Mutter des Hauses, ein Forscherpaar von weit aus der Welt und eben jener alte Mythenerzähler, ein Lhawen, ein Ritualmeister und zugleich Wächter der patrilinearen Ordnung, der sich mit den böswilligen Dämonen und Geistern auseinandersetzt und die wohlwollenden Schutzgötter dazu bringt, helfend einzugreifen.

Von Zeit zu Zeit fällt ihm die Mutter ins Wort, gibt ihre erklärenden Kommentare oder unterbricht ihn dann, wenn er allzuweit abzuschweifen beginnt. Eine Tochter der Gesellschaft und jemand, der in dieser Gesellschaft das religiöse Fundament gestaltet, teilen sich die Rede. Wieder stehen wir dem Rätsel gegenüber, welche Bedeutung der Mythos, in unser Denken übersetzt, wohl hat, vor allem aber der Frage, aus welchen Quellen die Frauen in dieser Gesellschaft ihre Stärke und ihr Selbstbewußtsein beziehen.

Der Aufsatz versucht, den scheinbaren Widerspruch zwischen einer auch im Bewußtsein stark vertretenen Patriklanstruktur und einem ungewöhnlich selbstbewußten Auftreten der Frau in dieser Gesellschaft zu erklären. Es soll hier konkretisiert werden, in welchem Verhältnis diese Klanstruktur zu anderen gesellschaftsstrukturierenden Elementen steht, und wie sie aufgrund dieses Verhältnisses erst ihre spezifische Form und Wirkung entwickelt.

Die tibetisch sprechenden Khumbo sind Bodenbauer und Viehzüchter, die im nordost-nepalesischen Arun-Tal siedeln. Die 12 Dörfer mit jeweils 10 bis 50 in politischer wie auch ökonomischer Hinsicht weitestgehend autonomen Haushalten weisen eine durch ein enges verwandtschaftliches und nachbarschaftliches Verhältnis geprägte Siedlungsstruktur auf. Fünf Patriklans (Rüjrus) bilden die Grundlage für die Heiratsregelung und bestimmen die postnuptiale Residenzordnung (Patrilokalität). In der politisch an sich ungeteilten Dorfstruktur ragen die Positionen dreier religiöser Spezialisten hervor, die, wie die Leute sagen, jeweils Vertreter verschiedener Tschö's (chos) (Religionen) sind, deren wesentliche rituellen Aktivitäten sich aber oft überschneiden, ergänzen oder überhaupt zusammen ausgeführt werden. Es sind diese: der *Lhawen*, der in seinen Zeremonien primär auf die Klan- und Lokalgottheiten Bezug nimmt; der *Lama*, ein Vertreter der Nyingmapa-Richtung des tibetischen Buddhismus, die sich zu einem wesentlichen Teil mit der »Lhawen-Religion« vermischt hat, und die *Lha ka ma*, die Schamanin, in ihrer Hauptfunktion wohl mehr ein Dorforakel.

Analytisch lassen sich drei gesellschaftsstrukturierende Momente mit unterschiedlicher sozialer und ökonomischer Relevanz unterscheiden: Auf der einen Seite eine Patriklanstruktur mit ausgeprägter Ideologie und einem entsprechenden Kultus; auf der anderen Seite die Bildung residentieller Einheiten und deren Allianzbeziehungen; als drittes die Vertreter des Tschö, die auf diese Strukturen einwirken und sie mitgestalten. (Viertens wäre das Verhältnis zu erwähnen, das die Khumbogesellschaft innerhalb des nepalesischen Nationalstaates einnimmt; der Einfluß von Staat, moderner Geldwirtschaft und Arbeitsmarkt etc. ist hier (noch) marginal und wird in dieser Arbeit nicht gesondert behandelt.) Die sozio-ökonomischen Verhältnisse werden hauptsächlich innerhalb einer haushaltlichen Einheit und auf bilateraler und nachbarschaftlicher Ebene zwischen diesen Einheiten gebildet; das normative Element der Patrilinearität erfährt hier seine Grenzen. In gewisser Weise gibt es nun einen strukturellen Widerspruch zwischen Deszendenz- und bilateraler bzw. residentieller Ebene, wobei hier letztlich die Residenz, der Haushalt, als sozioökonomisches wie auch primäres politisches Zentrum im Vordergrund steht. Diese Tatsache läßt, wie wir sehen werden, u. a. der Frau die Möglichkeit, die Bindung an ihre Abstammungsgruppe aufrechtzuerhalten. Die residentielle Einheit ist auf verschiedenen Ebenen als das gesellschaftliche Zentrum erkennbar; bezeichnend ist, daß sich darin das Verhältnis der Geschlechter in bewußter Komplementarität zueinander zeigt, sowohl in der Subsistenzproduktion als auch in den symbolischen Formulierungen.

Die gesamte sozio-ökonomische Praxis haushaltlicher Rationalität schafft darüber hinaus Freiräume, die individuelle Strategien ermöglichen, deren Ergebnisse oft im Widerspruch zum sozial normierten Ordnungsrahmen stehen oder als Lösungen struktureller Widersprüche und Krisen dienen. Regelrechte Systemschwindel werden dann im nachhinein nur mehr formal einer Norm gerecht, die in diesem Sinne oft als ein bloß äußerer Anhaltspunkt für gesellschaftliche Gestaltung in Erscheinung tritt.

Die sozial und symbolisch gezeichnete Komplementarität der Geschlechter räumt der Frau in ihren sozialen, ökonomischen und auch sexuellen Handlungen große Eigenständigkeit und Mobilität ein, die nun im Haushalt als dem Ort öffentlicher Entschei-

dungen für die Gesellschaft als ganzes (mit)bestimmend zum Tragen kommt. Voraussetzung für eine hohe soziale Stellung ist freilich die primäre Identifikation mit einer patrilinearen Ordnung.
Diese »Patriordnung« und alle gesellschaftlichen Verhältnisse werden nun ihrerseits durch ein, sagen wir, imaginäres Potential geprägt, welches aus dem »Dunklen« kommt, aus der Nichtordnung im weitesten Sinn, die aber freilich selbst in der Ordnung steckt, latent in den Handlungen des einzelnen, nämlich als Folge eines »Dip«-Vergehens, als Folge einer Verunreinigung, enthalten ist. Nicht zuletzt legitimiert diese Tatsache das rituelle Handeln religiöser Spezialisten, welche alles Dip erkennen und »behandeln« können. Alles, was Dip ist, gefährdet die gesellschaftliche Ordnung. In der folgenden Untersuchung des »Mythos vom Dip« werden wir sehen, an welchen Punkten die gesellschaftliche Ordnung notwendig in Beziehung zu diesem mythischen Konzept tritt und daß letzteres zugleich den Rahmen abgibt, innerhalb dessen wesentliche Aspekte des Geschlechterverhältnisses vorgezeichnet scheinen.

1. Die mythische Formel gesellschaftlicher Ordnung

Der Mythos erzählt, wie das Dip, die Verunreinigung, zu den Menschen kam und welche Bedeutung es bei ihnen erfährt. Die oben zitierte Fassung ist auf die inhaltlich wesentlichsten Punkte zusammengerafft. In Wirklichkeit wird der Mythos viel breiter erzählt, wenn auch in sehr reduzierter Sprache, mit mehrmaligen Wiederholungen, Überlagerungen von Analogien, Abschweifungen. Diese Wiederholungen und Überlagerungen haben durchaus Methode. Durch sie wird auf besondere Weise der Inhalt mythischer Botschaft formuliert und transportiert:
In der Erzählung findet man mehrere konstitutive Einheiten, mythische Segmente, die nicht nur in einem linearen Nebeneinander ihr Verhältnis zueinander bilden, quasi adäquat mit dem Erzählfluß, sondern auch in einer Art Paradigmawechsel zueinander stehen. Konstruiert man daraus ein entsprechendes Beziehungsfeld (Abb. 1)[3], so läßt sich der Mythos sowohl horizontal, als zeitliches Ablaufen einzelner Geschehen, als auch vertikal, als übereinandergereihte Geschehenssegmente, lesen. Syntagmati-

sche (diachronische) Ebenen oder »Ketten« (A'-D', A''-D'' usf.) stehen also mit einer Art Synchronie des Geschehens, mit paradigmatischen Reihen, die von oben nach unten zu lesen sind (I-III, bzw. A'-A''' usw.), in Verbindung.
Diese (manipulierte) Anordnung soll der Struktur des Mythos entsprechen, der sozusagen beide Leseebenen gleichzeitig in sich vereint. Er tritt in diesem Sinne gewissermaßen auf der Stelle und bewegt sich doch inhaltlich fort.[4]
Die Methode dieser inhaltlichen Transformation ist die der Analogie. Drei Erzählebenen (das Geschehen mit dem Hund, das Geschehen zwischen einem mythischen Menschensohn-/Menschenmutterpaar, das Geschehen auf menschheitlicher Ebene) stehen zueinander in einer Analogie, deren synchrone, quasi »zeitlose« Struktur jeweils die Überwindung des Chaos, dann einen Zustand des Dip, dem ein Inzest folgt, und schließlich die negative Formulierung des Inzest (Fluch) zum Inhalt hat. Die analogische Abfolge dieser synchronen Struktur verfolgt dabei die theoretische Überwindung scheinbar unüberbrückbarer Widersprüche wie Leben/Tod, die Bewältigung des Inzest, Antisozialität/Sozialität; auf diesem Weg gelingt es dem Mythos schließlich, eine Art Konzept zur Überwindung von Nichtordnung darzubieten, eine soziale Abgrenzung, innerhalb derer gesellschaftliche Ordnung gedacht und praktiziert werden kann. Der Kern des Verfahrens ist ebenso einfach wie klug: durch eine negative Fixierung, Benennung dieser Nichtordnung, werden zugleich die äußersten Grenzen von Ordnung definiert.
Die erste syntagmatische Kette (I) signalisiert die Nichtordnung, den Inzest in einem quasi namenlosen, wildheitlichen Zustand (»der Hund sagte nicht Mutter, sagte nicht Schwester«), einem Zustand, in dem sich keine gesellschaftlich geordneten Verhältnisse in einer Verwandtschaftsterminologie widerspiegeln.
Im Sinne einer ersten Transformation zu diesem Geschehen tritt in der zweiten Kette (II) ein mythisches Menschensohn-/Menschenmutterpaar auf: ein Mensch identifiziert sich quasi mit dem Hund und »ging, um mit seiner Mutter Dip zu begehen«. Diese erkennt darin die gewissermaßen systemverunreinigende Bedrohung (»du bist in den Gedanken von Dip gekommen«) und fordert ihn daher auf, sein Gesicht zu bedecken. Dieser Akt der Bedeckung steht metaphorisch für den Todeszustand. Der Bedeckte befindet sich dadurch außerhalb der Ordnung, er ist na-

Abb. 1

I Hund-Analogie	A'	B'	C'	D'
II mythisches Menschensohn-/-mutterpaar	A''	B''	C''	D''
III menschheitliche Ebene	A'''	B'''	C'''	D'''
	Chaos	Dip-zustand	Inzest	Fluch

menlos und verliert so die Identität als Sohn, wodurch der »Inzest« möglich wird. Entscheidend ist, daß der Inzest offenbar (mythisch) einmal begangen werden muß, um als Gefährdung der Ordnung überhaupt erkannt werden zu können. Oder besser: durch das abstrakte Sichtbarmachen der Inzest-Möglichkeit bietet der Mythos Gelegenheit, die Erkenntnis derselben und die aus der Erkenntnis resultierende Folgerung formulieren zu können. Beides: Erkennen und daraus resultierende Folgerung obliegen der Mutter.

Inzest und Nichtordnung werden nun von ihr folgerichtig mit Geburt und Tod gleichgesetzt (»aus mir bist du gekommen, und zu mir willst du auch wieder zurück«), und wie der Inzest sind sie Dip, denn schließlich fallen hier beide, Geburt und Tod, als Voraussetzung und Endzweck des inzestuösen Geschehens zusammen.

Auf der dritten Ebene (III) wird dieser inzestuöse Kreislauf auf die Gesellschaft im allgemeinen übertragen. Die (mythische) Mutter, in welche der Sohn inzestuös zurückkehrt, wird nun zur Saschi ama (Erdmutter), von der alle Menschen kommen und in die sie nach dem Tode wieder eintreten. (Die Khumbo sagen, die Erde bricht bei der Geburt dort, wo ein Mensch nach seinem Tod in sie zurückkehrt.). Der Inzest wird also aus der individuellen

Ebene verdrängt; die Menschen allgemein begehen den Inzest mit der Erdmutter, ein Inzest, der, da er nach dem Tode passiert (bzw. auch schon zur Zeit der Geburt festgelegt ist), gleichsam aus dem gesellschaftlichen Leben gebannt bleibt. In diesem Sinne sind Geburt und Tod auch Dip, und innerhalb dieser Koordinate befindet sich das Leben, genauer: die gesellschaftliche Ordnung (Abb. 2).

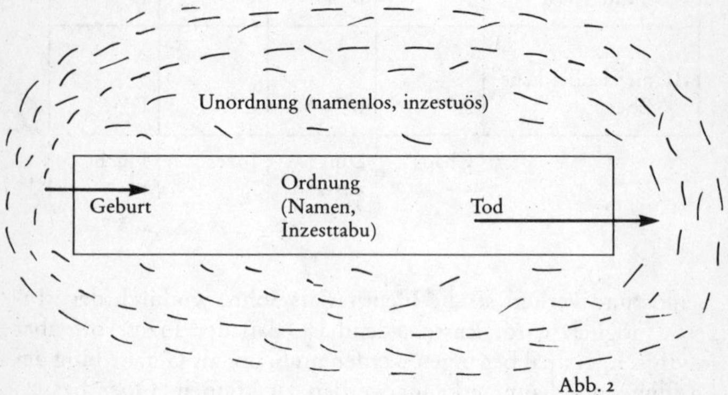

Abb. 2

In der gesellschaftlichen Praxis werden diese Koordinaten notwendig auch stets aktualisiert und reproduziert: so erhält das Neugeborene nach der Geburt im Verlauf einer vom Lhawen oder Lama (bla ma) durchgeführten Zeremonie einen Namen, mit dem das Individuum aus dem Chaos in das gesellschaftliche Leben initiiert wird. Das »Geburtsdip« des einzelnen stellt ja zugleich eine allgemeine Gefährdung von Ordnung und Gesellschaft dar. Durch Dip wenden sich die Schutzgötter ab, und dann steht den ewig andrängenden bösen Mächten der Weg offen, nicht allein dem Individuum, sondern der ganzen Gesellschaft Schaden zuzufügen. Daher rührt das Drängen der Gesellschaft, diesen Zustand möglichst bald wieder aufzuheben. In der Namengebungszeremonie wird diese Gefahr rituell gebannt. Die Gesellschaft, in die das Neugeborene von nun an eingebettet ist, bleibt innerhalb der vom Mythos definierten Ordnung bewahrt.

Auf der anderen Seite wird dem einzelnen nach dem Tod der Name rituell wieder abgenommen; er kehrt hiermit quasi inzestuös zur Erdmutter zurück, wodurch er erneut in Dip, in den namenlosen Zustand gerät. Für die Gesellschaft ist der Ordnungskreislauf geschlossen, der Tote darf von niemandem mehr namentlich genannt werden. Diese beiden gesellschaftlichen Extreme von Dip und ihre Folgen werden wiederholt im Fluch der Mutter ausgedrückt: »Bei Geburt und Tod brechen Erde, Stein und Balken des Hauses«; wie wir später sehen werden, heißt das im übertragenen Sinn: es bricht das rituell »gebannte Leben«, die Ordnung. Eben in dieser negativen Formulierung des Fluches finden wir zugleich die Formulierung von Ordnung; durch die Benennung dessen, was Dip ist, wird sie offenkundig: *Nicht-Dip.*

Schließlich hören wir am Ende des Mythos noch einmal: Geburt- und Tod-Dip sind das gleiche. Geburt-, Tod- und Konflikt-Dip sind das gleiche. Wenn letzteres alle zwischen Geburt und Tod liegenden und die gesellschaftliche Ordnung gefährdenden Momente meint, »so gibt es«, wie es ganz am Schluß des Mythos heißt, (auch) »kein Dip außer den dreien«. Wir können dies als die Aussage des Mythos werten: Im Erkennen und Bewältigen dieser drei liegt der Schlüssel zur Sicherung des gesellschaftlichen Lebens.

Die zentrale Figur im Mythos ist zweifellos die weibliche, die Mutter bzw. Saschi ama. Sie ist die Trägerin jenes dialektischen Prinzips, welche die gesamte Struktur des Mythos bestimmt. Fassen wir zusammen: Chaos – Erkennen des Chaos – Benennen des Chaos mit Dip – Bewältigung des Dip durch Aufzeigen seiner Folgen (Fluch), woran sich letztlich Ordnung orientieren und gestalten läßt. Über Zwischenstufen (Entsprechungen) gelingt also dem Mythos die Transformation von Nichtordnung zu Ordnung. Vereinfacht muß die Formel lauten: *Nichtordnung – Dip – Ordnung.*

Ihre Gestaltung wird also der Mutter zugeschrieben, die im übrigen, wie wir sahen, sich nicht mit Natur oder einer natürlichen Potenz identifizieren läßt, der quasi die Kultur gegenüberstünde, vielmehr sind in deren mythischer Rolle beide, Natur und Kultur, gleichermaßen vereint. Sie ist es, welche den folgenschweren Analogieschluß zwischen Mensch und Hund, den ihr Sohn be-

ging, erkennt. Als Saschi ama verkörpert sie zwar das außergesellschaftliche Moment des Kommens und Zurückkehrens allen Lebens; zugleich bestimmt sie aber (in gewissem Sinn als eine soziale Institution) eben in der Konkretisierung dieser Momente die soziale und kulturelle Ordnung, um die es hier geht.
Es scheint nun die Frage nahezuliegen, inwiefern dieses mythisch erklärte (und in gewisser Weise geforderte) Gesellschaftskonzept unmittelbar mit der Praktizierung bestimmter gesellschaftskonstituierender Elemente in Verbindung steht und welche Bedeutung dieser »ersten« und unmittelbaren Mythos-Realität-Beziehung für den Stellenwert des Geschlechterverhältnisses in dieser Gesellschaft zukommt.

II. Die Positivierung mythischer Ordnung: Patrilinearität und Ritual

Wir sahen, daß nach der Logik des Mythos die Ordnungskoordinaten (Geburt, Tod und Konflikt) als Dip, Verunreinigung, bezeichnet werden. Diese Tatsache verlangt demnach immer wieder nach einer entsprechenden Aufhebung dieser Dip-Zustände, damit die Ordnung tatsächlich positiviert werden kann. Die Lösung der z. B. durch die Geburt verursachten Krise fällt nun in der Realität mit der Aufnahme des Individuums in die patrilineare Klanstruktur zusammen: es gerät dabei in den Schutzbereich der männlich vererbten Klangötter Tsen (btsan) und Pho lha (pho lha), und erst diese (noch vom Lhawen beglaubigte) Einbindung macht es zu einem gesellschaftsfähigen Individuum. Sie bedeutet gewissermaßen das Tor zwischen Chaos und Ordnung, den Eingang zur Gesellschaft. In diesem Zusammenhang erhält das Neugeborene seinen Namen, durch den in diesem Sinne seine Mitgliedschaft in der Ordnung ausgedrückt wird. Insofern wird der einzelne in einen männlich definierten Ordnungsrahmen, in einen, der quasi als eine notwendige »Antwort« dem mythischen »Geburts-Dip« unmittelbar gegenübergestellt ist, hineingeboren.
Grundsätzlich ist die Positivierung oder Praktizierung der ganzen »Dip-Theorie« ohne die männlichen religiösen Spezialisten, Lama und Lhawen, nicht möglich.[5] Sie allein verfügen über das nötige Wissen und über die Methode, alles, was Dip ist, aufzuhe-

ben. Das Sichtbarmachen und Überschreiten der Grenze zwischen Dip und Nicht-Dip verschafft ihnen die Möglichkeit, mit der Unordnung fertig zu werden (im Mythos kommt diese Grenze metaphorisch in der Gesichtsbedeckung mit dem weißen Tuch zum Ausdruck). In seiner Initiation begibt sich der religiöse Spezialist außerhalb der gesellschaftlichen Ordnung; er sucht dort die Konfrontation mit den Mächten und Zuständen, mit denen er künftig fertig werden muß. Der Lama z. B. stirbt, das weiße (Leichen)tuch tragend, einen symbolischen Tod, wenn er die Trennung von Körper und Geist an sich selbst vollzieht und gewinnt dadurch die Macht, dies auch für den real Sterbenden vollziehen zu können. Darüber hinaus sucht er unter Zurücklassen seiner Schutzgottheiten an den am stärksten verunreinigten Orten (z. B. am Verbrennungsplatz) die Konfrontation mit böswilligen Mächten, um diese schließlich bewältigen zu können. In all diesen Konfrontationen bzw. in der stets damit verbundenen Fähigkeit der Grenzüberschreitung von Unordnung zur Ordnung, die sowohl vom religiösen als auch sozialen Standpunkt aus wesentlich ist, liegt ein Potential an Macht (dbang), welches der religiöse Spezialist nach der »Rückkehr« in die Gesellschaft für deren Bedürfnisse einsetzen kann.

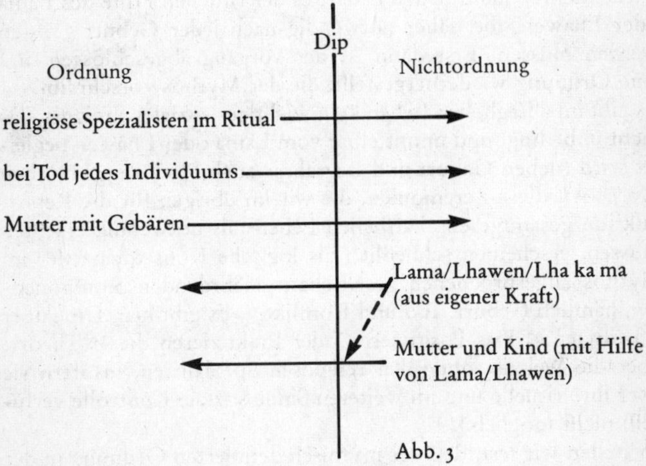

Abb. 3

Während also die religiösen Spezialisten diese Grenze in ihrer immer wiederkehrenden rituellen Praxis überschreiten[6], tun die Frauen den gleichen Schritt mit jeder Geburt. Geburt bedeutet für den Khumbo ein entscheidendes initiatisches Moment, ein Moment, das hier allein und aktiv von der Frau eingeleitet wird, der nun in quasi abgeschwächter Form der Mann und in gewissem Sinne der gesamte Haushalt nachfolgt. Es ist das Prinzip der Fruchtbarkeit und die Folge jener Vorstellung, nach der Geburt als verunreinigend gilt, das die Frau in den Zustand von Unordnung (Dip) geraten läßt. Allerdings folgt, um das hier vorwegzunehmen, dieser Tatsache real kein soziales Tabu, sondern im Gegenteil hebt diese Begegnung sie, ähnlich wie die religiösen Protagonisten, positiv von den übrigen Mitgliedern der Gesellschaft ab. Der Übergang von Frau zur Mutter und Mann zum Vater bedeutet schließlich für beide gleichermaßen eine Wende in ihrer persönlichen und sozialen Identität. Sie erhalten einen neuen Namen und heißen von nun an Mutter des (der) und Vater des (der). Die Teknonymie deutet hier an, daß mit dem Statuswechsel eine bilaterale Komponente innerhalb des erweiterten patrilokalen Haushalts in den Vordergrund rückt.

Nun ist es aber so, daß die Mutter (und natürlich auch das Kind) aus eigener Kraft nicht aus dem dip-behafteten Chaos der Geburt, obwohl es ihr imaginäre und soziale Stärke (dbang) verleiht, zurückkehren kann. Dazu bedarf es der rituellen Hilfe des Lama oder Lhawen, die daher notwendig nach jeder Geburt gerufen werden müssen. Erst dann ist der Vorgang abgeschlossen und jene Ordnung wiederhergestellt, die der Mythos vorschreibt.

Es gibt im alltäglichen Leben kein wichtiges soziales Ereignis, das nicht unbedingt und unmittelbar vom Lama oder Lhawen begleitet wird (neben Geburt und Begräbnis auch Hochzeit, Hausbau u. a.).[7] All diese Zeremonien, die wir im übrigen für die Reproduktion gesamtgesellschaftlichen Lebens als notwendig erachten müssen, erscheinen schließlich als logische Konsequenz der im Mythos angesprochenen gesellschaftsgefährdenden Komponenten, nämlich Geburt, Tod und Konflikt. (»Es gibt kein Dip außer den dreien.«) Das Positivieren oder Praktizieren dieser Theorie über die Welt ist ohne den religiösen Spezialisten, insofern sie über ihre rituelle und im weiteren Sinne soziale Kontrolle verfügen, nicht möglich.[8]

So stellen wir fest, daß der mythisch definierten Ordnung in der

Realität offensichtlich ein männlich ausgerichtetes Konzept folgt. Die Korrespondenz zwischen den Aufgaben der (männlichen) religiösen Spezialisten und der Funktion der »mythischen Mutter« tritt deutlich hervor: ist es im Mythos die Mutter, welche das Dip erkennt (»du bist in Gedanken von Dip gekommen, sagte sie zum Sohn«) und daraus die Konsequenz zieht, so übernehmen in der Wirklichkeit Ritualisten diese Funktionen, wenn sie sich bewußt in diesen Bereich zwischen Ordnung und Chaos begeben, um Dip erkennen und behandeln zu können. Dabei sind aber die Folgen aus jener Erkenntnis von unterschiedlicher Bedeutung: die eine formuliert auf Grund der Erkenntnis die Ordnung, wobei Erkenntnis und Handlung mythisch fixiert bleiben, der andere beglaubigt quasi diese Ordnung in der Realität.
Nun ergibt sich die Frage: »Warum sind diese religiösen Spezialisten Männer?« Schließlich gab die Mutter dem Chaos einen Namen und schuf damit die Grundvoraussetzung zu dessen Handhabung. Als Annäherung an eine Antwort wollen wir kurz auf einen weiteren Mythos verweisen, der aus derselben Weltbildsituation stammt. Er steht in Beziehung zu jener Erkenntnis der Mutter, wonach ein Leben im Zustand des Chaos nicht möglich ist: Die Gesellschaft sandte fünf Männer auf die Suche nach Klans (d. h. Klangottheiten), welche die Heirat regeln sollten. In den fünf Episoden, in denen jeweils ein Klangott gefunden wird, geht es weniger um die Art des Findens als vielmehr um die Benennung des Gefundenen; das Finden des Namens steht eigentlich im Mittelpunkt. Diese fünf Klanfinder waren Männer, der weiblichen Erkenntnis folgte also männliches Handeln. Seither sind es auch Männer (der Ausdruck »Mutterpriester« liegt uns auf der Zunge), die in ihrer Funktion als religiöse Spezialisten nach der Klanideologie die Wörter der Mutter verwalten und in ihrer Eigenschaft als Nachfolger der Klanfinder die »Mutterwörter« in der Klanwelt auslegen.
Wesentliche Aufgaben der Ritualisten sind also notwendig in eine Klanstruktur eingebunden, die nun den realen Ordnungsrahmen dieser Gesellschaft darstellt. Die fünf Patriklans regulieren das Exogamiegebot und die Residenzfolgeordnung; die über die männliche Linie vererbten Klans bilden die Voraussetzung für die Entwicklung gesellschaftsfähiger Individuen. (Der Aufhebung durch das »Geburtsdip« folgt ja mit der Namensgebung für den einzelnen die Mitgliedschaft innerhalb eines männlichen Klans.)

In der Verbindung mit den Ritualisten bildet diese Form der Patrilinearität gleichsam die soziale Form, die Theorie des Mythos zu realisieren, jedenfalls steckt sie die äußeren Grenzen zur Gestaltung gesellschaftlicher Ordnung ab. Allerdings – und das ist für diese patrilineare Gesellschaft bezeichnend – bleibt sie im wesentlichen auf die Definierung dieser äußeren Ordnungsfixpunkte beschränkt und produziert darüber hinaus kein Konzept, das eine Kontrolle über die Frau oder ihre Sexualität vorsieht. So legitimiert die Zugehörigkeit zu einem bestimmten Klan oder zu einer Abstammungslinie in keiner Weise den Zugang zu Produktionsmitteln, zu besonderen gesellschaftlichen Funktionen oder anderen Vorrangstellungen. Die Klans bilden auch keine Ritualgemeinschaft. Die soziale Relevanz von Patrilinearität scheint allein auf kultischer und ritueller Ebene ausgedrückt zu sein und in einer Form, die Deszendenz und damit verbunden genealogisches Wissen in den Hintergrund treten oder bedeutungslos werden läßt. Die Erklärung für diese »Beschränkung« von Linearität vermuten wir im Mythos: Geburt und Tod sind nämlich nicht nur Dip-Zustände, sondern notwendig auch *namenlose* Zustände. Aufgrund ihres Aspekts von Bedingung und Endzweck außergesellschaftlichen Inzests wird alles nichtgesellschaftliche Leben, so z. B. der Verstorbene, der mit der Erdmutter den Inzest begeht, außerhalb des »gesellschaftlichen Gedächtnisses« gesetzt. Die Verstorbenen sind tatsächlich als benennbare und identifizierbare Personen aus dem Leben, aus der Ordnung verbannt. Ihnen werden im Totenritual die Namen abgenommen, und sie dürfen hernach von niemandem mehr namentlich erwähnt werden. Nach zwei bis drei Generationen sind ihre Namen auch wirklich vergessen. Der Aufbau einer Genealogie, einer »reinen Linie« mit einer sozialen und ökonomischen Implikation scheint von daher unmöglich. Sämtliche Vorfahren verschmelzen in einer Art »Ahnentopf«, der sich aus beiden Geschlechtern zusammensetzt. Wird von den Ahnen gesprochen, geschieht dies mit dem Ausdruck »Pha ma«, Vater und Mutter. Diese »Pha ma-Ideologie« entspricht auch der gegenwarts- und zukunftsorientierten Haushaltsidentität, wie sie unter anderem durch den Namenswechsel nach der Geburt des ersten Kindes (Teknonymie, s. o.) zum Ausdruck kommt.

Die relative Bedeutungslosigkeit der konkreten Vorfahren scheint in einem direkten Zusammenhang mit der schwachen Kontrolle der weiblichen Sexualität und dem Fehlen jeder Art von Jungfräulichkeitsgebot zu stehen. So tritt auch die Bestimmung des biologischen Vaters gegenüber der des sozialen, des klannamengebenden Vaters in den Hintergrund, da ja ersterer nichts, was auf die Zugehörigkeit zu einer bestimmten Abstammungslinie beruht, an seine Kinder weitergibt. Die Frau ist also nicht an einen bestimmten Mann gebunden, für die Aufhebung der Verunreinigung genügt die Zugehörigkeit zu einem Klan, die jeder Mann, der sich als Vater bekennt, gewährleisten kann.

Dies alles begünstigt in der Praxis eine gewisse Ungebundenheit der Frau innerhalb der Patriordnung. Der Patriklankult, der in seinen verschiedensten Aspekten sehr wohl das Hinzutreten der Frau in die patrilokale Residenz betont, bleibt weitestgehend auf einen ideologischen Bereich beschränkt, dem, wie wir im folgenden sehen werden, mit der eigentlichen Bildung der Residenz und der Allianzbeziehungen ein stark »bilateraler und affinaler Gedanke« entgegenwirkt, der auch in unmittelbarem Zusammenhang mit dieser Ungebundenheit gesehen werden muß.

III. Der Haushalt – Produktionseinheit und soziales Zentrum der Gesellschaft

1. Die haushaltliche Struktur von Produktion und Verteilung

Die Tatsache der Patrilinearität sagt noch wenig über die Gesamtstruktur einer Gesellschaft bzw. über das Verhältnis der Geschlechter in dieser Gesellschaft aus. Wesentlich sind ihre spezifischen Funktionen, die Form und auch der engere Ort ihrer Praktizierung. Dabei zeigt sich, daß die Patrilinearität stets im Lichte ihrer besonderen Verhältnisse zu anderen sozialen Ordnungskategorien gesehen werden muß, Verhältnisse, welche erst das spezifische Weltbild der Gesellschaft konkretisieren. Die Stellung der Frau findet ihre endgültige Interpretation erst im (oft widersprüchlichen) Zusammenwirken verschiedener gesellschaftsstrukturierender Verhältnisse (Klanstruktur, Haushalt, residentielle Gruppe, bilaterale Allianzbeziehungen usw.), die durch Beziehungen zueinander in Verbindung stehen.

Die Umsetzung des Klan-, Heirats- und Residenzsystems etc.

wie auch die Umsetzung des Großteils der rituellen Vorschriften findet konkret jeweils innerhalb haushaltlicher Strukturen statt. Diese bilden nun ihrerseits den primären Rahmen des sozio-ökonomischen Geschehens in der Gesellschaft. In diesem Zusammenhang steht die Patrilinearität – in Wahrheit müßten wir nach all dem oben Gesagten nun eigentlich von »Patriklanordnung« sprechen – notwendig einer gewissen Selbständigkeit des Haushalts gegenüber, der seine eigenen Strategien verfolgt, innerhalb derer das Geschlechterverhältnis einen besonderen Stellenwert erhält.

Der einzelne Haushalt bzw. seine Mitglieder – gewöhnlich eine Kern- oder erweiterte Familie – bilden jeweils eine ökonomisch autonome Produktionseinheit. Rechte der Aneignung und Verteilung von Produktionsmitteln werden nur von hier aus definiert und vollzogen. Das heißt, die haushaltliche Struktur kontrolliert den Zugang zu allen Mitteln der Sicherung ihrer Subsistenz. Wenngleich diese Produktionseinheiten und mit ihnen Grund und Boden über die väterliche Linie vererbt werden, so hat diese Erbschaftsregelung keinerlei Einfluß auf ihre Verfügungsgewalt. Alle erwachsenen Mitglieder haben unabhängig von ihrem Geschlecht gleichen Zugang zu den Produktionsmitteln, die sie zugleich selber produzieren, verteilen und konsumieren.

Das primäre Bestreben dieser Form von Produktions- und Verteilungsstruktur ist die Befriedigung tradierter Bedürfnisse haushaltlicher Subsistenz.[9] Denn auch die geleistete Mehrarbeit oder das Mehrprodukt – im groben jene Arbeitsleistungen und Konsumgüter, die über die notwendige physische Erhaltung der direkten Produzenten hinausgehen – fließt indirekt wieder zu den einzelnen Haushalten zurück. Seine Umverteilung dient dabei aber nichts Geringerem als einer notwendigen sozialen Verknüpfung der verschiedenen haushaltlichen Gruppen.

In diesem Zusammenhang scheint ganz allgemein die Form seiner Verteilung oder Aneignung auch ein Indiz für die sozialen und politischen Verhältnisse zu sein. Vereinfacht könnte man fragen: Erfolgt seine Aneignung autoritär, d. h. durch eine wie auch immer politisch/rechtlich legitimierte Abschöpfung eines einzelnen oder eines Teils der Gesellschaft, um dann nach den Eigeninteressen neu umverteilt zu werden, oder erfolgt sie gemeinschaftlich, ohne zentrale Akkumulierung und Umverteilung?

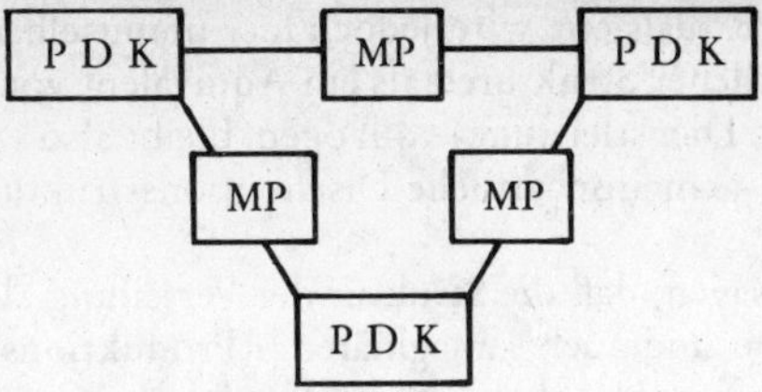

Abb. 4: Die haushaltlichen Strukturen als jeweils eine Einheit von *Pro*duktion, *D*istribution und *K*onsumtion verbinden sich mittels eines reziproken Austausches von einem Teil ihres geleisteten Produkts, des »Mehrprodukts« (MP).

Im Prinzip zeigt das schon die Struktur des Haushalts, wenn er hier, wie wir sagten, eine Einheit von Produktion, Distribution und Konsumtion bildet: Jeder Haushalt leistet in etwa gleich viel Mehrarbeit bzw. Mehrprodukt; nun öffnet sich eine solche Einheit notwendig zum Zwecke der Umverteilung dieses Mehrprodukts – sprich der Umverteilung von Konsumgütern auf der Ebene gegenseitiger Einladungen zu Festen und Zeremonien, des Dienstleistungsaustauschs im Produktionsprozeß, des Austauschs von Gütern und Dienstleistungen zwischen bestimmten haushaltlichen Allianzen u. a. m. –, einer Umverteilung also, die entscheidend zur sozialen Reproduktion dieser Gesellschaft beiträgt.
Das ökonomische Verhältnis innerhalb der und zwischen den autonomen Haushaltseinheiten stützt hier eine Gesellschaftsstruktur, welche zumindest das alleinige Innehaben von ökonomisch/politischer Macht eines einzelnen oder eines Teils der Gesellschaft ausschließt. Allerdings nehmen, wie wir aus dem vorigen Kapitel wissen, die religiösen Spezialisten innerhalb dieser politisch ungeteilten Gesellschaft den höchsten Rang ein, eine Position, welche theoretisch auch die Möglichkeit zu autoritärer »Abhebung« und den Beginn einer Stratifizierung in sich trägt.[10] Denn durch ihr alleiniges Wissen über die, sagen wir, imaginären Bedingungen des Lebens versetzen sie den einzelnen Haushalt in eine besondere außerökonomische Abhängigkeit; schließlich übt der Einsatz dieser Mittel für die Gesellschaft als Ganzes keine geringere reproduktive Kraft aus als der allgemeine Produktionsprozeß und der Verteilungsprozeß. Die Distribution religiösen

Wissens und Rituals etc. wird jedoch hier unmittelbar und innerhalb haushaltlicher Strukturen als ein Äquivalent von Tauschmittel (Nahrung, Dienstleistung) vollzogen, bleibt also eingebettet in die allgemein-gemeinschaftliche Distributionsstruktur dieser Gesellschaft.
Wir können sagen, daß die Struktur der Verteilung aller sozialen, ökonomischen und auch »imaginären« (Produktions-)Mittel mit der Struktur des Haushalts weitgehendst zusammenfällt. Der Haushalt ist auch der Ort, an dem die Dorfpolitik stattfindet. Somit existiert kein Zentrum außerhalb des Hauses. Haushalt und Produktionseinheit bilden zusammen jenen Ort, an dem Gesellschaft gemacht wird.

1.1 Die Verteilung von Arbeit und Produkt

Der Produktionsprozeß eines Haushalts verteilt sich auf zwei Ebenen:
– Anbau von Getreide- und Gemüsesorten einerseits auf unbewässerten Terrassenfeldern und andererseits auf gerodeten Waldflächen; Kultivierungsgeräte sind Grabstock, Hacke und Pflug, der Holzschlag wird mittels Messer und Sichel ausgeführt.
– saisonale Almwirtschaft mit Schaf-, Ziegen- und Zomozucht (Zomos sind eine Kreuzung zwischen Rind und Yak); die Herden werden im Sommer auf bis zu 5000 m hoch gelegene Weideflächen (Drog sa; 'brog sa) geführt, im Winter lagern sie unterhalb der Schneegrenze oder wie im Frühling und Herbst nahe dem Dorf (Drong; 'grong), wo Schur, Schlachten und Befruchtung stattfinden. Einige Kühe und Büffel weiden das ganze Jahr über in der Nähe der Felder. Zusätzlich gibt es noch etwas Hühner- und Schweinezucht.
Die Drog sa (Weideflächen) sind Stammeseigentum, der Urwald und seine Ressourcen sind jedem frei zugänglich, dagegen sind Vieh, Felder, Saatgut, Kultivierungs- und Weiterverarbeitungsmittel etc. individueller haushaltlicher Besitz. Reichtumsunterschiede sind relativ gering.
Der einzelne Haushalt (Drong pa; 'grong pa) im Dorf (Drong) ist der Ort, an dem die Einteilung der Arbeit auf die Produktionsebenen der Drog sa und Drong pa geregelt wird. Von hier aus werden der Austausch und die Verteilung der Güter oder Nah-

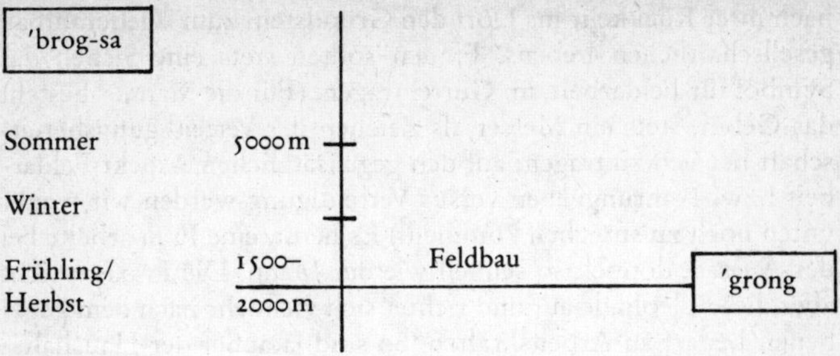

Abb. 5

rungsmittel zwischen diesen Produktionsstätten geleitet. Der Großteil der geleisteten Produkte wird hier weiterverarbeitet, gelagert und verwaltet.

Die ökonomische Struktur dieser in Drog pa und Drog sa aufgeteilten Produktionseinheit verlangt die ständige Anwesenheit zumindest eines Familienmitglieds im Haus. Das ist in allen Fällen die Drong pa ama ('grong pa'i ama), die Haushaltsmutter.[11] Die meisten Arbeitskräfte, unabhängig von ihrem Geschlecht, werden für gewöhnlich auf der Alm benötigt. Im Falle einer erweiterten patrilokalen Familie sind das der Haushaltsvater (Drong pa apa; 'grong pa apa) dessen Sohn und die Schwiegertochter samt ihren Kindern. Zur Zeit der wichtigsten Feldarbeit wechseln diese »Alm- oder Drog sa-Produzenten« zwischen dem Dorf und der Alm hin und her. Die Arbeitsaufteilung zwischen diesen Stätten ist in Wahrheit eine zwischen der permanent im Haushalt anwesenden Haushaltsmutter und den übrigen haushaltlichen Produzenten.

Während die geschlechtliche Arbeitsteilung in der Praxis also eigentlich schwach ausgeprägt ist, findet sich in der Ideologie eine geschlechtsspezifische Zuschreibung, wonach die Frauen mehr mit dem Feldbau, die Männer mit der Viehzucht in Verbindung gebracht werden. Eine autochthone Geschichte erzählt von einer in der Urzeit geschehenen Verwüstung des gesamten Stammesgebiets durch feindliche Eindringlinge, vor denen sich bloß noch ein Mann und eine Frau retten konnten. Die Frau versteckte bei ihrer Flucht Getreidesamen in ihrem langen Haar (langes Haar bedeutet ein unabdingliches Zeichen für Weiblichkeit) und legte damit

nach ihrer Rückkehr ins Dorf den Grundstein zum Wiederaufbau gesellschaftlichen Lebens. Frauen sollten stets eine Sichel, das Symbol für Feldarbeit, im Gürtel tragen. (Für die Männer besteht das Gebot, stets ein Messer als Zeichen der Verteidigungsbereitschaft bei sich zu tragen; auf den gegensätzlichen Aspekt Feldarbeit bzw. Nahrunggeben versus Verteidigung werden wir weiter unten noch zu sprechen kommen.) Es heißt, eine Frau arbeite bei der Aussaat doppelt so schnell wie der Mann. Die Praxis weicht aber diese Ideologie auf und richtet sich vielmehr nach dem gegebenen Bedarf an Arbeitskräften. So sind ja außer der Haushaltsmutter viele Frauen neben der Betreuung der oft weit vom Dorf liegenden Feldern auch auf den Almen viehzüchterisch tätig, und die Männer arbeiten oft auf dem Feld.
Die arbeitsteilige Richtlinie in der Subsistenzproduktion ist einfach die einer Komplementarität zwischen Alm und Dorf. Aufgrund der Notwendigkeit, an einer dieser Produktionsstätten für längere Zeit alleine leben zu müssen, wird von früher Jugend an die Selbständigkeit jedes einzelnen stark betont. Im Zusammenhang mit einer schwach ausgeprägten geschlechtlichen Arbeitsteilung gibt dies der Frau die Fähigkeit, mit jeder Arbeitssituation alleine fertig zu werden. Es begünstigt eine Autonomie, die sie auch befähigt, ohne Mann zu existieren. Diese »ökonomische Mobilität« (vor allem der Drong pa ama) hängt auch mit der Tatsache zusammen, daß eine gesellschaftliche Arbeitsteilung in dieser Gesellschaft kaum ausgebildet ist.[12] Manufaktur und Subsistenzproduktion fallen mit der Struktur des Haushalts zusammen. Es gibt keine reinen Handwerksspezialisten, wenngleich in dem einen oder anderen Haushalt handwerklicher Überschuß für Austausch oder Verkauf produziert wird.
Die Rationalität handwerklicher Produktion richtet sich weitestgehend nach der Zuteilung in der Subsistenzproduktion. Man findet eine geschlechtsspezifische Zuweisung dort, wo besondere Übung nötig ist oder wo das Material und die entsprechenden Werkzeuge nur im Haus oder auf der Drog sa vorhanden sind. So stellt die Drong pa ama Textilien her, während die Männer Holz oder Bambus weiterverarbeiten, Schafe scheren usw.
Die Herstellung von Gütern zum Verkauf auf einem externen Markt ist nur in größeren Familien möglich, die sich die ständige Anwesenheit einer zweiten Arbeitskraft im Haus leisten können. Gewöhnlich wird das der Haushaltsvater sein, jedenfalls haben

meist Männer die Gelegenheit, über die unmittelbaren Bedürfnisse des Haushalts hinausreichend Güter zu erzeugen, die auch auf einem Markt ihren Absatz finden (etwa spezielle Holzverarbeitungen wie Pflugkonstruktionen). Die Quantität der von den Frauen hergestellten Produkte steigt proportional mit der Größe der Familie, und selten sind sie in der Lage, Überschuß z. B. an Wollprodukten zu erzeugen, die sie dann selber verkaufen. Findet der Mann auch einen häufigeren Zugang zum Markt, so hat dies unmittelbar keine Bedeutung für das Geschlechterverhältnis innerhalb der Haushaltseinheit. Die sowieso nur in geringem Ausmaß eingetauschten Güter oder Gelder fließen in die »Haushaltskasse«, von wo sie, wie alle anderen Produkte auch, umverteilt werden.

Diese gesamte Umverteilung setzt das Haus in eine Axialstellung zwischen dem Produktionsprozeß und der Verfügung und Konsumierung seiner Produkte. Die Entscheidungen über diese Verteilung laufen alle über die Drong pa ama. In diesem Zusammenhang bindet die Erfüllung dieser für die gesamte haushaltliche Struktur so wesentlichen sozialen und ökonomischen Rolle eine Frau in dieser Gesellschaft ans Haus. Zugleich hebt sie diese Bindung an die Residenz von allen übrigen weiblichen und männlichen Mitgliedern ab. Man könnte auch sagen, daß allein von dieser Position aus das Verhältnis der anderen Haushaltsmitglieder untereinander und zu ihr bestimmt wird. Die Position der Drong pa ama ist die einzig fixe und unersetzbare. Sie ist demnach mit großer Verantwortung verbunden. Ihre Erfüllung wird als ein wesentlicher Teil der sehr vielschichtigen Komplementaritätsstruktur von Mann und Frau in dieser Gesellschaft gesehen und in diesem Sinne auch von allen entsprechend honoriert.
Der Haushaltsvater sollte also dem Ideal nach komplementär zu den Aufgaben der Haushaltsmutter seine Rolle im Haushalt übernehmen. Dieses Komplementaritätsdenken bildet u. a. das Schema der autochthonen Erklärungen zu den wenigen geschlechtsspezifisch zugeschriebenen Arbeitsbereichen. Eine Frau pflügt in der Regel deshalb nicht, weil sonst die anderen sagen würden, »sie macht die Arbeit des Mannes, er kümmert sich nicht um sie, er vernachlässigt seinen Anteil der Arbeit«. Mit ähnlichen Argumenten wird die Weberei den Frauen zugeschrieben.
Die hauptsächlichen Tätigkeiten des Haushaltsvaters liegen in der

Viehzucht und der Holzverarbeitung; in der Feldarbeit übernimmt er das Pflügen, ansonsten je nach Arbeitskraftbedarf auch alle anderen dabei anfallenden Arbeiten. Dazu werden von ihm alle sogenannten außerhäuslichen Angelegenheiten, also dorf- und stammespolitische Fragen, außerhalb des eigenen Hauses verantwortet. All diese Entscheidungen fallen aber zuerst daheim, d. h. werden von allen Hausmitgliedern getragen, wobei die Stellungnahme der Drong pa ama nie übergangen werden kann. Kommen solche Fragen im eigenen Haus zur Sprache, werden sie von der Drong pa ama auch öffentlich vertreten (s. unten).
Der Haushalt ist also zugleich politische Einheit, der Ort, an dem den Haushaltsbereich übersteigende gesellschaftliche Entscheidungen getroffen werden. Es gibt keine Trennung in öffentlichen und privaten Bereich, einen äußeren und einen inneren; »Außen« und »Innen« fallen innerhalb einer haushaltlichen Struktur zusammen, und in dieser Form definiert die Grenze dieses Orts zugleich die Grenze von Gesellschaft.[13]

1.2 Die Bildung außerhäuslicher Allianz

Im Haus spielen sich auch alle außerhäuslichen sozialen Kontakte ab. Es stellt das primäre Austauschfeld von Güter- und Dienstleistungen dar, also von Mehrprodukt, Mehrarbeit, welche anläßlich von Festlichkeiten, Zeremonien etc. mobilisiert werden. Darüber hinaus bildet das Mehrprodukt die Grundlage zur sozialen und ökonomischen Verknüpfung bestimmter haushaltlicher Gruppen.
Davon sind jene inner- und zwischendörflichen Gemeinschaften hervorzuheben, die auf verwandtschaftlicher Basis verbunden sind – über Minimal-Lineages, z. B. Bruderhaushalte, und über Affinalität – und die sich gegenseitig im Produktionsprozeß unterstützen, vor allem auf der Drog sa, wo sie ihre Herden zusammenlegen, um diese effizienter führen zu können. Bei den verwandtschaftlichen Allianzen, die im ökonomischen Bereich wirksam werden, halten sich die in linearer (höchstens 2 Generationen) und affinaler Richtung die Waage. Zwischen der Brautgeber- und der Brautnehmergruppe gibt es keine Hierarchisierung. Beide sprechen sich gegenseitig mit derselben Bezeichnung – Seme (sras mes) – an. Das Verbindungsglied zwischen diesen beiden Gruppen ist die Na ma (mna ma), die Braut und Schwieger-

tochter, in der wörtlichen Übersetzung die »Eidgebundene«, ein Terminus, welcher, über die Affinalität hinaus, auf jene Verbindung verweist. Heirat und patrilokale Residenzregel erzwingen hier nicht ein Braut-/Brautpreisverhältnis, quasi einen Frauentausch, sondern das Brautgeben dient ebensosehr als Anlaß, zwei Gruppen langfristig auf bilateraler Basis sozio-ökonomisch zu verknüpfen.

Die häufigste Heirat ist die sogenannte Pha tsche (phag-phyed)-Heirat[14], wonach die Tochter dem Bruder der Schwiegertochter zur Frau gegeben wird:

Eine weitere Form ist die, wonach zwei Schwestern zwei Brüder heiraten:

Von 118 untersuchten erstgeschlossenen Ehen folgen 71 einem dieser Heiratsmuster. Die Khumbo erklären diese Heiratsform damit, daß sie durch sie die Anzahl der Allianzbeziehungen einschränken und zusätzliche außerhäusliche Verpflichtungen geringer halten können. D. h. die Na ma ist nicht irgendeine Na ma, sondern immer eine aus einem bestehenden Allianzfeld zweier Gruppen, die über mehrere Stränge miteinander verbunden sind. In diesem Sinne ist sie auch weniger Tauschobjekt als eine Person, in der sich quasi die Eidesverpflichtung zweier Gruppen manifestiert.

Bei all diesen Allianzbildungen und auch sonstigen öffentlichen Treffen ist der Ort wichtig, an dem sie stattfinden. Bei den Khumbo ist es immer der Platz um die Feuerstelle im Hausinneren. Zusammenkünfte außerhalb, und seien sie im Hof, bleiben stets informell. Mit dem Betreten des Hauses, dem Platzanbieten und der Bewirtung tritt ein Modus eines Besucher/Gastgeber-Verhältnisses in Kraft, der die Anwesenden von nun an in eine formale Beziehung zueinander treten läßt.

Der Gastgeber (Dag po; bdag po = Besitzer) leitet die Verhandlungen und führt in erster Linie die Rede. Dag po sind sowohl Haushaltsvater als auch -mutter. Im allgemeinen gibt es weder auf der Gastgeberseite noch auf der der Besucher, der »Öffentlichkeit«, die Platz nimmt, eine räumliche oder andere Separierung der Geschlechter. Man sitzt zusammen und spricht. Dabei ist grundsätzlich keiner der anwesenden Männer und keine Frau vom Diskurs bzw. von seiner Bildung ausgeschlossen. So bringen auch die Frauen in öffentlichen Debatten, wie z. B. über die Besitzaufteilung nach einer Scheidung oder über die Entscheidung über den Bau oder Nichtbau einer Dorf-Wassermühle, ihren Beitrag ein. Eine Drong pa ama sagte dazu: »In der Hälfte der Häuser führt der Drong pa apa das Wort, in der Hälfte der Häuser führt die Drong pa ama das Wort. Immer redet derjenige, der mehr Macht (dbang) hat.«
In dieser Gesellschaft, die kein kodifiziertes Recht aufweist und in der der Gebrauch der Schrift nur sehr marginal in Erscheinung tritt, nimmt das Gewohnheitsrecht die Bahnen des verbalen Diskurses. Das heißt aber auch, daß die Rede, die Form individueller Sprache und die Art und Weise der »Führung« eines Gesprächs hier eine eminent sozialpolitische Bedeutung erhalten. In ihr liegt die Möglichkeit zu gemeinschaftlicher Sinnbildung, zur Bildung bestimmter Formen der Entscheidungsfindung, miteingeschlossen auch die Möglichkeit, je nach der Stärke der Persönlichkeit individuelle Überzeugungen durchzusetzen. Über die Formen des Diskurses[15] und der Konsensbildung werden mitunter soziale Richtlinien und Ordnungen konstruiert und zugeschrieben. Dieser Tatsache sind sich die Khumbo bewußt, wenn sie bei bestimmten Zusammentreffen (innerhalb eines tektonisch ungeteilten Raumes) über Formen der Platzzuweisung den Kommunikationsablauf und damit verbunden auch soziale Machtfelder fixieren. So gilt z. B. für die Brautnehmerseite die Verpflichtung, innerhalb der von den Brauteltern geleiteten Zeremonie der ersten Stufe zur Verlobung den niedrigsten Platz einzunehmen[16]; diese Zuweisung bedeutet, daß sie während dieser Zeremonie bis zur Aufforderung die Ebene der sprachlichen Kommunikation zu meiden haben. Dies drückt sich auch in der Bezeichnung dieses Treffens aus: Ka ma dal chang (kha ma rdal chang) = »Chang (Zusammentreffen) des Mundnichtaufmachens«.

Das ganze System der Platzanordnung, unterschieden nach Funktionen, Rängen, Alter usw., variiert mit den Anlässen, welche die Leute zusammenbringen, z. B. ob es sich um ein Treffen mit oder ohne religiöser Implikation handeln soll (s. Abb. 6/7).
In beiden Formen des Zusammentreffens ist der Platz der Drong pa ama an der Feuerstelle. Sie bereitet die Nahrung und den Chang, das Bier, zu und verteilt beides an die Gäste. Dabei geht es nicht nur um das Konsumieren, sondern im besonderen auch um das Anbieten und Inempfangnehmen an sich, wodurch erst das soziale Treffen in Bewegung gerät. In diesem Zusammenhang verlangt man von der Drong pa ama, daß sie genauestens den Ordnungsrahmen kennt und einhält, innerhalb dessen sich diese Zusammenkommen bewegen (also die richtige Platzanweisung, die Beachtung bestimmter Etikette den Gästen gegenüber, wem sie als erstem das Bier anzubieten hat usw.). Außerdem erwartet man von ihr, daß sie »reden« kann. Gerade hierin liegt auch die Möglichkeit, all ihr Wissen und ihre Persönlichkeit einzubringen und von daher das soziale Beziehungsfeld und seine Kräfteverhältnisse mitzubestimmen. Dies ist um so mehr von Bedeutung, da im allgemeinen die Frauen über größeres »soziales Wissen« verfügen als die Männer; sie kennen ihre eigene Gruppe und deren Umfeld sowie auch die Gruppe ihres Mannes. Nicht zuletzt aufgrund ihrer Residenzgebundenheit weiß die Drong pa ama am besten über die laufenden dörflichen und zwischenhaushaltlichen Geschehnisse Bescheid, weiß immer, wer am besten mit wem zu verheiraten ist, verfügt über das nötige »klanexogame Wissen«, kennt die Reichtumsunterschiede, das Ansehen der Leute usw.
Dieses, für sich genommen bloß informelle, Wissen kann sie also innerhalb jener Struktur von Öffentlichkeit, wie sie der Haushalt bei den Khumbo darstellt, auch formal umsetzen und zur Geltung bringen. In diesem Zusammenhang gelten die Frauen auch als die eigentlichen Stifter von Allianzgruppen, des sozialen Netzes im weiteren Sinn.
Bei einem Treffen mit religiöser Implikation, etwa bei einem Verlobungstreffen (Abb. 7), repräsentieren die religiösen Spezialisten mit ihrem Sitz vor dem Altar den höchsten Rang. Innerhalb der Besucherlinie, die hier weitestgehend identisch ist mit der Gruppe, die den Bräutigam vertritt, nehmen die Männer den ehrenvolleren Platz ein, im hinteren Bereich gegenüber der Feuerstelle. Die Ränge der Positionen nehmen gewissermaßen mit der

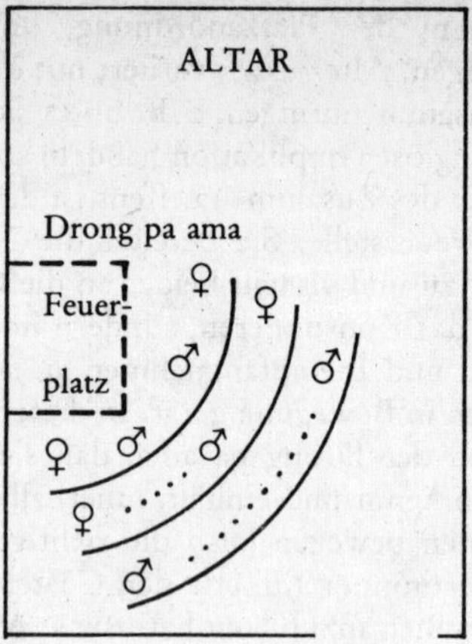

Abb. 6: Profanes Treffen

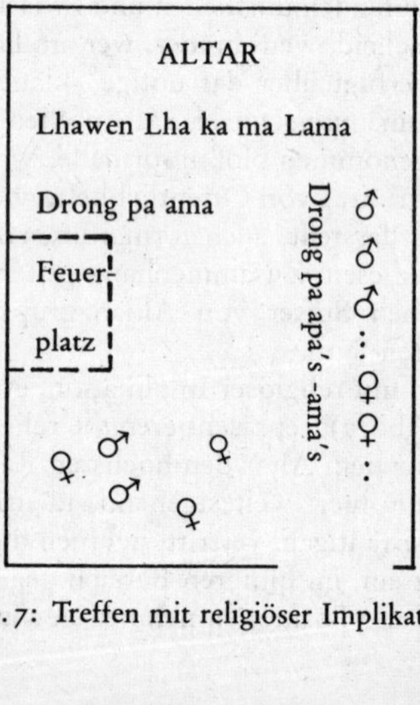

Abb. 7: Treffen mit religiöser Implikation

Entfernung vom Altar in Richtung Türe ab. Diese Rangabnahme entspricht vielleicht auch dem Verlauf vom Dunkleren ins Hellere, wenn wir das Dunkle mit dem religiösen Bereich identifizieren, mit welchem neben den Ritualisten aktiv vor allem die Männer in Verbindung stehen; jedenfalls deckt sich die Platzzuweisung auch mit der Tatsache, daß in der Regel der Mann respektive der Drong pa apa zu öffentlichen Anlässen in die Häuser gehen soll, daß es also eine Tendenz zu formaler Haushaltsvertretung gibt, die offensichtlich in der Öffentlichkeit einen besonderen Platz, nämlich in der Nähe des Altars, erhält.
Signifikant ist noch die Platzanweisung an alle Männer und Frauen, die nicht Haushaltsvater oder Haushaltsmutter sind; sie sitzen im linken unteren Teil des Raumes, sozusagen an der Peripherie des Geschehens.
Man kann sagen, daß es eine unterschiedliche Postierung von Drong pa apa's und -ama's in der Gastgeber- und Besucherlinie gibt. Dabei ist es aber so, daß die Besucherseite als ganze immer in zurückhaltender Position gegenüber den Gastgebern bleibt und daß das Verhältnis der Gruppen zueinander ja stets über eine Feuerstelle, d. h. über den Platz einer Drong pa ama, bestimmt wird.
In all diesen offiziellen Platz- und Kommunikationsanordnungen kommt das »Ranking System« dieser Gesellschaft zum Ausdruck; im wesentlichen dreht es sich um die Positionen an der Feuerstelle und um die vor dem Altar. In den weitreichenden Gastgeberfunktionen einer Drong pa ama, welche vor allem durch das »Anbieten« und »Reden« charakterisiert sind, verbirgt sich auch eine Art »symbolisches Kapital« (Bourdieu 1979: 335-377), d. h. eine Akkumulation besonderen Wissens und sozialer Kraft, dessen Einsatz ähnlich wie der Einsatz der Religion und ihrer Spezialisten eine Notwendigkeit zur Aktivierung und zur Reproduktion gesellschaftlichen Lebens bedeutet. Von dieser Funktion hängt sehr stark das Prestige eines gesamten Haushalts ab, und in einer haushaltszentrierten Gesellschaft wie der der Khumbo verbindet sich mit dem Prestige eines Haushalts zugleich auch eine gesamtsoziale und politische Kraft.

Die Struktur des Haushalts in ihrer ökonomischen Form als Einheit von Produktion und Verteilung und als soziales Zentrum zur Bildung außerhäuslicher Allianz hebt also zwei Positionen her-

vor, Drong pa apa und Drong pa ama, die zugleich und gleichwertig wirkliche »Besitzer« (Dag po) dieser Strukturen sind.
Eine Analyse ihrer Funktionen setzt die Haushaltsmutter als die Haushaltsverwalterin und Verteilerin in den Mittelpunkt der Produktionseinheit. Diesen Mittelpunkt behält sie nun auch mit der Öffnung des Haushalts zu einem Ort gesellschaftlicher Entscheidung. Eine Drong pa ama muß, wie die Khumbo sagen, »mit den Gästen umgehen können, muß reden können«. Diese Zuschreibung meint nicht (bloß) die Forderung nach höflicher Bewirtung, sondern enthält vielmehr eine Erwartung besonderer sozialer Aktivitäten, die in einem umfassenderen Sinn mit ihrer Rolle als Gastgeberin verbunden sind. Dank ihres Wissens und der »Rede«, die sie im öffentlichen Diskurs einbringt, gestaltet und reproduziert sie die sowohl ökonomisch als auch sozial entscheidenden zwischenhaushaltlichen Kontakte.
Jedoch erhält man den Eindruck, daß die gesamten Aufgaben, die mit der Position der Drong pa ama verbunden sind, diese zugleich mehr fixieren, mit mehr Verantwortung betrauen als den Drong pa apa und daß sie dadurch nicht zuletzt auch unter einer größeren gesellschaftlichen Kontrolle steht. Ihre hohe soziale Stellung genießt die Drong pa ama auch erst, wenn sie allen sozialen und symbolischen Etikettierungen gerecht wird. Zweifeln etwa die Eltern an den Fähigkeiten der Schwiegertochter, diese Aufgaben zu erfüllen, so genügt dies als ein gesellschaftlich anerkannter Scheidungsgrund. Hat eine Frau einmal die Position einer Drong pa ama eingenommen, ist es allerdings nahezu unmöglich, sie durch Scheidung aus dieser Stellung zu verdrängen.[17]
Die Fixierung der für die gesamtgesellschaftliche Reproduktion so wesentlichen Rolle einer Na ma (und späteren Drong pa ama) hängt u. a. zweifellos mit der Tatsache zusammen, daß hier, unter der Voraussetzung von Patrilokalität, diese Position und der Positionsinhaber (die Frau, die sie einnehmen soll) ursprünglich gar nicht identisch sind, sondern vielmehr zwei verschiedenen sozialen bzw. haushaltlichen Gruppen entstammen. Werden diese zusammengebracht, wird die Braut dabei gewissermaßen Opfer einer sozialen Transformation, welche sie in eine ihr fremde Gruppe einbindet. Dort muß sie sich nach mehr oder weniger vorgefaßten Bahnen erst behaupten, will sie ihre Persönlichkeit und ihr Selbstverständnis als Frau in dieser Gesellschaft gestalten.
Der Weg von einer Na ma zur Drong pa ama wird dementspre-

chend von – freilich immer in verschieden großem Ausmaß gegebenen – psychischen wie auch sozialen Spannungen begleitet sein.
Im Gegensatz dazu bleibt der Mann stets am selben Ort, d. h. in der Nähe seiner Gruppe. Er tut hier das, was er schon immer getan hat: Vieh hüten usw., zuerst mit seinen Eltern, dann mit seinen Kindern; jedenfalls muß er nie seine Gruppe verlassen, die ihm von Beginn an vertraut ist und Identität verschafft. Die Positionswechsel, die sich im Verlauf seines Lebens ergeben, sind weniger scharf gezeichnet, und in diesem Sinne hat er mitunter geringere Schwierigkeiten, sein Selbstverständnis als Sohn, Vater oder Drong pa apa zu bewahren.

2. Symbolische Produktion des Geschlechterverhältnisses in Architektur und Ritual: Ergänzung und Ausschließung

Der Mythos sagte uns, daß als Folge eines Zustandes von Dip Erde, Steine und der Balken des Hauses brechen. In diesen drei manifestiere sich gesellschaftliche Ordnung schlechthin. Wenn die Ordnung bricht, bricht die Bannung der bösen Mächte und das Rückgrat des Hauses, d. h. des Haushalts als realer Manifestation gesellschaftlicher Ordnung.
Wird ein neues Haus gebaut (was im übrigen der Regel nach den Männern vorbehalten ist), werden vor Arbeitsbeginn an dieser Stelle in einem vom Lhawen durchgeführten Ritual drei Steine übereinandergestellt, die als eine imaginäre Grenze oder Schutzwand vor den andrängenden gefährlichen Mächten dienen sollen. Dieselben Steine arbeitet man anschließend als Bauelemente in die Feuerstelle mit ein. Das »Brechen der Steine« bezieht sich in diesem Sinne sowohl auf diese Schutzgrenze als auch auf die Feuerstelle, den Mittelpunkt des Hauses.
Sämtliche Bauelemente sind symbolisch befrachtet, und zwar analog zur menschlichen Anatomie. Der Dachbalken, Dung ma (gdung ma), bildet das Rückgrat des Hauses und symbolisiert die Stabilität dieses sozialen Ortes. Dung ma hat aber noch die Bedeutung von Rü (rus), Knochen, Knochenlinie, Patrilinearität. Diese Polysemie von Dung ma scheint die grundsätzliche Patriordnung verstärkt auszudrücken.

In der Hochzeitsrede aber gibt es folgende Aussage: »Heute bringen wir die Braut in den Dachbalken«. Die haushaltliche Stabilität wird offensichtlich nicht allein der männlichen Linie zugeordnet; vielmehr wird hier bewußt ein Zusammenwirken von Mann und Frau betont. Die Frau wird Bestandteil des Balkens, der freilich schon von vornherein als eine Bezeichnung von Rü, Patriklan, feststeht. (Ebenso sind die Eckpfosten mit Termini aus der männlichen Linie benannt [Brüder]; »die Töchter tragen den Dachbalken nicht«, heißt es in derselben Hochzeitsrede.)
Die Betonung des Zusammenwirkens der Geschlechter kommt auch in den Zeugungsvorstellungen zum Ausdruck. Die Knochen des Menschen wachsen aus dem Sperma des Mannes, das Fleisch und das Blut aus dem Blut der Frau. Nach dieser Idee trägt die Frau notwendig und aktiv zur Reproduktion der Linie bei (sie umformt sozusagen die Knochen mit Fleisch und Blut). Allerdings ist dieser »Blutvererbungsfaktor« generationsmäßig eingeschränkt, d.h. er tritt bloß als Beitrag der jeweils im Haushalt wirkenden (und gewirkt habenden) Frauen in eine von vornherein gegebene Kontinuität männlicher Linie hinzu. Insofern ist der Anteil der Frau in dieser Lineage-Idee ein relativer, wirkt aber auf der synchronen Ebene als gleichwertig und absolut.
Kommt es im Verlauf des Hausbaues zur Befestigung des Dachbalkens, muß gleichzeitig das Feuer im neuen Herd entzündet werden. Feuerstelle und Dachbalken bilden jetzt jene gemeinsame Achse, ohne die sich das Haus nicht fertigstellen ließe. »Nicht einmal ein König kann (von nun an) den Dachbalken brechen«, heißt es. Das Sprichwort zeigt, daß sich die haushaltliche Ordnung, welche schon in ihrem tektonischen Aufbau den Platz der Frau als ein aktives Zentrum miteinschließt, offenbar in gewisser Eigenständigkeit zur Patriordnung versteht.

Eine besondere geschlechtsspezifische Zuschreibung und Ausschließung kommt in Zeremonien zum Ausdruck, die jährlich in jedem Haus durchgeführt werden. Besonders zeigt sich das in der sogenannten Kurim (sku rim)-Zeremonie. Diese stammt aus dem Nyingmapa (rnying ma pa)-Buddhismus[18] und ist textuell als exorzistische Zeremonie festgelegt (Nebesky-Woykovitz 1956: 322). In ihrer Ausführung überlagern sich die durch die Nyingmapa-Lehre festgelegten religiösen Inhalte mit den lokalen Vorstellungen über geschlechtsspezifische Zuweisung im sozialen und religiösen Bereich.

Die Zeremonie beginnt in Anwesenheit zahlreicher Männer und Frauen im Haus und wird vom Lama und Lhawen geleitet. Auf ihrem Höhepunkt wird ein mit bösen Mächten aufgeladener Sakralgegenstand ins Freie gebracht und dort vernichtet. Ursprünglich als ein Lü (glud)-Sündenbock betrachtet, wird dieser Gegenstand im Volksglauben auch allgemein mit Lu mo (klu mo), mit einer Art vegetativer Potenz, die eine latente Gefahr für die Menschen bedeutet, in Zusammenhang gebracht.[19] Die Männer müssen dabei aus dem Haus gehen, während die Frauen und Mädchen drinnen bleiben. Letztere schauen vom Haus aus neugierig zu, und die Älteren wissen, daß da draußen ein Verbannungskrieg mit den bösen Mächten stattfindet.

Der Ausschluß der Frauen von der unmittelbaren rituellen Handlung steht in direktem Zusammenhang mit ihrer Funktion als Trägerinnen der Fruchtbarkeit. In dieser wirkt eine vegetative Potenz, wie sie sich auch in den Lu's manifestiert und deren gefährlicher Aspekt nun gebannt werden soll. Ginge eine Frau mit ins Freie, könnten sich diese Mächte der Frau anhaften und somit zurück ins Haus gelangen (so erklären es die Leute).

Der Fruchtbarkeit wird eine ambivalente Bedeutung beigemessen; einerseits die eines erwünschten »Reproduktionspotentials«, andererseits die Bedeutung einer gefahrbringenden Kraft, eben einer von Dip, deren Wirkung von der Gesellschaft ferngehalten werden muß. Dieses Fernhalten impliziert keine unmittelbare soziale Konsequenz, d. h. erzwingt keinerlei Einschränkung auf sozialer und ökonomischer Ebene, sondern wird im Bereich von Religion und Ritual belassen, deren Zugang nun der Frau verwehrt bleibt. In diesen Bereich gehört die »Geburts-Dip-Bereinigung«, die notwendig nur der Ritualist durchführen kann, genauso wie eben der Ausschluß von der Kurim. Käme die Frau in der Kurim mit der Wildheit, der ungezähmten vegetativen Kraft des Lu in Berührung, könnte dies ihre »ursprüngliche« bzw. »latente Wildheit« wieder entfachen und das soziale Leben gefährden.

Der Ausschluß der Frauen, sozusagen eines Teils der Gesellschaft, aus dem unmittelbaren Ritual (und aus der Religion im weiteren Sinne) wird als Voraussetzung des Schutzes der Gesamtgesellschaft legitimiert.

Die Kurim-Zeremonie ist aber noch nicht zu Ende; die Männer befinden sich weiterhin vor dem Haus. Nach der Vernichtung des Bösen kehren sie zum Haus zurück, wo sie sich jetzt vor verschlossenen Türen finden. Die Frauen, denen im Gegensatz zu den Männern der Zugang zur eigentlichen Durchführung des Rituals verwehrt bleibt, schließen nun ihrerseits am Ende der Zeremonie die Männer aus. Der Lama rezitiert daraufhin einen religiösen Text, wonach die göttlichen Torwächterinnen um Eintritt in die Machtsphäre des Mandala gebeten werden. Der Sermon wird am Ende jedes Verses durch einen Chor der Männer unterstützt. Gleichzeitig zu diesem buddhistisch geprägten Rezitativ werden die im Haus befindlichen Frauen um Nahrung, Chang (Bier) und Schlafplatz gebeten. Eine Invokation an alle Frauen, im besonderen an die Drong pa ama, der offensichtlich in diesem ganzen Zeremoniell die Repräsentanz des Haushalts zugeschrieben wird.
Nach etwa 20 Minuten wird die Haustür geöffnet, die Männer werden mit Mehl und Chang bewirtet. Mehl steht für Nahrung und Bier neben seinem Genußwert für das soziale Bindemittel schlechthin.
Der gesamte Verlauf des Rituals betont in seinen dramatischsten Akzentuierungen zwei besondere, für die Gesamtgesellschaft bedeutende Komponenten, die mit geschlechtsspezifischer Zuschreibung bzw. Ausschließung verbunden sind: zum einen die den Männern vorbehaltene Verteidigung gegen böse Mächte und auf der anderen Seite die Exklusivität der Nahrungsgebung durch die Frauen. Die Männer schützen (zusammen mit den religiösen Spezialisten) die Gesellschaft vor dem gefährlichen Teil der Fruchtbarkeit[20], ein Aspekt, der über das Beispiel der Kurim hinaus überhaupt den Frauen den Zugang zum sakralen Raum in dieser Gesellschaft verwehrt.[21]
Das Zeremoniell endet aber nicht, ohne auch die andere Seite von Ausschluß bzw. Abhängigkeit zu betonen, wenn die Männer in bewußt dramatisierter Form um Einlaß in den sozialen Raum bitten, um »Lebensmittel« und soziale Verbundenheit (Chang).

Verteidigung und Nahrungsgebung wirken als zwei soziale Kräfte, die notwendig einer gegenseitigen Zustimmung bedürfen, wollen sie sich innerhalb haushaltlicher Einheit erhalten und zusammenwirken. Sie sind auch nicht klar voneinander abgrenzbar, sondern greifen vielmehr ineinander über.

Wir haben an anderer Stelle schon betont, daß die Frau gerade aus der kritischen Situation von Geburt, die sie die Dip-Grenze überschreiten läßt, auch zugleich ein gewisses Machtpotential mitbringt, das im übrigen aus dem gleichen Bereich stammt wie das der religiösen Spezialisten, dessen realer ritueller Kontext ihr jedoch verschlossen bleibt. D. h. dieses Urteil einer negativen Zuordnung von Fruchtbarkeit (bzw. Geburt) als Dip schließt zugleich für die Träger dieser Fruchtbarkeit, für die Frauen, eine positive Affizierung von diesem imaginären Bereich mit ein, wenngleich sie darüber keine aktive Kontrolle haben. Offenbar wird in den Dip-Ritualen bloß die Gefährlichkeit der weiblichen Macht (klu mo) entfernt, nicht aber die Macht selbst. Im übrigen finden wir diesen scheinbaren Widerspruch in der Struktur des Dip, wie sie im Mythos zum Tragen kommt. Dort ermöglicht ja gerade die Projektion von Dip auf etwas Konkretes (z. B. auf den Inzest) auch die Gewalt über das Dip. Wie wir wissen, ist im Mythos beides der Frau bzw. der »Mutter« vorbehalten.
Die (religiöse) Beteiligung des Mannes beim Exorzieren des Gefährlichen können wir in einer sozialen Interpretation als Zuschreibung in eine allgemeine Rolle des Verteidigens ansehen. Diese Zuschreibung greift ihrerseits in die Domäne haushaltlicher Einheit, von der die Männer in einem bestimmten Aspekt, nämlich dem der Nahrungsgebung, ausgeschlossen sind. So findet konkret die komplementäre Stellung des Drong pa apa zur Drong pa ama, der Verteilerin, nicht zuletzt in der politischen Vertretung und in einer Art Verteidigung des Haushalts ihren Ausdruck. Ausschließung und Zuschreibung wirken als ineinandergreifendes Kräfteverhältnis, so daß die Bedeutung eines dieser Aspekte alleine jeweils nur eine relative sein kann.[22]

Zusammenfassend können wir sagen, daß die geschlechtsspezifische Rollenzuteilung und Kompetenzzuordnung innerhalb haushaltlicher Einheit sowohl ökonomisch als auch symbolisch zugleich eine spezifische Form gegenseitiger Ergänzung seiner Teile fordert, von Mann und Frau, Mutter und Vater, die in diesem Sinne notwendig nur eine Welt formen, die sie auch gemeinsam teilen können. Das »Weltbild«, sofern es durch die sozio-ökonomische Praxis als auch durch räumliche Tektonik und Ritual gezeichnet wird, unterstützt nur das Bewußtsein eines nichthierarchischen Miteinanderwirkens der Geschlechter.

IV. Aspekte religiöser Interpretation des Geschlechterverhältnisses in Theorie und Praxis

Betrachten wir aber nun im Zusammenhang mit dem Mann/Frau- bzw. Vater/Mutter-Verhältnis, wie es der haushaltlichen Struktur abzulesen ist, einige Elemente aus der Religion der Khumbo, einem Bereich, von dessen Praktizierung die Frau ausgeschlossen ist. Ihre Aussagen scheinen uns neben der haushaltlichen Produktion eine wesentliche Rolle für das Selbstverständnis der Frau zu spielen. Dabei sei betont, daß wir in den folgenden Ausführungen die soziale Valenz des Religiösen bzw. Ideologischen betonen wollen, wobei sich Ideologie natürlich nicht auf ihre soziale Funktion reduzieren läßt.

Der Buddhismus enthält die verschiedensten Meinungen und Urteile über die Frau. Das Spektrum reicht von der Frau als Verkörperung der fleischlichen Lust, die die Einbindung in den Kreislauf der Wiedergeburten bewirkt, bis hin zur Frau als ein Bodhisattva.

In seiner Geschichte hat der Buddhismus viele nichtbuddhistische Religionselemente aufgenommen. Dieser Synkretismus mit den Volksreligionen hat zu unterschiedlichster Ausformung und Deutung geführt. Je weiter man sich von der doktrinären und philosophisch-klösterlichen Hochreligion in einen stark mit vorbuddhistischen Elementen vermischten Buddhismus entfernt, um so mannigfaltiger werden die Deutungen dieser Religionsformen. Dabei variieren diese Deutungen und Akzentsetzungen sehr stark von konkreter Gesellschaft zu konkreter Gesellschaft; sie entwikkeln sich jeweils unter spezifischen gesellschaftlichen Verhältnissen und den ideologischen Sichtweisen dieser Gesellschaften über sich selbst.

Für unsere Betrachtung ist sowohl interessant, wie vieles aus dem nichtbuddhistischen Bereich – das ist bei den Khumbo die Volksreligion mit ihrem Klan- und Lokalgottheitenkultus – in einer eigenen, gesellschaftsspezifischen Interpretation eine buddhistische Lesart erhalten hat, als auch, wie umgekehrt buddhistische Inhalte der tantrischen Tradition der Nyingmapa-Lehre in einen nichtbuddhistischen Rahmen der Volksreligion aufgenommen wurden. Dabei ist es schwierig und wirkt oft gekünstelt, Buddhistisches von Vorbuddhistischem deutlich zu trennen.

Aus diesem komplexen Bereich wollen wir vorerst die Überlagerung des aus der tantrischen Tradition stammenden Konzepts von Yab/Yum mit volksreligiösen Vorstellungen beleuchten.

Yab/Yum, tibetisch für Vater/Mutter, wird bildlich als geschlechtlich vereintes Paar dargestellt. Die Überwindung der Zweisamkeit, symbolisiert durch die geschlechtliche Vereinigung, ist die Bedingung der Erlösung, für das Sich-Auflösen in eine allumfassende Einheit, die auch die Überwindung der Trennung von Samsara und Nirvana bedeutet. Dieser Weg zur Erleuchtung durch rituelle Kopulation, in welcher symbolisch die Vereinigung von Methode (männlich) und Weisheit (weiblich) stattfindet, wurde früher von initiierten Yogis und Yoginis real vollzogen. In den verschiedensten Richtungen des tibetischen Buddhismus wurden diese Geschlechtsakte dann zu abstrakten Meditationsbildern. Insbesondere in der Nyingmapa-Sekte bleibt die Vereinigung von symbolisch dargestelltem Menstruationsblut und Sperma als wichtiges rituelles Moment bestehen.
Im Tantrismus stellt die Paarung ein mystisches Moment dar, fern jeder Fruchtbarkeitsvorstellung, die direkt auf Nachkommen abzielt. In der volksreligiösen Deutung hingegen steht alles Männliche/Weibliche in einem engen Zusammenhang mit Fruchtbarkeitsvorstellungen, die in ihren profanen Konsequenzen auf Sicherstellung der Nachkommenschaft, Wachstum auf den Feldern und Vermehrung des Viehbestandes zielen. So werden die ursprünglich nichtbuddhistischen Berggötter und Berggöttinnen mit ihren ahnenkultischen und fruchtbarkeitsgewährleistenden Funktionen von den Khumbo in Yab/Yum-Kategorien gedacht, einer Kategorie, die sie über alles stülpen, was immer sich in den nichtbuddhistischen Religionselementen dafür anbietet, das heißt männlich oder weiblich ist. So wird die Ama Puchung, eine Berggöttin, zu der kinderlose Ehepaare pilgern, »buddhistisch als Yum verkleidet« und bekommt einen Yab dazu. Auch Sonne (Mutter) und Mond (Vater) werden in diesen Kategorien gedacht. Sie treffen sich bei Neumond und verbringen eine gemeinsame Liebesnacht.
Das Konzept Yab/Yum schafft einen terminologischen Rahmen, der die Polarität männlich/weiblich und die Sexualität ins Religiöse integriert. Für unsere Betrachtung ist auch bemerkenswert, daß weibliche religiöse Erscheinungen nicht »verjungfraulicht« werden. Sie sind einschließlich ihrer Sexualität Teil jener Einheit,

die aus der Paarung von nichthierarchisierten Gegensätzen besteht.
In der religiösen Interpretation wird der Frau (= Yum-Mutter) eine Bedeutung verliehen, die das reine Fruchtbarkeitsmoment übersteigt und in Verbindung mit der weiblichen Sexualität gesehen wird. Yum ist Teil eines Ganzen, in dem die Teile in ihrer Verschiedenheit als reziprok abhängig voneinander betrachtet werden.
Fernab aller mystischen Implikationen schafft das Konzept Yab/Yum einen Rahmen, um sowohl männlich/weiblich als auch sich ergänzende Verschiedenheit schlechthin zu denken, was im alltäglichen Sprachgebrauch ebenfalls sichtbar ist.
Das Verhältnis der zwei verschiedenen, in gegenseitiger Abhängigkeit sich ergänzenden Instanzen der Lama- und der Lhawenlehre wurde uns wie folgt erklärt: »die sind wie Yab/Yum«. Diese Inhalte werden vom Lama im Ritual ständig neu aktiviert. Als eine unter vielen Yab/Yum-Darstellungen hält er in der rechten Hand einen Donnerkeil, das männliche Symbol, und in der linken Hand eine Glocke, das weibliche Symbol. Mit vorgeschriebenen Handbewegungen stellt er eine Vereinigung dieser beiden Prinzipien dar. Dem Laien, der dies sieht, sind die ursprünglichen Ziele im Tantrismus nicht bekannt, er weiß nicht, daß dies der Weg zur Erleuchtung ist. Dieses Ziel wurde durch gesellschaftsrelevante ersetzt. Er versteht es als ein Symbol für die bipolare, geschlechtliche Einheit. Die innere Bedeutung, im wesentlichen das Prinzip der Aufhebung von Gegensätzen, scheint so auch in die Rezeption der Nichtinitiierten eingedrungen zu sein.
Die Form der geschlechtlichen Vereinigung – in den bildlichen Darstellungen von geschlechtlich vereinigten Götterpaaren sitzt die Frau immer oben – sieht der Laie ausschließlich den Göttern vorbehalten und somit in dieser Welt nicht wirksam. »Diese Stellung ist für die Götter, bei uns ist die Frau immer unten.« Durch die diesseitige Domination von Religion verliert sie stark an Beachtung.
Diese Kopulationsstellung – die Frau oben – ist Ausdruck einer verkehrten Welt, die Göttern und Initiierten vorbehalten ist. Die Kräfte, die in der rituellen Sexualität aktiviert werden, verlangen eine entsprechende Vorbereitung und Einweihung; für den Nichtinitiierten gelten diese Kräfte als höchst gefährlich.
Sowohl in der tantrischen Tradition als auch in der Volksreligion

der Khumbo werden Menstruationsblut und Sperma in den Zeugungsvorstellungen als die Prinzipien des Lebens gesehen. Als unreine Quelle der Wiedergeburt wird Blut im mythischen Kontext zum Ausdruck weiblicher Kraft, Sperma zum Ausdruck männlicher Kraft. In beiden Religionsformen wird mit diesen symbolisch aufgeladenen Substanzen als Ausdruck dieses Lebensprinzips hantiert. Dabei gelten Symbol und Symbolisiertes als identisch. Der Unterschied in den beiden Praktiken liegt in der Zielsetzung. Das eigentlich tantrische Ritual zielt auf die mystische Erkenntnis, während hingegen die volksreligiöse Lesart gesellschaftliche Bedürfnisse in den Mittelpunkt stellt.
In der tantrischen Tradition tragen alle Wesen Buddhaschaft in sich. Die Substanzen, die zur Erkenntnis führen, eben Blut und Sperma, beinhalten diese somit ebenso. Buddhaschaft ist allerdings nur durch die Vereinigung von Weisheit (Yum) und Methode (Yab) zu erlangen. Auf dem Weg zur Erkenntnis der letzten Wahrheit wird also Menstruationsblut mit der weiblichen Partnerin, der Weisheit, identifiziert. Dabei fällt nun der direkte Fruchtbarkeitsbezug des Blutes weg, im Zentrum des Interesses steht der Erleuchtungsgedanke.
Obwohl in den Texten, die in den Riten der Khumbo gelesen werden, diese mystische Bedeutung des Blutes zu finden ist, werden auf der Ebene der rituellen Praxis für die Gesellschaft andere Aspekte hervorgehoben. Der Dorf-Lama, für den der Erleuchtungsgedanke nicht im Vordergrund steht, wirkt in seiner tantrisch-magischen Praxis durch das Hantieren mit dessen Symbolen (Blut und Sperma) auf die Realität ein. Die Manipulation der Prinzipien des Lebens soll zur Macht über das Leben, seine Verlängerung, Stärkung und Beschützung verhelfen.
In den Zeremonien zur Verlängerung des Lebens agiert der Lama gemeinsam mit dem Lhawen, so daß es zu einer erneuten Verschmelzung tantrischer Prinzipien mit der Anrufung fruchtbarkeitsspendender Berggötter, Klangötter und Lu's kommt. Und für den Lhawen ist Blut ursprünglich der Ausdruck des gefährlichen und zu zähmenden Aspekts der Fruchtbarkeit.
Wir haben in dieser sehr verkürzten Ausführung das Blut und seine symbolische Bedeutung als eine zentrale Kategorie in der Ideologie und im Welt- und Naturverständnis der Khumbo gesehen. Ihre Interpretation als Ausdruck gefährlicher Fruchtbarkeit und als das als unrein geltende Prinzip des Lebens (für den Um-

gang mit ihnen sind Initiationen erforderlich) liefert nun auch die Erklärung für die Trennung der Frau von der Handhabung der Religion und damit verbunden vom Patriklankult und schafft in diesem Zusammenhang die Möglichkeit zur Legitimation der patrilokalen und patrilinearen Verhältnisse. Die Wirkungssphäre der gefährlichen Menstruation bleibt auf die Handhabung in der religiösen Praxis beschränkt und hat keine sozialen Folgen im Sinne eines Ausschlusses aus einem bestimmten Bereich der sozialen Welt. Im übrigen sahen wir, daß das, was die Frauen von der Religion trennt, sie zugleich in die hier so besonders gezeichnete Position der »Mutter« hebt.

v. Ein Lebenszyklus – gesellschaftliche Norm und individuelle Strategie

In den vorangegangenen Kapiteln haben wir die Gesellschaft beschrieben, wie sie sich in ihren Funktionen und ihren Vorstellungen über sich selbst dem außenstehenden Beobachter zeigt. War bisher von der Khumbofrau oder dem Khumbomann die Rede, so verstanden sich diese als Abstraktionen und nicht als real existierende Individuen. Dieser »Dehumanisierung der Sozialwissenschaft« (Gorer 1938) wollen wir hier noch eine andere Betrachtungsweise gegenüberstellen, die versucht, Mann und Frau als Menschen zu sehen, die sich ja zunächst nicht als in einem Kollektiv funktionierend, sondern vielmehr als konkret handelnde und fühlende Individuen verstehen.

Im Mittelpunkt der Betrachtung eines konstruierten Lebenszyklus der Frau (konstruiert in dem Sinne, daß sich dieser Lebenslauf aus Elementen der Lebensgeschichten mehrerer Personen zusammensetzt) steht das Verhältnis zwischen individuellen Bedürfnissen und Neigungen und den gesellschaftlich gesetzten Kategorien der Handlungs- und Denkweisen. Aus der ethnographischen Realität wird ersichtlich, wie mit der Befriedigung individueller Bedürfnisse auch strukturelle Widersprüche auftreten, die auf der individuellen Ebene praktische Lösungen finden. (Z. B. patrilokale Residenzfolgeordnung versus Uxorilokalität als eine Folge bestimmter sozio-ökonomischer Strategien des Haushalts und als eine Antwort auf das Bedürfnis der Töchter, bei ihren Eltern zu verbleiben.) Dabei wird die abweichende Praxis

durch das Einhalten ritueller Fixpunkte mit der Norm in Einklang gebracht.
Im Durchschnitt wünscht sich ein Khumboehepaar ein bis zwei Söhne und ebenso viele Töchter. Da die Klangötter und damit auch die Klanzugehörigkeit in männlicher Linie vererbt werden, kann ein Haushalt ohne männliche Erben nicht weiter fortbestehen. Sterben Haushaltsvater und Haushaltsmutter ohne männliche Nachkommenschaft, bedeutet dies das Ende für den Fortbestand des Haushalts. In solchen Fällen wohnt zwar die Tochter mit ihrem Ehemann bei ihren Eltern, der zugeheiratete Mann kann jedoch die Rolle des Haushaltsvaters nicht übernehmen, da er nicht unter den Schutzbereich der mit dem Haus untrennbar verbundenen Klanschutzgötter gestellt werden kann. Bringt er den »Seinen« Verehrung in einem anderen Haus entgegen, geraten sich die Klangötter in die Haare, der Ausgang dieses Zwistes wäre für alle Menschen fatal. Die patrilinear vererbten Klangötter vereiteln so jede Form echter Uxorilokalität. Im Falle einer sohnlosen Familie wird diese Regelung auf einfache Weise umgangen: der de facto uxorilokale Schwiegersohn baut das Haus seines Schwiegervaters nach dessen Tod ab und errichtet mit denselben Bauelementen einige Meter weiter ein »neues, eigenes« Haus, versehen mit allen Hauseinweihungszeremonien. So ist mit einem Tag Arbeit der Norm wieder Genüge getan.
Mit dem Haus sind nach der traditionellen Erbschaftsregelung untrennbar auch die Felder verbunden. Stirbt ein Ehepaar, ohne Söhne in die Welt gesetzt zu haben, könnten die Brüder des Mannes einen Anspruch auf dessen Land geltend machen. Wird vor dem Tod des Haushaltsvaters eine Vererbung an die Töchter schriftlich festgelegt, erlischt der Erbanspruch der Brüder. Bewegliche Güter, dazu zählt auch Vieh, können problemlos an Töchter vererbt werden.
Ist durch die Geburt eines oder zweier Söhne der Fortbestand des Haushalts gesichert, sind bei weiteren Geburten eher Töchter willkommen. Dadurch wird nämlich die Zersplitterung des Bodens durch eine Erbteilung vermieden, werden teure Hochzeitskosten gespart, und außerdem lassen sich auf dem Heiratsweg ebensogut mit Töchtern wie mit Söhnen Allianzen mit anderen Haushalten bilden.
Kurz vor der Niederkunft müssen die Frauen das Haus verlassen, da sonst die im Haus lebenden Gottheiten verunreinigt würden.

Spätestens mit dem Einsetzen der ersten Geburtswehen zieht sich die werdende Mutter gemeinsam mit ihrem Ehemann in den Anbau des Hauses oder auf eine dorfnahe Almhütte zurück. Bei einer Erstgebärenden ist noch eine erfahrene Frau anwesend, ansonsten leisten die Väter Geburtshilfe und durchtrennen die Nabelschnur.

Mit der Geburt wird die Grenze zur Sphäre des Chaos überschritten. Nicht nur Mutter und Kind befinden sich in diesem Dip-Zustand, sondern auch der ganze Haushalt steht außerhalb der gesellschaftlichen Ordnung. Bis zur rituellen Aufhebung dieses Zustandes wird das Haus von allen gemieden. Einzig der Lhawen oder der Lama können es betreten, um in der Namengebungszeremonie die Verunreinigung wieder aufzuheben und so das Kind, seine Mutter und in abgeschwächter Form auch die restlichen Haushaltsmitglieder in den Bereich gesellschaftlicher Ordnung zurückzubringen.

Zwei bis drei Tage nach der Geburt kehrt die Mutter in das Haus zurück. Der exakte Tag der Namengebungszeremonie wird astrologisch festgelegt, meist geschieht sie fünf bis sieben Tage nach der Geburt. Bis dahin darf die Mutter die Speisen der anderen Familienmitglieder nicht berühren. In dieser Zeremonie hebt der Lama oder der Lhawen die Verunreinigung wieder auf, das Kind wird den Klangöttern vorgestellt und man bittet sie, es in ihre Obhut aufzunehmen. Mit der Verleihung eines Namens wird das Neugeborene schließlich zu einer sozialen Person, zu einem Mitglied der Gesellschaft. Bis hierher verläuft die Zeremonie für beide Geschlechter gleich. Im Anschluß daran kann auf Wunsch der Eltern noch eine allgemeine Verdienstzeremonie für das Kind angehängt werden. Diese fällt in den allermeisten Fällen für Buben umfangreicher aus, »da die Klangötter an Mädchen weniger interessiert sind; die gehen ja mit der Heirat weg«. Die geringere Achtung der Frau in Zusammenhang mit religiösen Elementen und virilokaler Residenzordnung wird ihnen bei allen möglichen Gelegenheiten als »natürlich« erklärt, da eben die Klangötter fix an das Vaterhaus gebunden sind. Schon das kleine Mädchen strukturiert in diesem Sinne eine Welt, in der bestimmte Verhältnisse als natürlich und unabänderbar gelten.

Nach der Vorstellung, daß Geburt verunreinigend sei, steht der Gebärvorgang außerhalb der Gesellschaft. Man könnte etwas überspitzt formulieren, daß der »biologischen Geburt« mit ihrem vegetativen, antisozialen Aspekt durch das Namengebungsritual eine Art »männliche Geburt« folgt, die in diesem Zusammenhang den sozialen Aspekt vermittelt, der dann alle Beteiligten – Mutter, Kind und den gesamten Haushalt – wieder in den Ordnungsrahmen einfügt.

Solange ein Kind gestillt wird, im Normalfall zwei bis drei Jahre, ist es eng an die Mutter gebunden. Für die Frauen bedeutet dies keineswegs ein Bleiben im oder beim Haus, vielmehr sind die meisten Schwiegertöchter mit ihren Kleinen auf der Alm.

Die Erziehung der Kinder obliegt nicht allein den Müttern; sind die Kleinen nicht mehr von der Mutterbrust abhängig, übernehmen einen großen Teil der Erziehungsarbeit auch die Väter und Großväter. Der größte Viehbesitzer der Gegend nimmt z. B. immer seine drei Kleinkinder, die zwischen drei und sechs Jahren alt sind, mit auf die Hochalm, damit die Frau uneingeschränkter auf den Feldern arbeiten kann.

Die kleinen Kinder erleben sehr wenig Restriktionen und stehen im Mittelpunkt elterlicher Aufmerksamkeit. Es gibt kein Tabu bezüglich der äußeren Geschlechtsmerkmale, oft spielen die Mütter mit dem Penis ihrer kleinen Söhne oder machen die Kinder verbal auf ihn aufmerksam: »Geh' nicht zu nahe an das Feuer, sonst trocknet dein Penis aus«, oder zu Mädchen: »Da unten kannst du Steinchen verstecken.« Gegenseitige Inspektionen von Buben und Mädchen sind ein willkommener Anlaß zu scherzenden Kommentaren. Im Alter von vier bis fünf Jahren wird mittels Ermahnungen ihr Schamgefühl entwickelt, was dazu führt, daß die Kinder beginnen, ihre Geschlechtsteile zu verdecken.

Ihre Jugend verbringen Buben und Mädchen größtenteils auf der Alm, oft zusammen mit älteren Geschwistern und weit weg vom elterlichen Einfluß. Im Alter von dreizehn bis vierzehn Jahren machen sie dort ihre ersten sexuellen Erfahrungen, wobei die Mädchen ganz frei von ideologischen Restriktionen sind, es gibt ja kein Jungfräulichkeitsgebot. Auf unsere diesbezüglichen Fragen mußten die Informanten auf den Nepali-Terminus ausweichen, da es in der Khumbo-Sprache gar kein Wort für Jungfräulichkeit gibt.

Die Initiative zu den meist sehr kurzfristigen Beziehungen, die oft auch ohne emotionalen Tiefgang sind, geht von beiden Geschlechtern aus. Verabredungen werden in längeren, scherzhaften Wortspielen, durchaus auch in Anwesenheit Erwachsener, getroffen. Der Junge: »Ich will in deinem See baden«, das Mädchen: »Aber nur, wenn ich eine Banane mit zwei Mandarinen bekomme.« Den Mädchen wird also eine eigene aktive Sexualität zugestanden, die auch ein Recht auf Erfüllung hat. Oft sind sie es, die mit diesen einladenden Scherzreden beginnen.

Junge Frauen unterhalten sich sehr offen über die Qualitäten ihrer verschiedenen Liebhaber. Männer, die bei diesen Bewertungen schlecht abschneiden – »Der macht es zu schnell, den mag ich nicht« – werden häufig Ablehnungen auf ihre Anträge hin erfahren. Wenn Frauen einmal definitiv abgelehnt haben, bleibt es auch dabei.

Beim Geschlechtsakt liegt die Frau ruhig unter dem Mann, der »die Arbeit leistet«. »Deshalb sind die Männer so dünn und die Frauen fester gebaut«, so lautet die Erklärung weiblicher und männlicher Informanten. Diese Passivität ist aber nicht gleichbedeutend mit einer geringeren Anteilnahme der Frauen im Sinne von »Genommen-Werden«. Einen Hinweis auf die nichthierarchisierten Rollen beim Geschlechtsverkehr liefert die diesbezüglich von Frauen und Männern gleich verwendete Sprache. Die Termini stammen vor allem aus dem Bereich der Nahrungsaufnahme: »Hunger auf einen Mann, auf eine Frau haben«, »gut schmecken«, »aufessen«, »sein Wasser hergeben«. Letzteres bezeichnet den Orgasmus, dessen Natur nicht geschlechtsspezifisch unterschieden wird. Interessant erscheint uns auch eine von Männern und Frauen geschätzte Stellung beim Geschlechtsverkehr. Die Frau liegt auf dem Rücken und legt ihre Beine über die Schultern des Mannes, der zwischen ihren Schenkeln hockt. Diese Stellung ist zum Beispiel bei den nördlich angrenzenden Tibetern in Dingri verpönt, da das körperliche Überragen eine Superposition der Frau gegenüber dem Mann ausdrücken könnte.

Mit der frühen Verlobung der Kinder ist zugleich die Gefährdung der gesellschaftlichen Ordnung durch uneheliche Kinder eingegrenzt; die Verlobung erfüllt schon die Bedingungen zur Aufhebung der Geburtsverunreinigung. Somit können Kinder, die vor der Heirat der Mutter auf die Welt kommen, unter die Klangötter des Verlobten gebracht werden. War der Verlobte zur Zeit der Zeugung mit der Frau beisammen, ist die Schwangerschaft unproblematisch. War er aber z. B. verreist und kann oder will die Frau den wahren Vater nicht angeben, wird der Mann ihrer älteren Schwester von den Eltern mittels eines Geldbetrags gebeten, die Vaterschaft zu übernehmen. Sexuelle Kontakte zwischen einer Frau und dem Mann ihrer älteren Schwester sind unter Diskretion gesellschaftlich toleriert und auch angeblich häufig. Diese Tatsache findet ihre Widerspiegelung in der Verwandtschaftsterminologie und ist öfters in tibetischen Gesellschaften anzutreffen (Gorer 1938). Sollte diese Form sozialer Vaterschaft nicht möglich sein, werden durch gesellschaftlichen Druck die an der Zeugung Beteiligten zur Verlobung vor der Geburt und später zur Ehe gezwungen. Könnte eine Frau keinen Vater für ihr Kind »vorweisen«, müßte sie die Gegend verlassen, ein Fall, der nach der Erinnerung der Leute noch nie eingetreten ist. Diese Regelung einer sozialen Vaterschaft findet, wie wir wissen, ihre Begründung darin, daß ja ohne die Klangötter des Vaters die Geburtsverunreinigung nicht aufgehoben werden könnte.

Aufgrund dieser verschiedenen Möglichkeiten, den negativen Folgen einer außerehelichen oder vorehelichen Schwangerschaft auszuweichen, erfährt die Frau bewußt auch keine negative Kontrolle ihrer Lust. Sie ist die erste kontrollierende und prägende Instanz ihrer eigenen Sexualität und reproduktiven Fähigkeit und steht somit selbst als Brücke zwischen den Erfordernissen der Gesellschaft und ihren persönlichen sexuellen Bedürfnissen. Diese Tatsache entspricht den Vorstellungen und Kategorien jenes »Weltbildes«, wie es durch verschiedene Aspekte der Ideologie (etwa die Männlich/Weiblich-Vorstellungen in der Religion) und der Struktur von Haushalts- und Produktionseinheit geprägt ist. Dies alles fördert eine Selbständigkeit der Frau, welche notwendig auch als ein Grundzug in die allgemeine Sozialisation eingeht.

Mit dem Wissen über ihre fruchtbaren und unfruchtbaren Tage verfügt die Frau im Grunde auch über eine gewisse Kontrolle ihrer (biologischen) Fruchtbarkeit. Wie relativ diese Kontrolle im Laufe ihrer Ehejahre aber bleibt, zeigen die Klagen vieler Frauen über die hohe Anzahl ihrer Geburten, die sie auch auf die Zudringlichkeit ihrer Ehemänner zurückführen. Für Ehefrauen scheint es offenbar schwieriger als für unverheiratete Mädchen, die Männer zurückzuweisen. Zur Befriedigung der Lust werden informell Überschreitungen der ehelichen Grenzen toleriert, allerdings erfordert die Konfliktvermeidung ein Mindestmaß an Diskretion. Wird sie erfüllt, gönnt man den Verheirateten gerne

ihre außerehelichen Affären. »Ihr Mann ist immer auf der Alm, da kommt öfter der A ... zu ihr auf Besuch.«
Mit ca. sechzehn bis siebzehn Jahren werden die Mädchen geschlechtsreif. Bemerkt eine junge Khumbofrau zum ersten Mal ihr Blut, wird ihr vielleicht zugleich ihre wenig kontrollierbare innere Natur bewußt, denn sie sieht die gefährliche schöpferische Macht, die an ihr haftet und durch das Blut zum Ausdruck kommt. »Gefährlich« ist hier in dem Sinn zu verstehen, daß eben ein »wildes« Wirksamwerden dieser Macht die gesellschaftliche Ordnung gefährden würde. Das Blut ist der Grund, weshalb sie die sakralen Gegenstände nicht berühren darf, da diese sonst unrein würden und dann unter anderem ihre Bannkraft gegenüber Verunreinigung (Dip) verlören. Nach der Logik des »Mythos vom Dip« und aller religiösen Formulierungen, in die er eingebettet ist, stellt Blut als eine magische, gefährliche Substanz die Frau in den Bereich des Schattens und in den Bereich sozialer Bedrohung. Dieser Zusammenhang wird ihr von der Gesellschaft sozusagen bei jeder Menstruation und vor allem bei der Geburt immer wieder bewußt gemacht. Zugleich erlebt sie auch ihre Fähigkeit der Grenzüberschreitung zur Nichtordnung, eine Tatsache, die ihr nach derselben Logik des Mythos Stärke und Selbstbewußtsein verleiht. Sie ist Trägerin dessen, was im Mittelpunkt vieler sozial-religiöser Rituale und Vorstellungen steht – Trägerin von Fruchtbarkeit. Während also im Religiösen die Interpretation des Blutes die Trennung der Frau von der Handhabung der Patrilinearität legitimiert, ist sie im sozial-profanen Bereich fast gänzlich bedeutungslos[23]; die menstruierende Frau erfährt hier keinerlei Restriktionen und Tabus, das Blut wird eher als erwünschtes Zeichen der Fruchtbarkeit gewertet.
Ganz allgemein scheint die soziale Interpretation einer bestimmten Erscheinung oft mit der Vorrangstellung einer spezifischen gesellschaftlichen Struktur zusammenzuhängen, die sich eben durch diese Interpretation legitimiert. Wesentlich ist nun die Rolle dieser Struktur innerhalb der Gesellschaft, ihr Verhältnis zu anderen sozialen Ebenen; erst dann wird verständlich, warum ein und dieselbe Erscheinung – wie in unserem Fall das Blut – eine mehrdeutige und widersprüchliche Interpretation zuläßt. In der »Sprache des Körpers« (Godelier 1987: 303) erfährt die Menstruation eine ambivalente Symbolkraft, die in verschiedenen Interpretationen zum Ausdruck kommt. Das Blut bezeichnet dabei

Bedeutungsfelder, die zueinander in widersprüchlicher Beziehung stehen. Auf der einen Seite kennen wir die religiös-magische Bedeutung nach buddhistischem und nichtbuddhistischem Gedankengut, auf der anderen Seite steht die Bedeutung des Blutes auf der alltäglich-praktischen Ebene, welche im Denken der Leute eine gewisse Autonomie und Loslösung von den speziellen religiösen Inhalten mit sich bringt. Diese Art Distanz gegenüber dem Religiösen dürfte im Zusammenhang mit dem latenten Widerspruch zwischen den Funktionen des Patriklans und seiner Ideologie und der autonomen sozio-ökonomischen Praxis des Haushalts stehen. Jedenfalls bildet sich hier eine Ebene praktischer Erfahrungen, welche partielle Freiräume gegenüber dem Religiösen ermöglichen, die nun auch in einem bestimmten strategischen Umgang mit religiösen Interpretationen ihren Ausdruck finden.

Die Jugendzeit auf den Almen wird in den erzählten Lebensgeschichten blumig ausgeschmückt und nostalgisch als die schönen freien Jahre beschrieben.
Während das Mädchen selten im Dorf ist, werden die Weichen für ihre Zukunft hier mittlerweile schon von den Eltern gestellt, sie wird verlobt. Die Verlobung ist in fünf Phasen unterteilt, wobei eine jede ein eigenständiges Ritual begleitet. Da die Betroffenen zur Zeit der ersten Verlobungsstufe, dem »Fragebier« (alle Verlobungsstufen sind mit bestimmten Biernamen ausgedrückt, Bier ist das Zeichen sozialer Verbundenheit) erst acht bis zehn Jahre alt sind, werden sie noch nicht befragt. In ihrem persönlichen Leben ändert sich jetzt noch nichts, bei diesen frühen Verlobungen stehen Haushaltsinteressen im Vordergrund.
Die Bräutigameltern kommen mit einer Menge Bier und Nahrungsmittel ins Haus der Braut und werben um die Tochter. Stimmen die Brauteltern zu, stehen bereits mit dieser Verlobungsstufe die beiden Haushalte in einem bindenden Allianzverhältnis. Sie bezeichnen sich gegenseitig als Seme (sras mes), ein Terminus für die Schwiegereltern der Kinder, der soviel heißt wie »Ahnen der Nachfahren«. Einen eigenen Ausdruck für Brautgeber und Brautnehmer gibt es nicht. Bis zur Hochzeit sind die Bräutigameltern in der Position des Fragestellers. Sie müssen fünfmal in das Haus der Braut kommen und dort mit einer von den Brauteltern vorgeschriebenen Menge an Bier und Nahrungs-

mitteln ein Verlobungsfest für möglichst viele Gäste veranstalten. Die Bräutigamseite begibt sich also während dieser Phasen an einen Ort, an dem die Brauteltern die Koordinaten der sozialen Beziehung stellen.

In den höheren Verlobungsstufen werden die Betroffenen um ihre Zustimmung gefragt. Will das Mädchen die Verlobung auflösen, müssen ihre Eltern alle bisher angefallenen Verlobungskosten zurückerstatten. Das kann ihren Haushalt in ernsthafte wirtschaftliche Schwierigkeiten stürzen, und die Eltern versuchen daher, sie mit »sanftem Zwang« zu einer Zustimmung zu bewegen. Wie »sanft« dieser Zwang ausfällt, ist sehr variabel, es gibt aber eigentlich kein Repressionsmittel gegen eine Tochter, die ihren Bräutigam ablehnt. Kommt es zu einem Bruch, versuchen die Eltern mit einer noch unverlobten jüngeren Tochter das Bündnis doch noch aufrechtzuerhalten. Die Bräutigameltern werden in der Regel diesem Austausch des »Mittels zur Allianz« zustimmen.

Zumeist wird ein Verlobungsbruch durch einen stilisierten Brautraub eingeleitet. Das Mädchen läßt sich von ihrem Geliebten rauben, bleibt drei Tage lang bei ihm und kehrt dann in ihr Elternhaus zurück. Somit sind ihre Eltern vor vollendete Tatsachen gestellt, ihnen bleibt nur mehr die Zustimmung. Sie wird ihnen erleichtert, da die »Brauträuber« die Rückerstattungskosten übernehmen müssen. Mit dem Raub als sanktioniertem Mittel zur Auflösung einer Verlobung bleiben die Brauteltern, die eigentlichen Vertragspartner, aus dem Spiel.

Geht der Anstoß zum Raub vom Mann aus, muß er zuvor die Zustimmung des Mädchens einholen, gefällt er ihr, verlangt sie von ihm Geschenke, bevor sie dann einwilligt. In einer Mehrzahl der Erzählungen über Raubfälle stand romantische Liebe im Mittelpunkt. Einer erneuten Verlobung steht für das Mädchen und den jungen Mann nichts im Wege. Hat letzterer seine Verlobung gebrochen, muß er sich im Hause der Verlassenen vor ihr und ihren Angehörigen entschuldigen.

Da in den Fällen einer erneuten Verlobung beide dem Heiratsalter schon sehr nahe sind, müssen sämtliche Verlobungsstufen in kürzester Zeit durchlaufen werden, wobei die Brauteltern dann nicht mehr soviel verlangen können. Im Falle eines Raubes geschieht die Partnerwahl ja auch nach dem Willen des Mädchens, und die Eltern sind daher nicht in einer Position, die eine hohe Forderung an die Bräutigamseite berechtigte.

Die Hochzeit beginnt im Haus des Bräutigams, wo zuerst alle Götter eingeladen werden, am Ritual teilzunehmen. Am späten Nachmittag zieht die Bräutigamseite gemeinsam mit allen Hochzeitsgästen zum Brauthaus. Die Braut selbst ist zu diesem Zeitpunkt noch nicht anwesend bzw. bleibt das Haustor noch verschlossen. »In dieser Nacht sind die Brauteltern mächtiger als Könige.« Die Brauteltern bestimmen den Zeitpunkt, an dem sie ihre Tochter »hergeben«, meist wird sie am nächsten Morgen rituell im Hausinneren von ihren Eltern getrennt. Danach wird sie in einer Hochzeitsrede im Hof des Hauses mit ihrem Gemahl verbunden. In dieser Rede wird neben der Betonung der Liebe bemerkenswerterweise bereits die Möglichkeit einer späteren Scheidung ausgedrückt:

»Es stand in eurem Karma, deshalb seid ihr zusammengetroffen
wenn es im Karma steht, werdet ihr euch nie trennen
wenn es im Karma steht, trennen sich die Eltern vieler Kinder wieder
heute werdet ihr verbunden
möget ihr glücklich sein
mögen euch viele Kinder geboren werden
möget ihr in Harmonie leben
nun senden wir das Mädchen an den Mann
sie verläßt die Klangötter ihres Vaters
sie gehört nun zu denen des Mannes.«

Danach zieht die Hochzeitsgesellschaft mit der Braut zum Haus des Mannes, ihre Eltern bleiben zurück. Die Braut wird von der Haushaltsmutter, ihrer Schwiegermutter, empfangen. Mit der Bitte an die Klangötter des Mannes, das neue Familienmitglied in die Obhut zu nehmen, tritt die Braut endgültig in den Haushalt des Mannes über.
Der gesamte Hochzeitsverlauf kann als ein Ausdruck der ideologisch sehr strikt formulierten patrilokalen Ordnung gesehen werden. Die Tragik des Abschieds von der Herkunftsgruppe tritt auch in den Hochzeitsliedern deutlich hervor:

»Zu bleiben war des Mädchens Wunsch
zu gehen war der Eltern Befehl
das Mädchen wollte bleiben
ihre Eltern sandten sie zum Gatten.

Oh Braut, wie ein kleiner Vogel im Himmel
beneide den festen Boden nicht
für einen Schluck Bier
wurdest du hinweggesandt.«

In der gelebten Realität verliert diese Regelung allerdings ihren absoluten Charakter. In 60% der beobachteten Fälle von postnuptialen Residenzen verläßt die Frau den Siedlungsverband ihrer Eltern, in 8% verließen beide Partner ihr Geburtsdorf, in 12% blieben sie beide und zu 20% kommt der Mann in den Siedlungsverband seines Schwiegervaters, das heißt, das Paar errichtete ein neues Haus neben dem des Brautvaters. Obwohl der Patrilokalitätsideologie entsprechend die Frau zur Gruppe des Mannes gehört, steht dieser neugegründete Haushalt in einer engen politisch-sozialen Verbindung mit der Abstammungsgruppe der Frau. In der Praxis scheint die Residenz ihrer Bedeutung nach hinter jener der Patriordnung nicht zurückzustehen.

Unter den 20% von quasi-uxorilokalen Fällen beträgt der Anteil der bruderlosen Frauen 2%. In diesen Fällen stellen die Brauteltern Uxorilokalität als die Bedingung für die Verheiratung ihrer Tochter. Auch bei diesen Heiraten wird bei der Hochzeit »so getan, als ob« die Braut ins Haus des Bräutigams geholt werden würde; das Ritual reproduziert auch hier die ideelle Wirklichkeit der Patrilokalität. Innerhalb dieser Widersprüche agieren die religiösen Spezialisten, die eigentlichen Vertreter der Patriordnung, als Vermittler zwischen haushaltsautonomer Strategie und der patrilinearen Klanideologie, indem sie durch das Einhalten der rituellen Fixpunkte die abweichende Praxis wieder in Einklang mit der Norm bringen.

Solange der Mann im Haus der Frau wohnt, muß er regelmäßig zu Zeremonien in sein Vaterhaus gehen. Um sich den oft weiten Weg dorthin zu sparen, kauft oder baut er sich häufig eine Scheune, in der dann »seine« Zeremonien abgehalten werden. Damit sind nach Aussagen der Khumbo die Anforderungen der patrilokalen Ordnung erfüllt, auch wenn die konkrete Wohnsituation eine andere ist.

Die permanente postnuptiale Residenz beginnt allerdings noch nicht mit der Hochzeit. Drei Tage nach der Hochzeit kehrt die Frau mit ihrem Gatten in ihr Elternhaus zurück. Für ein bis drei Jahre lebt das Paar nun zur Hälfte der Zeit abwechselnd im Haus der Braut und der Bräutigameltern. Die Dauer dieses Zustandes wird schon während der Hochzeit von den Brauteltern bestimmt. In dieser Ambilokalität drückt sich das Äquivalenzverhältnis aus, das die zwei Haushalte verbindet. Die Bräutigamgruppe stellt noch eine Arbeitskraft als Preis für die spätere Patrilokalität zur Verfügung, ein Preis, der freilich mehr symbolisch die Arbeitszeit der Braut kompensiert. Jedenfalls gilt diese Zeit auch als eine »Prüfungszeit« für ein endgültiges Zusammenleben des jungen Paares.

In diesem Zeitraum kommt es auch zu den meisten Scheidungen, und die Frau kann sich weigern, mit ihrem Gatten endgültig in dessen Haushalt zu ziehen: »Niemand kann sie zwingen.« Sie kann ihn vor die Wahl stellen: Scheidung oder Wohnort in ihrem Vaterdorf. Unseren Beobachtungen nach halten sich die zwei Entscheidungsmöglichkeiten die Waage.

Zieht die Frau mit ihrer meist bescheidenen Mitgift endgültig zu ihrem Mann, beginnt für sie die schwerste Zeit ihrer Laufbahn. In ihren Lebensgeschichten schildern alte Frauen oft in bewegenden Bildern, wie schlimm ihre Zeit als Schwiegertochter war und wie sehr sie ihre Eltern vermißten. Dieselben alten Frauen identifizieren sich aber voll mit dem System, ja dessen Weitergabe liegt zum Teil in ihren Händen, und schwächen ihrerseits das Los der jungen Frauen nicht ab. Diese stehen stark im Machteinfluß der Schwiegermutter, ein Spannungsverhältnis, welches durch die Einschulung in die Rolle der Haushaltsmutter noch zusätzlich verschärft wird. Infolge dieser Situation haben sie die anstrengendsten und unangenehmsten Arbeiten zu verrichten, sie werden bei der Essenverteilung benachteiligt, arbeiten abends am längsten und stehen frühmorgens als erste auf. Gemildert wird dieses Spannungsverhältnis mit der häufigen Almresidenz der Schwiegertochter. »Zwei Frauen im Haus vertragen sich nicht«, heißt es. Sie zieht mit den Tieren und arbeitet auf den am weitesten entfernt liegenden Feldern, wo sie in einfachen Hütten auch meist die Nacht verbringt.

Doch nicht nur die jungen Schwiegertöchter beschreiben diese Zeit als schwierig, sondern auch die Ehemänner, sie stehen hier als Vermittler zwischen Ehefrau und Mutter, über deren Machteinfluß sie im übrigen ein ganzes Leben lang nicht hinauswachsen. So gibt es häufig das solidarische Bemühen beider, durch Gründung eines eigenen Haushalts diesen Zustand aufzuheben.

In der Hälfte der Fälle taten dies alle Söhne einer Familie, obwohl der idealtypischen Vorstellung nach der jüngste bleiben sollte, um nach dem Tod der Eltern den Haushalt zu übernehmen.
Abschließend sei bemerkt, daß natürlich die jeweilige Situation haushaltlicher Verhältnisse stark vom Charakter der beteiligten Personen abhängt, daß aber auch zugleich die Spannungen ein Ergebnis der sozial vorgezeichneten Position der Haushaltsmutter bzw. Schwiegermutter sind.
Der entscheidende Statuswechsel der Schwiegertochter vollzieht sich durch die Geburt ihres ersten Kindes. Jeden Monat reift eine Blume, die Metapher für die weiblichen Geschlechtsorgane, im Körper der Frau und bleibt für einen Tag lang fruchtbar. Wenn an diesem Tag das Wasser des Mannes darauf kommt, schließt sie sich, und ein Kind entsteht aus der Vermengung von Samen und Blut. Ohne »Männerwasser« verwelkt die Blume und das Blut fließt ab. Die Seele kommt im Moment der Befruchtung von außen dazu.
Mit dem Beginn der Schwangerschaft tritt die Frau in einen Sonderzustand ein. In ihr und durch sie werden schöpferische und gleichzeitig gefährliche Mächte wirksam, die sie nicht frei kontrollieren kann. »Gefährlich« meint einmal für sie persönlich gefährlich – Schwangerschaft und Geburt gefährden auch das Leben der Frau – und dann gefährlich für das Kind und für die Ordnung der Gesellschaft. Jeder dieser Gefahren begegnet man mit anderen Mitteln, ohne dabei die Schwangere zu tabuisieren oder in ihrem gesellschaftlichen Umgang einzuschränken. In dieser Zeit wird sie aber nicht mit der Handsteinmühle Getreide mahlen, denn analog zu dieser Drehbewegung könnte sich die Nabelschnur um den Hals des Kindes legen. Für das Ungeborene wird eine Zeremonie gefeiert, welche die Dämonen abhalten soll, seine Seele zu rauben. Zur Aufrechterhaltung der gesellschaftlichen Ordnung muß die Schwangere den biologischen oder sozialen Vater bekanntgeben, falls dieser nicht ohnehin eindeutig feststeht. Es haftet auch noch ein unbenennbarer Schleier von Gefährlichkeit an der schwangeren Frau, der sich unter anderem durch eine Art Gift an ihren Fingern ausdrückt, das bestimmte Gartenfrüchte bei Berührung verfaulen läßt. Dieses Berührungsverbot ist eigentlich die einzige sozial-religiöse Einschränkung, die eine Schwangere erfährt. In den letzten Wochen vor der Geburt hört sie auf, körperlich anstrengende Arbeiten zu verrichten. Doch gibt es da

keine verbindlichen Regeln, sondern es wird ihrem eigenen körperlichen Empfinden überlassen, diese Entscheidungen zu fällen. Zwei bis drei Wochen vor dem voraussichtlichen Geburtstermin hört das Paar auf, miteinander zu schlafen.

Die Geburt ist dann der Moment, in dem die magische Kraft, die latent schon an der Fruchtbarkeit haftet, schöpferisch zutage tritt, ein Geschehen, das sich außerhalb der Ordnung abspielt. Tritt die Frau mit dem Namengebungsritual in diese zurück, kehrt sie mit einer neuen Identität wieder. Durch den Initiationscharakter der Geburt ist sie zu dem geworden, was nach der geschlechtsbezogenen Ideologie eine Frau zur vollwertigen Frau macht – sie ist Mutter.[24] Dieser Wechsel in ihrem gesellschaftlichen Sein findet seine sichtbarste Widerspiegelung im Ablegen ihres alten persönlichen Namens und der Annahme eines neuen: »Mutter von + Name des Kindes«. Auch die Väter werden nach dem Namen ihrer Töchter oder Söhne neu benannt und behalten diesen Namen auch nach der Geburt weiterer Kinder.

Sollte ein Ehepaar mehrere Jahre kinderlos bleiben, erfolgt nicht von vornherein eine Schuldzuschreibung an einen der beiden. Vorerst werden sie gemeinsam zu den Orten der fruchtbarkeitsgewährenden Gottheiten pilgern. Hilft auch das nichts, machen oft die Frauen vom (unausgesprochenen) Zugeständnis, es mit anderen Männern zu probieren, Gebrauch. Die Sicherung von Nachkommen scheint wichtiger als die Kontrolle der biologischen Vaterschaft.

Stellt sich immer noch kein Erfolg ein, gibt sie ihre Zustimmung zu einer zweiten Heirat des Mannes. Dabei verliert sie aber nicht ihre Position als Haushaltsmutter, vielmehr wird erwartet, daß sie die jüngere Frau wie eine jüngere Schwester behandelt. Dies impliziert auch einen Autoritätsstatus gegenüber der zweiten Frau, die mit dem Nepali-Terminus für die jüngste unter Schwestern (Kantschi) benannt wird. Falls es eine jüngere Schwester der ersten Frau gibt, wird oftmals sie vom Mann als zweite Frau genommen (die älteren Schwestern fallen unter das Inzesttabu), u. a. auch deshalb, weil ein konfliktloseres Verhältnis zwischen Schwestern erwartet wird. Der Mann sollte dann beiden Frauen ein eigenes Haus bauen und abwechselnd mit ihnen leben.

Bedeutet Geburt gewissermaßen den Übergang von einer »biologischen« Frau zu einer »ideologischen« Frau, wird sie schließlich mit der Übernahme der Rolle einer Haushaltsmutter zur »sozialen« Frau. Diese Dreiteilung wird auch in einer Strophe des Hochzeitsliedes ausgedrückt:

»Im Leben einer Frau ist ein Abschnitt
Im Leben einer Frau sind zwei Abschnitte
Im Leben einer Frau sind drei Abschnitte
So ist das Leben einer Frau.«

Mit der Übernahme dieser Rolle wird auch die Beziehung zu ihrer Abstammungsgruppe wieder intensiver, wenn diese auch nie gänzlich abgerissen war. Die Schwiegertochter ist ja diejenige, die im Spiel der Allianzen bewegt wird, was ihr von Anfang an einen gewissen Rückhalt schuf. Als Schwiegertochter mußte sie aber weiterhin die Haushaltsmutter fragen, ob sie ihre Eltern besuchen darf; die Antwort hing dann meist von der gerade benötigten Zahl an Arbeitskräften ab. Als Haushaltsmutter kann sie nun viel häufiger ihre Abstammungsgruppe besuchen, wodurch sie in den Besitz von Informationen gelangt, die ihr eine Vorrangstellung bei der Bildung von Allianzen innerhalb ihrer neuen Gruppe einräumen. Aber auch ihrer Abstammungsgruppe überbringt sie wichtige Informationen. Durch diesen Tausch »sozialen Wissens« werden gewissermaßen die Frauen von einem Mittel zur Allianzbildung (als Na ma's, die Eidgebundenen) selbst zu Gestalterinnen von Allianzen.

Wie sehr die Verbindung der Frau zu ihrer Abstammungsgruppe zum Tragen kommen kann, soll folgendes Beispiel zeigen, das übrigens schon einmal in diesem Aufsatz Erwähnung fand (vgl. o., S. 352, und Anm. 17): Ein Mann hat ohne die Zustimmung seiner Frau ein zweites Mal geheiratet. Die erste Frau rief daraufhin ihre Brüder zu einer Strafexpedition zu sich, um den Gatten ordentlich durchprügeln zu lassen. Dies wurde von der Allgemeinheit so weit akzeptiert, daß die benachbarten Brüder des Mannes tolerierend zur Seite blicken mußten. Im weiteren Verlauf dieser Geschichte kam es zur Scheidung. Die Frau blieb mit ihren Kindern im Haus, welches der Mann ursprünglich von seinem Vater geerbt hatte. Er zog in das Haus seiner Frau, wurde aus diesem aber bald darauf von deren Vater hinausgeworfen und lebte anschließend mittellos bei seiner Schwester.

Wie man sieht, ist es auch nicht möglich, eine Haushaltsmutter mit Kindern formal aus dem Haus zu bringen. Bleibt sie nach einer Scheidung, ist es ihr allerdings nicht mehr möglich, einen neuen Mann ins Haus zu holen. Will sie wieder heiraten, geht das Haus auf die Söhne, die aus ihrer ersten Ehe stammen, oder auf die Brüder und Brüdersöhne ihres ersten Mannes über. Sie hat also uneingeschränktes Nutzungsrecht, aber kein Besitzrecht. Wollen sich Frauen scheiden lassen, die noch in der Position einer Na ma sind, müssen sie das Haus verlassen, wobei es drei mögliche Ursachen und Folgen gibt:

1. Die Frau geht von sich aus in ihr Elternhaus zurück (wobei sie auch Psychoterror dazu gebracht haben kann); oder sie verläßt es nach der Hochzeit gar nicht. Sie behält auf jeden Fall ihre Mitgift, die Geschenke des Mannes kann sie nur mitnehmen, wenn eine Tochter mit ihr mitgeht, der sie den Schmuck etc. im entsprechenden Alter übergeben kann. Söhne bleiben immer im väterlichen Haushalt zurück bzw. müssen von der Mutter nach dem Abstillen zurückgegeben werden. Auch Töchter, die meist bei der Mutter bleiben, sind bis zu deren Wiederverheiratung dem Vaterhaushalt zugeordnet, welcher auch für die Verheiratung des Mädchens zuständig ist.
   Die Frau kann in einer Entschuldigungszeremonie und einer rituellen Reinigung wieder unter die Klangötter ihres Vaters gestellt werden. Dadurch wird sie wieder zur Karnja, dem Nepali-Ausdruck für Jungfrau. Jungfräulichkeit ist also sozial und nicht biologisch definiert. Sie kann nun wieder von ihren Eltern verheiratet werden.
2. Die Schwiegertochter verläßt ihren Mann, um aus Liebe einen anderen zu heiraten, ohne dabei den Umweg über ihr Elternhaus zu gehen. In diesem Fall muß ihr zweiter Mann dem ersten eine Strafe zahlen, ihr Elternhaus spielt dabei keine Rolle. Meist raubt sie ihr Geliebter und sie heiraten in einer sehr gekürzten Hochzeitszeremonie; der allianzbildende Aspekt fällt in diesem Fall formal aus, doch fühlen sich im alltäglichen Leben die beiden Haushalte natürlich emotional verbunden.
3. Die Schwiegertochter wird weggeschickt. Geschieht dies, weil der Mann eine Liebesheirat mit einer anderen Frau anstrebt oder weil er sie einfach nicht ausstehen kann (ein Grund, der aber selten toleriert wird), muß sie für ihre geleistete Arbeit entschädigt werden. Ist in irgendeiner Art Unfähigkeit von seiten der Frau ausschlaggebend, erhält sie nur ihre Mitgift. Auch in diesem Fall kann sie von ihren Eltern wieder aufgenommen werden.

Ganz allgemein hat eine Scheidung aus Liebe zu einem anderen Partner keine negativen Auswirkungen für die Beteiligten. Die Dauer einer Beziehung steht im Karma (siehe Hochzeitsrede) und übersteigt so die Frage nach persönlicher Schuld oder Unschuld. Einer erneuten Heirat steht nichts im Wege.

Heißt der Scheidungsgrund Unfähigkeit der Frau – zum Beispiel in der Arbeit oder im Umgang mit Gästen – und wird er auch von der Gemeinschaft akzeptiert, so verliert diese Frau ihre Attraktivität als Schwiegertochter, und ihre Eltern können für eine erneute Heirat nicht mehr viel verlangen.

Wie aus dieser kurzen Aufzählung hervorgeht, steht bei jeder Scheidungsvariante der (Rück-)Wechsel einer Person von einer Gruppe zu einer anderen im Mittelpunkt. Im Gegensatz dazu bleibt die Frau im Falle der Witwenschaft auf jeden Fall im Haus ihres Mannes. Bei der Hochzeit ist sie in den Haushalt des Mannes integriert worden, und dieser Zustand bleibt über den Tod des Gatten hinaus bestehen. In diesem Zusammenhang hat der Bruder des Verstorbenen das Recht, die Witwe zu heiraten, und zwar ohne ihre Eltern zu fragen. Das Hochzeitsritual wird dann gleich wie im Scheidungsfall 2 durchgeführt. Will die Frau aber einen anderen heiraten, läßt sie sich rauben, wie das auch eine Frau im oben angeführten Scheidungsfall tut. Hier wie dort spielen die Eltern der Frau keine Rolle mehr, diese wurde völlig an die Gruppe des Gatten abgetreten.

Nach dem Tod wird der Frau im Begräbnisritual der Name abgenommen. Weniger durch den physiologischen Tod als durch diesen Namensverlust verläßt sie endgültig die Gesellschaft. Sie kehrt dorthin zurück, wohin schließlich alle zurückkehren, zur Saschi ama. Zugleich geht sie in den Bereich der Ahnen ein, der unterschiedslos von verstorbenen Männern und Frauen gleichermaßen bevölkert ist, ein Bereich, in dem auch Namen jede Bedeutung verloren haben, da sie sich außerhalb der Ordnung befinden.

Auf unsere ethnologisch ge(ver)schulte Frage, ob sich das Begräbnis eines Mannes von dem einer Frau unterscheide, antworteten die Leute etwas verdutzt: »Wieso denn? – sind doch beide Menschen mit gleicher Seele.«

VI. Abschließende und weiterführende Bemerkungen

Dieser Aufsatz sollte eine Antwort auf unsere Frage geben: »Warum erscheint die Position der Frau bei den Khumbo als so stark«? Dabei wollten und konnten wir keine Indikatoren und Parameter für die Position der Frau aufstellen, sondern versuchten, die gesellschaftlichen Umstände und Vorstellungen aufzuzeigen, die uns dafür relevant erschienen.

Am auffälligsten war vorerst die patrilineare Klanstruktur, eine Gesellschaftsordnung, die gemeinhin als negative Bestimmung für die Stellung der Frau angesehen wird. Doch mit dem Vorhandensein einer Patriklanstruktur ist noch keine allgemeine Aussage über das Geschlechterverhältnis in dieser Gesellschaft gemacht, wesentlich ist vielmehr ihre spezifische Funktion, sind Form und Rahmen ihrer Praktizierung. Die Patriklanordnung muß also im Lichte ihrer besonderen Verhältnisse zu anderen sozialen Verhältnissen gesehen werden. In diesem Zusammenhang zeigt sich bei den Khumbo ein struktureller Widerspruch zwischen Klanordnung und Haushalt und residentieller Gruppe, gewissermaßen ein Widerspruch zwischen Deszendenz und Residenz. Den Zugang zu den materiellen Bedingungen der Existenz regeln in dieser Gesellschaft der Haushalt und die residentielle Gruppe. Durch die Priorität der Residenz in diesem Bereich erfährt die patrilokale Norm ihre Grenze, ihre Erfüllung basiert vornehmlich auf bloß ideologisch-ritueller Formulierung, und andere Verhältnisse – wie bilaterale und affinale Verwandtschaftsbeziehung, die Allianzpolitik und die Rolle der religiösen Spezialisten – kommen dadurch zum Tragen. Die postnuptiale Residenz, die im Hochzeitsritual besonders betont wird, kann zur Ursache größter Spannungen und auch Normbrüche werden.

Diese gesellschaftsstrukturierenden Elemente und ihre Widersprüche lenken die Interpretation und Wirkung des buddhistischen und vorbuddhistischen Weltbildes in den Köpfen der Khumbo. Nun sind es aber gerade die Kategorien des Weltverständnisses, wie sie schon durch die Sozialisation bewußt und unbewußt aufgenommen werden, die das Verhalten der Khumbofrau prägen und ihre Identität und ihr soziales Wirken ausmachen. Der Umgang mit den Kategorien des Weltbildes in ihrer geschichtlichen Dynamik schließt die Identifikation, den Widerstand, die strategische Handhabung mit ein, das heißt, eine Plura-

lität von Diskursen, die die sozialen Koordinaten ihrer Produktion und Rezeption in sich tragen. Diese Diskurse sind Ausdruck von Kräfteverhältnissen, die das individuelle Erleben realer sozialer Verhältnisse ausmachen. Ideologische Kategorien wirken nicht nur interpretierend, organisierend und zum Teil auch legitimierend, sondern ebenso handlungsleitend, und bewirken wiederum Existenzbedingungen, die an der Wurzel sozialer Verhältnisse stehen (z. B. die Abhängigkeit von den Ritualisten, Lama und Lhawen und von deren Fähigkeit, das »Dip« aufzuheben).
Nach der Analyse des »Mythos vom Dip« konnten wir feststellen, daß er durch die besondere Lösungsweise des Inzests zwischen Mutter und Sohn zugleich ein grundlegendes Konzept gesellschaftlicher Ordnung formuliert. Die Mutter verkündet, daß infolge des Inzests mit dem Sohn (und infolge des Inzests der Menschen mit der Saschi ama) Geburt und Tod einen Bruch gesellschaftlicher Ordnung bedeuten. Auf realer Ebene positivieren und legitimieren sich diese negativ geäußerten Ordnungsfixpunkte primär durch die Patriklanordnung. Mit dieser wird aufgrund der Zugehörigkeit zu den väterlich vererbten Klangöttern die primäre Zugehörigkeit zur Gesellschaft geregelt. Insofern steht die Patriklanordnung für gesellschaftliche Ordnung schlechthin. Ihren Ausdruck in religiösen Vorstellungen und damit in Verbindung zur kosmischen Ordnung findet die soziale Ordnung in den Klangöttern, die über die Einhaltung der Norm wachen. Ein Bruch mit der sozialen Ordnung bedeutet einen Bruch mit der universellen Ordnung, bedeutet Dip und somit Gefahr für die ganze Gesellschaft. (Man beachte die untrennbare Einheit von sozialer und kosmischer Ordnung!)
Die ethnographische Realität beweist jedoch immer wieder, daß die Gesellschaft kein starres Netz ist, in dem sich der einzelne auf vorgefaßten Bahnen bewegt. Decken sich die gesellschaftlichen Kategorien der Handlungs- und Denkweisen nicht mit denen der individuellen Bedürfnisse und Neigungen, werden oft auf individueller Handlungsebene gesellschaftliche Widersprüche sichtbar, wie etwa die latente Spannung zwischen Patriklan und der Autonomie des Haushalts. Durch das Einhalten der rituellen Fixpunkte wird dann im Zuge individueller Strategien die Norm formell erfüllt, auch wenn die gelebte Praxis davon gänzlich abweicht. Diese Praxis wird mitunter selbst Tradition und stellt in diesem Sinne ebenso ein gesellschaftsstrukturierendes Moment

und damit auch eine Bewußtseinsbildung dar, wie die Norm, auf die sie reagiert. Die Möglichkeit zu solchen Strategien nehmen auch die Frauen aktiv wahr. Im übrigen sahen wir, daß die Rationalität haushaltlicher Produktionseinheit der Frau große Eigenständigkeit und Mobilität einräumt. Als Orientierungspunkt im Bezug zum Verhältnis der Geschlechter (respektive zwischen Mutter und Vater) wird letztlich ein Prinzip der Gegenseitigkeit betont, die eine Einheit bilden soll und die Dominanz eines der Geschlechter auf dieser Ebene ausschließt. Dieses Bild entspricht auch den Vorstellungen, die man von den Ahnen hat: sie treten als ein gleichwertiges Elternpaar auf.

Der Charakter der Verbindung zu den Ahnen scheint uns nun auch ein wesentliches Unterscheidungsmerkmal zu anderen patrilinear organisierten Gesellschaften zu sein. Mit der (rituell und sozial) notwendigen Abgabe des Namens nach dem Tod »verschwinden« die Ahnen in einer Art »Ahnentopf« von Vätern und Müttern; die Verbindung zu den Ahnen schließt somit ein identifizierbares Kontinuum mit der sozialen Realität aus, und die sozio-ökonomischen Verhältnisse stehen nicht mit einem genealogischen Denken in Zusammenhang. Von daher ist auch zu verstehen, daß sich keine Legitimationsstrategien durch Deszendenz finden lassen, die auf eine Absicherung der Dominanz männlicher Linie durch die Kontrolle der Sexualität (etwa Jungfräulichkeitsgebot) und der reproduktiven Fähigkeit der Frau abzielen.

Der unmittelbare Ausdruck dieser reproduktiven Fähigkeit, das Menstruationsblut, wird nun auf verschiedenen gesellschaftlichen Ebenen und in unterschiedlichen Kontexten, also gleichzeitig auf mehrfache Weise, gelesen. Aus religiöser Sicht gilt die reproduktive Fähigkeit als verunreinigend, sie stellt die Frau in der religiösen Praxis in den Bereich sozialer Bedrohung (Dip) und schließt sie von der Handhabung der Religion und in der Folge auch von der unmittelbaren Bildung bzw. Weitergabe der Klanordnung aus. Im sozial-profanen Bereich zieht die Deutung des Blutes aber keinerlei Restriktionen nach sich. Wie erklärt sich dieser scheinbare Widerspruch durch die mehrfache Deutung ein und desselben Phänomens? Erinnern wir uns dazu nochmals der genauen Funktion der Patriklanstruktur: sie bleibt auf die Erfüllung des äußeren gesellschaftlichen Ordnungsrahmens beschränkt; als dominierendes sozio-ökonomisches Verhältnis wirkt der autonome Haushalt mit seinen bilateralen und affinalen Beziehungen.

Dieser bildet auch die Ebene der praktischen Erfahrungen, welche die Grundlage für eine Leseebene der Realität schaffen, die im Bewußtsein partielle Freiräume gegenüber dem Religiösen ermöglicht. Das zeigt sich eben in der Bewertung der Menstruation im Alltäglichen oder überhaupt in der Art und Weise des strategischen Umgangs mit religiösen Inhalten.

Die Einbindung in die patrilokale Residenz, die sehr wohl kultisch betont wird, bedeutet nun für die Frau auch weniger eine Bindung an den Mann als vielmehr ein Eingebundensein in eine autonome haushaltliche Struktur, die ihr eine Rolle zuweist, welche ihr vor allem in der Position einer Haushaltsmutter große Eigenständigkeit und Prestigegewinn verschafft. Unter diesen Bedingungen definiert sich die Frau in erster Linie durch sich selbst und ihre haushaltliche Position sowie durch die Fähigkeit, mit ihrer Fruchtbarkeit zu gleichen Teilen wie der Mann am Fortbestand des Haushalts und der Gesellschaft beteiligt zu sein. Das zeigt sich besonders in den Vorstellungen über die Zeugung, aber auch in mannigfaltigen symbolischen Formulierungen und Leseweisen des Haushalts und Hauses als ganzem, wonach die Zugehörigkeit zur männlichen Linie keine größere soziale und ideologische Relevanz impliziert als der weibliche »Anteil«.

Dennoch produziert die Patrilokalität das entscheidende Machtverhältnis, in dem sich eine Frau in dieser Gesellschaft bewegt. Es ist im Umfeld der beiden ideellen Positionen von Muttersein und Vatersein zu suchen, deren Beziehung durch verschiedenste gesellschaftliche Komponenten als solidarisch ausgewogen ermöglicht wird. Vor allem treten hier Spannungen zwischen der Nama und Drong pa ama, aber auch zwischen der Haushaltsmutter und ihrem Sohn auf. Letzterer übersteigt nie die Autorität seiner Mutter. Er erreicht sie sozusagen erst, wenn auch seine Frau Drong pa ama wird. Dieses Kräfteverhältnis lastet stark auf der Schwiegertochter und mündet in einer Art strukturellen Generationskonflikts zwischen ihr und der Schwiegermutter, die in erster Linie die Kontrolle über die Aufgaben der Jüngeren übernimmt, die sie in ihrer Position einmal ablösen wird. Diesen Zustand schildern die Frauen als schlimmsten ihres Lebens, und er ist der Grund für das häufige Bemühen, einer echten Patrilokalität auszuweichen, ein Bemühen, das die jungen Ehemänner oft solidarisch teilen.

So verweisen uns zum Schluß diese haushaltlichen Verhältnisse noch einmal auf den Mythos, denn sie deuten zumindest an, warum der Inzest gerade zwischen Mutter und Sohn durchgespielt wird. (Es ist zu erinnern, daß im Mythos der Sohn nicht nur Sohn ist, sondern auch Mann im allgemeinen.) Das Ergebnis dieser mythischen Beziehung äußert sich in einer Position der Frau in dieser Gesellschaft, die nicht von männlicher Dominanz bestimmt wird, und nimmt zugleich ein Verhältnis zwischen den Generationen vorweg, das die Mutter offensichtlich entscheidend mitprägt.

Anmerkungen

1 »Dip« (grib) bedeutet wörtlich: Schatten (die Schattenseite, nördliche Seite eines Gebirgszuges), Verunreinigung, Schmutz. Mit Verunreinigung ist auch eine Art moralisches Hindernis gemeint, das sowohl dem Menschen und seinen Handlungen als auch Dingen anhaften kann. Im Sprachgebrauch der Khumbo bezeichnet Dip den Zustand des Außerhalb-der-Ordnung (und somit außerhalb der Gesellschaft)-Stehens. Es haftet also am Verhältnis Mensch – Gesellschaft.
Daneben gibt es den Ausdruck Dib pa (sgrib pa), (geistige) Verdunkelung, Sünde. Er bezeichnet eine individuelle Übertretung im moralisch-ethischen Bereich, wobei im Gegensatz zu »Dip« die Folgen von »Dib pa« auf das Schicksal des einzelnen beschränkt bleiben, d. h. sich auf sein ganz persönliches Karma auswirken und nicht auf die soziale Umgebung übergreifen.
Im aktuellen Sprachgebrauch der Khumbo kommt es aber bisweilen zu Überlagerungen dieser grundsätzlich verschiedenen Kategorien.

2 Khön Dip ('khon grib) – Verunreinigung durch Streit, Uneinigkeit.

3 Diese Form der Anordnung folgt der L.-Straussschen Methode der Mythenanalyse. Vgl. die erklärenden Hinweise zu diesem Vorgehen bei Oppitz 1975: 206.

4 Diese Anordnung einer Diachronie und Synchronie konstitutiver Sätze oder Elemente innerhalb eines einzigen Beziehungsfeldes veranlaßte L.-Strauss u. a., die »Lesung« mythischer Geschichte mit der einer Orchesterpartitur zu vergleichen. Ihre gemeinsamen Eigenschaften lägen darin, daß Mythos und Musik, wie Lévi-Strauss meint, letztlich in ihrer Art »Maschinen« zur Ausschaltung von Zeit seien. Die melodisch fortlaufende horizontale Bewegung musikalischen Geschehens besteht in Wahrheit aus einem Ensemble synchroner Akkorde oder aus vertikal übereinandergelagerten, oft gegeneinander wirken-

den kontrapunktischen Stimmen, so daß mitunter beim Empfänger ein psychischer Effekt ausgelöst wird, in dem der musikalische Gesamteindruck als Stillstehen der Zeit erscheint. Die Zeit, die verstreicht, dient nurmehr dazu, das Geschehen überhaupt offenbaren zu können, liegt aber eigentlich außerhalb dessen, was transportiert werden soll. Wir wollen zumindest den Vergleich Mythos – Musik in dem Punkt akzeptieren, über den es bei Strauss heißt, daß der Mythos (wie die Musik) aufgrund seiner inneren Organisation »die Antinomie zwischen einer historischen und vergangenen Zeit und einer permanenten Struktur überwindet« (Mythologica I: 31). Der Mythos scheint die Bewegung einer Botschaft, eines »Gesetzes« zu sein, das immer wirksam, »zeitlos« erscheinen soll. Diese Wirksamkeit beruht unter Umständen auf einer Umkehrung der Beziehung zwischen Sender und Empfänger, denn »es ist letzten Endes der Zweitgenannte, der sich durch die Botschaft des Ersten als bezeichnet entdeckt. Die Musik (der Mythos) lebt in mir, ich höre mich durch sie (ihn). Der Mythos und das musikalische Werk erscheinen so als die Dirigenten eines Orchesters, dessen schweigende Ausführende die Zuhörer sind« (Mythologica I: 33). Daß der Inhalt mythischer Zeitlosigkeit, wie auch das Verhältnis von »Dirigent« und »Ausführendem«, stets notwendig einen bestimmten historischen Bezug aufweisen und nicht etwa statisch bleiben, widerspricht nicht dem Wesen mythischer Strategie und ihrer Wirkungsweise (vgl. diesbezügl. die »Ouverture« zu »Das Rohe und das Gekochte«, Mythologica I, und Oppitz 1975: 204-335; Leach 1978: 56-59).

5 Die Positionen eines Lama oder Lhawen sind nur Männern vorbehalten, und oft werden die eigenen männlichen Nachkommen in diese Funktion eingeschult.

6 Diese Fähigkeit der Grenzüberschreitung besitzen zwar alle drei, der Lama, der Lhawen und die Lha ka ma, allerdings ist die Lha ka ma von den besonderen Ritualen, die der Wiederherstellung der Ordnung dienen, also von den im Mythos geforderten »Dipaufhebungsritualen«, ausgeschlossen. Sie vermag in Trance Verbindung zu den Totengeistern und Göttern herzustellen und agiert dabei oft als ein Orakel, dem Gelegenheit gegeben wird, z. B. verdeckte dörfliche Konflikte aufzuzeigen. Als eine Art »Tratschtante« hat sie einen nicht unwesentlichen Einfluß auf das soziale Verhalten der Gemeinschaft. Im Gegensatz zu den männlichen Ritualisten versetzt sie aber ihr Verhältnis zur Schatten- und Götterwelt zugleich in einen Zustand von gefährlicher Sakralität. Diese macht sie zwar verehrungswürdig, fordert gleichzeitig aber eine soziale Tabuisierung, wie den Ausschluß vom gemeinsamen Gebrauch von Eß- und Trinkgefäßen, einem, wie wir später sehen werden, wesentlichen Element sozialer Verknüpfung.

7 Daneben stellen sie die Astrologen in dieser Gesellschaft, die den

günstigsten Zeitpunkt für diese Ereignisse erstellen und bestimmen. Ihr Einsatz wird auch immer wieder nötig, wenn es gilt, die überaus leicht erzürnbaren Klu's (Wassergeister) und andere Numina, die in der Gegend herumlungern, zu beschwichtigen. Bestimmte Geister stehen unmittelbar in Zusammenhang mit der Fruchtbarkeit des Bodens und dem physischen Wohlbefinden der Bewohner. Mißgeschicke werden auf die Nichtachtung bestimmter Örtlichkeiten, an denen diese Klu's hausen, zurückgeführt. Individuelles Vergehen trifft dann oft die ganze Gemeinschaft. Darauf abgestimmte Opferzeremonien, durchgeführt von einem der Ritualisten, sollen das Unglück beenden helfen.

8 Es ist leicht einzusehen, daß im Innehaben dieser Position auch der Keim einer Überschreitung von (hier noch) »symbolischer« zu politischer Macht liegt; denn ihre rituelle Praxis erscheint als eine Voraussetzung der permanenten Aktivierung sozio-ökonomischen Lebens und stellt in diesem Sinne ein Reproduktionspotential dar, das die übrigen Mitglieder der Gesellschaft in eine entsprechende Abhängigkeit versetzt. Diese Abhängigkeit – in Wahrheit ist es immer eine einzelne Haushaltseinheit, die sie betrifft – ist aber nicht sozial-politisch institutionalisiert. Sie bleibt beschränkt auf ein sehr hohes Prestige und auf Respekt, das man dem Lama und Lhawen, aber auch der Lha ka ma zollt. In der Praxis wird eine religiöse Dienstleistung unmittelbar durch eine minimale Bezahlung entschädigt, dazu leistet jeder Haushalt noch zwei Arbeitstage im Jahr auf den Feldern der drei Religionsvertreter. Diese sind im übrigen verheiratete Bauern und Viehzüchter wie alle anderen auch.

9 Gemeint ist, daß die Rationalität einer solchen Haushaltsstruktur nicht ein ökonomisches Kalkül im Sinne einer Profitmaximierung verfolgt (vgl. dazu Sahlins 1981: 74-86). So schreibt auch Marx, daß in Gesellschaftsformen, in denen der Arbeiter (sich) zu den objektiven Bedingungen seiner Arbeit als seinem Eigentum (verhält)«, d. h. in denen eine unmittelbare Einheit von Produktionsmittel und direktem Produzenten besteht, »der Zweck der Arbeit nicht Wertschöpfung – obgleich sie Surplusarbeit tun mögen, um sich fremde, i. e. Surplusprodukte, auszutauschen –, sondern vielmehr die Erhaltung des einzelnen Eigentümers und seiner Familie«, d.h. am Beispiel der Khumbo, des einzelnen Haushaltes, ist (Marx 1953: 375).

10 Es gibt ein historisches Beispiel, wonach es für kurze Zeit einem einzelnen Lama gelang, eine Art Lama-Lineage aufzubauen, die von den umliegenden Bauern und Viehzüchtern Überschuß z. B. an Wollprodukten abschöpfte. Zu einer Weiterführung dieser »Lineage« kam es dann deshalb nicht, weil seine Söhne schließlich dem magischen Krieg mit seinem Bruder, der ebenfalls ein Lama war, zum Opfer fielen.

11 Diese Position wird von ihrer Schwiegertochter (Na ma; mna ma)

übernommen, wenn die alte Drong pa ama stirbt oder schon zu senil ist. Es gibt pro Haushalt immer nur eine Drong pa ama.

12 Die gesellschaftliche Arbeitsteilung zwischen den religiösen Spezialisten und den einzelnen Haushaltsgemeinschaften spielt für die rein ökonomische Selbständigkeit der Frau keine Rolle; sie bewirkt für alle eine Art außerökonomischer Abhängigkeit, wobei Männer und Frauen ein unterschiedliches Verhältnis zu religiöser Produktion haben.

13 Die Nichttrennung von »Außen« und »Innen« ist hier sozial/architektonisch gemeint und zeigt sich, wirft man nur einen Blick auf die Dorfarchitektur: es gibt keinen Dorf- oder anderen Versammlungsplatz, keinen Tempel oder ähnlichen Ort, der die einzelnen autonomen Einheiten zusammenfassen könnte, sei es zu religiösen oder politischen Anlässen.

14 Schwein (phag)-Hälfte (phyed); normalerweise übergibt bei einer Hochzeit die Bräutigamseite der Brautseite ein Schwein. Nach dieser Form der Heirat genügt ein halbes.

15 Die Khumbo unterscheiden zwei Formen der Rede: eine, welche in der Alltagssprache gehalten wird, und eine weitere, die einer standardisierten Form entspricht; letztere wird als Mollam (mon lam) bezeichnet und nur von religiösen Spezialisten angewandt; Mollams sind z. B. die Sprüche, die anläßlich der Namengebung, Hochzeit, des Begräbnisses usw. rezitiert werden.

16 Es ist bemerkenswert, daß dieser Platz nicht nur von den in der Ranghierarchie am weitesten unten Stehenden oder Stammesfremden eingenommen wird, sondern ebenso von den Ranghohen, etwa von den Ritualisten, und zwar wenn diese »informell« unterwegs sind und sich in diesem Zusammenhang dem formalen Diskurs explizit entziehen wollen. Dieser Platz befindet sich unmittelbar neben der Tür.

17 Folgendes Beispiel mag das veranschaulichen: Ein Mann hat ohne die Zustimmung seiner Frau, einer Drong pa ama, eine jüngere Nebenfrau genommen. Die Frau ließ sich nicht scheiden, sondern jagte ihren Mann aus dem Haus (das Haus hatte dieser auf seinem väterlich geerbten Grundstück neben dem seines Vaters und seiner Brüder errichtet). Sein Vater, der mächtigste Lhawen der Gegend, hat sich daraufhin vor sie hingekniet und sie gebeten, wenigstens nicht den Familienbesitz zu verkaufen. Am Ende verkaufte die Frau aber das Vieh und blieb obendrein in ihrer Residenz.

18 Die Nyingmapa-Richtung beruft sich auf die älteren Traditionen des tibetischen Buddhismus, die sich zwischen dem 8. und der Mitte des 9. Jahrhunderts entwickelten. Ihrem Namen (rnying ma pa = die »Alten«) verdankt sie den späteren, im 11. Jh. entstandenen Richtungen des Buddhismus, aus denen zu Beginn des 15. Jh. die reformierte, zölibatäre Schule der Gelugpa's (dge lugs pa) hervortrat, die seit dem

18. Jh. zur »Staatsreligion« wurde, mit dem Dalai Lama als weltlichem und geistlichem Oberhaupt.

19 klu mo = weiblicher Klu, ein Wassergeist (siehe auch Anm. 7). Zum Verhältnis von Klu (vegetativer Potenz) und Mensch vergleiche die Arbeit von F. Funke (Funke 1969).

20 Dies ist in der Kurim nicht der einzige Aspekt der Abwehrmagie; ihre Wirkung soll sich noch weit in andere Bereiche erstrecken, die aber wiederum einen ganz anderen Kontext aufweisen.

21 So dürfen sie etwa in den Jahren, in denen sie menstruationsfähig sind, während einer Zeremonie nicht den sakralen Raum (beim Altar) betreten.

22 Die idealtypische Vorstellung ist ungefähr die: der Mann als der Verteidiger und Beschützer der Ordnung; die Frau als die »Verteilerin« des Lebendigen. In diesem Sinne charakterisieren die Khumbo auch die männlichen Klangötter Pho lha, den Verteidiger gegen alles Feindliche, und die weibliche Tsen, die Hüterin des materiellen Lebens. Es heißt, daß beide eine Nichtwiederherstellung der Ordnung mit dem Entzug ihrer Hilfe in ihrem jeweiligen Bereich ahnden.

23 Die gefährliche Magie scheint nur beim Geschlechtsverkehr in den »alltäglichen« Bereich auszustrahlen, denn beide Partner werden durch Kontakt mit dem Blut verunreinigt. Nach Aussage der Informanten hat dieser Gedanke jedoch keine Auswirkungen auf ihre Praktiken. Führt jemand Krankheiten oder allgemeine Schwächezustände auf Geschlechtsverkehr während der Menstruation zurück, gehen beide Beteiligten, und zwar getrennt, zum Lama und lassen eine Reinigungszeremonie durchführen, ohne aber den Grund zu nennen. Der Lama meinte uns gegenüber: »Sie schämen sich und sagen nichts, ich weiß schon, warum sie kommen.«

24 Um ganz allgemein etwas als männlich oder weiblich auszudrücken, sagen die Khumbo nicht Mann/Frau, sondern Vater/Mutter.

Bibliographie

Benedict, Paul (1942): »Tibetan and Chinese Kinship Terms«, in: *Harvard Journal of Asiatic Studies* 6, 1942/3-4.

Bourdieu, Pierre (1979): *Entwurf einer Theorie der Praxis,* Frankfurt/Main.

Das, Sarat Chandra (1979): *A Tibetan-English Dictionary,* Delhi.

Funke, F. W. (1969): *Religiöses Leben der Sherpa,* Innsbruck und München.

Godelier, Maurice (1984): *L'Idéel et le Matériel. Pensée, economies, sociétés*, Paris.
–, (1987): *Die Produktion der Großen Männer*, Frankfurt/M.
Gorer, Goffrey (1938): *Himalayan Village. An Account of the Lepchas of Sikkim*, London.
Jaeschke, H. A. (1977): *A Tibetan-English Dictionary*, London.
Kvaerne, Per (1975): »On the Concept of Sahaja in Indian Buddhist Tantric Literature«, in: *Studies in Comparative Religion Presented by Scholars in Denmark, Norway and Sweden*, Bd. 11.
Leach, Edmund (1978): *Kultur und Kommunikation. Zur Logik symbolischer Zusammenhänge*, Frankfurt/Main.
Levine, Nancy, E. (1981): »The Theory of Rü Kinship, Descent and Status in a Tibetan Society«, in: Fürer-Haimendorf, C. von (Hg.): *Asian Highland Societies*, Delhi.
Lévi-Strauss, Claude (1971): *Mythologica I. Das Rohe und das Gekochte*, Frankfurt/Main.
March, K. (1979): *The Intermediacy of Women: female gender Symbolism and the social Position of Women among the Tamangs and Sherpas of Highland Nepal*, Thesis, Corvel University.
Marx, Karl (1953): »Formen, die der kapitalistischen Produktion vorhergehen«. Aus: *Grundrisse der Kritik der politischen Ökonomie*, S. 375-413. Berlin.
Nebesky-Woykovitz, R. (1975): *Oracles and Demons of Tibet*, Graz.
Oppitz, Michael (1975): *Notwendige Beziehungen. Abriß der strukturalen Anthropologie*, Frankfurt/Main.
Roerich, Y. N. (1983-1986): *Tibetan-Russian-English Dictionary*, Bde. 1-8, Moskau.
Sahlins, Marshall (1981): *Stone Age Economics*, London.

Glossar

(von Richard Gippelhauser)

AFFINALE (AFFINALVERWANDTE)
Angeheiratete Verwandte
Bei Dumont Verwandte, in deren Beziehung die Heiratsallianz von entscheidender Bedeutung ist, auch wenn sie blutsverwandt sind.
Wird in dieser Weise meist zur Beschreibung »dravidischer« Verwandtschaftssysteme verwendet.
Andere Autoren sprechen statt dessen von Kreuzverwandten.

AKEPHALE GESELLSCHAFT
Gesellschaft ohne Zentralinstanz, ohne ausgeprägte hierarchische Strukturen. Zugang zu höherer sozialer Stellung ist – je nach Alter, Geschlecht und persönlicher Leistung – allen Mitgliedern offen.

BAND GESELLSCHAFT
Bezeichnet eine Ebene sozialer Integration in meist bilateralen Gesellschaften, deren Reichweite nicht über Lokalgruppen bzw. deren lose Kooperation hinausgeht. Der Begriff wird meist exklusiv auf Wildbeutergesellschaften angewendet.
Veraltet: Horde

BIG MAN
Gruppenführer mit hohem sozialen Prestige, das teilweise auf persönliche Leistungen und Charisma, teilweise auf der Akkumulation von Gütern beruht.

BRANDRODUNGSFELDBAU
Landwirtschaftliche Methode, bei der die ursprüngliche Vegetation zum Teil durch Abbrennen entfernt wird, wobei die Asche der Düngung dient. Meist wird Brandrodungsfeldbau in Regionen praktiziert, in denen die geringe Bodenqualität keine Dauerbewirtschaftung zuläßt. Nach relativ kurzer Nutzungsdauer folgt eine lange Brachezeit, in deren Verlauf andere Felder gerodet werden müssen (Wanderfeldbau, Shifting Cultivation).

DESKRIPTIVE VERWANDTSCHAFTSTERMINOLOGIE
Ausgehend von einem Set primärer Termini werden weiter entfernte Verwandte mit zusammengesetzten oder von diesen abgeleiteten Termini bezeichnet.
(Unterscheidung in kollaterale und lineare Verwandte)

DESZENDENZ

Abstammung

Man unterscheidet unilineare und nicht-unilineare Abstammungsordnungen.

- Unilineare Deszendenz: Verwandtschaftsbeziehungen und Gruppenzugehörigkeit werden ausschließlich von einem Elternteil her abgeleitet.
  - Matrilineare Deszendenz: Schließt alle Verwandten der väterlichen Seite aus und leitet Verwandtschaftsbeziehungen und Gruppenzugehörigkeit nur aus der Verwandtschaft mit der Mutter ab.
  - Patrilineare Deszendenz: Schließt alle Verwandten der mütterlichen Seite aus und leitet Verwandtschaftsbeziehungen und Gruppenzugehörigkeit nur aus der Verwandtschaft mit dem Vater ab.
- Nicht-unilineare Deszendenz:
  - Ambilineare, bilineare Deszendenz: Formen der Abstammung, die grundsätzlich beide Linien – entweder gleichzeitig oder in Abfolge – berücksichtigen.
  - Bilaterale Deszendenz: Keine Kombination von patrilinear und matrilinear, sondern vielmehr das Fehlen jeglicher unilinearer Tendenz.

DRAVIDISCHE VERWANDTSCHAFTSTERMINOLOGIEN

Verwandtschaftsterminologische Systeme, die formal dem Seneca-Iroquois-Typus ähneln. Ihr Aufbau beruht auf permanenter bilateraler Kreuzcousin/en-Heirat. In dravidischen Systemen wird auch terminologisch festgelegt, welche Verwandte heiratbar sind, nicht nur, welche unter das Inzestverbot fallen, wie in Iroquois-Systemen.

ENDOGAMIE

Gesellschaftliche Regel, nach der Heiratspartner innerhalb der eigenen Verwandtschafts- oder Lokalgruppe gesucht werden müssen oder sollen.

ERWEITERTE FAMILIE

Besteht aus zwei oder mehr Kernfamilien, die durch blutsverwandtschaftliche Beziehungen verbunden sind (z. B. Eltern-Kinder oder Geschwister).

EXOGAMIE

Gesellschaftliche Regel, nach der Heiratspartner außerhalb der eigenen Verwandtschafts- und Lokalgruppe gesucht werden müssen oder sollen.

FRAUENTAUSCH

Austausch von Bräuten zwischen Verwandtschafts- oder Lokalgruppen. Frauentausch kann entweder direkt reziprok zwischen zwei Gruppen erfolgen oder fortlaufend in Systemen mit drei oder mehr Gruppen.

GROSSER ALTER MANN

Gruppenführer mit hohem sozialen Prestige, das durch persönliche Leistung und Charisma erworben wurde. Er verfügt nicht über Zwangsautorität, seine Position ist nicht vererbbar.

KLAN (CLAN)
Wort aus dem Schottischen, bezeichnet heute meist exogame, unilineare Deszendenzgruppe mit ausgeprägter sozialer Interaktion, die an einem Ort lokalisiert ist. Je nach Abstammungsregel spricht man von Matriklan oder Patriklan.
Früher oft in anderem Sinn verwendet: Generell anstelle von Sippe (England) oder anstelle von Matrisippe (USA).

KLASSIFIKATORISCHE VERWANDTSCHAFTSTERMINOLOGIE
Besteht aus nur wenigen einfachen Termini, unter denen nahe und entferntere Verwandte zusammengefaßt werden.
Keine oder nur geringe Unterscheidung in lineare und kollaterale Verwandte.

KOGNATEN
Gesamtheit aller Blutsverwandten beider Linien.
Bei Dumont Verwandte, in deren Beziehung die Blutsverwandtschaft – und Nichtheiratbarkeit – von entscheidender Bedeutung ist. Wird in dieser Weise meist zur Beschreibung »dravidischer« Verwandtschaftssysteme verwendet.
Andere Autoren sprechen statt dessen von Parallelverwandten.

KREUZCOUSIN/EN-HEIRAT
Heirat der Kinder von Mutterbruder und/oder Vaterschwester, bzw. von Verwandten größerer geneaologischer Distanz, die diesen im terminologischen Klassifikationssystem gleichgestellt sind. Häufigste präferentielle Heiratsform; sie ermöglicht die Fortführung von Heiratsallianzen über mehrere Generationen.

LEVIRAT
Gesellschaftliche Institution, die die Heirat einer Witwe durch einen Bruder ihres verstorbenen Mannes zum Inhalt hat. Die Kinder dieser Verbindung gelten als Nachkommen des Verstorbenen, führen sein Lineagesegment fort und beerben ihn. Die Witwe hat Anspruch auf diese Heirat, durch die sie an der Nutznießung des Erbes ihres verstorbenen Mannes über ihre Söhne teilhaben kann.
Levirat kommt bei patrilinearen, polygynen Gesellschaften vor. Gelten diese Abstammungs- und Erbschaftsregeln nicht, so wird von WIDOW INHERITANCE gesprochen (d. h. die Kinder aus der Witwenehe gelten als Nachkommen ihres natürlichen Vaters und beerben diesen).

LINEAGE
Verwandtschaftsgruppe mit unilinearer Deszendenzregel, die nur Mitglie-

der einschließt, die ihre gemeinsame Abstammung durch eine ununterbrochene Reihe von genealogischen Gliedern von einem namentlich bekannten Vorfahren ableiten können.
Je nach Abstammungsregel unterscheidet man Matrilineages und Patrilineages.

MOIETY
Hälfte eines verwandtschaftlichen Dualsystems.
Unilineare Deszendenzgruppen, von denen in einer Gesellschaft nur zwei vorhanden sind, so daß alle Mitglieder notwendigerweise der einen oder der anderen angehören.
Meist exogam, d. h. Heiratspartner können nur aus der anderen Moiety genommen werden: die Moieties ergänzen einander, übernehmen verschiedene, oft komplementäre Funktionen.

PARALLELCOUSIN/EN-HEIRAT
Meist Heirat der Vaterbruderkinder (patrilaterale Parallelcousin/en). Verbreitet bei strikt patrilinearen Gesellschaften Nordafrikas und Westasiens, verhindert Segmentierung und Aufsplitterung des Erbes einer Lineage.

POLYANDRIE
Eheform, bei der eine Frau mit zwei oder mehr Männern gleichzeitig verheiratet ist; relativ selten.

POLYGAME FAMILIE
Besteht aus zwei oder mehr Kernfamilien, verbunden durch einen gemeinsamen Ehepartner.
Kann in den Formen der polygynen Familie und der polyandrischen Familie vorkommen.

POLYGYNE ERWEITERTE FAMILIE
Eine Kombination der erweiterten Familie und der polygynen Familie; z. B. Eltern, Töchter und deren gemeinsamer Ehemann.

POLYGYNIE
Eheform, bei der ein Mann mit zwei oder mehr Frauen gleichzeitig verheiratet ist. Häufigste aller Eheformen.
Sind zwei oder mehr der Kofrauen Schwestern, so spricht man von SORORALER POLYGYNIE.

POSTNUPTIALE RESIDENZORDNUNG
Gesellschaftliches Regelsystem, das bestimmt, wo oder bei welchen Verwandten ein Ehepaar nach der Hochzeit seinen Wohnsitz nimmt.
Da in der Residenzordnungsliteratur keine allgemein anerkannte Terminologie existiert, kann es vorkommen, daß einzelne Begriffe widersprüchlich verwendet werden.
Die geläufigsten Begriffe:

- Matrilokale Residenz: das Paar nimmt seinen Wohnsitz bei der Verwandtschafts- bzw. Lokalgruppe der Frau. (Bisweilen auch als uxorilokale Residenz bezeichnet)
- Patrilokale Residenz: das Paar nimmt seinen Wohnsitz bei der Verwandtschafts- bzw. Lokalgruppe des Mannes. (Bisweilen auch als virilokale Residenz bezeichnet)
- Neolokale Residenz: Das Paar richtet seinen neuen Wohnsitz unabhängig von Verwandten beider Seiten ein.

SEGMENTÄRE GESELLSCHAFT
Eine soziale und politische Organisationsstruktur meist staatenloser Gesellschaften. Sie besteht aus mehreren gleichartigen und tendenziell gleichrangigen Teilen oder Segmenten, die selbst weiter untergliedert sind. Dieses Gliederungsprinzip ermöglicht die Selbstregulation von Kooperation und Konflikt, ohne die Einschaltung übergeordneter Instanzen, birgt aber auch die Tendenz zu Spaltungsprozessen in sich.

SIPPE
Unilineare Deszendenzgruppe, deren Mitglieder sich auf eine gemeinsame Abstammung berufen, die aber genealogisch nicht genau nachweisbar ist. Meist eine Anzahl von Lineages, die sich auf einen gemeinsamen, oft mythischen Vorfahren berufen.
Je nach Abstammungsordnung unterscheidet man Matrisippen und Patrisippen. In der älteren englischen Literatur wurden Sippen oft generell als Klans bezeichnet, in der älteren amerikanischen Literatur nur die Matrisippen, während die Patrisippen Gens genannt wurden.

SORORALE POLYGYNIE siehe POLYGYNIE

TEKNONYMIE
Namensgebungssystem, in dem die Eltern nach der Geburt des Kindes einen neuen Namen erhalten, der sich auf das Kind bezieht.

TOTEM
Wort aus der nordamerikanischen Alkgonkin-Sprachfamilie, das ein Tier, eine Pflanze oder einen Gegenstand bezeichnet, die mit Verwandtschaftsgruppen einer menschlichen Gesellschaft in Beziehung gesetzt und oft als deren mythische Ahnen betrachtet werden. Eine Gruppe, die sich nach einem bestimmten Totem benennt, muß in Hinblick auf dieses strenge Verhaltensvorschriften beachten (Tabus etc.).

WIDOW INHERITANCE siehe LEVIRAT

WILDBEUTERGESELLSCHAFT
Sammelbegriff für Gesellschaften mit aneignender Wirtschaftsform (Jagd, Sammeln, Fischfang); entspricht inhaltlich dem Begriff Jäger und Sammler.

Quellennachweis und Übersetzer

Eleanor Leacock
Der Status der Frauen in egalitären Gesellschaften: Implikationen für die Soziale Evolution. Original: »Women's Status in Egalitarian Society: Implications for Social Evolution«, in: *Current Anthropology,* Vol. 19, No. 2, 1978, Übersetzt von Elfriede Höckner und Luise Buisman.

Carol P. MacCormack
Natur, Kultur und Geschlecht: Eine Kritik. Original: »Nature, Culture and Gender: a Critique«; in: C. P. MacCormack/M. Strathern (Ed.): *Nature, Culture and Gender,* Cambridge University Press 1980. Übersetzt von Barbara Neuwirth und Johann Heiß.

Maxine Molyneux
Androzentrismus in der marxistischen Anthropologie. Eine Kritik zu Emmanuel Terray, »Der historische Materialismus vor dem Problem der linearen und segmentären Gesellschaften«. Original: »Androcentrism in Marxist Anthropology. A critique of Emmanuel Terray's ›Historical Materialism and Segmentary Lineage-Based Societies‹«; in: *Critique of Anthropology,* Vol. 3, Nr. 9/10 (Women's Issue) 1977. Übersetzt von Liesl Körbler, Ulrike Sulikowski und Aurelia Weikert.

Eva Langheiter
Hinnehmen – mitmachen – zustimmen? Anmerkungen zu Maurice Godeliers Hypothese von der Zustimmung der Unterdrückten zu ihrer Unterdrückung. Originalbeitrag.

Barbara Glowczewski
Frauengeschäfte – Geschäftsfrauen. Die Warlpiri der zentralaustralischen Wüste. Original: »Affaire de femmes ou femmes d'affaires. Les Walpiri du Désert Central Australien«; in: *Journal de la Société des Océanistes,* Nr. 70-71, Bd. 37, Paris 1981. Übersetzt von Christine Hofinger und Wolfram Bayer.

Elke Mader/Richard Gippelhauser
Deine Gedanken sind gefangen in meiner Liebe. Zur Beziehung der Geschlechter bei den Achuara-Jivaro des oberen Amazonas. Originalbeitrag.

Bridget O'Laughlin
Vermittlung eines Widerspruchs: Warum Mbum-Frauen keine Hühner essen. Original: »Mediation of Contradiction: Why Mbum Women Do Not Eat Chicken«; in: Michelle Zimbalist Rosaldo/Louise Lamphere (Ed.): *Women, Culture, and Society,* Stanford University Press 1974. Übersetzt von Gertraud Seiser und Mark Német.

Alice Schlegel
Männliches und Weibliches im Denken und Handeln der Hopi. Original: »Male and Female in Hopi Thought and Action«; in: Alice Schlegel (Ed.): *Sexual Stratification. A cross-cultural view,* Columbia University Press, New York 1977. Übersetzt von Rita Gingrich.

Käthe Uray-Köhalmy
Die Stellung der Frau in der mongolischen Gesellschaft. Originalbeitrag.

Hildegard Diemberger/Guntram Hazod/Christian Schicklgruber
Mutterwort und Vaterfolge: Frauen und Männer machen Gesellschaft – das Beispiel der Khumbo. Originalbeitrag.

suhrkamp taschenbücher wissenschaft
Politische Ökonomie,
Staats- und Politiktheorie

Avineri: Hegels Theorie des modernen Staates. stw 146
Batscha/Garber (Hg.): Von der ständischen zur bürgerlichen Gesellschaft. stw 363
Dubiel/Söllner (Hg.): Wirtschaft, Recht und Staat im Nationalsozialismus. stw 471
Euchner: Naturrecht und Politik bei John Locke. stw 280
Fetscher: Rousseaus politische Philosophie. stw 143
Fichte: Politische Schriften. stw 201
Greiffenhagen: Das Dilemma des Konservatismus. stw 634
Hirschman: Leidenschaften und Interessen. stw 670
Hobbes: Leviathan. stw 462
Locke: Zwei Abhandlungen. stw 213
– *siehe auch Euchner*
Macpherson: Nachruf auf die liberale Demokratie. stw 305
– Politische Theorie des Besitzindividualismus. stw 41
Mandeville: Die Bienenfabel. stw 300
Millar: Vom Ursprung des Unterschieds in den Rangordnungen und Ständen der Gesellschaft. stw 483
Müller/Staff (Hg.): Staatslehre in der Weimarer Republik. stw 547
O'Connor: Die Finanzkrise des Staates. stw 83
Polanyi, K.: Ökonomie und Gesellschaft. stw 295
– The Great Transformation. stw 260
Roth: Politische Herrschaft und persönliche Freiheit. stw 680
Saage: Arbeiterbewegung, Faschismus, Neokonservatismus. stw 689
Schefold (Hg.): Ökonomische Klassik im Umbruch. stw 627
Scherf: Marx und Keynes. stw 635
Tibi: Vom Gottesreich zum Nationalstaat. stw 650

207/1/8.87

211/1/6.88

suhrkamp taschenbücher wissenschaft
Anthropologie, Ethnologie
Evolutionstheorie, Religionswissenschaft

Lévi-Strauss: Traurige Tropen. stw 240
– Das wilde Denken. stw 14
Luhmann: Funktion der Religion. stw 407
Malinowski: Eine wissenschaftliche Theorie der Kultur. stw 104
Mauss: Die Gabe. stw 743
Meillassoux: »Die wilden Früchte der Frau«. stw 447
Oppitz: Frau für Fron. stw 731
– Notwendige Beziehungen – Abriß der strukturalen Anthropologie. stw 101
Pannenberg: Wissenschaftstheorie und Theologie. stw 676
Rodinson: Islam und Kapitalismus. stw 584
Scholem: Die jüdische Mystik in ihren Hauptströmungen. stw 330
– Von der mystischen Gestalt der Gottheit. stw 209
– Zur Kabbala und ihrer Symbolik. stw 13
Seyfahrt/Sprondel (Hg.): Religion und gesellschaftliche Entwicklung. stw 38
Thompson: Über Wachstum und Form. stw 410
Tibi: Der Islam und das Problem der kulturellen Bewältigung sozialen Wandels. stw 531
– Vom Gottesreich zum Nationalstaat. stw 650
Uexküll: Theoretische Biologie. stw 20
Welker (Hg.): Theologie und funktionale Systemtheorie. stw 495
Wesel: Der Mythos vom Matriarchat. stw 333
Zimmer: Philosophie und Religion Indiens. stw 26

211/2/6.88

suhrkamp taschenbücher wissenschaft
Geschichte, Sozialgeschichte
Zeitgeschichte, Dokumentation

Assmann/Hölscher (Hg.): Kultur und Gedächtnis. stw 724
Batscha: »Despotismus von jeder Art reizt zur Widersetzlichkeit.« stw 759
Baumgartner/Rüsen (Hg.): Geschichte und Theorie. stw 98
Becher/Rüsen (Hg.): Weiblichkeit in geschichtlicher Perspektive. stw 725
Bendix: Könige oder Volk. 2 Bde. stw 338
Broué/Témime: Revolution und Krieg in Spanien. 2 Bde. stw 118
Danker: Räuberbanden im Alten Reich um 1700. stw 707
Dreier/Sellert (Hg.): Recht und Justiz im »Dritten Reich«. stw 761
Duby: Die drei Ordnungen. stw 596
– Krieger und Bauern. stw 454
– Ritter, Frau und Priester. stw 735
Duby/Lardreau: Geschichte und Geschichtswissenschaft. stw 409
Fend: Sozialgeschichte des Aufwachsens. stw 693
Foucault: Überwachen und Strafen. stw 184
– Wahnsinn und Gesellschaft. stw 39
– Der Wille zum Wissen. stw 716
Foucault (Hg.): Der Fall Rivière. stw 128
Heinsohn: Privateigentum, Patriarchat, Geldwirtschaft. stw 455
Hinrichs: Ancien Régime und Revolution. stw 758
Hinrichs (Hg.): Absolutismus. stw 535
Jäger: Verbrechen unter totalitärer Herrschaft. stw 388
Koselleck: Kritik und Krise. stw 36
– Vergangene Zukunft. stw 757
Macpherson: Nachruf auf die liberale Demokratie. stw 305
– Die politische Theorie des Besitzindividualismus. stw 41
Meier, Chr.: Die Entstehung des Politischen bei den Griechen. stw 427
Métral: Die Ehe. stw 357
Moore: Soziale Ursprünge von Diktatur und Demokratie. stw 54
– Ungerechtigkeit. stw 692
Niethammer (Hg.): Lebenserfahrung und kollektives Gedächtnis. stw 490
Otto/Sünker (Hg.): Soziale Arbeit und Faschismus. stw 762
Reif (Hg.): Räuber, Volk und Obrigkeit. stw 453
Reinalter: Die Französische Revolution und Mitteleuropa. stw 748
Reinalter (Hg.): Demokratische und soziale Protestbewegungen in Mitteleuropa 1815-1848/49. stw 629
– Freimaurer und Geheimbünde im 18. Jahrhundert in Mitteleuropa. stw 403

206/1/6.88

206/2/6.88